高等院校互联网+新形态教材·经管系列(二维码版)

税收实务(微课版)

孙爱丽　主　编

吴　慧　副主编

清华大学出版社
北京

内 容 简 介

这是一本讲述我国现行税收制度的基本理论、制度框架、基本内容和综合纳税申报的教材。全书共分为 3 篇 11 章，主要内容包括总论、各税种税制要素及税收征收管理与工业企业综合纳税实务。在编写过程中，我们秉承"实际、实用、实效"的原则，运用大量附带答案解析的例题，简化理论知识点；每章都设计了案例链接、微课小视频、相关案例的课程思政视频和同步测试题，为更好地开展"以学生为中心"的教学模式提供了丰富的素材。

本书既可作为高等院校会计专业、审计专业、财务管理专业、税收专业及其他相关专业的教材，也可作为政府机构相关部门的培训教材，还可作为从事财会、税务及相关工作人员的参考书。

图书在版编目(CIP)数据

税收实务：微课版/孙爱丽主编. —北京：清华大学出版社，2023.8
高等院校互联网+新形态教材. 经管系列：二维码版
ISBN 978-7-302-64320-3

Ⅰ. ①税…　Ⅱ. ①孙…　Ⅲ. ①税收管理—中国—高等学校—教材　Ⅳ. ①F812.423

中国国家版本馆 CIP 数据核字(2023)第 142731 号

责任编辑：梁媛媛
封面设计：李　坤
责任校对：徐彩虹
责任印制：沈　露

出版发行：清华大学出版社
　　　网　　址：http://www.tup.com.cn, http://www.wqbook.com
　　　地　　址：北京清华大学学研大厦 A 座　　　邮　编：100084
　　　社 总 机：010-83470000　　　邮　购：010-62786544
　　　投稿与读者服务：010-62776969, c-service@tup.tsinghua.edu.cn
　　　质量反馈：010-62772015, zhiliang@tup.tsinghua.edu.cn
　　　课件下载：http://www.tup.com.cn, 010-62791865

印 装 者：三河市科茂嘉荣印务有限公司

经　　销：全国新华书店

开　　本：185mm×260mm　　　印　张：22.75　　　字　数：550 千字

版　　次：2023 年 8 月第 1 版　　　印　次：2023 年 8 月第 1 次印刷

定　　价：59.80 元

产品编号：094208-01

前　言

"税收实务"课程主要讲授税收理论、实体税种的税制要素和核算、企业综合纳税申报及税收征收管理等内容，具有较强的实践性，是高等院校财经类专业的核心课程之一。

本书根据"税收实务"本科教学的要求，结合作者多年的教学实践经验编写而成，注重应用性和可操作性。全书共分为 11 章，总体结构分为三篇：第一篇是总论，包含第一章，主要介绍税收、税法、税制概论。第二篇是各税种税制要素，包含第二章～第九章，主要介绍我国现行税收体系中各个税种的税制要素、计算、缴纳及综合纳税申报。第三篇是税收征收管理与工业企业综合纳税实务，主要介绍税务登记、账簿凭证管理、纳税申报等税收征收管理要求。

本书的编写特点如下。

(1) 根据最新财税法律、法规及相关政策进行编写，力求内容和案例的时效性与新颖性。

(2) 运用大量图表和例题，有助于读者理解、掌握税收实务的关键知识点和各税种应纳税额的计算及纳税申报。

(3) 运用微课形式，将每章的重要知识点讲明白、讲透彻。

(4) 将课程思政的内容贯穿在每个章节的学习中，通过链接相关案例将知识点和课程思政内容进行融合。

(5) 理论与实践相结合，各章均附设了同步测试题，题型多样，覆盖面广，通过练习能够提高学生的应用能力。

本书由上海杉达学院的孙爱丽任主编、上海立信会计金融学院的吴慧任副主编。全书由孙爱丽负责拟定大纲并总撰定稿，具体分工是：孙爱丽负责第一章到第十一章的编写工作，吴慧负责全书的编辑、修改工作。

本书在编写过程中参阅了国内外同行的有关论著，在此一并致以诚挚的谢意。限于水平，书中难免有疏漏之处，敬请广大读者批评、指正。

编　者

目录

Contents

第三篇　税收征收管理与工业企业综合纳税实务

第一篇 总 论

第一章 税收、税法和税制概论

【教学目的与要求】

- 理解税收的含义、作用和分类。
- 掌握税收的特征。
- 理解税法的含义、作用、原则和分类。
- 理解税收法律关系的主体、客体和内容。
- 了解税制的含义。
- 掌握税制要素。
- 了解影响税制体系设置的主要因素、不同类型的税制体系的主要特点。
- 掌握我国现行税制体系。

第一节 税 收 概 论

一、税收的含义

税收是政府为了满足社会公共需求，凭借政治权力，按照法定标准，强制、无偿地取得财政收入的一种形式。理解税收的含义需要从以下三个方面来把握。

(一)税收是国家取得财政收入的最主要形式，其本质是一种分配关系

国家要行使职能必须有一定的财政收入作为保障。国家财政收入除了税收之外，还有发行货币、发行国债、利润上缴、土地拍卖收入、收费、罚没等，其中，税收是国家取得财政收入最主要、最普遍和最可靠的形式，也是各国财政最主要的收入来源。20 世纪 80 年代中期以来，我国税收收入占财政收入的比重都在 90%以上。税收是国家参与社会产品价值分配的法定形式，处于社会再生产的分配环节，解决的是分配问题，体现的是一种分配关系。

(二)国家征税凭借政治权力

国家征税的过程是国家参与社会产品分配的过程，是将一部分社会产品由纳税人所有转变为国家所有。这种税收分配是以国家为主体进行的分配，是国家凭借政治权力进行的分配，

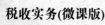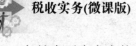

与社会再生产中的一般分配关系不同。一般分配则是以各生产要素的所有者为主体进行的分配，是基于生产要素进行的分配，分配凭借的是财产权利，而不是政治权力。

(三)国家征税的目的是满足社会公共需求

国家在履行公共职能的过程中必然要耗用一定的资金和财物，并有一定的公共支出。公共支出一般由国家采取强制征税的方式，由经济组织、单位和个人共同负担。国家征税的目的是满足提供社会公共产品的需求，促进社会公平分配，也是国家履行其职能的需要。

二、税收的特征

税收特征是由税收的本质决定的，是税收本质的外在表现。结合税收的含义分析，税收的基本特征是：无偿性、强制性和固定性，通常称为税收"三性"。税收的特征反映了税收区别于其他财政收入形式而成为财政收入的最主要形式。

(一)无偿性

税收的无偿性表现为国家征税后，税款即为国家财政所有，对具体纳税人既不需要直接偿还，也不需要付出任何形式的代价。税收的这种无偿性是与国家凭借政治权力进行收入分配的本质相联系的。

税收的无偿性是相对的。对具体的纳税人来说，纳税后并未获得任何补偿。从这个意义上说，税收不具有偿还性或返还性。但若从财政活动的整体来看，税收是对政府提供公共物品和服务成本的补偿，这里又反映出有偿性的一面。特别是在社会主义条件下，税收具有马克思所说的"从一个处于私人地位的生产者身上扣除的一切，又会直接或间接地用来为处于私人地位的生产者谋福利"的性质，即"取之于民，用之于民"。当然，就某一具体的纳税人来说，他所缴纳的税款与他从财政支出中所得到的利益并不一定是匹配的。

无偿性是核心，它使税收明显地区别于国债、规费等其他财政收入形式，决定了税收是国家取得财政收入的最主要形式。

(二)强制性

税收的强制性表现为税收是以国家法律的形式规定的，对不同的所有者都是普遍适用的，任何单位和个人都必须遵守，否则就会受到法律制裁。税收的强制性是税收凭借国家政治权力，通过法律形式参与的社会产品的分配。税收的强制性说明，依法纳税是人们不可回避的法律义务。《中华人民共和国宪法》第五十六条就明确规定："中华人民共和国公民有依照法律纳税的义务。"

强制性是保证，它是国家权力在税收上的法律体现，是国家取得税收收入的根本前提。

【例1-1 单选题】下列法律中，明确规定"中华人民共和国公民有依照法律纳税的义务"的是(　　)。

A. 《中华人民共和国宪法》　　　　B. 《中华人民共和国民法通则》

C. 《中华人民共和国个人所得税法》　　D. 《中华人民共和国税收征收管理法》

【答案】A

【答案解析】《中华人民共和国宪法》第五十六条规定："中华人民共和国公民有依照法律纳税的义务"。

(三)固定性

税收的固定性表现为国家通过法律形式事先规定了课税对象及征收比例等税制要素，并保持相对的连续性和稳定性。对于税收预先规定的标准，征税和纳税双方都必须共同遵守。非经国家法令修订或调整，征纳双方都不得违背或改变。当然，对税收的固定性也不能绝对化，随着社会经济条件的变化，具体的征税标准是可以修订的。

固定性是要求，可以保证财政收入的及时、稳定和可靠；可以保护纳税人的合法权益，增强其依法纳税的法律意识。

税收的特征是税收区别于其他财政收入形式(如上缴利润、国债收入、规费收入、罚没收入等)的基本标志。税收的"三性"集中体现了税收的权威性。维护和强化税收的权威性，是我国当前税收征管中一个极为重要的问题。

【例1-2 单选题】下列关于税收的说法中，错误的是(   )。

A. 国家征税凭借的是经济权利

B. 税收是国家取得财政收入的主要形式

C. 税收在社会再生产中属于分配范畴

D. 税收具有无偿性、强制性和固定性的特征

【答案】A

【答案解析】国家征税凭借的是政治权力，而不是经济权利。

三、税收的作用

随着国家的发展，需要税收发挥更大的作用。税收不仅影响经济领域，还影响政治领域、社会领域等。税收在国家发展中的作用主要有以下几个方面。

(一)组织财政收入，提供财力保障

为了提供更好的公共产品，更大限度地满足民众对美好生活的向往，政府必须有一定的财力作支持，这种支持主要通过税收来解决。税收通过参与社会产品和国民收入的分配来为国家取得财政收入。从这个意义上来说，税收是真正的"国家治理的基础和重要支柱"。没有科学的税收制度，没有完善的税收法律作保障，就无法发挥税收的这种基础性和支柱性作用。

(二)调节社会经济

为了符合宏观经济运行的目标，政府通过运用税收杠杆对社会经济运行进行引导和调节。税收调节经济的作用主要表现在以下两个方面。

1. 调节社会总供求

税收作为一种宏观调控手段，在国家实行扩张政策时，可以通过减税、免税或降低税率来扩大社会需求，包括消费需求和投资需求；在国家实行紧缩政策时，可以通过提高税率、缩小减免范围或开征新税种来压缩社会总需求，使社会总需求与总供给趋向平衡。

2. 调节产品结构和产业结构

社会化大生产在客观上要求国民经济按比例协调地发展，据此国家通过对不同产业部门

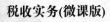

实施不同的税收政策，引导企业的经济活动，使之符合国家产业政策的要求，从而促进产品结构和产业结构的协调发展。

此外，税收对于调节企业和居民的收入，调节生活消费和生产消费及储蓄和投资等都发挥着重要的作用。

(三)监督管理社会经济活动

税收涉及个人和法人的基本利益，征税直接影响个人和法人可直接支配的收入；税收的使用(即通过预算进行的财政支出)也直接影响个人和法人的公共需要的满足。也就是说，通过税收的开征、征收过程和税款的使用过程能了解情况，发现问题，监督征、纳双方依法征税，依法纳税。从而监督社会经济活动的方向，维护社会生活秩序。因此税收成为推进社会和谐的重要载体。

(四)税收是国际经济和政治交往中的重要政策工具,也是维护国家权益的重要手段

近几年国际贸易领域纷争不断，各国除了通过正常的国际贸易争端解决机制外，还运用了包括惩罚性关税等在内的经济手段。在国际税收领域，税收协定的签订也是促进国际交往的重要方式。

四、税收分类

税收分类就是按照一定的标准把性质相同或相近的税种划为一类，以便区别于其他税种。科学合理的税收分类有助于分析各类税种的特点、性质、作用，发挥税收的杠杆作用；也有助于分析税源的分布和税收负担的状况以及税收对经济的影响。

对税收分类的方法很多，这里介绍几种主要的分类方法。

(一)按税收缴纳的形式分类

按税收缴纳形式的不同，可分为力役税、实物税和货币税。力役税是指纳税人以直接提供无偿劳动的形式缴纳的税种；实物税是指纳税人以实物形式缴纳的税种；货币税是指纳税人以货币形式缴纳的税种。现代社会以货币税为主。

(二)按征税对象的性质分类

按征税对象的性质划分，可将税收分为流转税、所得税、资源税、财产税和行为税五大类，这种分类方式是世界各国在进行税收分类时采用的最基本、最重要的方式。

1. 流转税

流转税是以商品或劳务流转额为征税对象的税种。我国现行税制中的增值税、消费税和关税等都属于流转税系。流转税主要在生产、流通或者服务业中发挥调节作用，具有税源稳定、征收及时便利、税负隐蔽等特点。

2. 所得税

所得税是以所得额为征税对象的税种。我国现行税制中的企业所得税、个人所得税属于所得税系。所得税主要是国民收入形成后，对生产经营者的利润和个人的纯收入发挥调节作

用，具有税负不易转嫁的特点。在采用累进税率时，税负具有弹性和"内在稳定器"的特点。

3. 资源税

资源税是以资源的绝对收益和极差收益为征税对象的税种。我国现行税制中的资源税、城镇土地使用税、土地增值税、耕地占用税都属于资源税系。资源税主要是对因开发和利用资源、因资源差异而形成的级差收入发挥调节作用，其具有征税范围固定和采用差别税额征收的特点。

4. 财产税

财产税是以财产价值为征税对象的税种。我国现行税制中的房产税、契税、车船税等都属于财产税系。财产税主要是对某些财产发挥调节作用，具有征税范围固定、税负难以转嫁的特点。

5. 行为税

行为税是以某些特定的行为作为征税对象的税种。我国现行税制中的印花税、城市维护建设税、车辆购置税等属于行为税类。行为税主要是对某些特定行为进行监督、限制、认可和管理，具有征税对象单一、税源分散、税种灵活的特点。

(三)按税收计征标准分类

按税收计征标准的不同，可将税种分为从价税和从量税。从价税是指以征税对象的价格或金额为标准计征的税，又称为从价定率计征的税收。从价税是现代税收的基本税种，它包含大部分流转税和所得税。从量税是指以征税对象的重量、件数、容积、面积等数量作为计税依据的税，又称为从量定额计征的税收。在我国，如资源税、耕地占用税等均属此列。

(四)按税收负担能否转嫁分类

按税收负担能否转嫁为标准，可将税种分为直接税和间接税。直接税是指税负不能由纳税人转嫁出去，必须由自己负担的税，如所得税、财产税等。间接税是指税负可以由纳税人转嫁出去，由他人负担的各种税，如消费税、关税等。

(五)按税收与价格的组成关系分类

按税收与价格的组成关系，可将税种分为价内税和价外税。凡税金构成商品或劳务价格组成部分的，称为价内税。凡税金不构成商品或劳务价格组成部分的，而只是作为其价格之外的一个附加额，就称为价外税，如增值税、关税等。

(六)按税收收入归属划分分类

按税收收入归属划分，可将税种分为中央政府固定收入(中央税)、地方政府固定收入(地方税)和中央政府和地方政府共享收入(中央地方共享税)。

1. 中央政府固定收入

中央政府固定收入包括消费税(含进口环节海关代征的部分)、车辆购置税、关税、海关代征的进口环节增值税等。

2. 地方政府固定收入

地方政府固定收入包括城镇土地使用税、耕地占用税、土地增值税、房产税、车船税、契税、环境保护税和烟叶税等。

3. 中央政府和地方政府共享收入

中央政府和地方政府共享收入主要如下。

(1) 增值税(不含进口环节由海关代征的部分)：中央政府分享 75%，地方政府分享 25%。

(2) 企业所得税：中国铁路总公司(原铁道部)、各银行总行及海洋石油企业缴纳的部分归中央政府，其余部分中央与地方政府按 60%和 40%的比例分享。

(3) 个人所得税：储蓄存款利息所得的个人所得税归中央政府收入(自 2008 年 10 月 9 日起，对储蓄存款利息所得暂免征收个人所得税)，其余部分的分享比例与企业所得税相同。

(4) 资源税：海洋石油企业缴纳的部分归中央政府，其余部分归地方政府。

(5) 城市维护建设税：中国铁路总公司、各银行总行、各保险总公司集中缴纳的部分归中央政府，其余部分归地方政府。

(6) 印花税：多年来，证券交易印花税收入的 97%归中央政府，其余 3%和其他印花税归地方政府。为妥善处理中央和地方的财政分配关系，国务院规定，从 2016 年 1 月 1 日起，将证券交易印花税由现行按中央 97%、地方 3%的比例分享全部调整为中央收入。

第二节　税　法　概　论

一、税法的含义

在深入理解税收的基础上来掌握税法的含义。税法是国家制定的用以调整国家与纳税人之间在征、纳税方面的权利及义务关系的法律规范的总称。它是国家及纳税人依法征税、依法纳税的行为准则，其目的是保障国家利益和纳税人的合法权益，维护正常的税收秩序，保证国家的财政收入。

税法具有义务性法规和综合性法规的特点。从法律性质上看，税法属于义务性法规，以规定纳税人的义务为主。这一特点是由税收的无偿性和强制性特点所决定的，但并不是指税法没有规定纳税人的权利，而是指纳税人的权利是建立在其纳税义务的基础之上，处于从属地位。税法的另一个特点是具有综合性，它是由一系列单行税收法律法规及行政规章制度组成的体系，其内容涉及课税的基本原则、征纳双方的权利和义务、税收管理规则、法律责任、解决税务争议的法律规范等。这一特点是由税收制度所调整的税收分配关系(即税收法律关系)的复杂性所决定的。

税法的本质是正确处理国家与纳税人之间因税收而产生的税收法律关系和社会关系，既要保证国家税收收入，也要保护纳税人的权利，两者缺一不可。税法的核心在于兼顾和平衡纳税人的权利，在保障国家税收收入稳步增长的同时，也对纳税人的权利进行有效保护，这是税法的核心要义。

税收与税法密不可分。税收是税法产生、存在和发展的基础，是决定税法性质和内容的重要因素。有税必有法，无法不成税。税收与税法之间的关系，是一种经济内容与法律形式内在结合的关系。税收作为产品分配形式，是税法的具体内容；税法作为特殊的行为规范，是税收的法律形式。

【例1-3 单选题】下列关于税收和税法的描述，正确的是(　　)。

A. 税法是调整税务机关与纳税人关系的法律规范　　B. 税收从本质上讲是一种收入关系

C. 税收的分配依据是基于生产要素进行分配　　D. 税法是义务性法规和综合性法规

【答案】D

【答案解析】选项A，税法是调整国家与纳税人关系的法律规范；选项B，税收从本质上讲是一种分配关系；选项C，税收的分配依据是凭借政治权力的分配。

二、税法的作用

税法的作用是税法在一定社会经济条件下所具体表现出来的效果。税法是税收的法律形式及其保证，人们对税收的理解主要是对税法的理解。没有税法，就无法进行税收分配。强调税收的作用，就是强调税法的作用。税法的作用可以从它的社会经济作用和法律规范作用这两个方面理解。

(一)税法的社会经济作用

1. 税法是国家取得财政收入的法律保证

为了保证税收组织财政收入职能的发挥，必须通过制定税法，以法律的形式确定企业、单位和个人履行纳税义务的具体项目、数额和纳税程序，惩治偷、逃税款的行为，防止税款流失，保证国家依法征税，及时、足额地取得税收收入。

2. 税法是国家实现宏观调控经济政策的工具

税法的这一作用主要体现在国家通过制定和修改税法，以法律的形式确定国家与纳税人之间的利益分配关系，调节社会成员的收入水平，调整产品结构，促进产业结构和社会资源的优化配置，使之符合国家的宏观经济政策。例如，1994年正式实施的《增值税暂行条例》，对于调整产业结构，促进商品的生产、流通，适应市场竞争机制的要求，都发挥了积极的作用。

3. 税法是正确处理税收分配关系的准绳

税法是关于国家参与社会产品分配的法律规范，涉及从事生产经营活动的每个单位和个人。为适应处理三者关系的需要，税法规定了对什么征税、征什么税、征多少、何时征以及如何征管等事项，确定了一个规范有效的纳税秩序和经济秩序。税法规范纳税人合法纳税，规范税务机关合法征税，为正确处理三者之间的关系提供了法律准绳，有效地维护和促进了现代市场经济秩序。

4. 税法是维护国家利益，促进国际经济交往的可靠保证

在国际经济交往中，任何国家对在本国境内从事生产、经营的外国企业或个人都拥有税收管辖权，这是国家权益的具体体现。各国政府都十分重视运用税法这一法律工具，维护国家经济权益，加速本国的经济发展服务。我国自1979年实行对外开放以来，在平等互利的基础上，不断扩大和发展同各国、各地区的经济交流与合作，利用外资、引进技术的规模、渠道和形式都有了很大发展。我国在建立和完善涉外税法的同时，还同90多个国家签订了

避免双重征税的协定。这些税法规定既维护了国家的权益，又为鼓励外商投资、保护国外企业或个人在华合法经营、发展国家间平等互利的经济技术合作关系提供了可靠的法律保障。

(二)税法的法律规范作用

1. 税法的指引作用

税法为税收法律关系主体的行为提供了一个模式、标准和方向，这是一种规范性的指引。税法的指引作用因税法规范的不同而有两种形式：确定的指引作用和不确定的指引作用。确定的指引作用主要是通过税法的义务性规范来实现，明确规定了税收法律关系主体应该怎么做或不应该怎么做；不确定的指引作用主要是通过税法的授权性规范来实现。这些规范给人们的行为提供了一个可供选择的余地，它规定人们可以这样行为，允许人们自行决定是否这样行为。

2. 税法的评价作用

作为法律规范，税法具有判断、衡量税收法律关系主体的行为是否合法的作用。

3. 税法的强制作用

税法对违法行为的制裁而产生的对征、纳双方履行自己义务的强制力，是税收强制性的法律根据。它的强制作用不仅在于惩戒违法行为，也在于预防违法行为，还在于增强人们在进行合法征、纳活动时的安全感。

4. 税法的教育作用

这种作用可以说是税法评价作用和强制作用的延伸。人们在对某一税收行为做出评价之后，必然要做出相应处理，而处理结果则会对人们以后的行为产生一定的影响。

5. 税法的预测作用

依据税法，税收法律关系主体可以预测到在涉税经济活动中自身所应承担的税收法律责任和享有的权利。

三、税法的原则

税法的原则反映税收活动的根本属性，是税收法律制度建立的基础。税法的原则包括税法基本原则和税法适用原则。

(一)税法基本原则

税法基本原则是统领所有税收规范的根本准则，包括税收立法、执法、司法在内的一切税收活动都必须遵守。其中，税收法定原则是税法基本原则中的核心原则。

1. 税收法定原则

党的十八届三中全会通过的《中共中央关于全面深化改革若干重大问题的决定》中提出了"落实税收法定原则"。这是我国在党的文件中首次明确提出税法原则中这一最根本的原则。

税收法定原则又称为税收法定主义，是指税法主体的权利和义务必须由法律加以规定，税法的各类构成要素必须且只能由法律予以明确。税收法定主义贯穿税收立法、执法和司法的全部领域，其内容包括税收要件法定原则和税务合法性原则。

税收要件法定原则是指有关纳税人、课税对象、课税标准等税收要件必须以法律形式作出规定，且有关课税要素的规定必须尽量明确。具体如下：

(1) 税种法定。国家对其开征的任何税种都必须由法律对其进行专门确定后才能实施。

(2) 税收要素法定。国家对任何税种征税要素的变动都应当按相关法律的规定进行。

(3) 税收规定明确。征税的各个要素不仅应当由法律做出专门的规定，这种规定还应当尽量明确。如果规定不明确，则定会产生漏洞或者歧义。在税收的立法过程中应尽量避免使用模糊性的文字。

税务合法性原则是指税务机关按法定程序依法征税，不得随意减征、停征或免征，无法律依据不征税。法定征税程序的具体要求如下。

(1) 要求立法者在立法中明确征收程序。这样既可以使纳税程序化，提高工作效率，节约社会成本，又尊重并保护税收债务人的程序性权利，促使其提高纳税意识。

(2) 要求征税机关及其工作人员按照程序法和实体法的规定来行使自己的职权，履行自己的职责，充分尊重纳税人的各项权利。

2. 税收公平原则

一般认为，税收公平原则包括税收横向公平和纵向公平，即税收负担必须根据纳税人的负担能力分配，负担能力相等，税负相同；负担能力不等，税负不同。税收公平原则源于法律上的平等性原则，所以许多国家的税法在贯彻税收公平原则时，都特别强调"禁止不平等对待的法理，禁止对特定纳税人给予歧视性对待，也禁止在没有正当理由的情况下对特定纳税人给予特别优惠"。

3. 税收效率原则

税收效率原则包含两方面：一是经济效率；二是行政效率。前者要求税法的制定要有利于资源的有效配置和经济体制的有效运行；后者要求提高税收行政效率，节约税收征管成本，可以从征税费用占所征税额的比例来考察。

4. 实质课税原则

实质课税原则是指应根据客观事实确定是否符合课税要件，并根据纳税人的真实负担能力决定纳税人的税负，而不能仅考虑相关外观和形式。

(二)税法适用原则

税法适用原则是指税务行政机关和司法机关运用税收法律规范解决具体问题所必须遵循的准则。税法适用原则并不违背税法基本原则，而且在一定程度上体现着税法基本原则。但是与其相比，税法适用原则含有更多的法律技术性准则，更为具体化。

1. 法律优位原则

法律优位原则的基本含义为法律的效力高于行政立法的效力。法律优位原则在税法中的作用主要体现在处理不同等级税法的关系上。法律优位原则明确了税收法律的效力高于税收行政法规的效力，对此还可以进一步推论为税收行政法规的效力优于税收行政规章的效力。效力低的税法与效力高的税法发生冲突时，效力低的税法无效。

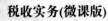

2. 法律不溯及既往原则

法律不溯及既往原则是绝大多数国家所遵循的法律程序技术原则。其基本含义为：一部新法实施后，对新法实施之前人们的行为不得适用新法，而只能沿用旧法。在税法领域内坚持这一原则，目的在于维护税法的稳定性和可预测性，使纳税人能在知道纳税结果的前提下做出相应的经济决策，税收的调节作用才会较为有效。

【例1-4 判断题】自2016年12月1日起，超豪华小汽车，在生产(进口)环节按现行税率征收消费税的基础上，在零售环节加征10%消费税。某汽车进口企业在2017年10月被查出在2015年隐瞒销售额200万元，少缴消费税10万元，税务局对该企业追征10万元，这样处理是否正确？

【答案】不正确

【答案解析】违背了法律不溯及既往原则。按照该原则，2016年12月1日以前发生的销售额按照原法规定在销售环节是不加征消费税的。

3. 新法优于旧法原则

新法优于旧法原则也称后法优于先法原则，其含义为：当新法、旧法对同一事项有不同规定时，新法的效力优于旧法的效力。其作用在于避免因法律修订带来新法、旧法对同一事项有不同的规定而引起法律适用的混乱，为法律的更新与完善提供法律适用上的保障。新法优于旧法原则在税法中普遍适用，但是当新税法与旧税法处于普通法与特别法的关系时，以及某些程序性税法引用"实体从旧，程序从新原则"时，可以例外。

4. 特别法优于普通法原则

特别法优于普通法原则的含义为：对同一事项两部法律分别有一般规定和特别规定时，特别规定的效力要高于一般规定的效力。特别法优于普通法原则打破了税法效力等级的限制，即居于特别法地位的级别较低的税法，其效力可以高于作为普通法的级别较高的税法。

5. 实体法从旧、程序法从新原则

实体法从旧是指实体税法不具备溯及效力，即在新的税法实施以前发生的纳税义务行为，在实体上应适用行为发生时的旧的税法，只有当新的税法实施以后发生的纳税义务才适用新的税法。程序法从新，是指新法优于旧法，当税法发生变化时，无论纳税义务行为发生在何时，只要有关纳税手续等程序是在新法实施之后办理的，均应按新法规定执行。

6. 程序法优于实体法原则

程序法优于实体法原则是关于税收诉讼法的原则，其基本含义为：在诉讼发生时税收程序法优于税收实体法。适用这一原则，是为了确保国家课税权的实现，不因争议的发生而影响税款的及时、足额入库。

【例1-5 单选题】下列关于税法适用原则的说法中，错误的是(   )。

A. 税收行政法规的效力优于税收部门规章的效力

B. 当新旧税法对同一事项有不同规定时，新法的效力优于旧法

C. 在税收争讼发生时，程序法优于实体法，以保证国家课税权的实现

D. 税收实体法具备溯及效力，而税收程序法不具备溯及效力，即实体从新，程序从旧

【答案】D

【答案解析】选项ABC正确。实体从旧，程序从新原则的含义是：实体税法不具备溯及效力，程序税法在特定条件下具备一定的溯及效力，故选项D错误。

四、税收法律关系

税收法律关系是税法所确认和调整的国家与纳税人之间、国家与国家之间及各级政府之间在税收分配过程中形成的权利与义务关系。国家征税与纳税人纳税形式上表现为利益分配的关系，但经过法律明确其双方的权利与义务后，这种关系实质上已上升为一种特定的法律关系。了解税收法律关系，对于正确理解国家税法的本质，严格依法征税、依法纳税都具有重要的意义。

(一)税收法律关系的构成

税收法律关系在总体上与其他法律关系一样，都是由税收法律关系的主体、客体和内容三个方面构成的，但在三个方面的内涵上，税收法律关系又具有一定的特殊性。

1. 税收法律关系的主体

税收法律关系的主体是指税收法律关系中享有权利和承担义务的当事人，即法律关系的参加者。在我国，税收法律关系的主体包括征、纳双方，一方是代表国家行使征税职责的国家行政机关，包括国家各级税务机关、海关和财政机关；另一方是履行纳税义务的人，包括法人、自然人和其他组织，在华的外国企业、组织、外籍人、无国籍人，以及在华虽然没有机构、场所，但有来源于中国境内所得的外国企业或组织。在我国，这种对税收法律关系中权利主体另一方的确定，采取的是属地兼属人的原则。

【例1-6 多选题】代表国家行使征税职责的国家行政机关不包括(   )。

A. 工商行政机关　　　　　　　B. 税务机关

C. 海关　　　　　　　　　　　D. 财政机关

【答案】AD

【答案解析】选项AD正确。代表国家行使征税职责的国家行政机关，包括国家各级税务机关、海关。

2. 税收法律关系的客体

客体即税收法律关系主体的权利、义务所共同指向的对象，也就是征税对象。例如，流转税法律关系客体就是货物销售收入或劳务收入，所得税法律关系客体就是生产经营所得和其他所得，财产税法律关系客体即财产。税收法律关系客体也是国家利用税收杠杆调整和控制的目标，国家在一定时期根据客观经济形势发展的需要，通过扩大或缩小征税范围调整征税对象，以达到限制或鼓励国民经济中某些产业、行业发展的目的。

3. 税收法律关系的内容

税收法律关系的内容就是主体所享有的权利和所应承担的义务，这是税收法律关系中最实质的东西，也是税法的灵魂。它规定权利主体可以有什么行为，不可以有什么行为，若违反了这些规定，须承担相应的法律责任。

税务机关的权利主要表现在依法进行征税、税务检查及对违章者进行处罚；其义务主要是向纳税人宣传、咨询、辅导解读税法，及时把征收的税款解缴国库，依法受理纳税人对税收争议的申诉等。

纳税义务人的权利主要有多缴税款申请退还权、延期纳税权、依法申请减免税权、申请复议和提起诉讼权等。其义务主要是按税法规定办理税务登记，进行纳税申报，接受税务检查，依法缴纳税款等。

(二)税收法律关系的产生、变更与消灭

税法是引起税收法律关系的前提条件，但税法本身并不能产生具体的税收法律关系。税收法律关系的产生、变更和消灭必须有能够引起税收法律关系产生、变更或消灭的客观情况，也就是由税收法律事实来决定。税收法律事实可以分为税收法律事件和税收法律行为。税收法律事件是指不以税收法律关系权力主体的意志为转移的客观事件。例如，自然灾害可以导致税收减免，从而改变税收法律关系的内容。税收法律行为是指税收法律关系主体在正常意志支配下做出的活动。例如，纳税人开业经营即产生税收法律关系，纳税人转业或停业就会造成税收法律关系的变更或消灭。

(三)税收法律关系的保护

税收法律关系是同国家利益及企业和个人的权益相联系的。保护税收法律关系，实质上就是保护国家正常的经济秩序，保障国家财政收入，维护纳税人的合法权益。税收法律关系的保护形式和方法很多，如税法中关于限期纳税、征收滞纳金和罚款的规定，《刑法》对构成逃税、抗税罪给予刑罚的规定，以及税法中对纳税人不服税务机关征税处理决定，可以申请复议或提出诉讼的规定等都是对税收法律关系的直接保护。税收法律关系的保护对权利主体双方是平等的，不能只对一方保护，而对另一方不予保护。同时对其享有权利的保护，就是对其承担义务的制约。

【例 1-7 多选题】下列关于税收法律关系的表述中，不正确的有(   )。

A. 代表国家行使征税职责的各级国家税务机关是税收法律关系中的权利主体之一

B. 税收法律关系中权利主体双方法律地位并不平等，双方的权利义务也不对等

C. 税法是引起法律关系的前提条件，税法可以产生具体的税收法律关系

D. 税收法律关系总体上与其他法律关系一样，都是由权利主体、权利客体两方面构成的

【答案】BCD

【答案解析】选项 B，税收法律关系中权利主体双方法律地位平等；选项 C，税法是引起税收法律关系的前提条件，但税法本身并不能产生具体的税收法律关系；选项 D，税收法律关系在总体上与其他法律关系一样，都是由权利主体、客体和法律关系内容三方面构成的。

五、税法分类

税法体系中按立法目的、征税对象、权限划分、适用范围、职能作用不同，可分为不同类型。

(一)按照税法基本内容和效力的不同分类

按照税法基本内容和效力的不同，可分为税收基本法和税收普通法。

税收基本法也称税收通则，是税法体系的主体和核心，在税法体系中起着税收母法的作

用。其基本内容包括税收制度的性质、税务管理机构、税收立法与管理权限、纳税人的基本权利与义务、征税机关的权利和义务、税种设置等。我国目前还没有制定统一的税收基本法，随着我国税收法制建设的发展和完善，将研究制定税收基本法。

税收普通法是根据税收基本法的原则，对税收基本法规定的事项分别立法实施的法律，如税收征收管理法、企业所得税法等。

(二)按照税法职能作用的不同分类

按照税法职能作用的不同，可分为税收实体法和税收程序法。

税收实体法主要是指确定税种立法，具体规定各税种的征收对象、征收范围、税目、税率、纳税地点等。例如，《中华人民共和国企业所得税法》《中华人民共和国个人所得税法》就属于税收实体法。

税收程序法是指税务管理方面的法律，主要包括税收管理法、纳税程序法、发票管理法、税务机关组织法、税务争议处理法等。《中华人民共和国税收征收管理法》就属于税收程序法。

1. 税收实体法体系

税收实体法主要是经 1994 年税制改革后形成的，按征税对象大致可分为以下 5 类。

(1) 流转税类。包括增值税、消费税和关税，主要在生产、流通或者服务业中发挥调节作用。

(2) 所得税类。包括企业所得税和个人所得税，主要是国民收入形成后，对生产经营者的利润和个人的纯收入发挥调节作用。

(3) 财产和行为税类。包括房产税、车船税、契税、印花税，主要是对某些财产和行为发挥调节作用。

(4) 资源税类。包括资源税、城镇土地使用税和土地增值税，主要是对因开发和利用资源差异而形成的级差收入发挥调节作用。

(5) 特定目的税类。包括城市维护建设税、车辆购置税、耕地占用税、船舶吨税、烟叶税和环境保护税，主要是为了达到特定目的，对特定对象和特定行为发挥调节作用。

现行 18 个税种中，除企业所得税、个人所得税、车船税、环境保护税、烟叶税、船舶吨税、车辆购置税和耕地占用税是以国家法律的形式发布实施外，其他各税种都是经全国人民代表大会授权立法，由国务院以暂行条例的形式发布实施的。这些法律法规共同组成了我国的税收实体法体系。

上述 18 个税种中，除进口的增值税和消费税、关税和船舶吨税由海关负责征收管理外，其他税种均由税务机关负责征收管理。

2. 税收程序法体系

除税收实体法外，我国对税收征收管理适用的法律制度，是按照税收管理机关的不同而分别规定的。

(1) 由税务机关负责征收的税种的征收管理，按照《中华人民共和国税收征收管理法》及各实体税法中的征管规定执行。

(2) 由海关负责征收的税种的征收管理，按照《中华人民共和国海关法》及《中华人民共和国进出口关税条例》等有关规定执行。

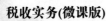

上述税收实体法和税收征收管理法的程序法共同构成了我国现行税法体系。

(三)按照主权国家行使税收管辖权的不同分类

按照主权国家行使税收管辖权的不同，可分为国内税法、国际税法、外国税法等。

国内税法一般是按照属人或属地原则，规定一个国家的内部税收制度。国际税法是指国家间形成的税收制度，主要包括双边或多边国家间的税收协定、条约和国际惯例等，一般而言，其效力高于国内税法。外国税法是指国外各个国家制定的税收制度。

第三节　税　制　概　论

一、税制的含义

从法律角度来讲，一个国家在一定时期内、一定体制下以法定形式规定的各种税收法律、法规的总和，被称为税法体系。但从税收工作的角度讲，所谓税法体系往往被称为税收制度(简称税制)。一个国家的税收制度是指在既定的管理体制下，设置的税种以及与这些税种的征收、管理有关的，具有法律效力的各级成文法律、行政法规、部门规章等的总和。也就是说，税法体系就是通常所说的税收制度。

税收制度通过税收构成要素的设置，使得国家和社会经济主体的分配关系确定下来，从而使税收的本质规定得以具体体现。

二、税制要素的内容

税制要素是指各种单行税法具有的共同的基本要素的总称。税制要素一般包括总则、纳税义务人、征税对象、税目、税率、纳税环节、纳税期限、纳税地点、减税免税、罚则、附则等项目。

(一)总则

总则主要包括立法依据、立法目的、适用原则等。例如，《耕地占用税条例》的立法目的："为了合理利用土地资源，加强土地管理，保护农用耕地，特制定本条例。"

(二)纳税义务人

纳税义务人或纳税人又叫纳税主体，是税法规定的直接负有纳税义务的单位和个人，解决的是国家对谁征税的问题。如我国增值税法、消费税法等第一条规定的都是该税种的纳税义务人。

纳税人包括法人和自然人两种基本形式。根据《中华人民共和国民法典》第五十七条规定，法人是指基于法律规定享有权利能力和行为能力，具有独立的财产和经费，依法独立承担民事责任的社会组织。在我国，法人包括机关法人、事业法人、企业法人和社团法人。自然人是指在法律上可以独立地享受民事权利并承担民事义务的主体，包括本国公民，也包括外国人和无国籍人，如从事营利性经营活动的个人以及有应税收入和应税财产的个人。

与纳税人紧密联系的两个概念是负税人和扣缴义务人。

负税人一般是指税收的实际负担者，是最终负担国家所征收税款的单位和个人。在实际生活中，有的税款由纳税人自己负担，纳税人本身就是负税人；有的税款虽然由纳税人缴纳，但实际是由别人负担的，纳税人并不是负税人，这就是通常所说的税负转嫁。税负转嫁是指纳税人将其所缴纳的税款通过各种方式(提高商品售价或压低原材料供应价格等)转移给他人负担的过程，从而产生纳税人和负税人不一致的现象。

扣缴义务人是指税法规定的，在经营活动中负有代扣代缴并向国库缴纳税款义务的单位和个人。扣缴义务人必须认真履行义务，否则应负法律责任。例如，出版社代扣作者稿酬所得的个人所得税等。

(三)征税对象

征税对象又叫课税对象、征税客体，指税法规定的对什么征税，是征、纳税双方权利义务共同指向的客体或标的物，是区别一种税与另一种税的重要标志，其解决的是国家对什么征税的问题。如消费税的征税对象是消费税法所列举的应税消费品，企业所得税的征税对象是企业的生产经营所得、其他所得等。征税对象是税法最基本的要素，因为它体现着征税的最基本界限，决定着某一种税的基本征税范围，同时，征税对象也决定了各个不同税种的名称，如消费税、土地增值税、个人所得税等，这些税种因征税对象不同、性质不同，税名也不同。征税对象按其性质的不同，通常可划分为流转额、所得额、财产、资源、特定行为五大类，通常也因此将税收分为相应的五大类，即流转税(或称商品和劳务税)、所得税、财产税、资源税和特定行为税。

与课税对象相关的两个概念是税目和税基。征税对象只说明了征税的标的物，它往往是概括性的，需要做出具体的解释。

税目是在税法中对征税对象分类规定的具体的征税项目，反映了具体的征税范围，是对征税对象质的界定。有些税种的征税对象简单、明确，没有必要另行规定税目。有些税种的征税对象复杂，需要规定税目。如消费税以消费品为征税对象，但对哪些消费品征税，需要通过税目来规定。规定税目首先是为了明确具体的征税项目。凡列入税目的即为应税项目，未列入税目的，则不属于应税项目。另外，通过规定不同税目的不同税率可以体现国家的税收调节政策。

并非所有税种都需规定税目，有些税种不分课税对象的具体项目，一律按照课税对象的应税数额采用同一税率计征税款，因此一般无须设置税目，如企业所得税。

税基又叫计税依据，即征税对象的计量单位和征收标准，解决了对征税对象课税的计算问题，是对课税对象的量的规定。计税依据按照性质可划分为两大类。一类是以征税对象的实物形态为计税单位，实物形态包括征税对象的数量、面积、体积、容积、重量等。它适合从量计征的税种，如城镇土地使用税的计税依据是占用的城镇土地面积。另一类是以价值形态为计税依据，价值形态包括应纳税所得额、销售收入等，即以征税对象的价格作为计税依据。它适合从价计征的税种，如企业所得税的计税依据是应纳税所得额。

(四)税率

税率是对征税对象的征收比例或征收额度。税率是计算税额的尺度，体现征税的深度，是衡量税负轻重与否的重要标志，直接关系国家的财政收入和纳税人的税收负担，是税收制度的中心环节。我国现行的主要税率如下。

1. 比例税率

比例税率即对同一征税对象，不分数额大小，规定相同的征收比例。我国的增值税、企业所得税等采用的是比例税率。比例税率在具体运用上可分为以下几种。

(1) 单一比例税率是指对同一征税对象的所有纳税人都适用同一比例税率。

(2) 差别比例税率是指对同一征税对象的不同纳税人适用不同的比例税率。

按使用范围可分为：①产品差别比例税率，即对不同产品规定不同的税率，同一产品采用同一比例税率，如消费税、关税等。②行业差别比例税率，即对不同行业分别适用不同的比例税率，同一行业采用同一比例税率，如增值税等。③地区差别比例税率，即对不同地区分别适用不同的比例税率，同一地区采用同一比例税率，如城市维护建设税等。

(3) 幅度比例税率是指对同一征税对象，税法只规定最低税率和最高税率，各地区在该幅度内确定具体的使用税率，如资源税等。

比例税率具有计算简单，税负透明度高，有利于保证财政收入，有利于纳税人公平竞争，不妨碍商品流转额或非商品营业额扩大等优点，符合税收的效率原则。但比例税率不能针对不同的收入水平实施不同的税收负担，在调节纳税人的收入水平方面难以体现税收的公平原则。

2. 累进税率

累进税率是指随着征税对象数额增大而提高的税率，即按征税对象数额的大小划分为若干等级，每个等级由低到高规定相应的税率，征税对象数额越大，适用税率越高。累进税率一般在所得课税中使用，可以充分体现对纳税人收入多的多征、收入少的少征、无收入的不征的税收原则，从而有效地调节纳税人的收入，正确处理税收负担的纵向公平问题。目前，我国现行税制中采用的累进税率有超额累进税率和超率累进税率。

(1) 超额累进税率。超额累进税率是指把征税对象按数额的大小分为若干等级，每一个等级规定一个税率，税率依次提高，但每一纳税人的征税对象则依所属等级同时适用几个税率分别计算，将计算结果相加后得出应纳税额。目前，我国税制体系中采用这种税率的是个人所得税。表 1-1 为个人所得税所适用的七级超额累进税率。

表 1-1 综合所得个人所得税税率

级　数	全年应纳税所得额	税率/%	速算扣除数/元
1	不超过 36 000 元的	3	0
2	超过 36 000 元至 144 000 元的部分	10	2 520
3	超过 144 000 元至 300 000 元的部分	20	16 920
4	超过 300 000 元至 420 000 元的部分	25	31 920
5	超过 420 000 元至 660 000 元的部分	30	52 920
6	超过 660 000 元至 960 000 元的部分	35	85 920
7	超过 960 000 元的部分	45	181 920

【例 1-8 计算题】小张全年应纳税所得额为 78 000 元，按表 1-1 所列税率，其应纳税额可以分级计算如下。

第一级的 36 000 元适用 3%的税率，应纳税额=36 000×3%=1 080(元)；

第二级的 42 000 元(78 000-36 000)适用 10%的税率, 应纳税额=42 000×10%=4 200(元);

小张该年应纳税额=36 000×3%+42 000×10%=1 080+4 200=5 280(元)。

为了简化计算, 也可以采用速算扣除法。速算扣除法的原理是, 基于全额累进计算的方法比较简单, 可将超额累进计算的方法转化为全额累进计算的方法。对于同样的课税对象数量, 按全额累进方法计算出的税额比按超额累进方法计算出的税额多, 即有重复计算的部分, 这个多征的常数被称为速算扣除数, 用公式表示为

速算扣除数=按全额累进方法计算的税额-按超额累进方法计算的税额

公式移项得:

按超额累进方法计算的税额=按全额累进方法计算的税额-速算扣除数

接上例, 小张 78 000 元的应纳税所得额采用速算扣除法, 应纳税额=78 000×10%-2 520=5 280(元), 与按照超额累进税率定义的分级计算再合计的方法计算的结果一致。

(2) 超率累进税率。超率累进税率是以征税对象数额的相对率划分若干级距, 分别规定相应的差别税率, 相对率每超过一个级距的, 对超过的部分就按高一级的税率计算征税。它与超额累进税率的原理相同, 只是税率累进的依据不是征税对象的数额, 而是征税对象的某种比率。目前, 我国税制体系中采用这种税率的是土地增值税。表 1-2 为土地增值税所适用的四级超率累进税率。

表 1-2 土地增值税税率

级　数	级　距	税率/%	速算扣除率/%
1	增值额未超过扣除项目金额50%的部分	30	0
2	增值额超过扣除项目金额50%未超过扣除项目金额100%的部分	40	5
3	增值额超过扣除项目金额100%未超过扣除项目金额200%的部分	50	15
4	增值额超过扣除项目金额200%的部分	60	35

【例 1-9 计算题】九鼎房地产公司 2020 年 10 月房产的销售额为 4 000 万元, 其中地价款、开发成本等扣除项目金额为 2 000 万元。试计算该公司当月应缴纳的土地增值税。

土地增值额=4 000-2 000=2 000(万元);

土地增值额与扣除项目金额比例=$\frac{2\,000}{2\,000}×100\%=100\%$。

按表 1-2 所列税率, 其应纳税额可以分级计算:

第一级的 2 000×50%=1 000(万元)增值额适用 30%的税率, 应纳税额=1 000×30%=300(万元);

第二级的 2 000×(100%-50%)=1 000(万元)增值额适用 40%的税率, 应纳税额=1 000×40%=400(万元);

公司该月应纳税额=1 000×30%+1 000×40%=300+400=700(万元)

为了简化计算, 也可以采用速算扣除法。

应纳税额=转让房地产增值额×适用税率-扣除项目金额×速算扣除率

接上例, 九鼎房地产公司 2 000 万元的土地增值额采用速算扣除法, 应纳税额=2 000×40%-2 000×5%=700(万元), 与按照超率累进税率定义的分级计算再合计的方法计算的结果一致。

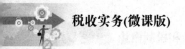

3. 定额税率

定额税率又称固定税额，是按征税对象确定的计算单位，直接规定一个固定的税额。定额税率一般适用于从量计征的某些税种。目前，采用定额税率的有城镇土地使用税、车船税等。

定额税率计算简便，税额不受征税对象价格变化的影响，负担相对稳定；但由于税额不随征税对象价值的增长而增长，在调节收入和适用范围上有局限性。

【例1-10多选题】下列税种中，采用定额税率征收的有(　　)。

A. 耕地占用税　　　　　　　　　B. 企业所得税

C. 城镇土地使用税　　　　　　　D. 城市维护建设税

【答案】AC

【答案解析】耕地占用税和城镇土地使用税采用的是定额税率征收；企业所得税和城市维护建设税采用的是比例税率征收。

(五)纳税环节

纳税环节主要是指税法规定的征税对象从生产到消费的流转过程中应当缴纳税款的环节。如流转税在生产和流通环节纳税，所得税在分配环节纳税等。商品从生产到消费要经历诸多流转环节，按照某种税征税环节的多少，可以将税种划分为一次课征制或多次课征制。合理选择纳税环节，对加强税收征管，有效控制税源，保证国家财政收入的及时、稳定、可靠，方便纳税人生产经营活动和财务核算，灵活机动地发挥税收调节经济的作用，具有十分重要的理论和实践意义。

(六)纳税期限

纳税期限是指税法规定的关于税款缴纳时间即纳税时限方面的限定。税法关于纳税时限的规定，有三个相关概念。

(1) 纳税义务发生时间。它是指应税行为发生的时间。如增值税条例规定采取预收货款方式销售货物的，其纳税义务发生时间为货物发出的当天。

(2) 纳税计算期限。纳税人每次发生纳税义务后，不可能马上缴纳税款。税法规定了每种税的纳税期限，即每隔固定时间汇总一次纳税义务的时间。如增值税条例规定，增值税的具体纳税期限分别为1日、3日、5日、10日、15日、1个月或者1个季度。纳税人的具体纳税期限由主管税务机关根据纳税人应纳税额的大小分别核定，不能按照固定期限纳税的，可以按次纳税。

(3) 缴库期限。即税法规定的纳税期满后，纳税人将应纳税款缴入国库的期限。如增值税法规定，纳税人以1个月或者1个季度为1个纳税期的，自期满之日起15日内申报纳税；以1日、3日、5日、10日或者15日为1个纳税期的，自期满之日起5日内预缴税款，于次月1日起15日内申报纳税并结清上月应纳税款。

【例1-11多选题】下列关于青山公司2020年3月1日到2020年3月31日销售空调的纳税期限的说法正确的有(　　)。

A. 纳税义务发生时间为空调发出并且已取得收取货款的权利

B. 纳税计算期限可以为1个月

C. 若纳税计算期限为1个月，那么税款缴库期限为4月1日到4月15日

D. 若纳税计算期限为1个月，那么税款缴库期限为4月1日到4月5日

【答案】ABC

【答案解析】增值税法规定，纳税人以1个月或者1个季度为1个纳税期的，自期满之日起15日内申报纳税。

(七)纳税地点

纳税地点主要是指根据各个税种纳税对象的纳税环节和有利于对税款的源泉控制而规定的纳税人(包括代征、代扣、代缴义务人)的具体纳税地点。如机构所在地、经济活动发生地、财产所在地、报关地等。

(八)减税免税

减税免税主要是对某些纳税人和征税对象采取减少征税或者免予征税的特殊规定。减税是对应纳税额少征收一部分税款；免税是对应纳税额全部予以免征。减税免税是税法的严肃性和必要性的结合，是符合特殊情况实行特殊调节的手段。减税免税可以分为税基式减免、税率式减免和税额式减免三种形式。

(1) 税基式减免，即通过直接缩小计税依据的方式来实现的减税免税，具体包括起征点、免征额、项目扣除以及跨期结转等。其中起征点是征税对象开始征税的数额起点。征税对象数额未达到起征点的不征税，达到或超过起征点的，就其全部数额征税。确定起征点，可以把一部分收入较低的纳税人排除在征税范围以外，贯彻合理负担的税收政策。免征额是税法规定的征税对象全部数额中免予征税的数额。属于免征额的部分不征税，只有超过免征额的部分征税。确立免征额，是对不同收入的纳税人的一种普遍照顾，有利于降低税收负担。

(2) 税率式减免，即通过直接降低税率的方式来实现减税免税，包括重新确定税率、选用其他税率、零税率等。

(3) 税额式减免，即通过直接减少应纳税额的方式来实现的减税免税，具体包括全部免征、减半征收、核定减免率以及另定减征额等。

(九)罚则

罚则主要是指对纳税人违反税法的行为采取的处罚措施。

(十)附则

附则一般都规定与该法紧密相关的内容，例如税法的解释权、生效时间等。

【例1-12 多选题】下列各项中，表述正确的有(　　)。

A. 税目是区分不同税种的主要标志

B. 税率是衡量税负轻重的重要标志

C. 纳税人是税法规定的直接负有纳税义务的单位和个人

D. 征税对象是征、纳税双方权利义务共同指向的客体或标的物

【答案】BCD

【答案解析】选项A，税目是征税对象的具体化，征税对象是区分不同税种的主要标志。

三、影响税制体系设置的主要因素

尽管每一个国家的税制体系都有具体的形成和发展原因，但从总体上看，影响税制体系

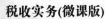

的主要因素有以下几个方面。

(一)社会经济发展水平

社会经济发展水平是影响并决定税制体系的最基本因素，这里的社会经济发展水平主要是指社会生产力发展水平，以及由社会生产力发展水平所决定的经济结构。从世界主要国家税制体系的历史发展进程来看，大致经历了从古老的直接税到间接税，再由间接税发展到现代直接税的进程，这种发展进程是同社会经济发展水平的进程相一致的。在以农业经济为主体的自然经济条件下，必然以农业收入作为税收的主要来源，农业生产的非商品特点又决定了必须以土地和人口作为征税对象，我们把这种以土地、人口的外部标志作为计税依据等额征税，而不考虑纳税人负担能力的税种称为古老的直接税。随着工业、商业的迅速发展，形成了以工商经济为主体的经济结构，同时农业生产也具有了商品经济的特征，在这种以工商经济为主体的商品经济条件下，必然以工商经营收入作为主要征税对象，这就形成了以间接税为主体的税制体系。到了现代资本主义社会，随着社会生产力的调整和发展，国家在经济和社会事务中的职能及作用得到加强，财政支出增加，相应地也要求增加财政收入。由于所得税在财政上具有较好的收入弹性，在经济上对企业和个人的经济活动及经济行为较少干预，在政策上能较好地满足经济稳定和公平分配的目标，因而税制体系在这一时期得到迅速发展，从而在西方一些主要国家形成了以现代直接税为主体的税制体系。

(二)国家政策取向

税制体系的具体设置，一方面要体现税收的基本原则，另一方面也是为实现国家的税收政策目标服务。税收作为国家宏观经济政策的一个主要工具，除了其特有的聚财职能之外，与其他许多宏观经济政策工具一样，要发挥调控职能，也就是通过具体税种的设置对社会经济起到调节作用。近年来，这方面的因素在我国税制体系的设置和调整方面体现得尤为明显。例如，为了实现社会公正，调节房地产资源占有状况，国家积极对居民住房试点开征房产税等。

(三)税收管理水平

一个国家的税收管理水平对该国税制体系的设置也会产生影响。一般来说，由于流转税是对商品销售或劳务服务所取得的收入进行征税，征收管理相对简单。而所得税是对纳税人取得的各项所得进行征税，涉及税前扣除、具体的会计制度等许多细节问题，征收管理相对复杂。因此，如果一个国家推行以所得税为主体的税制体系，必须以较高的税收管理水平为基础。

四、不同类型的税制体系及其主要特点

综观世界各国的税制体系，主要有以下五种类型可供选择，即以流转税为主体税种的税制体系、以所得税为主体税种的税制体系、以资源税为主体税种的税制体系、以低税结构为特征的"避税港"税制体系以及流转税和所得税并重的双主体税制体系。各类税制体系都有各自的特点。

(一)以流转税为主体税种的税制体系及其主要特点

这类税制体系中，流转税居主体地位，在整个税制中发挥主导作用，其他税居次要地位，

在整个税制中只能起辅助作用。由于流转税是以商品的流转额为课征对象,只要有商品(含劳务)的流转额发生,就能课征到税款。因此,这类税的征税范围广,而且不受生产经营成本、费用变化的影响,税源充裕,不仅具有保证财政收入及时性和稳定性的特点,还有征管简便的特点。在实行价内税的情况下,这类税的税金又是价格的组成部分,它能够与价格杠杆相配合,调节生产、消费,并在一定程度上调节企业的盈利水平。当然,这种税制体系也存在一些缺点:由于这类税只是在生产与流通领域形成收入的过程中对国民收入进行调节,所以其调节功能相对较弱,而且容易产生税负转移,其中有些税种还存在累退性,有些税种存在重复征税等缺陷。

(二)以所得税为主体税种的税制体系及其主要特点

这类税制体系中,所得税居主导地位,在整个税制中发挥主导作用。这类税制体系以纳税人的所得额为计税依据,对社会所有成员普遍征收,即不仅对生产经营者征税,而且对非生产经营但取得收入的人征税。所得税还可与累进税率配合,具有按负担能力大小征收、自动调节经济和公平分配的特点。当然,这类税制体系也存在收入不稳定、计算复杂、要求相适应的社会核算程度较高、征管难度较大等缺陷。

(三)以资源税为主体税种的税制体系及其主要特点

这类税制体系中,资源税居主体地位,在整个税制中发挥主导作用。由于这类税是对土地、水力、滩涂、森林等所有资源征税,所以这类税制体系具有保护资源、促进合理配置资源、调节资源级差收入,以及课税一般不受成本、费用变化影响等特点。由于世界上大多家的资源分布都有不均匀的现象,所以除少数中东石油资源丰富的国家外,其他国家很少采用这种税制体系。

(四)以低税结构为特征的"避税港"税制体系及其主要特点

这类税制体系是在该国或地区的税制体系中,普遍实行低税甚至免税的税收制度,即在这些地方,人们在那里拥有资产或取得收入只负担比在主要工业国家轻得多的税收,或者不必负担税收。这种税制体系有三种具体类型:一类是没有个人所得税,没有财产税,没有遗产税或赠予税。另一类是课征税负较轻的所得税、财产税等直接税,同时实行许多涉外税收优惠。还有一类实行正常税制,只是有较为灵活的税收优惠办法。"避税港"税制体系的主要特点表现在三个方面:①有独特的低税结构;②以所得税为主,一般很少征收或不征收包括关税在内的流转税;③有明确的避税区域范围。当然,这类税制体系通常是在政治环境比较安定、财政预算支出不太沉重、地理位置靠近高税和经济发达国家、交通方便的小岛国家或某一国的部分地区采用。

(五)双主体税制体系及其主要特点

这类税制体系中,流转税制和所得税制均居主体地位,这两类税制的作用相当,互相协调、配合。这类税制体系的主要特点是在发挥流转税征收范围广、税源充裕、能保证财政收入的及时性和稳定性、征收简便等优点的同时,也发挥所得税按负担能力大小征收、自动调节经济和公平分配等优点,形成了两个主体税类优势互补的税制体系。这类税制体系不仅在发展比较快的发展中国家采用,而且引起了以所得税系为主体税种的发达国家的重视。

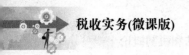

五、我国现行税制体系

自中华人民共和国成立以来，我国税制体系经历了从计划经济到有计划的商品经济再到社会主义市场经济的调整与变革过程，其中，1994 年的税制改革是中华人民共和国成立以来范围最广、程度最深、影响最大的一次税制改革。这次税制改革是为了适应建立社会主义市场经济体制的要求，按照"统一税制、公平税负、简化税制、合理分权、理顺分配关系、保证财政收入"的指导思想，选择以流转税制和所得税制为重点，建立起了一个多税种、多次征、主次分明的复合式税制体系。

经过 1994 年税制改革和多年来的逐步完善，我国已经初步建立了适应社会主义市场经济体制需要的税收制度。按照其性质和作用大致可以分为五类。

(1) 流转税类，包括增值税、消费税和关税。这些税种是在生产、流通或者服务业中，按照纳税人取得的销售收入征收的。营业税从 2016 年 5 月 1 日起停征，全面实施"营改增"。

(2) 所得税类，包括企业所得税和个人所得税。这些税种是按照生产经营者取得的利润或者个人取得的收入征收的。

(3) 资源税类，包括资源税、城镇土地使用税和土地增值税。这些税种是对从事资源开发或者使用城镇土地者征收的，可以体现国有资源的有偿使用特征，并对纳税人取得的资源级差收入进行调节。

(4) 财产行为税类，包括房产税、契税、车船税和印花税。

(5) 特定目的税类，包括城市维护建设税、车辆购置税、耕地占用税、烟叶税、船舶吨税和环保税。这些税种是为了达到特定目的，对特定对象和特定行为征收的。

国家税收制度的确立，要以本国的具体政治、经济条件为依据。就一个国家而言，在不同的时期，由于政治经济条件和政治经济目标不同，税收制度也有着或大或小的差异。

本章小结

本章全面介绍了税收、税法和税制，为税收实务的学习确定了理论基础和学习架构。

税收是政府为了满足社会公共需要，凭借政治权力，按照法定标准，强制、无偿地取得财政收入的一种形式，具有无偿性、强制性和固定性的特点；在经济领域、政治领域和社会领域发挥作用；可以按照各种标准进行分类，尤其按征税对象的性质划分，可分为流转税、所得税、资源税、财产税和行为税五大类，这种分类方式是世界各国在进行税收分类时采用的最基本、最重要的方式。

在深入理解税收的基础上来掌握税法的含义。税法是国家制定的用以调整国家与纳税人之间在征、纳税方面的权利及义务关系的法律规范的总称。它是国家及纳税人依法征税、依法纳税的行为准则，目的是保障国家利益和纳税人的合法权益，维护正常的税收秩序，保证国家的财政收入。税法的原则反映税收活动的根本属性，是税收法律制度建立的基础。税法的原则包括税法基本原则和税法适用原则。其中税收法定原则是税法基本原则中的核心。税收法律关系在总体上与其他法律关系一样，都是由税收法律关系的主体、客体和内容三方面构成的，但这三方面在内涵上，又具有一定的特殊性，即税收法律关系中权利主体双方法律地位平等，但双方的权利、义务并不对等。

从法律角度来讲，一个国家在一定时期内、一定体制下以法定形式规定的各种税收法律、法规的总和，被称为税法体系。但从税收工作的角度讲，所谓税法体系往往被称为税收制度(简称税制)。税制要素一般包括总则、纳税义务人、征税对象、税目、税率、纳税环节、纳税期限、纳税地点、减税免税、罚则、附则等项目，其中纳税义务人、征税对象、税率是基本要素。影响税制体系设置的主要因素是社会经济发展水平、国家政策取向和税收管理水平。不同类型的税制体系各有其特点，我国以流转税制和所得税制为重点，建立起了一个多税种、多次征、主次分明的复合式税制体系。

案例链接

中国税收的起源

税收是一个古老的历史范畴，已有几千年历史。一般认为，税收的产生取决于国家的产生和私有财产制的存在。早在夏代，我国就已经出现了国家凭借其政权力量进行强制课征的形式——"贡"。一般认为，贡是夏代王室对其所属部落或平民根据若干年土地收获的平均数按一定比例征收的农产品。到商代，贡逐渐演变为"助法"。助法是指借助农户的力役共同耕种公田，公田的收获全部归王室所有，实际上是一种力役之征。到周代，助法又演变为"彻法"。彻法就是耕种土地的每个农户要将一定数量的土地收获量缴纳给王室，即"民耗百亩者，彻取十亩以为赋"。夏、商、周三代的贡、助、彻都是对土地收获原始的强制课征形式，从税收起源的角度看，它们是税收的原始形式，是税收发展的雏形阶段。

到春秋时期，允许在公田以外开垦私田增加收入，鲁国为适应土地私有制发展实行了"初税亩"，对私田按亩征税，即"履亩十取一也"。这是首次从法律上承认了土地私有制，是税收起源的一个里程碑，标志着我国税收制度从雏形阶段进入了成熟时期。

除上述农业赋税外，商代的商业、手工业虽已经有所发展，但当时还没有征收赋税。到了周代，为适应商业、手工业的发展，开始对经过关卡或上市交易的物品征收"关市之赋"，对伐木、采矿、狩猎、捕鱼、煮盐等征收"山泽之赋"，这是我国最早的工商税收。

思考与讨论:

(1) 根据税收的形成过程，简述国家政治权力与税收的关系。

(2) 税收的本质是什么?

(3) 税收的作用是什么?

同步测试题

一、单项选择题

1. 税收是国家财政收入的主要形式，国家征税凭借的是(   )。

    A. 国家权力   B. 政治权力   C. 行政权力   D. 财产权利

2. 下列选项中，不属于税收特征的是(   )。

    A. 无偿性   B. 强制性   C. 固定性   D. 特殊性

3. 下列税种中，属于中央政府和地方政府共享收入的是(　　)。
  A. 关税   B. 消费税   C. 土地增值税   D. 个人所得税

4. 下列各项税法原则中，属于税法基本原则的是(　　)。
  A. 税收公平原则 B. 税收效率原则   C. 实质课税原则   D. 税收法定原则

5. 下列关于税收法律关系描述正确的是(　　)。
  A. 在法律关系中，代表国家行使征税职权的税务机关是权利主体
  B. 在税收法律关系中，履行纳税义务的法人、自然人是义务主体或称为权利客体
  C. 在税收法律关系中，征、纳双方法律地位的平等主要体现为双方权利与义务的对等
  D. 税法是国家制定用以调整税务机关与纳税人之间在征、纳方面权利及义务关系的法律规范的总称

6. 决定税收法律关系产生、变更与消灭的是(　　)。
  A. 税收法律制度 B. 税收法律实施   C. 税收法律事实   D. 税收法律本身

7. 我国税收法律关系权利主体中，纳税义务人的确定原则是(　　)。
  A. 国籍原则   B. 实际住所原则   C. 属地原则   D. 属地兼属人原则

8. 在税制的构成要素中，区分不同税种的主要标志是(　　)。
  A. 纳税义务人 B. 征税对象   C. 税率   D. 税目

9. 纳税人是指(　　)的单位和个人。
  A. 最终负担税款   B. 代收代缴税款
  C. 直接负有纳税义务   D. 向税务机关缴纳税款

10. 我国个人所得税中，"工资、薪金"采用的是(　　)。
  A. 比例税率 B. 超额累进税率   C. 定额税率   D. 超率累进税率

二、多项选择题

1. 税收的形式特征包括(　　)。
  A. 普遍性   B. 强制性   C. 无偿性   D. 固定性

2. 税收按管理和受益权限划分为(　　)。
  A. 直接税   B. 中央税
  C. 中央与地方共享税   D. 地方税

3. 属于中央政府固定收入的税种是(　　)。
  A. 消费税   B. 资源税
  C. 海关代征的进口环节增值税   D. 土地增值税

4. 下列属于税法基本原则的有(　　)。
  A. 税收法定原则   B. 税收公平原则
  C. 实质课税原则   D. 法律优位原则

5. 我国现行的税收实体法包括(　　)。
  A. 印花税   B. 税收征管法   C. 关税   D. 个人所得税

6. 在税法执行过程中，对其适用性或法律效力的判断原则有(　　)。
  A. 层次高的法律优于层次低的法律
  B. 同一层次的法律中，特别法优于普通法

    C. 国内法优于国际法

    D. 实体法从新，程序法从旧

7. 减税、免税包括(　　)三项内容。

    A. 税收优惠　　　　B. 起征点　　　　C. 免征额　　　　D. 减税、免税规定

8. 下列税种中以资源为征税对象的有(　　)。

    A. 资源税　　　　　B. 土地增值税　　　C. 消费税　　　　D. 城镇土地使用税

9. 所得税制的特点有(　　)。

    A. 税负不易转嫁　　B. 税负具有弹性　　C. 征收及时便利　　D. 税源分散

10. 影响税制设计的主要因素有(　　)。

    A. 社会经济发展水平　　　　　　　　　B. 税收管理水平

    C. 国家政策取向　　　　　　　　　　　D. 纳税人的要求

三、判断题

1. 税收是国家财政收入最主要的形式。　　　　　　　　　　　　　　　(　　)

2. 间接税是指税负可以由纳税人转嫁出去，由他人负担的各种税，如消费税、关税等。

                                                   (　　)

3. 为了符合宏观经济运行的目标，政府通过运用税收杠杆对社会经济运行进行引导和调整。　　　　　　　　　　　　　　　　　　　　　　　　　　　　　(　　)

4. 税法是引起法律关系的前提条件，税法可以产生具体的税收法律关系。　(　　)

5. 税收法律关系中权利主体双方法律地位并不平等，双方的权利、义务也不对等。

                                                   (　　)

6. 在处理国际税收协定与国内税法不一致的问题时，国内税法应处于优先地位，以不违反国内税法为准。　　　　　　　　　　　　　　　　　　　　　　　(　　)

7. 纳税人是税法规定的直接负有纳税义务的单位和个人，是实际负担税款的单位和个人。　　　　　　　　　　　　　　　　　　　　　　　　　　　　　　(　　)

8. 征税对象是税制的基本要素之一，是区分税种的主要标志。　　　　　(　　)

9. 税目是征税对象的具体化，体现征税的广度。　　　　　　　　　　　(　　)

10. 税率是计算税额的尺度，也是衡量税负轻重的重要标志，体现了征税的深度。

                                                   (　　)

四、术语解释

1. 税收　2. 税法　3. 税制体系　4. 从价税　5. 起征点

📚 拓展阅读

【拓展阅读1-1】

1993年分税制改革与完善进程

    根据党的十四届三中全会的决定，为了进一步理顺中央与地方的财政分配关系，更好地发挥国家财政的职能作用，增强中央的宏观调控能力，促进社会主义市场经济体制的建立和

国民经济持续、快速、健康发展，国务院决定，从1994年1月1日起改革原有地方财政包干体制，对各省、自治区、直辖市以及计划单列市实行分税制财政管理体制。

中央固定收入包括：关税，海关代征消费税和增值税，消费税，中央企业所得税，地方银行和外资银行及非银行金融企业所得税，铁道部门、各银行总行、各保险总公司等集中缴纳的收入(包括所得税、利润和城市维护建设税)，中央企业上缴的利润等。外贸业出口退税，除1993年地方已经负担的20%部分列入地方上缴中央基数外，以后发生的出口退税全部由中央财政负担。

地方固定收入包括：地方企业所得税(不含上述地方银行和外资银行及非银行金融企业所得税)，地方企业上缴利润，个人所得税，城镇土地使用税，固定资产投资方向调节税，城市维护建设税(不含铁道部门、各银行总行、各保险总公司集中缴纳的部分)，房产税，车船使用税，印花税，屠宰税，农牧业税，对农业特产收入征收的农业税(简称农业特产税)，耕地占用税，契税，遗产税和赠与税，土地增值税，国有土地有偿使用收入等。

中央与地方共享收入包括：增值税、资源税、证券交易税。对于增值税，中央分享75%，地方分享25%。资源税按不同的资源品种划分，大部分资源税作为地方收入，海洋石油资源税作为中央收入。对于证券交易税，中央与地方各分享50%。

分税制改革的完善主要经历了以下改革过程。

(1) 分税制改革。沿用包干体制下的中央和地方财政支出范围；将税种统一划分为中央税、地方税和中央与地方共享税；核定地方净上划中央收入基数，实行税收返还和1∶0.3增量返还；逐步建立较为规范的转移支付制度。

(2) 证券交易印花税的中央与地方分享比例由50∶50改为80∶20。后将税率从3‰调增到5‰，增加的收入全部作为中央收入。随后，从2000年起，分三年将证券交易印花税分享比例逐步调整到中央97%、地方3%。从2016年1月1日起，将证券交易印花税由现行按中央97%、地方3%的比例分享全部调整为中央收入。金融保险营业税税率由5%提高到8%后，提高的3个百分点收入划归中央；自2001年起，分三年将金融保险业的营业税税率降至5%，中央分享部分随之取消。

(3) 所得税收入分享改革。除铁路运输、国家邮政、四大国有商业银行、三家政策性银行、中石化及中海油等企业外，其他企业所得税和个人所得税收入实行中央与地方按统一比例分享。2002年所得税收入中央与地方各分享50%；2003年以后中央分享60%，地方分享40%。中央因改革所得税收入分享办法增加的收入全部用于对地方(主要是中西部地区)的一般性转移支付。为了保证所得税收入分享改革的顺利实施，妥善处理各地区间利益分配关系，规定跨地区经营企业集中缴纳的所得税，按分公司(子公司)所在地的企业经营收入、职工人数和资产总额三个因素在相关地区间分配。

(4) 出口退税负担机制改革。以2003年出口退税实退指标为基数，对超基数部分的应退税额，由中央和地方按75∶25的比例共同负担。2005年对出口退税负担机制做出进一步完善，在维持2004年经国务院批准核定的各地出口退税基数不变的基础上，超基数部分由中央、地方按照92.5∶7.5的比例分担；出口退税改由中央统一退库，地方负担部分年终专项上解。

(5) 跨省市总、分机构企业所得税分配办法。属于中央与地方共享收入范围的跨省市总、分机构企业缴纳的企业所得税，按照统一规范、兼顾总机构和分支机构所在地利益的原则，实行"统一计算，分级管理，就地预缴，汇总清算，财政调库"的处理办法，总、分机构统一计算的当期应纳税额的地方分享部分，25%由总机构所在地分享，50%由各分支机构所在地分享，25%按各地2004—2006年企业所得税占全国地方企业所得税的比例进行分配。

(6) 我国从2016年5月1日起全面实行"营改增"，中央和地方的分配比例也随之发生了变化，增值税改为按5：5分配。

此外，财政转移支付制度也在不断完善。

资料来源：《国务院关于实行分税制财政管理体制的决定》(国发〔1993〕85号)和

《国务院关于印发所得税收入分享改革方案的通知》(国发〔2001〕37号)，

http://www.mof.gov.cn/pub/yusuansi/zhuantilanmu/zhongguocaizhengtizhi/cztzyg/200806/t20080626_53664.html.

【拓展阅读1-2】

美、德、法、日流转税的主要税种

美国流转税的主要税种是销售税。美国实行联邦、州和地方三级课税制度，三级政府各自行使属于本级政府的税收立法权和征收权。美国联邦政府在一些商品(如汽油、酒精、烟草等产品)的制造环节有选择地征税。除此以外，不征收销售税或增值税。州和地方政府对商品征收销售税，但各州和地方的销售税税率不同。美国的销售税由最终的消费者缴纳。

德国流转税的主要税种是增值税。德国税制属于联邦地方兼顾型税制，实行联邦、州和地方三级课税制度，税收立法权和征收权主要集中在联邦，州一级有权开征某些地方税种。德国增值税的征收范围，一般来说是按商品的供应地和劳务提供人的所在地是否在德国确定的。不是发生在德国的商品供应和劳务提供不属于增值税的课税范围。但也有一些例外，如不动产的提供地就是土地所在地，可移动商品劳务的提供地就是该商品的所在地等。德国的增值税也对从欧盟以外的国家进口到德国的商品和按欧盟单一市场程序从其他欧盟成员国购入的商品征收。

法国流转税的主要税种是增值税。法国是世界上第一个实行增值税的国家。它于1954年开始实行，比其他国家早13年。法国增值税是对在法国从事经营或其他经济活动中提供的商品和劳务征收的一种税。从欧盟以外国家进口到法国的商品也要缴纳增值税。

日本流转税的主要税种是消费税系列，包括消费税、酒税、烟税、挥发油税、石油天然气税、印花税、汽车重量税等。在日本国内提供劳务和进口产品必须缴纳5%的消费税。

 微课资源

扫一扫，获取本章相关微课视频。

| 1.1 税收、税法、税制概论—税收概论 | 1.2 税收、税法、税制概论—税法概论 | 1.3 税收、税法、税制概论—税制概论 |

第二篇　各税种税制要素

第二章　增值税

【教学目的与要求】

- 了解增值税的产生和发展。
- 理解增值税的概念、特点和类型。
- 掌握增值税的计税方法。
- 掌握增值税的纳税人、征税范围和税类。
- 掌握增值税一般纳税人、小规模纳税人应纳税额的计算方法。
- 掌握进口增值税的计算方法。
- 理解出口退(免)税和税收优惠。
- 了解增值税征收管理。

第一节　增值税概述

一、增值税的产生和发展

1917 年美国耶鲁大学的亚当斯首先提出了增值税的设想，1954 年法国首先实施增值税。我国于 1979 年首先在柳州市等部分城市试行增值税，1983 年在全国试行增值税，1994 年正式实施《中华人民共和国增值税暂行条例》(以下简称《增值税暂行条例》)。2022 年 12 月 27 日，增值税法草案首次审议。

在增值税产生之前，法国实行的营业税具有多环节全额重复征税的特点，即商品从生产到消费，每经过一个环节产生一次销售收入就要全额征税，这导致同一商品的税收负担随生产流通环节的增加而增加，生产流通环节越多，该商品的税收负担就越重，重复征税也就越严重。例如，假设甲矿石的营业税税率为 10%，其各环节的销售额和税额如表 2-1 所示。

表 2-1　甲矿石各流通环节销售额和税额(1)

单位：元

生产流通环节	开采原料	初加工	深加工	精加工	零售
本环节销售额	100	180	300	450	750
本环节税额	10	18	30	45	75

按照传统的营业税计税方式，甲矿石从开采原料到零售的每个环节按照销售全额计税，即各环节应纳营业税综合=100×10%+180×10%+300×10%+450×10%+750×10%=178(元)，这就产生了重复征税问题。

如果甲矿石再增加一道批发环节，则各环节的销售额和税额如表2-2所示。

表2-2　甲矿石各流通环节销售额和税额(2)

单位：元

生产流通环节	开采原料	初加工	深加工	精加工	批发	零售
本环节销售额	100	180	300	450	650	750
本环节税额	10	18	30	45	65	75

按照营业税计税方式，对每个环节按照销售额全额计税，即各环节应纳营业税综合=100×10%+180×10%+300×10%+450×10%+650×10%+750×10%=243(元)。

在生产流通中每增加一个环节，甲矿石的税收负担也会随之增加。可见，流转环节的多少会影响商品的税收负担。

1954年，法国对当时的营业税进行改革，保留了营业税的多环节征收制度，但允许纳税人在缴纳营业税时，抵扣为生产应税产品而耗用的外购货物已纳的营业税，那么，本环节实际缴纳的税款就相当于对本环节增加的价值所征收的税额。法国将完善后的营业税称为增值税。

此后，增值税在欧洲得到推广。目前，世界上已有170多个国家实行了增值税。增值税在半个多世纪里得到了广泛认可和大力推行，这在世界税制发展史上是罕见的，它被称为"20世纪人类在财税领域内一项最重要的改革和成就"。增值税之所以得以推广，最主要的原因是其改变了传统的营业税按全额道道征税的做法，改由对每一生产流通环节的增值额进行征税，有效地避免了重复征税。

1984年，我国正式建立的增值税虽然开征距今不过30余年，但已是我国第一大税种。随着营业税改征增值税(以下简称"营改增")的不断深入，2016年5月1日，全国实行全面"营改增"，增值税的地位不断上升，重要性凸显，远超过第二大税种企业所得税占税收的比重。

二、增值税的概念

增值税是以商品(含应税劳务和应税服务)在流转过程中产生的增值额作为征税对象而征收的一种流转税。关于增值额，我们可以从下面几个角度来理解。

一是从理论上讲，增值额是指生产经营者在生产经营中新创造的价值额。增值额相当于商品价值 W=C+V+M 中的"V+M"部分。C是商品生产过程中所消耗的生产资料的转移价值；V即工资，是劳动者为自己创造的价值；M即剩余价值或盈利，是劳动者为社会创造的价值。增值额是劳动者新创造的价值，从内容上讲大体相当于净产值或国民收入，包括工资、利润、利息、租金和其他属于增值性的收入。二是从生产经营单位角度看，增值额是该单位销售商品、提供劳务或服务所取得的销售收入大于购进商品、劳务或服务所支付金额的差额。三是从某一生产经营全过程来讲，不论其生产经营经过多少个环节，从商品角度看，最后的销售价格应等于该商品从生产到销售的各个环节的增值额之和。以表2-2为例，甲矿石最终销售金额为 750 元，正好等于各生产流通环节的增值额之和(100+80+120+150+200+100)。四是法定增值额，其是指各国政府根据本国国情和政策要求，在增值税制度中人为规定的增值额，即增值税纳税人的商品销售收入额或劳动服务收入额减去税法规定的扣除项目金额之后的余额。

我国现行的增值税法规定，增值税是对在我国境内销售或者进口货物、提供应税劳务、销售应税服务、无形资产或者不动产的企业单位和个人，就其取得的应税行为销售额，以及进口货物金额计算税款，并实现税款抵扣制的一种流转税。现行增值税法规是国务院在 1993 年底年颁布、1994 年 1 月 1 日起实施的《增值税暂行条例》，2008 年 11 月进行了修订。2011 年年底国家决定在上海试点营业税改征增值税工作，并逐步将试点地区扩展到全国。2013 年 8 月 1 日起，在全国范围内对交通运输业和部分现代服务业实现了营改增试点工作；2014 年 1 月 1 日起，铁路运输和邮政业列入试点范围；2014 年 6 月 1 日起，电信业也列入试点范围；2016 年 5 月 1 日起，在全国范围内全面推开营业税改征增值税试点，建筑业、房地产业、金融业、生活服务业等全部营业税纳税人，均纳入试点范围，由营业税改为缴纳增值税。

三、增值税的特点

增值税之所以能够在世界上众多国家推广，是因为其可以有效地防止商品在流转过程中的重复征税问题，并具备以下几个特点。

(一)不重复征税

增值税以增值额为计税依据，它仅就企业销售额中属于本企业创造的、尚未征过税的那部分价值征税，对销售额中在其他企业纳税后转移到本企业的那部分价值不再征税，避免了原先按照全额计税带来的重复征税的弊端，这是增值税最本质的特征。

(二)体现税收中性

税收中性有两种含义：一是国家征税使社会所付出的代价以税款为限，尽可能不给纳税人带来其他额外的损失或负担；二是国家征税应避免对市场经济正常运行进行干扰，特别是不能使税收超越市场机制而成为资源配置的决定因素。税收中性原则的实践意义在于尽量减少税收对市场经济正常运行的干扰。对于一个企业而言，增值税不会因产品构成协作件所占比重增加而加重；对于一件商品而言，无论流转环节的多与少，只要最终售价相同，税负就相同。这体现了税收的中性原则，有利于生产的专业化分工，提高社会经济资源的利用率。

(三)税源宽广，普遍征税

从横向看，凡在中华人民共和国境内销售或者进口货物，提供应税劳务，销售应税服务、无形资产或者不动产的单位和个人，只要其经营收入产生增值额，都要缴纳增值税，征税范围具有广泛性。从纵向看，一件商品不论在生产经营中经历多少个环节，每一个环节都需按其增值额纳税。

(四)实现税款抵扣制度，防范偷税漏税

增值税在计算时各国普遍推行间接计算法，按照销货发票上注明的税款进行扣税。一个纳税人的扣除税额，即是上一个环节纳税人向他销售货物、提供劳务或服务时已经缴纳的税

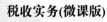

款,这就使得购货方和销货方形成了一种互相牵制的关系。销货方如果未缴税但却开具销货发票,税务机关就很容易通过发票管理发现逃避税款的行为;如果销货方不开具发票,购货方则没有税款可以扣除,本应由销货方承担的税款就会落在购货方身上,后者就会要求销货方开具发票,或转而从其他购货商购买。这种相互牵制、相互监督的制度设计,在很大程度上堵塞了税收的漏洞,起到了防范偷税漏税的作用。

(五)税负具有转嫁性

增值税虽然是向纳税人征收,但是纳税人在销售商品和提供劳务的过程中会通过价格杠杆将税收负担转嫁给下一个生产流通环节,最终由消费者承担。我国增值税实行价外税制度,在计算应纳增值税时,作为计税依据的销售额中是不含增值税税款的。这样有利于形成均衡的生产价格,简化计征手续,并有利于税负转嫁的实现。

四、增值税的类型

实行增值税的国家在计算应纳税额时,都允许将纳税人在生产经营过程中消耗的外购原材料、辅助材料、零部件、动力等流动资产的已纳税额予以扣除,也就是在计算增值税税额时,允许扣除外购流动资产的已纳税额,但对外购的机器、设备、厂房等固定资产的已纳税额是否给予扣除,各国的增值税法则做出了不同的规定。按照对购入固定资产已纳税款的处理方式不同,可以将增值税分为生产型增值税、收入型增值税和消费型增值税。

(一)生产型增值税

生产型增值税是以纳税人的销售收入(包含劳务和服务收入)减去用于生产、经营的外购原材料、燃料、动力等物质资料价值后的余额作为法定的增值额,其购入的固定资产及其折旧均不予扣除。从整个社会经济来看,它相当于国民生产总值,故被称为生产型增值税。也就是说,不允许纳税人从本期销项税额中抵扣购入固定资产及其折旧部分的进项税额,这种计算方法对固定资产耗费形成的价值存在重复征税问题,不利于鼓励投资,但有利于确保财政收入。

(二)收入型增值税

收入型增值税是以纳税人的销售收入减去用于生产、经营的外购原材料、燃料、动力等物质资料价值及固定资产已提折旧的价值后的余额作为法定的增值额。从整个社会经济来看,它相当于国民收入总值,故被称为收入型增值税。这种计算方法避免了重复征税,但外购固定资产的价值以折旧形式逐步抵扣,操作复杂,不利于以票管税。

(三)消费型增值税

消费型增值税除了可以将用于生产、经营的外购原材料、燃料、动力等物质资料价值扣除外,还可以在购置固定资产的当期将用于生产、经营的固定资产价值所含的增值税税款全部一次性扣除。从整个社会经济来看,它相当于全部消费资料的价值,故被称为消费型增值税。由于这种方法允许一次性扣除外购固定资产成本,既方便操作和管理,又有利于设备的更新和技术进步,所以被世界各国普遍采用。

三种类型的增值税特点如表2-3所示。

表2-3 三种增值税的特点

增值税类型	特 点
生产型	不允许扣除购进固定资产的进项税额
收入型	按固定资产的使用年限分期扣除其进项税额
消费型	一次性扣除当期购进固定资产的进项税额

我国从1979年开始在部分城市试行生产型增值税，1994年在生产和流通领域全面实施生产型增值税。2008年国务院决定全面实施增值税改革，即将生产型增值税转为消费型增值税。2009年1月1日，我国实现了增值税的转型，将生产型增值税转变为消费型增值税。

五、增值税的计税方法

增值税是以增值额为课税对象征收的一种税，纳税人应纳税额等于增值额乘以适用税率，基本计算公式为

$$应纳税额=增值额×适用税率$$

从计算公式可以看出，应纳税额的多少取决于增值额和适用税率两个因素。按照增值额确定方法的不同，增值税的计税方法可以分为直接计税法和间接计税法两种。

(一)直接计税法

直接计税法是按照规定直接计算应税货物或劳务的增值额，乘以适用税率，计算出应纳税额。直接计税法的计算公式为

$$应纳增值税=增值额×增值税率$$
$$增值额1=工资+利息+租金+利润+其他增值项目$$
$$增值额2=销售额-允许扣除的购进项目的金额$$

在实际工作中，企业的增值因素和非增值因素是难以划分清楚的，因此，这种方法只是理论上的一种方法，在实际工作中并没有得到采用。

(二)间接计税法(扣税法)

间接计税法不直接计算增值额，而是以纳税人在纳税期内销售应税货物或劳务的销售额乘以适用税率，求出销售应税货物或劳务的销项税额，然后扣除企业购进应税货物或劳务的进项税额，其计算公式为

$$应纳增值税=增值额×增值税率$$
$$=(销售额-允许扣除的购进项目金额)×增值税率$$
$$=销售额×增值税率-允许扣除的购进项目金额×增值税率$$
$$=销项税额-进项税额$$
$$当期应纳增值税额=当期销项税额-当期进项税额$$

我国目前实行凭增值税发票注明税款进行抵扣的办法(也称发票扣税法)。这种方法简便易行，为大多数国家所采用。

第二节　增值税的纳税人

一、增值税纳税人的一般规定

凡在中华人民共和国境内销售或者进口货物，提供应税劳务，销售应税服务、无形资产或者不动产的单位和个人都是增值税的纳税义务人。

单位，是指企业、行政单位、事业单位、军事单位、社会团体及其他单位。个人，是指个体工商户和其他个人。

二、增值税纳税人的特殊规定

单位以承包、承租、挂靠方式经营的，承包人、承租人、挂靠人(以下统称承包人)以发包人、出租人、被挂靠人(以下统称发包人)名义对外经营并由发包人承担相关法律责任的，以该发包人为纳税人。否则，以承包人为纳税人。

在我国境外的单位或者个人在境内发生应税行为，在境内未设有经营机构的，以其境内代理人为扣缴义务人；在境内没有代理人的，以购买方为扣缴义务人。

进口货物，以进口货物的收货人或办理报关手续的单位和个人为纳税人。

三、增值税纳税人的分类

增值税实行的是凭专用发票抵扣税款的制度，客观上要求纳税人应具备健全的会计核算制度和能力，但我国增值税纳税人众多，会计核算水平差异较大，大量的小企业和个人还不具备用发票抵扣税款的条件。为了简化增值税计算和征收，减少税收征管漏洞，将增值税纳税人按会计核算水平和经营规模分为小规模纳税人和一般纳税人两类，分别采取不同的增值税计税方法。

(一)小规模纳税人

1. 小规模纳税人认定的一般规定

小规模纳税人是指年应税销售额在规定标准以下，并且会计核算不健全，不能按规定报送有关税务资料的增值税纳税人。

会计核算健全，是指能够按照国家统一的会计制度规定设置账簿，根据合法、有效的凭证进行核算。

增值税小规模纳税人标准为年应征增值税(以下简称"应税销售额")销售额 500 万元及以下。

年应税销售额，是指纳税人在连续不超过 12 个月或四个季度的经营期内累计应征增值税销售额，包括纳税申报销售额、稽查查补销售额、纳税评估调整销售额。

2. 小规模纳税人认定的特殊规定

1)　个人(非个体工商户)

年应税销售额超过上述规定标准的个人属于小规模纳税人。

2) 个体工商户

年应税销售额超过上述规定标准的个体工商户可选择按照小规模纳税人纳税。

3) 不经常发生应税行为的单位

年应税销售额超过上述规定标准但不经常发生应税行为的单位可选择按照小规模纳税人纳税。

3. 小规模纳税人的管理

小规模纳税人一般按照简易计税方法计算缴纳增值税,只能使用增值税普通发票,不能领购和使用增值税专用发票;购进货物或应税劳务即使取得增值税专用发票也不得抵扣进项税额;能够认真履行纳税义务的小规模纳税人,如果购货方需要为销货方的小规模纳税人提供增值税专用发票,经批准可由税务机关代开。

(二)一般纳税人

1. 一般纳税人认定的一般规定

一般纳税人是指年应税销售额超过财政部、国家税务总局规定的小规模纳税人标准的企业和企业性单位。

2. 一般纳税人认定的特殊规定

小规模纳税人年应税销售额未超过规定标准,但会计核算健全,能够提供准确税务资料的,可以向主管税务机关申请办理一般纳税人资格登记,成为一般纳税人。

非企业性单位、不经常发生应税行为的企业、年应税销售额超过规定标准但不经常发生应税行为的单位和个体工商户可选择按照小规模纳税人纳税;年应税销售额超过规定标准的其他个人不办理一般纳税人登记。

3. 一般纳税人的管理

增值税一般纳税人须向税务机关办理认定手续,以取得法定资格。经税务机关审核认定的一般纳税人,可按规定领购和使用增值税专用发票。一般纳税人实行凭增值税专用发票注明税款的购进扣税法,销售货物、劳务、服务、不动产、无形资产的开具增值税专用发票,购进货物、劳务、服务、不动产、无形资产的取得增值税专用发票。

除国家税务总局另有规定外,纳税人登记为一般纳税人后,不得转为小规模纳税人。

【例2-1 单选题】按照现行规定,下列各项中必须被认定为小规模纳税人的是(   )。

A. 年不含税销售额超过500万元的其他个人

B. 年含税销售额800万元的广告公司

C. 年应税销售额100万元的汽车修理厂

D. 非企业性单位

【答案】A

【答案解析】其他个人(非个体工商户)是"必须"按小规模纳税人纳税的,BCD则可选择按小规模纳税人纳税。

第三节 增值税的征税范围

增值税的征税范围,包括在中华人民共和国境内(以下简称境内)销售或者进口货物、提供应税劳务、销售服务、无形资产或者不动产等。

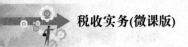

一、增值税征税范围的一般规定

现行增值税征税范围的一般规定如下。

1. 销售或者进口货物

一般销售货物指的是在中国境内有偿转让货物的所有权。进口货物，是指直接从境外进口货物。其中，货物是指有形动产，包括电力、热力、气体在内。

2. 提供劳务

劳务是指纳税人提供的加工、修理修配劳务。加工是指受托加工货物，即委托方提供原料及主要材料，受托方按照委托方的要求制造货物并收取加工费的业务；修理修配是指受托对损伤和丧失功能的货物进行修复，使其恢复原状和功能的业务。

提供应税劳务，是指有偿提供劳务。单位或者个体工商户聘用的员工为本单位或者雇主提供加工、修理修配劳务，不包括在内。

3. 销售服务

应税服务包括交通运输服务、邮政服务、电信服务、建筑服务、金融服务、现代服务和生活服务。具体征税范围如下。

1) 交通运输服务

交通运输服务是指利用运输工具将货物或者旅客送达目的地，使其空间位置得以转移的业务活动，包括陆路运输业务、水路运输业务、航空运输业务和管道运输业务。

2) 邮政服务

邮政服务，即中国邮政集团及其所属邮政企业提供邮件寄递、邮政汇兑和机要通信等邮政基本服务的业务活动，包括邮政普遍业务、邮政特殊服务和其他邮政服务。

3) 电信服务

电信服务是指利用有线、无线的电磁系统或者光电系统等各种通信网络资源，提供语音通话服务、传送、发射、接收，或者应用图像、短信等电子数据和信息的业务活动，包括基础电信服务和增值电信服务。

4) 建筑服务

建筑服务是指各类建筑物、构筑物及其附属设施的建造、修缮、装饰、线路、管道、设备、设施等的安装以及其他工程作业的业务活动，包括工程服务、安装服务、修缮服务、装饰服务和其他建筑服务。

5) 金融服务

金融服务是指经营金融保险的业务活动，包括贷款服务、直接收费金融服务、保险服务和金融商品转让。

6) 现代服务

现代服务是指围绕制造业、文化产业、现代物流产业等提供技术性、知识性服务的业务活动，包括研发和技术服务、信息技术服务、文化创意服务、物流辅助服务、租赁服务、鉴证咨询服务、广播影视服务、商务辅助服务和其他现代服务。

7) 生活服务

生活服务是指为满足城乡居民日常生活需求提供的各类服务活动，包括文化体育服务、教育医疗服务、旅游娱乐服务、餐饮住宿服务、居民日常服务和其他生活服务。

4. 销售无形资产

无形资产是指不具实物形态，但能带来经济利益的资产，包括技术、商标、著作权、商誉、自然资源使用权和其他权益性无形资产。

销售无形资产是指转让无形资产所有权或者使用权的业务活动。

5. 销售不动产

不动产是指不能移动或者移动后会引起性质、形状改变的资产，包括建筑物、构筑物等。

销售不动产是指转让不动产所有权的业务活动。

需要注意的是：单位或者个体工商户聘用的员工为本单位或者雇主提供取得工资的服务，或单位或者个体工商户为聘用员工提供服务属于非经营活动，不属于有偿取得，不属于增值税的征税范围。

在境内销售服务、无形资产或者不动产，是指服务(租赁不动产除外)或者无形资产(自然资源使用权除外)的销售方或者购买方在境内；所销售或者租赁的不动产在境内；所销售自然资源使用权的自然资源在境内。

【例 2-2 多选题】下列各项中，属于增值税征税范围的有(   )。

A. 单位聘用员工为本单位提供配送服务

B. 俄罗斯某酒店向来自我国境内的旅游团队提供住宿服务

C. 德国某公司转让专利权给我国甲公司使用

D. 出租车公司向使用本公司自有出租车的出租车司机收取的管理费

【答案】CD

【答案解析】选项 A 属于非经营活动中提供的应税项目，选项 B 不属于在境内销售服务，都不属于增值税应税范围。

二、增值税征税范围的特殊规定

(一)视同销售行为

单位或个体工商户的下列行为，视同销售货物。

(1) 将货物交付其他单位或者个人代销。

(2) 销售代销货物。

(3) 设有两个以上机构并实行统一核算的纳税人，将货物从一个机构移送至其他机构用于销售，但相关机构设在同一县(市)的除外。

(4) 将自产、委托加工的货物用于非应税项目。

(5) 将自产、委托加工的货物用于集体福利或者个人消费。

(6) 将自产、委托加工或者购进的货物作为投资，提供给其他单位或者个体工商户。

(7) 将自产、委托加工或者购进的货物分配给股东或者投资者。

(8) 将自产、委托加工或者购进的货物无偿赠送给其他单位或者个人。

(9) 单位或者个体工商户向其他单位或者个人无偿提供服务，但用于公益事业或者以社

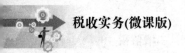

会公众为对象的除外。

(10) 单位或者个人向其他单位或者个人无偿转让无形资产或者不动产，但用于公益事业或者以社会公众为对象的除外。

(11) 财政部和国家税务总局规定的其他情形。

需要注意的是：上述视同销售中货物的来源有差异，主要在于是否包括购买的货物。

外部：购买的货物用于投资、分配、赠送没有价款结算，处理应该按照视同销售计算销项税，同时将购进环节的进项税额抵扣。

内部：购买的货物用于非应税项目，如集体福利、个人消费，不得抵扣进项税。如购进时没有明确用途则先抵扣，后来再进项税额转出。

目的：保证税款抵扣制度的实施，减少逃税行为。

【例2-3 多选题】下列行为中，视同销售货物缴纳增值税的有(   )。

A. 将外购货物用于个人消费　　　　B. 将自产货物用于集体福利

C. 将自产货物无偿赠送他人　　　　D. 将外购货物分配给股东

【答案】BCD

【答案解析】将自产、委托加工的货物用于集体福利或者个人消费视同销售，不包括外购的货物用于个人消费。

【例2-4 计算题】某企业将上月购进的一批经营性建筑材料(专用发票上价款为30万元)赠送给关联企业20%，另有10%用于本企业办公楼装修改造，该种材料本企业无同类产品价格，请分析相关业务的增值税问题。

【解析】

(1) 赠送给关联企业视同销售，要用销项税额组成计税价格。(假设行业平均利润率为10‰)

30×20%×(1+10%)×13%=0.858(万元)。

(2) 用于本企业办公楼装修改造是用于非应增值税项目，不能抵扣，进项税额要转出，要按成本价转出。

30×10%×13%=0.39(万元)。

对上述行为视同销售计算销售额并征收增值税，一是为了防止通过这些行为逃避纳税，造成税款流失；二是为了避免税款抵扣链条的中断，导致各环节间税负的不均衡。

(二)混合销售行为

一项销售行为如果既涉及货物又涉及服务，即为混合销售。从事货物的生产、批发或者零售的单位和个体工商户的混合销售行为，按照销售货物缴纳增值税；其他单位和个体工商户的混合销售行为，按照销售服务缴纳增值税。

在混合销售行为中，所涉及的货物和服务是针对一项销售行为而言的，也就是说，服务是为了直接销售货物而提供的，二者之间是紧密相连的从属关系。例如，企业在销售货物的同时由自己的运输车队提供送货服务，这种销售货物及提供运输的行为属于混合销售行为，所收取的货物款项及运输费用应一律按销售货物计算缴纳增值税。

(三)兼营行为

纳税人销售货物，提供劳务，销售服务、无形资产或者不动产适用不同税率或者征收率的，应当分别核算适用不同税率或者征收率的销售额，未分别核算销售额的，按照以下方法适用税率或者征收率：

(1) 兼有不同税率的销售货物、加工修理修配劳务、服务、无形资产或者不动产，从高适用税率。如商场既销售13%税率的服装，又销售9%税率的花生油，则适用13%的税率。

(2) 兼有不同征收率的销售货物、加工修理修配劳务、服务、无形资产或者不动产，从高适用征收率。

(3) 兼有不同税率和征收率的销售货物、加工修理修配劳务、服务、无形资产或者不动产，从高适用税率。

【例2-5多选题】下列各项中，属于混合销售行为的有(   )。

A. 塑钢门窗销售商店在销售产品的同时又为该客户提供安装服务

B. 餐饮公司提供餐饮服务的同时销售酒水

C. 建材商店在销售建材的同时又为其他客户提供装饰服务

D. 汽车制造公司在生产销售汽车的同时又为该客户提供修理服务

【答案】AB

【答案解析】选项CD属于兼营行为；选项AB属于混合销售行为，其中，A按照销售货物缴纳增值税，B按照销售服务缴纳增值税。

兼营行为是纳税人在从事应税货物销售或提供应税劳务的同时，还提供服务销售，且从事的销售服务与销售货物或提供劳务并无直接的联系。要注意兼营行为与混合销售行为的区别。

第四节　增值税的税率和征收率

我国增值税采用比例税率，一般纳税人设置了基本税率、低税率和零税率三档。小规模纳税人和采用简易办法征税的一般纳税人适用征收率。

一、增值税的税率

(一)基本税率13%

基本税率又称标准税率，适用于大多数征税对象，体现了增值税的税负水平。适用基本税率13%的有如下三种情况。

(1) 销售和进口除执行9%低税率的货物以外的货物。

(2) 加工、修理修配劳务。

(3) 有形动产租赁服务。

(二)低税率9%

自2019年4月1日起，增值税一般纳税人销售或者进口下列货物，按低税率9%计征增值税。

(1) 粮食等农产品、食用植物油、鲜奶、食用盐。包括切面、饺子皮、米粉等经简单加工的粮食复制品，但不包括速冻制品、熟食制品和副食品。

(2) 自来水、暖气、冷气、热水、煤气、石油液化气、天然气、二甲醚、沼气、居民用煤炭制品。

(3) 图书、报纸、杂志、音像制品、电子出版物。

(4) 饲料、化肥、农药、农机、农膜。

自 2019 年 4 月 1 日起，交通运输、邮政、基础电信、建筑、不动产租赁服务、销售不动产、转让土地使用权的税率进一步降到 9%，以确保主要行业税负明显降低。

【例 2-6 多选题】下列产品中不适用 9%税率的有( )。

A. 茶饮料　　　　B. 黄桃罐头　　　　C. 玉米胚芽　　　　D. 酸奶

【答案】ABD

【答案解析】玉米胚芽属于初级农产品，适用低税率 9%；茶饮料、黄桃罐头和酸奶都适用基本税率 13%。

(三)税率 6%

提供增值电信、金融、现代服务(租赁除外)、生活服务，销售无形资产(转让土地使用权除外)，税率为 6%。

(四) 零税率

1. 纳税人"出口"货物(但是国务院另有规定的除外)

零税率是指对出口货物除了在出口环节不征增值税外，还要对该产品在出口前已经缴纳的增值税进行退税，从而使该产品在出口进入国际市场时不含增值税款，符合国际通行做法，以加强产品国际市场竞争力，但税率为零不等同于免税。

2. 单位和个人提供的"跨境应税行为"

境内单位和个人销售的下列服务和无形资产，适用增值税零税率。

(1) 国际运输服务，是指在境内载运旅客或者货物出境、在境外载运旅客或者入境以及在境外载运旅客或者货物。

(2) 航天运输服务。

(3) 向境外单位提供的完全在境外消费的下列服务，包括研发服务、合同能源管理服务、设计服务、广播影视节目(作品)的制作和发行服务、软件服务、电路设计及测试服务、信息系统服务、业务流程管理服务、离岸服务外包业务、转让技术，以及财政部和国家税务总局规定的其他服务。

2019 年增值税税率再次下调后，共有 4 档税率：13%、9%、6%和 0。销售和进口货物、加工修理修配劳务、有形动产租赁服务，税率为 13%；销售交通运输服务、邮政、基础电信、建筑、不动产租赁服务、销售不动产、转让土地使用权以及销售或进口文章列举的农产品等货物，税率为 9%；销售无形资产(除土地使用权外)，税率为 6%；出口货物适用零税率。具体如表 2-4 所示。

表 2-4　我国现行增值税税率

序　号	税　目	税率/%
1	销售或者进口货物(除执行 9%低税率的货物)	13
2	加工、修理修配劳务	
3	有形动产租赁服务	
4	销售不动产、不动产租赁服务	9
5	建筑服务	
6	交通运输服务	
7	转让土地使用权	
8	粮食等农产品、食用植物油、鲜奶、食用盐	
9	自来水、暖气、冷气、热水、煤气、石油液化气、天然气、二甲醚、沼气、居民用煤炭制品	
10	图书、报纸、杂志、音像制品、电子出版物	
11	饲料、化肥、农药、农机、农膜	
12	邮政服务	
13	基础电信服务	
14	增值电信服务	6
15	金融服务	
16	现代服务(租赁除外)	
17	生活服务	
18	销售无形资产(除转让土地使用权)	
19	出口货物	0
20	跨境销售国务院规定范围内的服务、无形资产	

【例 2-7 多选题】增值税一般纳税人提供的下列服务中，适用 6%税率的有(　　)。

A. 建筑服务　　　　B. 交通运输服务　　　　C. 信息技术服务　　　　D. 增值电信服务

【答案】CD

【答案解析】信息技术服务属于现代服务，增值税税率为 6%；建筑服务和交通运输服务增值税税率为 9%。

二、增值税的征收率

增值税采用简易征收办法计税时适用的税率称为征收率。我国增值税征收率适用于两种情况：一是小规模纳税人；二是一般纳税人销售货物、提供应税劳务、发生应税行为按规定可以选择简易办法计税。

(一)3%征收率

1. 小规模纳税人

小规模纳税人因经营规模小且会计核算不健全，难以实行凭专用发票抵扣进项税额的制度，因而实行按销售额与征收率计算应纳税额的简易办法，征收率为 3%。除销售"旧货""自己使用过的固定资产"和"进口货物"外的应税行为。

2. 一般纳税人

(1) 一般纳税人下列销售行为，按照 3% 的征收率纳税。

① 寄售商店代销寄售物品。

② 典当业销售死当物品。

③ 经国务院或国务院授权机关批准的免税商店零售的免税品。

(2) 一般纳税人销售下列自产货物，"可选择"按照 3% 的征收率纳税。

① 县级及以下小型水力发电单位生产的电力。

② 建筑用和生产建筑材料所用的砂、土、石料。

③ 以自己采掘的砂、土、石料或其他矿物连续生产的砖、瓦、石灰。

④ 用微生物、人或动物的血液或组织等制成的生物制品。

⑤ 自来水。

⑥ 商品混凝土。

上述六项内容是否执行 3% 的征收率由纳税人选择，如：自来水可以选择执行 9% 的税率，也可以执行 3% 的征收率。执行 9% 的税率可以抵扣进项税额，执行 3% 的征收率按简易办法征税。另外，选择简易办法后，36 个月内不得变更。

(二)5%征收率

(1) 小规模纳税人销售自建或取得的不动产。

(2) 一般纳税人选择简易计税方法计税的不动产销售。

(3) 房地产开发企业中的小规模纳税人，销售自行开发的房地产项目。

(4) 其他个人销售其取得(不含自建)的不动产(不含其购买的住房)。

(5) 一般纳税人选择简易计税方法计税的不动产经营租赁。

(6) 小规模纳税人出租(经营租赁)其取得的不动产(不含个人出租住房)。

(7) 其他个人出租(经营租赁)其取得的不动产(不含住房)。

(8) 个人出租住房，应按照 5% 的征收率减按 1.5% 计算应纳税额。

(三)依照 3%征收率减按 2%征收

(1) 一般纳税人销售自己使用过的属于不得抵扣且未抵扣进项税额的固定资产，按简易办法依 3% 征收率减按 2% 征收增值税。

(2) 小规模纳税人(除其他个人外，下同)销售自己使用过的固定资产，减按 2% 征收率征收增值税。

(3) 纳税人销售旧货。所称旧货，是指进入二次流通的具有部分使用价值的货物(含旧汽车、旧摩托车和旧游艇)，但不包括自己使用过的物品。

【例 2-8 多选题】甲企业为增值税小规模纳税人，某月销售自己使用过 3 年的小货车和销售自己使用过的包装物，皆取得销售额，下列说法正确的有(   )。

A. 销售小货车使用 5% 征收率

B. 销售包装物使用 3% 征收率

C. 销售小货车依照 3%征收率减按 2%

D. 销售包装物依照 3%征收率减按 2%

【答案】BC

【答案解析】小规模纳税人销售自己使用过的包装物不属于旧货的含义，属于旧的物品，属于正常销售货物，按 3%缴纳增值税，所以选项 B 正确；小规模纳税人销售自己使用过的固定资产，减按 2%征收率征收增值税，所以选项 C 正确。

第五节　一般纳税人应纳税额的计算

我国目前对一般纳税人采用的计税方法是购进扣税法，即先按当期销售额和适用税率计算出销项税额，然后将当期准予抵扣的进项税额进行抵扣，从而间接计算出对当期增值额部分的应纳税额。其计算公式为

当期应纳税额=当期销项税额-当期进项税额

增值税一般纳税人当期应纳税额的多少，取决于当期销项税额和当期进项税额这两个因素。

一、销项税额的计算

销项税额是指纳税人发生应税行为，按照销售额和适用的税率计算并向购买方收取的增值税税额，其计算公式为

销项税额=销售额×适用税率

销项税额的计算取决于销售额和适用税率两个因素。在适用税率既定的前提下，销项税额的大小主要取决于销售额的大小。在具体计算时，销售额可以分为三类：一般销售方式下的销售额、特殊销售方式下的销售额、视同销售方式下的销售额。

(一)一般销售方式下的销售额

一般销售方式下，销售额是指纳税人发生应税行为时向购买方收取的全部价款和价外费用。需要强调的是：由于增值税属于价外税，因而销售额中不包括向购买方收取的销项税额。

价外费用，是指价外收取的各种性质的费用，包括价外向购买方收取的手续费、补贴、基金、集资费、返还利润、奖励费、违约金、滞纳金、延期付款利息、赔偿金、代收款项、代垫款项、包装费、包装物租金、储备费、优质费、运输装卸费及其他各种性质的价外收费。但下列项目不包括在内。

(1) 受托加工应征消费税的消费品所代收代缴的消费税。

(2) 同时符合以下条件的代垫运输费用。

① 承运部门的运输费用发票开具给购买方的；

② 纳税人将该项发票转交给购买方的。

(3) 同时符合以下条件代为收取的政府性基金或者行政事业性收费。

① 由国务院或者财政部批准设立的政府性基金，由国务院或者省级人民政府及其财政、价格主管部门批准设立的行政事业性收费；

② 收取时开具省级以上财政部门印制的财政票据；

③ 所收款项全额上缴财政。

(4) 销售货物的同时代办保险等而向购买方收取的保险费，以及向购买方收取的代购买方缴纳的车辆购置税、车辆牌照费。

凡随同应税行为向购买方收取的价外费用，无论其会计制度如何核算，均应并入销售额计算征税，目的是防止纳税人刻意分解销售额，以各种名目的收费减少销售额逃避纳税的现象。

应当注意，根据国家税务总局规定：对增值税一般纳税人向购买方收取的价外费用和逾期包装物押金，应视为含增值税(以下简称含税)收入，在征税时应换算成不含税收入再并入销售额。具体公式为

不含税销售额=含增值税销售额÷(1+增值税税率)

判断销售价款中是否含税可遵循以下原则。

(1) 增值税专用发票的价款是不含增值税的。

(2) 普通发票的价款往往是含税的。

(3) 商业企业的零售价，如果没有特别注明，一般是含税的。

(4) 价外费用和逾期包装物押金是含税的。

按会计准则规定，由于对价外收费一般都不在营业收入科目中核算，而在"其他应收款""营业外收入"等科目中核算。这样，企业在会计实务中时常出现对价外收费虽在相应科目中作会计核算，但未核算其销项税额，因此需严格核查各项价外收费，进行正确的会计核算和税额计算。

【例 2-9 计算题】九鼎公司为增值税一般纳税人，适用的税率为 13%，2020 年 9 月销售两批货物，分别如下。

(1) 销售给甲公司某商品 10 000 件，每件不含税售价为 10 元，另外收取包装费 2 260 元。

(2) 销售给乙公司同类商品 12 000 件，每件不含税售价为 11 元，交给 B 运输公司运输，代垫运输费用 6 000 元，运费发票已转交给乙公司。

要求：计算该企业当月增值税的销项税额。

【答案】销项税额=10 000×10×13%+2 260÷(1+13%)×13%+12 000×11×13%=30 420(元)。

【答案解析】企业收取的包装费属于价外费用，应包含在销售额中。6 000 元代垫运输费用由承运方 B 运输公司开具给购买方乙公司的运输发票，九鼎公司已将该发票转交给购买方，不属于价外费用，不用包含在销售额中。另外，价外费用是含税价，在计算销售额时需先换算为不含税价。

(二)特殊销售方式下的销售额

在销售活动中，为了达到促销的目的，有多种销售方式。不同销售方式下，销售者取得的销售额会有所不同，税法对以下几种销售方式的销售额确定做了明确规定。

1. 采取折扣方式的销售额

1) 折扣销售

折扣销售又称商业折扣，是指销货方在发生应税行为时，因购货方购货数量较大等原因而给予购货方的价格优惠。税法规定，如果销售额和折扣额在同一张发票上"金额"栏分别注明，可按冲减折扣额后的销售额征收增值税。未在同一张发票"金额"栏注明折扣额，而

仅在发票的"备注"栏注明折扣额的，或将折扣额另开发票的，不论会计上如何处理，在计算销项税额时，折扣额不得从销售额中减除。

另外，折扣销售仅限于货物价格的折扣，不包括实物折扣。实物折扣不能从货物销售额中减除，应按增值税条例"视同销售货物"中的"赠送他人"计算征收增值税。

2) 销售折扣

销售折扣又称现金折扣，是指销货方在发生应税行为后，为了鼓励购货方及早偿还货款而协议许诺给予购货方的一种折扣优待，如 10 天内付款给予 1%的折扣优惠。销售折扣发生在销货之后，是一种融资性质的理财费用，因此，销售折扣不得从销售额中减除。

3) 销售折让

销售折让是指企业因售出商品的质量不合格等原因在售价上给予的减让。因为销售折让是由于货物的品种和质量引起销售额的减少，因此，对销售折让可以按照折让后的货款作为销售额。

【例 2-10 计算题】世纪百货为增值税一般纳税人，某月销售给甲企业计算机 3 000 台，每台不含税价为 5 000 元，由于甲企业购买数量多，按八折优惠价格成交，并将折扣部分与销售额开在同一张发票上。另合同规定，购买方 10 日内付款可享受 3%折扣，购买方如期付款。计算：该行为销项税额为多少？

【答案】销项税额=3 000×5 000×80%×13%=1 560 000(元)。

【答案解析】世纪百货采取的是折扣销售和销售折扣相结合的销售方式。其中八折优惠属于折扣销售，发票开具符合税法规定，折扣额准予扣除；3/10 付款条件属于销售折扣，发生在销货之后，是一种融资性质的理财费用，折扣额不得从销售额中扣除。

2. 采取以旧换新方式的销售额

以旧换新是指纳税人在销售自己的货物时，有偿收回旧货物的行为。为了防止出现销售额不实、减少纳税的现象，税法规定，采取以旧换新方式销售货物的，应按新货物的同期销售价格确定销售额，不得扣减旧货物的收购价格。

但是，考虑到金银首饰以旧换新业务的特殊情况，对金银首饰以旧换新业务，可以按销售方实际收取的不含增值税的全部价款征收增值税。

【例 2-11 计算题】国美电器为增值税一般纳税人，采取以旧换新方式向消费者销售电视机，2021 年 10 月销售电视机共收取现金 329 000 元，旧电视机抵价 10 000 元。计算该业务增值税的销项税额。

【答案】销项税额=(329 000+10 000)÷(1+13%)×13%=39 000(元)。

【答案解析】除金银首饰外，采取以旧换新方式销售货物的，按新货物的同期销售价格确定销售额，不得扣减旧货物的收购价格。

3. 采取还本销售方式的销售额

还本销售是指纳税人在销售货物后，在一定期限内由销售方一次或分次退还给购货方全部或部分价款。这种方式实质上是一种筹资，是以货物换取资金的使用价值，到期还本不付息的方法。税法规定，采取还本销售方式销售货物，其销售额就是货物的销售价格，不得从销售额中减除还本支出。

【例 2-12 计算题】诺伊钢琴厂为增值税一般纳税人，本月采取还本销售方式销售钢琴，

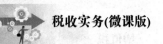

开了普通发票20张，共收取了货款565 000元。企业扣除还本准备金后，按规定505 000元作为销售收入处理。计算：本月增值税计税销售额是多少？

【答案】销项税额=565 000÷(1+13%)×13%=65 000(元)。

【答案解析】诺伊钢琴厂采取的是还本销售方式。税法规定，采取还本销售方式销售货物，其销售额就是货物的销售价格，不得从销售额中减除还本支出。

4. 采取以物易物方式的销售额

以物易物是一种特殊的购销活动，是指购销双方不是以货币结算，而是以同等价款的货物相互结算，实现货物购销的一种方式。税法规定，以物易物双方都应作购销处理，以各自发出的货物核算销售额并计算销项税额，以各自收到的货物按规定核算购货额并计算进项税额。应注意的是，在以物易物活动中，应分别开具合法的票据，如收到的货物不能取得相应的增值税专用发票或其他合法票据的，不能抵扣进项税额。

5. 包装物押金是否计入销售额

包装物是指纳税人包装本单位货物的各种物品。纳税人销售货物时另收取包装物押金，目的是促使购货方及早退回包装物以便周转使用。根据税法规定，纳税人为销售货物而出租出借包装物收取的押金，单独记账核算的，时间在1年以内，又未过期的，不并入销售额征税，但对因逾期未收回包装物不再退还的押金，应按所包装货物的适用税率计算销项税额。当然，在将包装物押金并入销售额征税时，需要先将该押金换算为不含税价，再并入销售额征税。

酒类货物包装物押金的处理比较特殊。对销售除啤酒、黄酒外的其他酒类产品而收取的包装物押金，无论是否返还以及会计上如何核算，均应并入当期销售额征税。对销售啤酒、黄酒所收取的押金，按上述一般押金的规定处理。

另外，包装物押金不应混同于包装物租金，包装物租金在销货时作为价外费用并入销售额计算销项税额。

【例2-13 计算题】蓬莱酒厂为增值税一般纳税人，半年前销售啤酒收取的包装物押金逾期2万元，本月收取销售白酒的销售收入150万元，同时收取包装物押金3.65万元，本月逾期均不再返还。计算该酒厂本月增值税的销项税额。

【答案】销项税额=(20 000+36 500)÷(1+13%)×13%+1 500 000×13%=201 500(元)。

【答案解析】白酒包装物押金是除啤酒、黄酒以外的酒类，在收取时缴纳税款；啤酒包装物押金属于一般包装物押金，在逾期时纳税，而且包装物押金是含税收入，在计税时需换算为不含税价。

(三)视同销售方式下的销售额

本章第三节"增值税的征税范围"中已列明了单位和个体经营者10种视同销售货物行为，如将货物交付他人代销，将自产、委托加工或购买的货物无偿赠送他人等。这10种视同销售行为中某些行为由于不是以资金的形式反映出来，会出现无销售额的现象；或者纳税人发生应税行为的价格明显偏低且无正当理由的，在计算增值税时，要按照下列顺序确定其销售额：

(1) 按纳税人最近时期同类货物的平均销售价格确定。

(2) 按其他纳税人最近时期同类货物的平均销售价格确定。

(3) 按组成计税价格确定。组成计税价格的公式为

$$组成计税价格=成本×(1+成本利润率)$$

这个公式适用于征收增值税但不征收消费税的货物的组成计税价格。公式中的成本是指：销售自产货物的为实际生产成本；销售外购货物的为实际采购成本。公式中的成本利润率目前由国家税务总局确定。

对于既征收增值税又征收消费税的货物，其组成计税价格中应加上消费税税额。对从价征收消费税的，其组成计税价格公式为

$$组成计税价格=成本×(1+成本利润率)+消费税税额$$

或　　　　　　　　$$组成计税价格=成本×(1+成本利润率)÷(1-消费税税率)$$

【例2-14 计算题】天盛企业为增值税一般纳税人，2021年12月发生两笔经济业务。

(1) 将一批自产的产品发放给职工，该产品的市场销售价格为6万元，已知该批产品的生产成本为4.2万元。

(2) 将一批新研制的产品赠送给消费者使用，天盛企业并无同类产品销售价格，其他公司也无同类货物，该批产品的生产成本为20万元。

已知：两种商品的成本利润率均为8%。

要求：计算天盛企业12月的增值税销项税额。

【答案】销项税额=6×13%+20×(1+8%)×13%=3.588(万元)。

【答案解析】将自产的产品发放给职工做福利和将新研制的产品无偿赠送都是视同销售行为，在确定销售额时，先看有无市场销售价格，如果没有市场销售价格，再按照组成计税价格计算。

二、进项税额的计算

进项税额是纳税人购进货物、接受应税劳务或应税服务支付或者负担的增值税税额。进项税额是与销项税额相对应的另一个概念。在开具增值税专用发票的情况下，它们之间的对应关系是，销售方收取的销项税额，就是购买方支付的进项税额。

对于纳税人而言，在经营活动中，既会发生销售行为，又会发生购进行为，因此，每一个纳税人都会有收取的销项税额和支付的进项税额。我国现行增值税采用购进扣税法，即凭合法扣税凭证对当期购进项目已纳税款进行抵扣，进项税额作为可抵扣部分，对于纳税人应纳税额的多少有着举足轻重的作用。

(一)准予从销项税额中抵扣的进项税额

根据《中华人民共和国增值税暂行条例》的规定，准予从销项税额中抵扣的进项税额，限于下列增值税扣税凭证上注明的增值税税额和按规定的扣除率计算的进项税额。

1. 凭票抵扣进项税额的情况

(1) 从销售方取得的增值税专用发票(含机动车销售统一发票，下同)上注明的增值税税额。

增值税专用发票具体包括以下两种。①增值税专用发票。增值税专用发票是增值税一般纳税人发生应税销售行为开具的发票。②机动车销售统一发票。机动车销售统一发票是增值税一般纳税人从事机动车零售业务开具的发票。

(2) 从海关取得的海关进口增值税专用缴款书上注明的增值税税额。

(3) 从境外单位或者个人购进劳务、服务、无形资产或者境内的不动产,从税务机关或者扣缴义务人取得的代扣代缴税款的完税凭证上注明的增值税税额。

(4) 收费公路通行费增值税电子普通发票上注明的增值税税额。

根据相关规定,增值税一般纳税人取得左上角标识"通行费"字样,且税率栏次显示适用税率或征收率的通行费电子发票,可以按发票上注明的增值税税额抵扣进项税额。

2. 计算抵扣进项税额的情况

(1) 按农产品收购发票上注明买价的9%计算的增值税税额。

① 购进一般免税农产品。由于农业生产者(或农民专业合作社)销售自产农产品是免税的,因而不能开具增值税专用发票。纳税人向农业生产者购进农产品,开具农产品收购发票的,以农产品收购发票上注明的农产品买价和9%的扣除率计算进项税额。进项税额计算公式为

$$进项税额=买价×扣除率$$

【例2-15 计算题】 甲公司为增值税一般纳税人,2021年6月发生以下经济业务。

(1) 进口产品300 000元,取得进口增值税专用缴款书上注明的增值税税额为39 000元。

(2) 向农业生产者购入免税农产品10 000元,开具农产品收购发票。

(3) 购入原材料300 000元,增值税专用发票上注明的增值税税额为39 000元。

(4) 购入房屋建筑物一栋不含税价8 000 000元,并取得相应的增值税专用发票。

已知:该企业取得发票、缴款书等均符合规定,并已认证、比对;购进和销售产品适用的增值税税率为13%,购入免税农产品的扣除率为9%,房屋建筑物的增值税税率为9%。

要求:计算该公司当月准予抵扣的进项税额。

【答案】 进项税额=39 000+10 000×9%+39 000+8 000 000×9%=798 900(元)。

② 购进特殊农产品——烟叶。收购烟叶准予抵扣的进项税额=(收购金额+烟叶税)×9% 其中,

$$收购金额=收购价款(买价)×(1+10\%)$$
$$烟叶税=收购金额×20\%$$
$$收购烟叶准予抵扣的进项税额=[收购价款×(1+10\%)]×(1+20\%)×9\%$$
$$=买价×1.1×1.2×9\%$$

(2) 纳税人购进国内旅客运输服务,其进项税额允许从销项税额中抵扣。纳税人未取得增值税专用发票的,暂按以下规定确定进项税额。

① 取得增值税电子普通发票的,为发票上注明的税额;

② 取得注明旅客身份信息的航空运输电子客票行程单的,按照下列公式计算进项税额。

$$航空旅客运输进项税额=(票价+燃油附加费)÷(1+9\%)×9\%$$

③ 取得注明旅客身份信息的铁路车票的,按照下列公式计算进项税额。

$$铁路旅客运输进项税额=票面金额÷(1+9\%)×9\%$$

④ 取得注明旅客身份信息的公路、水路等其他客票的,按照下列公式计算进项税额。

$$公路、水路等其他旅客运输进项税额=票面金额÷(1+3\%)×3\%$$

(二)不得从销项税额中抵扣的进项税额

并不是纳税人支付的进项税额都可以抵扣。为体现增值税的配比原则，即购进项目金额与销售产品销售额之间应有配比性，当纳税人的购进项目不是用于增值税项目，没有销售产品的销项税额对应时，其支付的进项税额不能从销项税额中抵扣。

根据相关政策规定，下列项目的进项税额不得从销项税额中抵扣。

(1) 用于简易计税方法计税项目、免征增值税项目、集体福利或者个人消费的购进货物、加工修理修配劳务、服务、无形资产和不动产。

纳税人的交际应酬费消费属于个人消费。

(2) 非正常损失的购进货物，以及相关的加工修理修配劳务和交通运输服务。

所称非正常损失，是指因管理不善造成被盗、丢失、霉烂变质的损失，以及因违反法律法规造成货物或者不动产被依法没收、销毁、拆除的情形。

(3) 非正常损失的在产品、产成品所耗用的购进货物(不包括固定资产)、加工修理修配劳务和交通运输服务。

(4) 非正常损失的不动产，以及该不动产所耗用的购进货物、设计服务和建筑服务。

(5) 非正常损失的不动产在建工程所耗用的购进货物、设计服务和建筑服务。

纳税人新建、改建、扩建、修缮、装饰不动产，均属于不动产在建工程。

(6) 购进的贷款服务、餐饮服务、居民日常服务和娱乐服务。

纳税人接受贷款服务向贷款方支付的与该笔贷款直接相关的投/融资顾问费、手续费、咨询费等费用，其进项税额不得从销项税额中抵扣。

另外，餐饮服务仅指餐饮，不包括住宿。

【例2-16 多选题】天逸企业为增值税一般纳税人，下列进项税额中，不得从销项税额中抵扣的有( )。

A. 纳税人交际应酬消费发生的进项税额

B. 因管理不善被盗的外购材料的进项税额

C. 外购货物时取得增值税专用发票上注明的税额

D. 购买涂料粉刷职工食堂发生的进项税额

【答案】ABD

【答案解析】选项A纳税人交际应酬消费属于个人消费；选项B因管理不善被盗的外购材料无法再通过加工产生销项税额，其进项税额不能抵扣；选项D属于集体福利的购进货物，不得抵扣。只有选项C属于凭票抵扣。

(7) 纳税人采用简易计税方法计税项目、免征增值税项目而无法划分不得抵扣的进项税额，按照下列公式计算不得抵扣的进项税额。

不得抵扣的进项税额=当期无法划分的全部进项税额×(当期简易计税方法计税项目销售额+免税项目销售额)÷当期全部销售额

另外，纳税人购进货物、应税劳务或服务，取得的增值税扣税凭证不符合税法有关规定的，其进项税额不得从销项税额中抵扣。

不得抵扣的进项税额在现实中主要有两种情况：一是当期不可抵扣；二是已抵扣过进项税额的货物因改变用途等不再符合抵扣条件的，需要做进项税额转出处理。

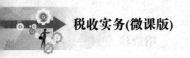

三、应纳税额的计算

一般纳税人在计算出销项税额和进项税额后就可以得出实际应纳税额，计算公式为

$$应纳税额=当期销项税额-当期进项税额$$

如果计算结果为正数，为当期应纳增值税；如果计算结果为负数，则形成留抵税额，待下期抵扣。考虑到进项税额转出和留抵税额等因素，可将上述基本公式拓展为

$$应纳税额=当期销项税额-(当期进项税额-进项税额转出)-留抵税额$$

为了保证计算应纳税额的合理、准确性，纳税人必须严格把握当期进项税额从"当期"销项税额中抵扣这个要点。

(一)关于销项税额的"当期"

对于销项税额确定时间的总体原则是销项税额的确定不得滞后，销项税额的"当期"与纳税义务发生时间和增值税发票开具时间相呼应。具体详见本章第十节关于纳税义务发生时间的有关规定。

(二)关于进项税额的"当期"

1. 增值税专用发票进项税额抵扣的时间限定

一般纳税人取得增值税发票(包括增值税专用发票、机动车销售统一发票、收费公路通行费增值税电子普通发票)后，应自开票之日起 360 日内登录增值税发票选择确认平台进行确认，并在规定的纳税申报期内，向主管国税机关申报抵扣进项税额。

2. 海关完税凭证进项税额抵扣的时间限定

"先比对后抵扣"管理办法要求增值税一般纳税人在海关缴款书开具之日起 360 日内向主管税务机关报送《海关完税凭证抵扣清单》申请稽核比对，须经税务机关稽核比对相符后，才能抵扣。

【例 2-17 计算题】A 电子设备生产企业(本题下称 A 企业)与 B 商贸公司(本题下称 B 公司)均为增值税一般纳税人，2021 年 6 月份有关经营业务如下。

(1) A 企业从 B 公司购进生产用原材料和零部件，取得 B 公司开具的增值税专用发票，注明货款 180 万元、增值税 23.4 万元，货物已验收入库，货款和税款未付。

(2) B 公司从 A 企业购计算机 600 台，每台不含税单价 0.45 万元，取得 A 企业开具的增值税专用发票，注明货款 270 万元、增值税 35.1 万元。B 公司以销货款抵扣应付 A 企业的货款和税款后，实付购货款 90 万元、增值税 11.7 万元。

(3) A 企业为 B 公司制作大型电子显示屏，开具了专用发票，取得含税销售额 10.44 万元、调试费收入 2.32 万元。制作过程中委托 C 公司进行专业加工，支付加工费 2 万元、增值税 0.26 万元，取得 C 公司增值税专用发票。

(4) B 公司从农民手中购进免税农产品，收购凭证上注明支付收购货款 30 万元，支付运输公司的运输费 3 万元，取得专用发票。入库后，将收购的农产品 40%作为职工福利消费，60%零售给消费者并取得含税收入 35.03 万元。

(5) B 公司销售计算机和其他物品取得含税销售额 298.35 万元，均开具普通发票。

要求: (1) 计算 A 企业 2021 年 6 月份应缴纳的增值税。

(2) 计算 B 公司 2021 年 6 月份应缴纳的增值税。

【答案】

(1) A 企业：

① 当期销项税额=600×0.45×13%+(10.44+2.32)÷(1+13%)×13%=35.1+1.47=36.57(万元)；

② 当期应扣除进项税额=23.4+0.26=23.66(万元)；

③ 应缴纳增值税=36.57-23.66=12.91(万元)。

(2) B 公司：

① 当期销项税额合计=180×13%+35.03÷(1+9%)×9%+298.35÷(1+13%)×13%=23.4+2.89+34.32=60.61(万元)；

② 当期应扣除进项税额合计=35.1+(30×9%+3×9%)×60%=35.1+1.782=36.882(万元)；

③ 应缴纳增值税=60.61-36.882=23.728(万元)。

第六节　小规模纳税人应纳税额的计算

小规模纳税人由于规模和核算水平等原因，其销售货物、提供应税劳务或应税服务只能按照征收率计算应纳增值税。其计算公式为

$$应纳税额=销售额×征收率$$
$$=含税销售额÷(1+征收率)×征收率$$

征收率一般为 3%。

这里需要说明的情况如下。

(1) 小规模纳税人取得的销售额与一般纳税人的销售额所包含的内容是一致的，都是向购买方收取的全部价款和价外费用，但不包含按 3%征收率收取的增值税税额。

(2) 小规模纳税人不得抵扣进项税额。即不管小规模纳税人购进货物是否取得增值税专用发票，都不得抵扣进项税额，但购进税控收款机的进项税额可以抵免。

(3) 小规模纳税人销售自己使用过的固定资产或是销售旧货，减按 2%征收率征收增值税。

(4) 小规模纳税人销售货物只能开具普通发票，若需要开具增值税专用发票，则需要请求税务机关代开。

【例 2-18 计算题】某汽修企业为增值税小规模纳税人，10 月提供汽车修理业务取得收入 42 万元，销售汽车装饰用品取得收入 30.1 万元；购进的修理用配件价格为 6 万元。

要求：计算该企业当月应纳增值税。

【答案】应纳税额=(42+30.1)÷(1+3%)×3%=2.1(万元)。

第七节　进口货物应纳税额的计算

根据《中华人民共和国增值税暂行条例》的规定，申报进入中华人民共和国境内的货物，均应缴纳增值税。

只要是报关进口的应税货物，不论其是国外产制还是我国已出口而转销国内的货物；是

进口者自行采购还是国外捐赠的货物；是进口者自用还是作为贸易或其他用途等，均应按照规定缴纳进口环节的增值税。

无论是一般纳税人还是小规模纳税人，申报进口货物都应缴纳增值税。而个人携带或者邮寄进境自用物品的增值税，连同关税一并征收，不单独征收增值税。

进口货物的收货人或办理报关手续的单位和个人，购买跨境电子商务平台零售进口商品的个人，为进口货物增值税的纳税义务人。

电子商务企业、电子商务交易平台企业或物流企业可以作为代收代缴义务人。

进口货物须按规定的组成计税价格和规定的税率计算增值税税额。

一、组成计税价格

组成计税价格有以下两种情况。

(1) 进口货物只征收增值税的，其组成计税价格为

$$组成计税价格=关税完税价格+关税=关税完税价格×(1+关税税率)$$

(2) 进口货物同时征收增值税、消费税的，其组成计税价格为

$$组成计税价格=关税完税价格+关税+消费税$$

或　　　　　　　　$$组成计税价格=(关税完税价格+关税)÷(1-消费税税率)$$

关税完税价格是以海关审定的成交价格为基础的到岸价格，具体详见第四章。

二、税率

进口货物所适用的增值税税率与国内一般纳税人销售该货物适用的税率相同。

三、应纳税额的计算

$$应纳税额=组成计税价格×税率$$

需要注意的是：

(1) 进口环节应纳增值税，不得抵扣任何税额。

(2) 进口环节已纳增值税，符合抵扣范围的，可以凭海关进口增值税专用缴款书作为进项税额抵扣。

【例2-19 计算题】 某进出口公司8月进口办公设备1 000台，海关审定的每台进口完税价格为1万元。货物报关后，公司按规定缴纳了进口环节的关税和增值税，并取得海关进口增值税专用缴款书。假定该批货物当月全部售出，取得不含税销售额1 600万元。

要求：(1) 计算进口组成计税价格(假设进口关税税率为20%)。

　　　(2) 计算海关代征的增值税。

　　　(3) 计算企业当月应纳增值税。

【答案】

(1) 进口组成计税价格=1 000×1×(1+20%)=1 200(万元)。

(2) 海关代征增值税=1 200×13%=156(万元)。

(3) 当月应纳增值税=1 600×13%-156=52(万元)。

第八节　出口退(免)税

出口货物、劳务和跨境应税行为退(免)税以不含国内流转税的价格参与全球市场竞争，是国际通行的惯例。

我国的出口货物、劳务和跨境应税行为退(免)税是指在国际贸易业务中，对我国报关出口的货物、劳务和跨境应税行为退还或免征其在国内各生产和流转环节按税法规定缴纳的增值税和消费税，即对应征增值税的出口货物、劳务和跨境应税行为实行零税率政策，对消费税出口货物实行免税政策。

增值税出口货物、劳务和跨境应税行为的零税率，从税法上理解有两层含义：一是对本道环节生产或销售货物、劳务和跨境应税行为的增值部分免征增值税；二是对出口货物、劳务和跨境应税行为前道环节所含的进项税额进行退还。

对货物、劳务和跨境应税行为出口的不同情况，国家在遵循"征多少、退多少""未征不退和彻底退税"基本原则的基础上，制定了不同的增值税退(免)税政策。

一、出口货物、劳务和跨境应税行为退(免)税基本政策

我国采取出口退税与免税相结合的政策，分为以下三种形式。

(一)出口免税并退税

出口免税是指对货物、劳务和跨境应税行为在出口销售环节不征增值税、消费税，这是把货物出口环节与出口前的销售环节都同样视为一个征税环节；出口退税是指对货物、劳务和跨境应税行为在出口前实际承担的税收负担，按规定的退税率计算后予以退还。

(二)出口免税不退税

出口免税与上述第(一)项含义相同。出口不退税是指适用这个政策的出口货物、劳务和跨境应税行为因在前一道生产、销售环节或进口环节是免税的，所以，出口时的价格本身不含税，也无须退税。

(三)出口不免税也不退税

出口不免税是指对国家限制或禁止出口的某些货物、劳务和跨境应税行为，出口环节视同内销环节，照常征税；出口不退税是指不退还出口前其所负担的税款。适用这个政策的主要是税法列举限制或禁止出口的货物，如天然牛黄、麝香、白银等。

二、出口货物、劳务和跨境应税行为退(免)税办法

(一)免抵退税办法

生产企业出口自产货物和视同自产货物及对外提供加工修理修配劳务，以及列明生产企业出口非自产货物，免征增值税，相应的进项税额抵减应纳增值税额(不包括适用增值税即征即退、先征后退政策的应纳增值税额)，未抵减完的部分予以退还。

零税率应税服务提供者提供零税率应税服务，如果属于适用增值税一般计税方法的，免

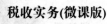
征增值税，相应的进项税额抵减应纳增值税额(不包括适用增值税即征即退、先征后退政策的应纳增值税额)，未抵减完的部分予以退还。

(二)免退税办法

不具有生产能力的出口企业(以下称外贸企业)或其他单位出口货物、劳务，免征增值税，相应的进项税额予以退还。

外贸企业外购研发服务和设计服务免征增值税，相应的进项税额予以退还。

三、增值税出口退税率

出口货物、劳务和跨境应税行为的退税率原则上为其适用税率。除财政部和国家税务总局根据国务院决定而明确的增值税出口退税率(以下称退税率)外。

1994实行税制改革，对出口货物增值税实行了零税率，货物出口时，按其征税率退税。后来，连续多次调低了出口货物、劳务和跨境应税行为退税率。目前，我国出口的退税率为13%、10%、9%、6%、0五档。

适用不同退税率的货物、劳务，应分开报关、核算并申报退(免)税，未分开报关、核算或划分不清的，从低适用退税率。

四、增值税免抵退税和免退税的计算

(一)生产企业出口货物、劳务增值税免抵退税

(1) 当期应纳税额的计算。

当期应纳税额=当期销项税额-(当期进项税额-当期不得免征和抵扣税额)

当期不得免征和抵扣税额=当期出口货物离岸价×外汇人民币折合率×(出口货物适用税率-出口货物退税率)-当期不得免征和抵扣税额抵减额

当期不得免征和抵扣税额抵减额=当期免税购进原材料价格×(出口货物适用税率-出口货物退税率)

(2) 当期免抵退税额的计算。

当期免抵退税额=当期出口货物离岸价×外汇人民币折合率×出口货物退税率-当期免抵退税额抵减额

当期免抵退税额抵减额=当期免税购进原材料价格×出口货物退税率

(3) 当期应退税额和免抵税额的计算。

① 若当期期末留抵税额小于等于当期免抵退税额，则

当期应退税额=当期期末留抵税额

当期免抵税额=当期免抵退税额-当期应退税额

② 若当期期末留抵税额大于当期免抵退税额，则

当期应退税额=当期免抵退税额

当期免抵税额=0

当期期末留抵税额为当期增值税纳税申报表中"期末留抵税额"。

【例2-20 计算题】某生产企业8月份出口销售收入为7 000万元，内销收入为500万元，进项税额为700万元，上期留抵进项税额为100万元，9月份出口销售收入为1 000万元，

内销收入为 5 000 万元，进项税额为 300 万元，退税率为 9%。假设企业全部报送单证。

要求：计算该企业 8 月份和 9 月份的免抵退税情况。

【答案】

8 月份：免抵退税不得免征和抵扣额=7 000×(13%-9%)=280(万元)；

应纳税额=500×13%-(100+700-280)=-455(万元)；

"免、抵、退"税额=7 000×9%=630(万元)；

应退税额=455 万元；

免抵税额=630-455=175(万元)；

9 月份：免抵退税不得免征和抵扣额=1 000×(13%-9%)=40(万元)；

应纳税额=5 000×13%-(0+300-40)=390(万元)；

"免、抵、退"税额=1000×9%=90(万元)。

免抵税额=90 万元。

(4) 当期免税购进原材料价格包括当期国内购进的无进项税额且不计提进项税额的免税原材料的价格和当期进料加工保税进口料件的价格，其中当期进料加工保税进口料件的价格为组成计税价格。

$$当期进料加工保税进口料件的组成计税价格=当期进口料件到岸价格+海关实征关税+$$
$$海关实征消费税$$

① 采用"实耗法"的，当期进料加工保税进口料件的组成计税价格为当期进料加工出口货物耗用的进口料件组成计税价格。其计算公式为

$$当期进料加工保税进口料件的组成计税价格=当期进料加工出口货物离岸价×$$
$$外汇人民币折合率×计划分配率$$
$$计划分配率=计划进口总值÷计划出口总值×100\%$$

实行纸质手册和电子化手册的生产企业，应根据海关签发的加工贸易手册或加工贸易电子化纸质单证所列的计划进出口总值计算计划分配率。

实行电子账册的生产企业，计划分配率按前一期已核销的实际分配率确定；新启用电子账册的，计划分配率按前一期已核销的纸质手册或电子化手册的实际分配率确定。

② 采用"购进法"的，当期进料加工保税进口料件的组成计税价格为当期实际购进的进料加工进口料件的组成计税价格。

若当期实际不得免征和抵扣税额抵减额大于"当期出口货物离岸价×外汇人民币折合率×(出口货物适用税率-出口货物退税率)"的，则：

$$当期不得免征和抵扣税额抵减额=当期出口货物离岸价×外汇人民币折合率×$$
$$(出口货物适用税率-出口货物退税率)$$

【例 2-21 计算题】某自营出口的生产企业为增值税一般纳税人，出口货物的征税税率为 13%，出口货物的退税率为 9%。6 月的有关经营业务为：购进原材料一批，取得的增值税专用发票注明的价款为 400 万元，外购货物准予抵扣的进项税额为 52 万元，货已验收入库。另有免税购进货物一批，其组成计税价格 100 万元(该企业采用购进法)，上月末留抵税款为 5 万元。本月内销货物不含税销售额为 100 万元；收款 113 万元存入银行。本月出口货物的销售额折合人民币 300 万元。试计算当期的"免、抵、退"税额。

【答案】

(1) 免抵退税不得免征和抵扣税额=(300-100)×(13%-9%)=8(万元)。

(2) 当期应纳税额=100×13%-(52-8)-5=-36(万元)。

(3) 出口货物"免、抵、退"税额=(300-100)×9%=18(万元)。

(4) 当期应退税额=18万元。

(5) 当期免抵税额=18-18=0(万元)。

(6) 6月期末留抵结转下期继续抵扣税额为18(36-18)万元。

(二)外贸企业出口货物、劳务增值税免退税

(1) 外贸企业出口委托加工修理修配货物以外的货物的,增值税应退税额的计算如下。

$$增值税应退税额=增值税退(免)税计税依据×出口货物退税率$$

(2) 外贸企业出口委托加工修理修配货物的,增值税应退税额的计算如下。

$$增值税应退税额=委托加工修理修配的增值税退(免)税计税依据×出口货物退税率$$

【例2-22 计算题】 某外贸公司与国外某客商签订销售公文包合同。合同约定:出口公文包20万只,出口金额为1 000万元。组织购货情况如下:公文包生产企业甲供货公文包10万只,增值税发票计税金额为400万元,税额为52万元;同时与生产企业乙签订购货合同,收购公文包10万只,增值税发票计税金额为300万元,税额为39万元。该出口合同已履行完毕,货物于10月出口,公文包的退税率为9%。试计算该批出口公文包应退增值税税额。

【答案】 出口退税额=(400+300)×9%=63(万元)。

(三)退税率低于适用税率

退税率低于适用税率的,相应计算出的差额部分的税款计入出口货物劳务成本。

(四)出口企业既有适用增值税免抵退项目,也有增值税即征即退、先征后退项目

增值税即征即退和先征后退项目不参与出口项目免抵退税计算。出口企业应分别核算增值税免抵退项目和增值税即征即退、先征后退项目,并分别申请享受增值税即征即退、先征后退和免抵退税政策。

用于增值税即征即退或者先征后退项目的进项税额无法划分的,按照下列公式计算。

无法划分进项税额中用于增值税即征即退或者先征后退项目的部分=
当月无法划分的全部进项税额×当月增值税即征即退或者先征后退项目销售额÷
当月全部销售额、营业额合计

第九节 税 收 优 惠

一、免征增值税项目

(1) 农业生产者销售的自产农产品。

农业生产者,包括从事农业生产的单位和个人。农产品是指种植业、养殖业、林业、牧业、水产业生产的各类植物、动物的初级产品。

(2) 避孕药品和用具。

(3) 古旧图书,是指向社会收购的古书和旧书。

(4) 直接用于科学研究、科学试验和教学的进口仪器、设备。

(5) 外国政府、国际组织无偿援助的进口物资和设备。

(6) 由残疾人组织直接进口供残疾人专用的物品。

(7) 销售自己使用过的物品。

(8) 托儿所、幼儿园提供的保育和教育服务。

(9) 养老机构提供的养老服务。

(10) 残疾人福利机构提供的育养服务。

(11) 婚姻介绍服务。

(12) 殡葬服务。

(13) 残疾人员本人为社会提供的服务。

(14) 医疗机构提供的医疗服务。

(15) 从事学历教育的学校提供的教育服务。

(16) 学生勤工俭学提供的服务。

(17) 农业机耕、排灌、病虫害防治、植物保护、农牧保险及相关技术培训业务，家禽、牲畜、水生动物的配种和疾病防治。

(18) 纪念馆、博物馆、文化馆、文物保护单位管理机构、美术馆、展览馆、书画院、图书馆在自己的场所提供文化体育服务取得的第一道门票收入。

(19) 寺院、宫观、清真寺和教堂举办文化、宗教活动的门票收入。

(20) 行政单位之外的其他单位收取的符合《营业税改征增值税试点实施办法》第十条规定条件的政府性基金和行政事业性收费。

(21) 个人转让著作权。

(22) 个人销售自建自用住房。

(23) 中国台湾航运公司、航空公司从事海峡两岸海上直航、空中直航业务在大陆取得的运输收入。

(24) 纳税人提供的直接或者间接国际货物运输代理服务。

(25) 以下利息收入：①自 2018 年 9 月 1 日至 2020 年 12 月 31 日，对金融机构向小型企业、微型企业和个体工商户发放小额贷款取得的利息收入，免征增值税；②国家助学贷款；③国债、地方政府债；④人民银行对金融机构的贷款；⑤住房公积金管理中心用住房公积金在指定的委托银行发放的个人住房贷款；⑥外汇管理部门在从事国家外汇储备经营过程中，委托金融机构发放的外汇贷款；⑦统借统还业务中，企业集团或企业集团中的核心企业以及集团所属财务公司按不高于支付给金融机构的借款利率水平或者支付的债券票面利率水平，向企业集团或者集团内下属单位收取的利息；⑧社保基金会、社保基金投资管理人在运用社保基金投资过程中，提供贷款服务取得的全部利息及利息性质的收入。

(26) 保险公司开办的一年期以上人身保险产品取得的保费收入。

(27) 下列金融商品转让收入：①合格境外投资者(qualified foreign institutional investors，QFII)委托境内公司在我国从事证券买卖业务。②中国香港市场投资者(包括单位和个人)通过沪港通买卖上海证券交易所上市 A 股。③中国香港市场投资者(包括单位和个人)通过基金互认买卖内地基金份额。④证券投资基金(封闭式证券投资基金、开放式证券投资基金)管理人运用基金买卖股票、债券。⑤个人从事金融商品转让业务。⑥社保基金会、社保基金投资管理人在运用社保基金投资过程中金融商品转让收入。

(28) 金融同业往来利息收入。

(29) 同时符合一定条件的担保机构从事中小企业信用担保或者再担保业务取得的收入(不含信用评级、咨询、培训等收入)3 年内免征增值税。

(30) 国家商品储备管理单位及其直属企业承担商品储备任务,从中央或者地方财政取得的利息补贴收入和价差补贴收入。

(31) 纳税人提供技术转让、技术开发和与之相关的技术咨询、技术服务。

(32) 符合条件的合同能源管理服务。

(33) 政府举办的从事学历教育的高等、中等和初等学校(不含下属单位),举办进修班、培训班取得的全部归该学校所有的收入。

(34) 政府举办的职业学校设立的主要为在校学生提供实习场所并由学校出资自办、由学校负责经营管理、经营收入归学校所有的企业,从事《销售服务、无形资产或者不动产注释》中"现代服务"(不含融资租赁服务、广告服务和其他现代服务)、"生活服务"(不含文化体育服务、其他生活服务和桑拿、氧吧)业务活动取得的收入。

(35) 家政服务企业由员工制家政服务员提供家政服务取得的收入。

(36) 福利彩票、体育彩票的发行收入。

(37) 军队空余房产租赁收入。

(38) 为了配合国家住房制度改革,企业、行政事业单位按房改成本价、标准价出售住房取得的收入。

(39) 将土地使用权转让给农业生产者用于农业生产。

(40) 涉及家庭财产分割的个人无偿转让不动产、土地使用权。

(41) 土地所有者出让土地使用权和土地使用者将土地使用权归还给土地所有者。

(42) 县级以上地方人民政府或自然资源行政主管部门出让、转让或收回自然资源使用权(不含土地使用权)。

(43) 随军家属就业。为安置随军家属就业而新开办的企业,自领取税务登记证之日起,其提供应税服务 3 年内免征增值税。从事个体经营的随军家属,自办理税务登记事项之日起,其提供的应税服务 3 年内免征增值税。

(44) 军队转业干部就业。为安置自主择业的军队转业干部就业而新开办的企业,凡安置自主择业的军队转业干部占企业总人数 60%(含)以上,自领取税务登记证之日起,其提供应税服务 3 年内免征增值税。从事个体经营的军队转业干部,自办理税务登记事项之日起,其提供的应税服务 3 年内免征增值税。

【例 2-23 单选题】下列行为中,免征增值税的是(   )。

A. 企业销售自己使用过的设备　　　　　B. 公司无偿赠送自产货物

C. 果园销售种植的水果　　　　　　　　D. 新华书店销售音像制品

【答案】C

【答案解析】选项 A 企业销售自己使用过的设备按照简易办法,依照 3%征收率减按 2%征收增值税;选项 B 公司无偿赠送自产货物属于视同销售;选项 D 新华书店销售音像制品属于应征低税率 9%范围;只有选项 C 果园销售种植的水果属于农业生产者销售自产的农产品,免税。

二、增值税即征即退

即征即退是指对按税法规定缴纳的税款，由税务机关在征税时部分或全部退还纳税人的一种税收优惠，其实质是一种特殊方式的免税和减税。

(一)按 50%比例即征即退

对销售下列自产货物实行增值税即征即退 50%的优惠政策。

(1) 以退役军用发射药为原料生产的涂料硝化棉粉。

(2) 对燃煤发电厂及各类工业企业生产的烟气、高硫天然气进行脱硫生产的副产品。

(3) 以废弃酒精和酿酒底锅水为原料生产的蒸汽、活性炭、白炭黑、乳酸、乳酸钙、沼气。

(4) 以煤矸石、煤泥、石煤、油母页岩为燃料生产的电力和热力。

(5) 利用风力生产的电力。

(二)按 80%比例即征即退

(1) 以三剩物、次小薪材和农作物秸秆三类农林剩余物为原料生产的木(竹秸秆)纤维板、木(竹秸秆)刨花板、细木工板、活性炭、栲胶、水解酒精、碳棒。

(2) 以沙柳为原料生产的箱板纸。

(三)按 100%比例即征即退

(1) 以工业废气为原料生产的高纯度二氧化碳产品。

(2) 以垃圾为燃料(比重不低于 80%)生产的电力或者热力，包括利用垃圾发酵产生的沼气生产销售的电力或者热力。

(3) 以煤炭开采过程中伴生的舍弃物油母页岩为原料生产的页岩油。

(4) 以废旧沥青混凝土为原料生产的再生沥青混凝土。

(5) 100%利用工业生产过程中产生的余热、余压生产的电力或热力。

此外，还有纳税人享受安置残疾人增值税即征即退优惠政策等。

三、起征点

(一)对个人起征点的规定

纳税人(仅限于个人，包括个体工商户和其他个人，但不包含登记为一般纳税人的个体工商户，即增值税起征点仅适用于按照小规模纳税人纳税的个体工商户和其他个人)的营业额或销售额未达到起征点的，免征增值税。具体增值税起征点的幅度规定如下。

(1) 按期纳税的，为月销售额 5 000～20 000 元(含本数)。

(2) 按次纳税的，为每次(日)销售额 300～500 元(含本数)。

起征点的调整由财政部和国家税务总局规定。

(二)对小微企业起征点的规定

小规模纳税人应分别核算销售货物、提供应税劳务、销售服务、无形资产或者不动产的销售额，其月销售额不超过 3 万元(按季纳税 9 万元)的，自 2018 年 1 月 1 日起，可分别享受小微企业暂免征收增值税优惠政策。

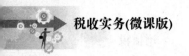

四、其他有关减免税规定

(1) 纳税人兼营免税、减税项目的，应当分别核算免税、减税项目的销售额；未分别核算销售额的，不得免税、减税。

(2) 纳税人销售货物或者应税劳务适用免税规定的，可以放弃免税，依照《中华人民共和国增值税暂行条例》的规定缴纳增值税，放弃免税后，36个月内不得再申请免税。

(3) 纳税人发生应税销售行为同时适用免税和零税率规定的，优先适用零税率。

(4) 个人将购买2年以上(含2年)的普通住房对外销售的，免征增值税。上述政策仅适用于北京市、上海市、广州市和深圳市。

第十节 征 收 管 理

增值税由国家税务局负责征收，但纳税人销售取得的不动产和其他个人出租不动产的增值税，国家税务局暂委托地方税务局代为征收。

一、纳税义务发生时间

(1) 纳税人发生应税行为，其纳税义务发生时间为收讫销售款项或者取得索取销售款项凭据的当天；先开具发票的，为开具发票的当天。按销售结算方式的不同，纳税义务发生时间具体如下。

①采取直接收款方式销售货物，不论货物是否发出，均为收到销售款或者取得索取销售款凭据的当天。②采取托收承付和委托银行收款方式销售货物，为发出货物并办妥托收手续的当天。③采取赊销和分期收款方式销售货物，为书面合同约定的收款日期的当天，无书面合同的或者书面合同没有约定收款日期的，为货物发出的当天。④采取预收货款方式销售货物，为货物发出的当天，但生产销售生产工期超过12个月的大型机械设备、船舶、飞机等货物，为收到预收款或者书面合同约定的收款日期的当天；采取预收款方式提供建筑服务、租赁服务的，其纳税义务发生时间为收到预收款的当天。⑤委托其他纳税人代销货物，为收到代销单位的代销清单或者收到全部或者部分货款的当天；未收到代销清单及货款的，为发出代销货物满180天的当天。⑥提供应税劳务，为提供劳务同时收讫销售款或者取得索取销售款的凭据的当天。⑦纳税人发生视同销售货物行为的，为货物移送的当天；纳税人发生视同销售服务、无形资产或者不动产情形的，其纳税义务发生时间为服务、无形资产转让完成的当天或者不动产权属变更的当天。⑧纳税人从事金融商品转让的，为金融商品所有权转移的当天。

(2) 纳税人进口货物，其纳税义务发生时间为报关进口的当天。

(3) 增值税扣缴义务发生时间为纳税人增值税纳税义务发生的当天。

【例2-24 多选题】下列关于纳税义务发生时间的说法中正确的有(   )。

A. 将货物交付他人代销，为发出代销货物的当天

B. 采用预收款方式销售货物的，为货物发出的当天

C. 采用分期收款方式销售货物的，为书面合同约定的收款日期的当天

D. 先开具发票的，为开具发票的当天

【答案】BCD

【答案解析】选项 A 属于委托其他纳税人代销货物，纳税义务发生时间为收到代销单位的代销清单或者收到全部或者部分货款的当天；未收到代销清单及货款的，纳税义务发生时间为发出代销货物满 180 天的当天。

二、纳税期限

增值税的纳税期限分别为 1 日、3 日、5 日、10 日、15 日、1 个月或者 1 个季度。纳税人的具体纳税期限，由主管税务机关根据纳税人应纳税额的多少分别核定。以 1 个季度为纳税期限的规定适用于小规模纳税人、银行、财务公司、信托投资公司、信用社，以及财政部和国家税务总局规定的其他纳税人。不能按照固定期限纳税的，可以按次纳税。

纳税人以 1 个月或者 1 个季度为一个纳税期的，自期满之日起 15 日内申报纳税；以 1 日、3 日、5 日、10 日或者 15 日为一个纳税期的，自期满之日起 5 日内预缴税款，于次月 1 日起 15 日内申报纳税并结清上月应纳税款。

扣缴义务人解缴税款的期限，依照上述规定执行。

纳税人进口货物，应当自海关填发进口增值税专用缴款书之日起 15 日内缴纳税款。

三、纳税地点

(1) 固定业户应当向其机构所在地的主管税务机关申报纳税。

总机构和分支机构不在同一县(市)的，应当分别向各自机构所在地的主管税务机关申报纳税；经国务院财政、税务主管部门或者其授权的财政、税务机关批准，可以由总机构汇总向总机构所在地的主管税务机关申报纳税。

固定业户到外县(市)发生应税行为，应当向其机构所在地的主管税务机关报告外出经营事项，并向其机构所在地的主管税务机关申报纳税；未报告的，应当向应税行为发生地的主管税务机关申报纳税；未向应税行为发生地的主管税务机关申报纳税的，由其机构所在地的主管税务机关补征税款。

(2) 非固定业户应当向应税行为发生地主管税务机关申报纳税；未申报纳税的，由其机构所在地或者居住地主管税务机关补征税款。

(3) 进口货物，应当向报关地海关申报纳税。

(4) 扣缴义务人应当向其机构所在地或者居住地的主管税务机关申报缴纳其应扣缴的税款。

四、一般纳税人的纳税申报

(一)一般纳税人纳税申报资料

纳税申报资料包括纳税申报表及其附列资料和纳税申报其他资料。

1. 必报资料——纳税申报表及其附列资料

一般纳税人纳税申报表及其附列资料内容如下。

(1) 增值税纳税申报表(一般纳税人适用)。

(2) 增值税纳税申报表附列资料(一)(本期销售情况明细)。

(3) 增值税纳税申报表附列资料(二)(本期进项税额明细)。

(4) 增值税纳税申报表附列资料(三)(服务、不动产和无形资产扣除项目明细)。

一般纳税人销售服务、不动产和无形资产,在确定服务、不动产和无形资产销售额时,按照有关规定可以从取得的全部价款和价外费用中扣除价款的,须填报增值税纳税申报表附列资料(三),其他情况不填写该附列资料。

(5) 增值税纳税申报表附列资料(四)(税额抵减情况表)。

(6) 增值税纳税申报表附列资料(五)(不动产分期抵扣计算表)。

(7) 固定资产(不含不动产)进项税额抵扣情况表。

(8) 本期抵扣进项税额明细表。

(9) 增值税减免税申报明细表。

2. 备查资料——纳税申报其他资料

(1) 已开具的税控机动车销售统一发票和普通发票的存根联。

(2) 符合抵扣条件且在本期申报抵扣的增值税专用发票(含税控机动车销售统一发票)的抵扣联。

(3) 符合抵扣条件且在本期申报抵扣的海关进口增值税专用缴款书、购进农产品取得的普通发票的复印件。

(4) 符合抵扣条件且在本期申报抵扣的税收完税凭证及其清单、书面合同、付款证明和境外单位的对账单或者发票。

(5) 已开具的农产品收购凭证的存根联或报查联。

纳税人销售服务、不动产和无形资产,在确定服务、不动产和无形资产销售额时,按照有关规定从取得的全部价款和价外费用中扣除价款的合法凭证及其清单。

(6) "营改增"税负分析测算表。

从事建筑、房地产、金融或生活服务等经营业务的一般纳税人填报。

(7) 主管税务机关规定的其他资料。

纳税人跨县(市)提供建筑服务、房地产开发企业预售自行开发的房地产项目、纳税人出租与机构所在地不在同一县(市)的不动产,按规定需要在项目所在地或不动产所在地主管税务机关预缴税款的,须填写增值税预缴税款表。

(二)一般人纳税申报程序

(1) 纳税人提交资料。办税服务厅接收纳税人申报资料信息或纳税人通过互联网申报提交的纸质材料,核对资料信息是否齐全、是否符合法定形式、填写内容是否完整、是否与税收优惠备案审批信息一致,符合的,即时办结;不符合的,当场一次性告知应补正资料或不予受理的原因。

(2) 录入并报税。录入申报信息,为使用防伪税控的纳税人报税。

(3) 进行"一窗式"比对。

(4) 征收税款。纳税人可通过财税库银电子缴款系统或银行卡(POS 机)等方式缴纳税款,办税服务厅应按规定开具完税凭证。

(5) 清卡盖章。办税服务厅人员在增值税纳税申报表上签名并加盖业务专用章后,一份返还纳税人，一份作为资料存档，一份作为税收会计核算的原始凭证。

五、小规模纳税人纳税申报

(一)小规模纳税人纳税申报资料

1. 纳税申报表及其附列资料

(1) 增值税纳税申报表(小规模纳税人适用)。

(2) 增值税纳税申报表(小规模纳税人适用)附列资料。

(3) 资产负债表、利润表。

小规模纳税人销售服务，在确定服务销售额时，按照有关规定可以从取得的全部价款和价外费用中扣除价款的，需填报增值税纳税申报表附列资料，其他情况不填写该附列资料。

2. 纳税申报其他资料

(1) 使用税控收款机的纳税人应报送税控收款机用户卡等存储发票信息的存储介质，也可使用点对点或网络传输开票信息。

(2) 已开具的税控机动车销售统一发票和普通发票的存根联。

(3) 增值税减免税申报明细表。由享受增值税减免税优惠政策的小规模纳税人在办理增值税纳税申报时填报。仅享受月销售额不超过 3 万元(按季纳税 9 万元)免征政策或未达到起征点的小规模纳税人不需填报明细表。

(4) 省税务机关规定的其他资料。

(二)小规模纳税人纳税申报程序

(1) 纳税人提交资料。办税服务厅接收纳税人申报资料信息或纳税人通过互联网申报提交的纸质材料，核对资料信息是否齐全、是否符合法定形式、填写内容是否完整、是否与税收优惠备案审批信息一致，符合的，即时办结；不符合的，当场一次性告知应补正资料或不予受理的原因。

(2) 税务机关受理申报。税务机关为纳税人提供申报纳税办理指引，辅导纳税人申报纳税，提示纳税人填写税收优惠栏目。

(3) 征收税款。纳税人可通过财税库银电子缴款系统或银行卡(POS 机)等方式缴纳税款，办税服务厅应按规定开具完税凭证。

(4) 签名盖章。办税服务厅人员在增值税纳税申报表(小规模纳税人适用)上签名并加盖业务专用章后，一份返还纳税人，一份作为资料存档，一份作为税收会计核算的原始凭证。

(5) 小型微利企业、长期不经营企业可采取合并征期、调整申报期限等方式减轻纳税人的负担。

第十一节　增值税专用发票的使用及管理

增值税一般纳税人发生应税销售行为，应使用增值税发票管理新系统开具增值税专用发票、增值税普通发票、机动车销售统一发票、增值税电子普通发票。

增值税实行凭国家印发的增值税专用发票注明的税款进行抵扣的制度。增值税专用发票不仅是纳税人经济活动中的重要商业凭证，而且是兼记销货方销项税额和购货方进项税额进行税款抵扣的凭证，对增值税的计算和管理起着决定性的作用，因此，正确使用增值税专用发票十分重要。

一、专用发票领购使用范围

一般纳税人凭《发票领购簿》、报税盘(IC卡)和经办人身份证明领购增值税专用发票。一般纳税人有下列情形之一的，不得领购、开具增值税专用发票。

(1) 会计核算不健全，不能向税务机关准确提供增值税销项税额、进项税额、应纳税额数据及其他有关增值税税务资料的。

(2) 有《税收征收管理法》规定的税收违法行为，拒不接受税务机关处理的。

(3) 有下列行为之一，经税务机关责令限期改正而仍未改正的：虚开增值税专用发票；私自印制增值税专用发票；向税务机关以外的单位和个人买取增值税专用发票；借用他人增值税专用发票；未按《增值税专用发票使用规定》开具增值税专用发票；未按规定保管增值税专用发票和增值税专用设备；未按规定申请办理防伪税控系统变更发行；未按规定接受税务机关检查。

二、增值税专用发票开具范围

纳税人销售货物或者发生应税行为，应当向索取增值税专用发票的购买方开具增值税专用发票，并在增值税专用发票上分别注明销售额和销项税额。

属于下列情形之一的，不得开具增值税专用发票。

(1) 向消费者个人销售货物或者发生应税行为的。

(2) 销售货物或者应税行为适用免税规定的。

从事住宿业、咨询签证业和建筑业的小规模纳税人可以开具增值税专用发票。其他小规模纳税人需要开具增值税专用发票的，可向主管税务机关申请代开。

【例2-25 多选题】一般纳税人的下列销售情形中，不得开具增值税专用发票的有(　　)。

A. 乙公司向小规模纳税人提供运输服务

B. 甲公司将自产货物无偿赠送给某一般纳税人单位

C. 丙超市向消费者个人销售货物

D. 丁公司销售免税货物

【答案】ACD

【答案解析】选项B是视同销售行为，需要开具增值税专用发票；向小规模纳税人、消费者个人销售货物、销售免税货物都不得开具增值税专用发票。

三、增值税专用发票的联次及开具要求

增值税专用发票由基本联次或者基本联次附加其他联次构成。基本联次为三联：发票联、抵扣联和记账联。发票联，作为购买方核算采购成本和增值税进项税额的记账凭证；抵扣联，作为购买方报送主管税务机关认证和留存备查的凭证；记账联，作为销售方核算销售收入和增值税销项税额的记账凭证。其他联次用途由一般纳税人自行确定。

增值税专用发票应按下列要求开具：应当使用防伪税控系统开具增的值税专用发票；可汇总开具增值税专用发票；开票金额不得高于最高开票限额；项目齐全，与实际交易相符；字迹清楚，不得压线、错格；发票联和抵扣联加盖财务专用章或者发票专用章；按照增值纳税义务的发生时间开具。

对不符合上列要求的增值税专用发票，购买方有权拒收。

四、开具增值税专用发票后发生退货或开票有误的处理

增值税一般纳税人开具增值税专用发票后，发生销货退回、销售折让及开票有误等情况需要开具红字增值税专用发票的，视不同情况分别按以下办法处理。

(1) 因增值税专用发票抵扣联、发票联均无法认证的，由购买方填报《开具红字增值税专用发票申请单》，并在申请单上填写具体原因及相应蓝字增值税专用发票的信息，主管税务机关审核后出具《开具红字增值税专用发票通知单》。购买方不作进项税额转出处理。

(2) 购买方所购货物不属于增值税扣税项目范围，取得的增值税专用发票未经认证的，由购买方填报申请单，并在申请单上填写具体原因及相应蓝字增值税专用发票的信息，主管税务机关审核后出具通知单。购买方不作进项税额转出处理。

(3) 因开票有误购买方拒收增值税专用发票的，销售方须在增值税专用发票认证期限内向主管税务机关填报申请单，并在申请单上填写具体原因及相应蓝字增值税专用发票的信息，同时提供由购买方出具的写明拒收理由、具体错误项目及正确内容的书面材料，主管税务机关审核确认后出具通知单。销售方凭通知单开具红字增值税专用发票。

(4) 因开票有误等原因尚未将增值税专用发票交付购买方的，销售方须在开具有误增值税专用发票的次月内向主管税务机关填报申请单，并在申请单上填写具体原因及相应蓝字增值税专用发票的信息，同时提供由销售方出具的写明具体理由、具体错误项目及正确内容的书面材料，主管税务机关审核确认后出具通知单。销售方凭通知单开具红字增值税专用发票。

(5) 发生销货退回或销售折让的，除按照相关的规定进行处理外，销售方还应在开具红字增值税专用发票后将该笔业务的相应记账凭证复印件报送主管税务机关备案。

📚 本章小结

本章全面介绍了增值税的理论、税制要素和计算方法。

增值税是以商品(含应税劳务和应税服务)在流转过程中产生的增值额作为征税对象而征收的一种流转税。按照对购入固定资产已纳税款的处理方式不同，可以将增值税分为生产型增值税、收入型增值税和消费型增值税，我国目前实行的是消费型增值税。

增值税的征税范围包括在我国境内销售或者进口货物，提供应税劳务，销售应税服务、无形资产或者不动产等。学习应重点关注视同销售行为的税务处理。

增值税纳税人按会计核算水平和经营规模分为一般纳税人和小规模纳税人两类人，分别采取不同的增值税计税方法。

目前，对一般纳税人采用的计税方法是购进扣税法，计算公式为：当期应纳税额=当期销项税额-当期进项税额；小规模纳税人按照征收率计算应纳增值税，其计算公式为应：纳

税额=销售额×征收率。进口货物需按规定的组成计税价格和规定的税率计算进口增值税税额。

增值税采用比例税率，一般纳税人设置了基本税率、低税率和零税率三档。小规模纳税人和采用简易办法征税的一般纳税人适用征收率。

我国采取出口退税与免税相结合的政策，计算分为免抵退税办法和免退税办法。

增值税实行凭国家印发的增值税专用发票注明的税款进行抵扣的制度，因此，正确使用增值税专用发票十分重要。

案例链接

涉案金额超 1.2 亿元，特大虚开增值税专用发票案于浙江落幕

2018 年 2 月，永嘉县公安局经侦大队接到线索：温州某金属材料有限公司于 2014—2017 年涉嫌虚开增值税专用发票，且涉案金额巨大。

针对这一情况，永嘉县警方立即联合永嘉县国家税务局，成立联合专案组。办案民警兵分多路，依次对涉案的 100 多家企业就发票的真实性予以确认，一方面调查涉案下游受票企业，追踪虚开的增值税专用发票流向；从近百个账户中分析资金流向，还原犯罪资金脉络。

调查发现，注册地在永嘉的永嘉县某金属材料有限公司、温州某机械有限公司、温州某自控仪表有限公司等 116 家公司在没有真实货物交易的情况下，从温州某金属材料有限公司等公司取得增值税专用发票 1 346 份，涉及总发票金额 1 亿多元，税额合计高达 1 800 万元，合计超 1.2 亿元。而随着案件的深入，警方发现永嘉做钢材生意的陈某、郑某等有作案嫌疑。

经查，2014—2017 年，犯罪嫌疑人陈某、郑某等以经营钢材生意为掩护，在没有真实收购钢材业务的情况下，虚开钢材收购进项税发票，他们将钢材以不含税价销售给永嘉 116 家企业后，再以 7%~11% 的开票费开具温州某金属材料有限公司等公司的增值税专用发票给永嘉 116 家企业用于抵扣税款。

"以后再也不可能做这些事了，现在真的太后悔了！"一次错误的决定让他们付出了自由的代价。

(资料来源：百度百家号，https://baijiahao.baidu.com.)

思考与讨论：

(1) 从一般纳税人的计税公式来看，虚开增值税专用发票会给国家税收造成怎样的损失？

(2) 陈某、郑某需要承担的法律后果是什么？

(3) 讨论企业经营的底线是什么。

(4) 从个人角度来说，如何才能不知法犯法？

同步测试题

一、单项选择题

1. 理论增值额的含义是(　　)。

    A. V+M　　　　　　B. C+V+M　　　　　　C. M　　　　　　D. C

2. 增值税条例规定，外购下列货物所包含的进项税额，不可以从销项税额中抵扣(　　)。

    A. 进口的机器设备　　　　　　　　　B. 外购的燃料

    C. 外购的货物用于职工福利　　　　　D. 外购的低值易耗品

3. 下列说法正确的是(　　)。

    A. 从理论上说，增值税以增值额为计税基础

    B. 在实践中，增值税都是采取购进扣税法

    C. 增值税是采取价内法进行计算的

    D. 销项税额就是销售者需要缴纳的增值税税额

4. 增值税条例规定，纳税人采取托收承付方式销售货物，其纳税义务发生时间是(　　)。

    A. 货物发出的当天　　　　　　　　　B. 收到销货款的当天

    C. 发出货物并办妥托收手续的当天　　D. 签订合同的当天

5. 提供有形动产租赁服务的增值税税率是(　　)。

    A. 17%　　　　　　B. 13%　　　　　　C. 4%　　　　　　D. 3%

6. 甲公司为增值税一般纳税人，本月销售产品一批，取得不含税销售额 10 万元，同时向对方收取包装物押金 5 000 元，已知增值税税率为 13%，则甲公司本月增值税销项税额为(　　)元。

    A. 13 115.04　　　B. 13 000　　　　　C. 13 130　　　　　D. 17 170

7. 某市电视机厂为增值税一般纳税人，2020 年 9 月销售电视机情况如下：向某代理商销售 2 000 台，由于量大，给对方 10%的折扣，开具增值税专用发票注明单价为 2 000 元/台，在备注栏注明了折扣额；向某商场销售 100 台，不含税售价为 2 200 元/台。当月取得进项税专用发票注明的税款为 10 万元(已认证)，则该厂当月应纳增值税(　　)万元。

    A. 57.5　　　　　　B. 5　　　　　　　C. 42.26　　　　　D. 44.86

8. 甲公司为增值税一般纳税人，本月采用以旧换新的方式零售冰箱 50 台，冰箱每台零售价为 2 000 元，同时收到旧冰箱 200 台，每台折价 50 元，实际收到销售款 9 万元，已知甲公司适用的增值税税率为 13%，则甲公司本月销售冰箱的增值税销项税额为(　　)元。

    A. 10 353.98　　　B. 11 504.42　　　C. 11 700　　　　　D. 13 000

9. 某个体商店为增值税小规模纳税人。1 月该个体商店购置一批货物，取得的普通发票上注明金额为 4 600 元，当月零售货物取得销售收入 22 400 元；用部分外购商品抵债，抵债商品的买价为 1 200 元，平均售价为 1 500 元，该商店同类产品的最高销售价格为 1 800 元。该个体商店当月应纳增值税(　　)元。

    A. 696.12　　　　　B. 602.91　　　　　C. 687.38　　　　　D. 717

10. 某公司为增值税一般纳税人，12 月从国外进口一批设备，海关核定的关税完税价格为 100 万元。已知进口关税税率为 26%，增值税税率为 13%，则该公司进口环节应缴纳的增值税合计为(　　)万元。

    A. 13　　　　　　　B. 16.38　　　　　C. 14.5　　　　　　D. 84.6

二、多项选择题

1. 增值税条例规定，下列行为属于视同销售的有(　　)。

    A. 将自产货物作为投资，提供给其他单位和个体经营者

    B. 将购买货物作为投资，提供给其他单位和个体经营者

C. 将自产货物用于职工福利和集体消费

D. 将购买的货物无偿赠送他人

2. 增值税的销售额为纳税人销售货物或应税劳务向购买方收取的全部价款和价外费用，但下列费用不包括在价外费用中的有(   )。

A. 向购买方收取的手续费

B. 向购买方收取的销项税额

C. 受托加工应征消费税的货物，由受托方代收代缴的消费税

D. 同时符合两个条件的代垫运费：承运部门的运费发票开具给购货方，由纳税人将该项发票转交给购货方

3. 下列说法正确的是(   )。

A. 小规模纳税人采取简易计税办法

B. 增值税一般纳税人采取购进扣税法

C. 取得普通发票在一般情况下不予抵扣销项税额

D. 增值税发票有普通发票和专用发票之分

4. 下列项目不得抵扣进项税额的有(   )。

A. 外购固定资产的进项税额　　　　B. 用于免税项目的购进货物

C. 用于集体福利的购进劳务　　　　D. 用于非正常损失的购进货物

5. 下列收费中，(   )应作为价外费用，计征增值税。

A. 返还利润　　　B. 包装费　　　C. 优质费　　　D. 手续费

6. 关于销售额的说法，下列正确的有(   )。

A. 贷款服务，以提供贷款服务取得的全部利息及利息性质的收入为销售额

B. 金融商品转让，按照卖出价扣除买入价后的余额为销售额

C. 经纪代理服务，以取得的全部价款和价外费用，扣除向委托方收取并代为支付的政府性基金或者行政事业性收费后的余额为销售额

D. 航空运输企业的销售额，不包括代收的机场建设费和代售其他航空运输企业客票而代收转付的价款

7. 下列属于免征增值税的是(   )。

A. 养老机构提供的养老服务　　　　B. 婚姻介绍服务

C. 从事学历教育的学校提供的教育服务　　D. 个人转让著作权

8. 下列适用增值税零税率的是(   )。

A. 国际运输服务

B. 航天运输服务

C. 向境外单位提供的完全在境外消费的研发服务

D. 向境外单位提供的完全在境外消费的软件服务

9. 下列关于纳税人以特殊方式销售货物的税务处理，错误的有(   )。

A. 纳税人用以物易物方式销售货物，双方都作购销处理

B. 纳税人用以旧换新方式销售金银首饰，按新货物的同期销售价格确定销售额

C. 纳税人以折扣方式销售货物，若将折扣额另开增值税专用发票，可从销售额中减除折扣额

D. 纳税人发生视同销售货物行为，按组成计税价格确定其销售额

10. 根据增值税相关规定，下列进项税额准予抵扣的有( )。

A. 运输公司购进燃料取得的增值税专用发票

B. 纳税人委托运输公司运输货物取得的货物运输业增值税专用发票

C. 纳税人购入自用的应征消费税的汽车取得的机动车辆销售统一发票

D. 纳税人进口产品取得的海关进口增值税专用缴款书

三、判断题

1. 增值税条例规定，销售折让可以从销售额中减除。 ( )

2. 增值税是价外税，消费税是价内税，两税的税基不一致。 ( )

3. 计算增值税应纳税额时准予计算进项税额抵扣的货物运费金额是指在运输单位为货主开具的发票上注明的运费和政府收取的建设基金。 ( )

4. 增值税条例规定，小规模纳税人适用 6%和 3%的征收率。 ( )

5. 增值税条例规定，农业生产者销售自产农产品征收增值税。 ( )

6. 某企业将一批自产的日用品发给职工作为福利，该日用品每件成本为 100 元，成本利润率为 10%，该日用品的组成计税价格为 110 元。 ( )

7. 现行增值税相关规定，销售额没有达到起征点的，不征增值税；超过起征点的，应就超过起征点的部分销售额依法计算缴纳增值税。 ( )

8. 甲未按规定向乙支付货款，乙企业按合同规定向甲收取违约金，由于违约金是在销售实现后收取的，故不应征收增值税。 ( )

9. 增值税一般纳税人销售自己使用过的固定资产，一律按照 3%的征收率减按 2%征收增值税。 ( )

10. 如果一般纳税人向小规模纳税人销售货物、提供服务等，则在收取销项税额时，应按照 3%的征收率，而不是按照 13%、9%或 6%的税率。 ( )

四、计算题

1. 某企业为增值税一般纳税人，3 月份的销售情况如下。

(1) 采取现销方式销售商品，取得销售收入 100 000 元，增值税款 13 000 元。

(2) 采取托收承付方式销售商品，货已发出，托收手续已办妥，应收货款 20 000 元，应收增值税税款 2 600 元。

(3) 采取分期收款方式销售商品，货款总额为 10 000 元，合同规定本月应收货款 1 000 元，由于购货方资金周转困难，要求下月付款。

(4) 收到预收货款 20 000 元，商品尚未发出。

(5) 收到受托单位的代销清单，本月委托代销部分实现销售 50 000 元。

请计算该企业本月应纳税销售额。

2. 某机械厂(增值税一般纳税人)8 月份发生以下业务。

(1) 外购钢材支付税金 1.36 万元，按规定可以抵扣进项税额。

(2) 从商业小规模纳税人处购进低值易耗品，支付价款 3 万元，取得普通发票。

(3) 采用托收承付方式销售车床的不含税价格为 60 万元，货已发出，并办妥托收手续。

(4) 采用直销方式销售车床的不含税价格为 40 万元。

请计算该机械厂 8 月份应缴纳的增值税税额。

3. 某百货大楼 11 月份发生以下经济业务。

(1) 销售货物开具增值税专用发票,增值税专用发票上注明的价款为 1 000 万元。

(2) 向消费者个人销售货物开具普通发票,取得收入 67.8 万元。

(3) 购进货物取得增值税专用发票上注明的货物金额为 600 万元,增值税 78 万元。

(4) 没收包装物押金 3.39 万元。

(5) 将上年购进的 5 万元货物用于职工福利,购进货物专用发票上注明的税款为 0.65 万元。

请计算该百货大楼当月允许抵扣的进项税额以及当月应缴纳的增值税税额。

4. 某进出口公司 2 月份进口化学品,海关核定的关税完税价格为 600 万元,当月在国内销售,取得不含税销售额 2 000 万元。该商品的关税税率为 10%,增值税税率为 13%。

请计算该公司 2 月份应缴纳的进口环节增值税税额和国内销售环节应缴纳的增值税税额。

5. 日鑫日用品加工厂为增值税小规模纳税人,5 月份取得销售收入总额为 92.7 万元。

请计算该日用品加工厂 5 月份应缴纳的增值税税额。

拓展阅读

销售服务、销售无形资产、销售不动产注释

一、销售服务

销售服务是指提供交通运输服务、邮政服务、电信服务、建筑服务、金融服务、现代服务、生活服务。

(一)交通运输服务

交通运输服务是指利用运输工具将货物或者旅客送达目的地,使其空间位置得到转移的业务活动。它包括陆路运输服务、水路运输服务、航空运输服务、管道运输服务和无运输工具承运业务。

(1) 陆路运输服务是指通过陆路(地上或者地下)运送货物或者旅客的运输业务活动,包括铁路运输服务和其他陆路运输服务。

(2) 水路运输服务是指通过江、河、湖、川等天然、人工水道或者海洋航道运送货物或者旅客的运输业务活动。

水路运输的程租、期租业务属于水路运输服务。程租业务是指运输企业为租船人完成某一特定航次的运输任务并收取租赁费的业务;期租业务是指运输企业将配备有操作人员的船舶承租给他人使用一定期限,承租期内听候承租方调遣,不论是否经营,均按天向承租方收取租赁费,发生的固定费用均由船东负担的业务。

(3) 航空运输服务是指通过空中航线运送货物或者旅客的运输业务活动。

航空运输的湿租业务属于航空运输服务。湿租业务是指航空运输企业将配备有机组人员的飞机承租给他人使用一定期限,承租期内听候承租方调遣,不论是否经营,均按一定标准向承租方收取租赁费,发生的固定费用均由承租方承担的业务。

(4) 管道运输服务是指通过管道设施输送气体、液体、固体物质的运输业务活动。

(5) 无运输工具承运业务(如滴滴打车业务)，按照交通运输服务缴纳增值税，是指经营者以承运人身份与托运人签订运输服务合同，收取运费并承担承运人责任，然后委托实际承运人完成运输服务的经营活动。

(二)邮政服务

邮政服务是指中国邮政集团公司及其所属邮政企业提供邮件寄递、邮政汇兑和机要通信等邮政基本服务的业务活动，包括邮政普遍服务、邮政特殊服务和其他邮政服务。

邮政普遍服务是指函件、包裹等邮件寄递，以及邮票发行、报刊发行和邮政汇兑等业务活动。

邮政特殊服务是指义务兵平常信函、机要通信、盲人读物和革命烈士遗物的寄递等业务活动。

其他邮政服务是指邮册等邮品销售、邮政代理等业务活动。

(三)电信服务

电信服务是指利用有线、无线的电磁系统或者光电系统等各种通信网络资源，提供语音通信通话服务，传送、发射、接收或者应用图像、短信等电子数据和信息的业务活动。它包括基础电信服务和增值电信服务。

(1) 基础电信服务是指利用固网、移动网、卫星、互联网，提供语音通话服务的业务活动，以及出租或者出售带宽、波长等网络元素的业务活动。

(2) 增值电信服务是指利用固网、移动网、卫星、互联网、有线电视网络，提供短信和彩信服务、电子数据和信息的传输及应用服务、互联网接入服务等业务活动。卫星电视信号落地转接服务，按照增值电信服务缴纳增值税。

(四)建筑服务

建筑服务是指各类建筑物、构筑物及其附属设施的建造、修缮、装饰，线路、管道、设备、设施等的安装及其他工程作业的业务活动。它包括工程服务、安装服务、修缮服务、装饰服务和其他建筑服务。

(1) 工程服务是指新建、改建各种建筑物、构筑物的工程作业，包括与建筑物相连的各种设备或者支柱、操作平台的安装或者装设工程作业，以及各种窑炉和金属结构工程作业。

(2) 安装服务是指生产设备、动力设备、起重设备、运输设备、传动设备、医疗实验设备及其他各种设备、设施的装配、安置工程作业，包括与被安装设备相连的工作台、梯子、栏杆的装设工程作业，以及被安装设备的绝缘、防腐、保温、油漆等工程作业。

固定电话、有线电视、宽带、水、电、燃气、暖气等经营者向用户收取的安装费、初装费、开户费、扩容费及其他类似收费，按照安装服务缴纳增值税。

(3) 修缮服务是指对建筑物、构筑物进行修补、加固、养护、改善，使之恢复原来的使用价值或者延长其使用期限的工程作业。

(4) 装饰服务是指对建筑物、构筑物进行修饰装修，使之美观或者具有特定用途的工程作业。

(5) 其他建筑服务是指上列工程作业之外的各种工程作业服务，如钻井(打井)、拆除建筑物或者构筑物、平整土地、园林绿化、疏浚(不包括航道疏浚)、建筑物平移、搭脚手架、爆破、矿山穿孔、表面附着物(包括岩层、土层、沙层等)剥离和清理等工程作业。

(五)金融服务

金融服务是指经营金融保险的业务活动,包括贷款服务、直接收费金融服务、保险服务和金融商品转让。

(1) 贷款服务。贷款是指将资金贷与他人使用而取得利息收入的业务活动。各种占用、拆借资金取得的收入,包括金融商品持有期间(含到期)利息(保本收益、报酬、资金占用费、补偿金等)收入、信用卡透支利息收入、买入返售金融商品利息收入、融资融券收取的利息收入,以及融资性售后回租、押汇、罚息、票据贴现、转贷等业务取得的利息及利息性质的收入,按照贷款服务缴纳增值税。

融资性售后回租是指承租方以融资为目的,将资产出售给从事融资性售后回租业务的企业后,从事融资性售后回租业务的企业将该资产出租给承租方的业务活动。

以货币资金投资收取的固定利润或者保底利润,按照贷款服务缴纳增值税。

(2) 直接收费金融服务是指为货币资金融通及其他金融业务提供相关服务并且收取费用的业务活动。它包括提供货币兑换、账户管理、电子银行、信用卡、信用证、财务担保、资产管理、信托管理、基金管理、金融交易场所(平台)管理、资金结算、资金清算、金融支付等服务。

(3) 保险服务是指投保人根据合同约定,向保险人支付保险费,保险人对于合同约定的可能发生的事故因其发生所造成的财产损失承担赔偿保险金责任,或者当被保险人死亡、伤残、疾病或者达到合同约定的年龄、期限等条件时承担给付保险金责任的商业保险行为。它包括人身保险服务和财产保险服务。

(4) 金融商品转让是指转让外汇、有价证券、非货物期货和其他金融商品所有权的业务活动。其他金融商品转让包括基金、信托、理财产品等各类资产管理产品和各种金融衍生品的转让。

(六)现代服务

现代服务是指围绕制造业、文化产业、现代物流产业等提供技术性、知识性服务的业务活动。它包括研发和技术服务、信息技术服务、文化创意服务、物流辅助服务、租赁服务、鉴证咨询服务、广播影视服务、商务辅助服务和其他现代服务。

(1) 研发和技术服务包括研发服务、合同能源管理服务、工程勘察勘探服务、专业技术服务。

(2) 信息技术服务是指利用计算机、通信网络等技术对信息进行生产、收集、处理、加工、存储、运输、检索和利用,并提供信息服务的业务活动。它包括软件服务、电路设计及测试服务、信息系统服务、业务流程管理服务和信息系统增值服务。

(3) 文化创意服务包括设计服务、知识产权服务、广告服务和会议展览服务。

(4) 物流辅助服务包括航空服务、港口码头服务、货运客运场站服务、打捞救助服务、装卸搬运服务、仓储服务和收派服务。

(5) 租赁服务包括融资租赁服务和经营租赁服务。①融资租赁服务是指具有融资性质和所有权转移特点的租赁活动。按照标的物的不同,融资租赁服务可分为有形动产融资租赁服务和不动产融资租赁服务。融资性售后回租不按照本税目缴纳增值税。②经营租赁服务是指在约定时间内将有形动产或者不动产转让他人使用且租赁物所有权不变更的业务活动。按照标的物的不同,经营租赁服务可分为有形动产经营租赁服务和不动产经营租赁服务。

水路运输的光租业务和航空运输的干租业务属于经营租赁。光租业务是指运输企业将船舶在约定的时间内出租给他人使用，不配备操作人员，不承担运输过程中发生的各项费用，只收取固定租赁费的业务活动；干租业务是指航空运输企业将飞机在约定的时间内出租给他人使用，不配备机组人员，不承担运输过程中发生的各项费用，只收取固定租赁费的业务活动。

(6) 鉴证咨询服务包括认证服务、鉴证服务和咨询服务。

(7) 广播影视服务包括广播影视节目(作品)的制作服务、发行服务和播映(含放映，下同)服务。

(8) 商务辅助服务包括企业管理服务、经纪代理服务、人力资源服务、安全保护服务。拍卖行受托拍卖取得的手续费或佣金收入，按照"经纪代理服务"缴纳增值税。

(9) 其他现代服务是指除研发和技术服务、信息技术服务、文化创意服务、物流辅助服务、租赁服务、鉴证咨询服务、广播影视服务和商务辅助服务以外的现代服务。

(七)生活服务

生活服务是指为满足城乡居民日常生活需求提供的各类服务活动，包括文化体育服务、教育医疗服务、旅游娱乐服务、餐饮住宿服务、居民日常服务和其他生活服务。

二、销售无形资产

销售无形资产是指转让无形资产所有权或者使用权的业务活动。无形资产是指不具备实物形态，但能带来经济利益的资产，包括技术、商标、著作权、商誉、自然资源使用权(包括土地使用权)和其他权益性无形资产。

三、销售不动产

销售不动产是指转让不动产所有权的业务活动。不动产是指不能移动或者移动后会引起性质、形状改变的财产，包括建筑物、构筑物等。

 微课资源

扫一扫，获取本章相关微课视频。

2.1 增值税——增值税基础　　2.2 增值税——纳税义务人　　2.3 增值税——征收范围　　2.4 增值税——应纳税额的计算

【教学目的与要求】

- 理解消费税的概念和特点、增值税与消费税的关系。
- 理解消费税征税范围和税率。
- 掌握消费税在生产环节、委托加工环节、进口环节、零售环节、批发环节的计算方法。
- 理解消费税的出口退税。
- 了解消费税的征收管理规定。

第一节　消费税概述

在我国的税收制度里，消费税是增值税的配套税种，凡征收消费税的消费品都要征收增值税。征收消费税是为了调节产品结构，引导消费方向和保证国家的财政收入。

一、消费税的概念

消费税是指对在我国境内从事生产、委托加工和进口应税消费品的单位和个人，就其销售额或销售数量征收的一种税。

我国目前是对特定消费品征收消费税，属于特别消费税。征收消费税的目的主要是调节产业结构，限制某些奢侈品、高能耗产品的生产，正确引导消费方向，保证国家财政收入。

二、消费税的特点

1. 征收范围的选择性

对非生活必需品、奢侈品、高档消费品、不可再生的稀缺性资源产品以及高能耗产品等，根据产业政策与消费政策仅选择部分消费品征税，而不是对所有消费品都征收消费税，不会影响居民的生活水平，同时可以达到抑制不良消费行为、促进资源的有效利用、缓解社会财富分配不公的目的。

目前，我国消费税共设置 15 个税目，征收范围有限。征收的具体项目采用列举的方式，只有消费税税目税率表上列举的消费品才征收消费税。

2. 征税环节的单一性

除个别消费品的纳税环节有特殊规定外，应税消费品主要在生产、委托加工或进口的某一环节征收，之后再继续转销该消费品，不再征收消费税。

3. 税率较高且税负差异大

为更好地发挥消费税的调节功能，消费税实行差别化税率。消费税的平均税率水平一般定得比较高，并且不同征税项目的税负差异较大，对需要限制或控制消费的消费品，通常税负较重。

4. 征收方法的灵活性

消费税采取从价计征、从量计征和复合计征三种计征方法。对一部分价格变化较大，且便于按价格核算的应税消费品，实行从价计征；对一部分价格变动较小，品种、规格比较单一的大宗应税消费品，实行从量计征；对卷烟、白酒实行从价、从量相结合的复合计征方法。

5. 税负的转嫁性

我国现行的消费税是价内税，作为一种流转税，无论在哪一个环节征收，消费品销售价格中所含的消费税款最终都要转嫁到消费者头上，由消费者承担。

三、消费税与增值税的关系

消费税是价内税(计税依据中含消费税税额)，增值税是价外税(计税依据中不含增值税税额)。

消费税的绝大多数应税消费品只在货物出厂销售(或委托加工、进口)环节一次性征收，以后的批发零售环节不再征收；增值税是在货物生产、流通各环节道道征收。

对从价征收消费税的应税消费品计征消费税和增值税的计税依据是相同的，均为含消费税而不含增值税的销售额。

第二节　消费税的纳税人、征税范围、征税环节和税率

一、纳税人

在中华人民共和国境内生产、委托加工和进口应税消费品的单位和个人，以及国务院确定的销售应税消费品的其他单位和个人，为消费税的纳税人。

单位是指企业、行政单位、事业单位、军事单位、社会团体及其他单位。个人，是指个体经营者及其他个人。

在中华人民共和国境内是指生产、委托加工和进口属于应当缴纳消费税的消费品的起运地或者所在地在中华人民共和国境内。

需要注意的是委托个人加工应税消费品时，委托方为消费税的纳税义务人，在收货时缴纳；从事卷烟批发的单位和个人是消费税的纳税义务人，在批发环节缴纳；从事金融首饰零

售业务的单位和个人是消费税的纳税义务人，在零售环节缴纳；超豪华小汽车零售环节的纳税人为将超豪华小汽车销售给消费者的单位和个人。

【例 3-1 单选题】下列关于消费税纳税人的说法中，正确的是(　　)。

A. 批发卷烟的纳税人是生产企业

B. 邮寄入境的应税消费品纳税人是收件人

C. 委托加工化妆品的纳税人是受托加工企业

D. 零售金银首饰的纳税人是消费者

【答案】B

【答案解析】选项 ACD 错误。委托个人加工应税消费品时，委托方为消费税的纳税义务人，在收货时缴纳；从事卷烟批发的单位和个人是消费税的纳税义务人，在批发环节缴纳；从事金融首饰零售业务的单位和个人是消费税的纳税义务人，在零售环节缴纳。

二、征税范围

我国现行消费税税目包括烟、酒、高档化妆品、贵重首饰及珠宝玉石、鞭炮、焰火、成品油、小汽车、摩托车、高尔夫球及球具、高档手表、游艇、木制一次性筷子、实木地板、电池、涂料。部分税目下进一步划分了子税目。

(一)烟

凡是以烟叶为原料加工生产的产品，不论使用何种辅料，均属于本税目的征收范围。下设卷烟(生产环节和批发环节)、雪茄烟和烟丝三类。卷烟又分甲类卷烟和乙类卷烟。甲类卷烟是指每标准条(200 支，下同)调拨价格在 70 元(不含增值税)以上(含 70 元)的卷烟；乙类卷烟是指每标准条调拨价格在 70 元(不含增值税)以下的卷烟。

(二)酒

酒是指酒精度在 1°以上的各种酒类饮料，包括白酒、黄酒、啤酒和其他酒。

其中，白酒包括粮食白酒、薯类白酒；啤酒分甲类啤酒和乙类啤酒。

甲类啤酒是指每吨出厂价格(不含增值税)在 3 000 元及以上的啤酒。乙类啤酒是指每吨出厂价格(不含增值税)在 3 000 元以下的啤酒，出厂价格中包含包装物及包装物押金。

黄酒的征收范围包括各种原料酿造的黄酒和超过 12°(含 12°)的土甜酒。

其他酒是指除粮食白酒、薯类白酒、黄酒、啤酒以外，酒精度在 1°以上的各种酒，包括各种饮料酒。

(三)高档化妆品

高档化妆品包括高档美容、修饰类化妆品，高档护肤类化妆品和成套化妆品。

高档美容、修饰类化妆品和高档护肤类化妆品是指生产(进口)环节销售(完税)价格(不含增值税)在 10 元/毫升(克)或 15 元/片(张)及以上的美容、修饰类化妆品和护肤类化妆品。

(四)贵重首饰及珠宝玉石

贵重首饰及珠宝玉石包括以金、银、白金、宝石、珍珠、钻石、翡翠、珊瑚、玛瑙等高贵稀有物质及其他金属、人造宝石等制作的各种纯金银首饰及镶嵌首饰和经采掘、打磨、加工的各种珠宝玉石。

目前对非金银首饰(如镀金、包金首饰)在生产环节和零售环节均不计征消费税。

(五)鞭炮、焰火

本税目包括各种鞭炮、焰火。体育上用的发令纸、鞭炮药引线,不按本税目征收。

(六)成品油

本税目包括汽油、柴油、石脑油、溶剂油、润滑油、燃料油、航空煤油7个子税目。

(七)小汽车

小汽车包括乘用车、中轻型商用客车及超豪华小汽车3个子目。

本税目征收范围包括含驾驶员座位在内最多不超过9座税(含)的,在设计和技术特性上用于载运乘客和货物的各类乘用车,和含驾驶员座位在内的座位数在10座至23座(含)的在设计和技术特性上用于载运乘客和货物的各类中轻型商用客车。

超豪华小汽车指的是每辆零售价格在130万元(不含增值税)及以上的乘用车和中轻型商用客车。

电动汽车、沙滩车、雪地车、卡丁车、高尔夫车,以及车身长度大于7米(含),并且座位数在10座至23座(含)以下商用客车(不属于中轻型商用客车),不属于消费税征收范围,不征收消费税。

(八)摩托车

本税目包括轻便摩托车和摩托车两种。

轻便摩托车是指最大设计车速不超过50千米/小时、发动机气缸总工作容量不超过50毫升的两轮机动车。对最大设计车速不超过50千米/小时、发动机气缸总工作容量不超过50毫升的三轮摩托车不征收消费税。

摩托车是指最大设计车速超过50千米/小时、发动机气缸总工作容量超过50毫升、空车质量不超过400千克(带驾驶室的正三轮车及特种车的空车质量不受此限)的两轮和三轮机动车。

(九)高尔夫球及球具

高尔夫球及球具是指从事高尔夫球运动所需的各种专用装备,包括高尔夫球、高尔夫球杆及高尔夫球包(袋)等。

高尔夫球杆的杆头、杆身和握把,属于本税目的征收范围。

(十)高档手表

高档手表是指销售价格(不含增值税)每只在10 000元(含)以上的各类手表。

(十一)游艇

游艇是指艇身长度大于8米(含)、小于90米(含),内置发动机,可以在水上移动,一般为私人或团体购置,主要用于水上运动和休闲娱乐等非牟利活动的各类机动艇。

(十二)木制一次性筷子

木制一次性筷子又称卫生筷子,是指以木材为原料经过锯段、浸泡、旋切、刨切、烘干、筛选、打磨、倒角、包装等环节加工而制成的各类一次性使用的筷子。未经打磨、倒角的木制一次性筷子也属于本税目征税范围。

(十三)实木地板

实木地板是指以木材为原料，经锯制、干燥、刨光、裁断、开榫、涂漆等工序加工而成的块状或条状的地面装饰材料。本税目征收范围包括各类规格的实木地板、实木指接地板、实木复合地板，以及用于装饰墙壁、天棚的侧端面为榫、槽的实木装饰板。未经涂饰的素板也属于本税目征税范围。

(十四)电池

电池是一种将化学能、光能等直接转换为电能的装置，一般由电板、电解质、容器、极端。通常还由隔离层组成的基本功能单元，以及用一个或多个基本功能单元装配成的电池组。本税目征收范围包括原电池、蓄电池、燃料电池、太阳能电池和其他电池。

对无汞原电池、金属氢化物镍蓄电池(又称氢镍蓄电池或镍氢蓄电池)、锂原电池、锂离子蓄电池、太阳能电池、燃料电池和全钒液流电池免征消费税。

(十五)涂料

涂料是指涂于物体表面，能形成具有保护、装饰或特殊性能的固态涂膜的一类液体或固体材料的总称。

对施工状态下挥发性有机物含量低于420克/升(含)的涂料免征消费税。

【例3-2 单选题】下列各项中，属于消费税征税范围的是(　　)。

A. 轮胎　　　　　　B. 电动汽车　　　　　　C. 涂料　　　　　　D. 酒精

【答案】C

【答案解析】选项ACD不属于消费税征税范围。

【例3-3 多选题】下列各项中，属于消费税征税范围的有(　　)。

A. 高尔夫车　　　　B. 变压器油　　　　　　C. 翡翠首饰　　　　D. 铅蓄电池

【答案】CD

【答案解析】选项A和B不属于消费税征税范围。

三、征税环节

消费税实行单一环节征收。具体包括生产销售、委托加工、进口、零售和批发5个征税环节。

(一)生产销售环节

生产应税消费品销售是消费税征收的主要环节，因消费税具有单一环节征税的特点，在生产销售环节征税以后，货物在流通环节无论再流转多少次，都不用再缴纳消费税。生产应税消费品，除了直接对外销售应征收消费税外，纳税人将生产的应税消费品换取生产资料、消费资料、投资入股、偿还债务，以及用于继续生产应税消费品以外的其他方面都应缴纳消费税。

另外，工业企业以外的单位和个人将外购的消费税非应税产品以消费税应税产品对外销售，以及将外购的消费税低税率应税产品以消费税高税率应税产品对外销售的行为都视为消费税的生产行为，按规定征收消费税。

(二)委托加工环节

委托加工应税消费品在委托加工环节征税，是指委托方提供原料和主要材料，受托方只收取加工费和代垫部分辅助材料加工的应税消费品。除受托方为个人外，由受托方在向委托方交货时代收代缴税款。

由受托方提供原料和主要材料的一律不能视同委托加工应税消费品。

(三)进口环节

单位和个人进口货物属于消费税征税范围的，在进口环节需要缴纳消费税。为了减少征税成本，进口环节缴纳的消费税由海关代征。

(四)零售环节

金银首饰消费税由生产销售环节征收改为零售环节征收。零售环节征收消费税的金银首饰仅限于金基、银基合金首饰，以及金、银、金基和银基合金的镶嵌首饰。

自 2016 年 12 月 1 日起，超豪华小汽车，在生产(进口)环节按现行税率征收消费税基础上，在零售环节加征 10%的消费税。

(五)批发环节

卷烟除了在生产销售环节征收消费税外，还在批发环节加征一次消费税。

纳税义务人是在中华人民共和国境内从事卷烟批发业务的单位和个人。卷烟批发企业之间销售的卷烟不缴纳消费税，只有将卷烟销售给零售商等其他单位和个人才缴纳消费税。

【例 3-4 多选题】下列各项中，属于消费税征收环节的有(　　)。

A. 百货公司销售的高尔夫球及球具　　B. 木材公司销售自产的实木地板

C. 4S 店销售非豪华小汽车　　D. 烟酒公司批发白酒

E. 老凤祥门店销售金银首饰

【答案】BE

【答案解析】高尔夫球及球具、非豪华小汽车、实木地板都只在生产环节征收消费税，4S 店和百货公司不是生产公司，销售时不征消费税，选项 AC 错误；木材公司销售自产实木地板属于生产环节，选项 B 正确；白酒在批发环节不征消费税，选项 D 错误；金银首饰在零售环节征收消费税，选项 E 正确。

四、消费税的税率

消费税实行比例税率、定额税率和从量定额与从价定率相结合的复合税率三种形式，以适应不同应税消费品的实际情况。

消费税共设置了二十多档不同的税率(税额)。对供求矛盾突出、价格差异大、计量单位不规范的消费品，采用价税联动的比例税率，最高税率为 56%，最低税率为 1%；对成品油、黄酒、啤酒等供求基本平衡、价格差异不大、计量单位规范的消费品，采用计税依据简便的定额税率；对卷烟、粮食白酒、薯类白酒实行从价定率和从量定额相结合计算应纳税额的复合税率。消费税具体税目及税率(额)如表 3-1 所示。

表 3-1 消费税税目、税率(额)表

税　　目	税率(额)
一、烟	
1. 卷烟	1 标准箱=250 标准条=50 000 支
(1)甲类卷烟	56%加 0.003 元/支(生产环节)
(2)乙类卷烟	36%加 0.003 元/支(生产环节)
(3)批发环节	11%加 0.005 元/支
2. 雪茄烟	36%
3. 烟丝	30%
二、酒	
1. 白酒	20%加 0.5 元/500 克(或者 500 毫升)
2. 啤酒	
(1)甲类啤酒	250 元/吨
(2)乙类啤酒	220 元/吨
3. 黄酒	240 元/吨
4. 其他酒	10%
三、高档化妆品	15%
四、贵重首饰及珠宝玉石	
1. 金银首饰、铂金首饰、钻石及钻石饰品	5% (零售环节)
2. 其他贵重首饰及珠宝玉石	10% (生产环节)
五、鞭炮、烟火	15%
六、成品油	
1. 汽油	1.52 元/升
2. 柴油	1.2 元/升
3. 石脑油	1.52 元/升
4. 溶剂油	1.52 元/升
5. 润滑油	1.52 元/升
6. 燃料油	1.2 元/升
7. 航空煤油(暂缓征税)	1.2 元/升
七、摩托车	
1. 汽缸容量(排气量，下同)在 250 毫升(含)以下	3%
2. 汽缸容量在 250 毫升以上	10%
八、小汽车	
1. 乘用车	
(1)汽缸容量(排气量，下同)在 1.0 升(含)以下	1%
(2)汽缸容量在 1.0 升以上至 1.5 升(含)	3%
(3)汽缸容量在 1.5 升以上至 2.0 升(含)	5%
(4)汽缸容量在 2.0 升以上至 2.5 升(含)	9%

(5)汽缸容量在 2.5 升以上至 3.0 升(含)	12%
(6)汽缸容量在 3.0 升以上至 4.0 升(含)	25%
(7)汽缸容量在 4.0 升以上	40%
2. 中轻型商用客车	5%
3. 超豪华小汽车(零售环节)	10%
九、高尔夫球及球具	10%
十、高档手表	20%
十一、游艇	10%
十二、木制一次性筷子	5%
十三、实木地板	5%
十四、电池	4%
十五、涂料	4%

需要注意如下事项。

(1) 卷烟在生产和批发两个环节征税。生产环节采取复合计征方法，此外，从价比例税率还分为两档：甲类卷烟，即每标准条(200 支)调拨价格在 70 元(含 70 元，不含增值税)以上的卷烟，比例税率为 56%；乙类卷烟，即每标准条(200 支)调拨价格在 70 元(不含增值税)以下的卷烟，比例税率为 36%；从量定额税率均为 0.003 元/支。批发环节也采取复合计征方法，比例税率为 11%，定额税率为 0.005 元/支。

(2) 啤酒的定额税率为 250 元/吨和 220 元/吨两档，划分标准为：每吨出厂价格(含包装物及包装物押金)3 000 元(含)以上的是甲类啤酒，适用于 250 元/吨的税额；每吨出厂价格(含包装物及包装物押金)3 000 元以下的是乙类啤酒，适用于 220 元/吨的税额。对娱乐业和饮食业自制的啤酒，适用 250 元/吨的税额。

【例 3-5 计算题】某啤酒厂为增值税一般纳税人，5 月销售 A 啤酒 150 吨，每吨不含税售价 2 900 元，另取得 A 啤酒收取包装物押金为 13 560 元；销售 B 啤酒 100 吨，每吨不含税售价 2 850 元，另取得 B 啤酒收取包装物押金为 33 900 元。请判断 A、B 啤酒适用的消费税税率。

【答案】

A 啤酒每吨出厂价格=(2 900×150+13 560÷1.13)÷150=2 980<3 000 元，为乙类啤酒，则 A 啤酒的消费税税率为 220 元/吨。

B 啤酒每吨出厂价格=(2 850×100+33 900÷1.13)÷100=3 150＞3 000 元，为甲类啤酒，则 B 啤酒的消费税税率为 250 元/吨。

(3) 纳税人兼营不同税率的应税消费品，应当分别核算不同税率应税消费品的销售额与销售数量。未分别核算销售额、销售数量的，从高适用税率。

纳税人将应税消费品与非应税消费品，或者将不同税率的应税消费品组成成套消费品销售的，应根据成套消费品的销售额按照应税消费品中适用的最高税率的消费品税率征税。

【例 3-6 计算题】某酒厂 10 月销售礼品盒 6 000 套，售价为 300 元/套，每套包括粮食白酒 2 斤，单价为 80 元；干红酒 2 斤，单价为 70 元(题中的价格均为不含税价格)。请判断该酒厂当月销售的粮食白酒和干红酒适用的税率。

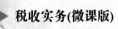

【答案】

本来粮食白酒实行复合税率，消费税税率为 20% 加 0.5 元/500 克；干红酒属于其他酒，消费税税率为 10%。根据税法规定，成套应税消费品销售，需要按照最高税率，因此，该酒厂当月销售的粮食白酒和干红酒适用的税率都是 20% 加 0.5 元/500 克。

第三节　消费税应纳税额的计算

一、生产销售环节应纳消费税的计算

(一)直接对外销售应税消费品应纳税额的计算

按照规定，消费税应纳税额的计算主要分为从价计征、从量计征和从价从量复合计征三种方法。

1. 从价计征

我国现行消费税对大部分应税消费品实行从价计征，计算公式为

$$应纳税额 = 应税消费品的销售额 \times 比例税率$$

(1)　销售额的确定。销售额为纳税人销售应税消费品向购买方收取的全部价款和价外费用。在我国，并不是缴纳增值税的货物都缴纳消费税，但缴纳消费税的货物都是增值税征税范围的货物，都同时缴纳增值税。为了方便和统一，实行从价计征的应税消费品，原则上其销售额的确定与增值税中销售额的确定是一致的，即都是以含消费税而不含增值税的销售额作为计税依据。因此，在第二章中有关增值税销售额的确定规定同样适用于消费税，在此不再重复。

【例 3-7 计算题】某化妆品生产企业为增值税一般纳税人，2021 年 7 月份销售高档化妆品取得不含税收入 200 万元，另外取得该批商品违约金 2.26 万元。要求：计算该企业应缴纳的消费税税额。

【答案】

应缴纳的消费税税额=(200+2.26÷1.13)×15%=30.3(万元)。

(2)　销售额的特殊规定。

①　包装物及包装物押金的计税销售额。包装物及包装物押金的规定基本上与增值税的规定一致，不同的地方在于，啤酒、黄酒的包装物及包装物押金在逾期后须缴纳增值税，而无须缴纳消费税。该区别存在的原因是，啤酒、黄酒属于从量计征的应税消费品，因而消费税与销售额无关。但是需要注意，啤酒在确定消费税税率时是包含包装物及包装物的押金的。

对酒类产品生产企业销售酒类产品(黄酒、啤酒除外)而收取的包装物押金，无论押金是否返还与会计上如何核算，均需并入酒类产品销售额中，依酒类产品的适用税率征收消费税，具体如表 3-2 所示。

表3-2　包装物押金的税务处理比较

包装物押金	收取时		逾期时	
	增值税	消费税	增值税	消费税
一般应税消费品	×	×	√	√
除啤酒、黄酒以外的酒类	√	√	×	×
啤酒、黄酒	×	×	√	× (从量计征)

注："√"表示征收，"×"表示不征收。

【例3-8 计算题】某酒厂为增值税一般纳税人，主要生产粮食白酒和啤酒。2021年11月销售粮食白酒30吨，取得不含税销售额120 000元；销售啤酒150吨，每吨不含税售价为2 600元。本月销售粮食白酒收取包装物押金7 910元，销售啤酒收取包装物押金3 390元。(啤酒的消费税税率为220元/吨。)

要求：计算该酒厂本月应纳的增值税和消费税税额。

【答案】

粮食白酒应纳增值税税额=(120 000+7 910÷1.13)×13%=16 510(元)；

啤酒应纳增值税税额=2 600×150×13%=50 700(元)；

该酒厂应纳增值税税额=16 510+50 700=67 210(元)；

粮食白酒应纳消费税税额=(120 000+7 910÷1.13)×20%+30×2 000×0.5=55 400(元)；

啤酒应纳消费税税额=150×220=33 000(元)；

该酒厂应纳消费税税额=55 400+33 000=88 400(元)。

② 纳税人通过自设非独立核算门市部销售的自产应税消费品，应当按照门市部对外销售额或者销售数量征收消费税。

③ 纳税人用于换取生产资料和消费资料，投资入股和抵偿债务等方面的应税消费品，应当以纳税人同类应税消费品的最高销售价格作为计税依据计算消费税。

需要注意的是，纳税人用于换取生产资料和消费资料，投资入股和抵偿债务等方面的应税消费品，增值税仍然是按照加权平均销售价格作为计税依据。

2. 从量计征

我国现行消费税对啤酒、黄酒、成品油实行从量计征，计算公式为

$$应纳税额=应税消费品的销售数量×定额税率$$

(1) 销售数量的确定。销售数量是指纳税人生产、加工和进口应税消费品的数量。其具体规定有：①销售应税消费品的，为应税消费品的销售数量；②自产自用应税消费品的，为应税消费品的移送使用数量；③委托加工应税消费品的，为纳税人收回的应税消费品数量；④进口的应税消费品，为海关核定的应税消费品进口征税数量。

(2) 计量单位的换算标准。黄酒、啤酒是以吨为税额单位征税的；汽油、柴油是以升为税额单位征税的。实际经营中，纳税人有时用升，有时用吨。为了准确计算应纳税额，税法规范了不同产品的计量单位。吨与升两个计量单位的换算标准如表3-3所示。

表 3-3　应税消费品计量单位吨、升换算标准

名　称	计量单位换算标准	名　称	计量单位换算标准
啤酒	1 吨=988 升	汽油	1 吨=1 388 升
黄酒	1 吨=962 升	柴油	1 吨=1 176 升
石脑油	1 吨=1 385 升	溶剂油	1 吨=1 282 升
润滑油	1 吨=1 126 升	燃料油	1 吨=1 065 升
航空煤油	1 吨=1 246 升		

【例 3-9 计算题】某炼油厂销售汽油 240 吨，取得销售额 720 万元。计算该行为应纳的消费税税额。(已知：汽油的消费税税率为 1.4 元/升。)

【答案】

应纳消费税税额=240×1 388×1.4=466 368(元)。

3. 复合计征

现行消费税的征税范围中，只有卷烟、白酒采用复合计征方法，计算公式为

应纳税额=应税消费品的销售额×比例税率+销售数量×定额税率

销售额、销售数量的确定方法与从价计征、从量计征相同。

【例 3-10 计算题】某酒厂本月生产加工粮食白酒 1 500 吨，对外销售 1 000 吨，业务部门领用 50 吨用于对外馈赠，每吨不含增值税的销售价格为 380 元。计算该酒厂当月应纳的消费税税额。

【答案】

粮食白酒应纳消费税税额=(50+1 000)×2 000×0.5+(50+1 000)×380×20%= 1 129 800(元)。

消费税计税方法及公式比较如表 3-4 所示。

表 3-4　消费税计税方法及公式比较

征收方法	税　目	计税公式
复合计征	卷烟(生产、批发环节)、白酒	应纳消费税=销售额×比例税率+销售数量×定额税率
从量计征	啤酒、黄酒、成品油	应纳消费税=销售数量×定额税率
从价计征	除上述以外的其他税目	应纳消费税=销售额×比例税率

4. 外购应税消费品已纳税款的扣除

为了避免重复征税，现行消费税规定，将外购已税消费品用于继续生产应税消费品销售的，可以将外购已税消费品已缴纳的消费税给予扣除。

(1) 扣除范围。按照税法规定，下列连续生产的已税消费品准予从应纳消费税税额中按当期生产领用数量计算外购应税消费品已纳消费税税款。

①以外购已税烟丝为原料生产的卷烟；②外购已税高档化妆品为原料生产的高档化妆品；③外购已税珠宝玉石为原料生产的贵重首饰及珠宝玉石；④外购已税鞭炮、焰火为原料生产的鞭炮、焰火；⑤外购已税杆头、杆身和握把为原料生产的高尔夫球杆；⑥外购已税木制一次性筷子为原料生产的木制一次性筷子；⑦外购已税实木地板为原料生产的实木地板；⑧外购已税石脑油、燃料油、润滑油为原料生产的成品油；⑨外购已税汽油、柴油为原料生产

产的汽油、柴油。

(2) 扣除方法。上述当期准予扣除外购应税消费品已纳消费税税款的计算公式为

当期准予扣除的外购应税消费品已纳税款=当期准予扣除的外购应税消费品买价×外购应税消费品适用税率

当期准予扣除的外购应税消费品买价=期初库存的外购应税消费品的买价+当期购进的应税消费品的买价-期末库存的外购应税消费品的买价

需要说明的是，纳税人用外购的已税珠宝玉石生产的该在零售环节征收消费税的金银首饰(镶嵌首饰)，在计税时一律不得扣除外购珠宝玉石的已纳税款。

(二)自产自用应税消费品应纳税额的计算

自产自用，是指纳税人生产应税消费品后，不是用于直接对外销售，而是用于自己连续生产应税消费品或用于其他方面。

1. 用于连续生产应税消费品

"连续生产应税消费品"是指作为生产最终应税消费品的直接材料并构成最终产品实体的应税消费品。为体现税不重征且计税简便的原则，纳税人自产自用的应税消费品，用于连续生产应税消费品的，不再纳税。例如，卷烟厂生产出的烟丝，如果直接对外销售，烟丝要缴纳消费税；但如果烟丝用于本厂连续生产卷烟，则烟丝就不缴纳消费税，只对生产的卷烟征收消费税。

2. 用于其他方面的应税消费品

"用于其他方面"是指纳税人用于生产非应税消费品、在建工程、管理部门、非生产机构、提供劳务，以及用于馈赠、赞助、集资、广告、样品、职工福利、奖励等方面的应税消费品。纳税人将自产应税消费品用于其他方面的，视同销售，于移送使用时纳税。

【例3-11分析题】某汽车厂为增值税一般纳税人，10月发生如下业务：本月销售小汽车5 600辆，将3辆小汽车移送本厂研究所做破坏性碰撞试验，5辆作为广告样品，10辆移送加工成豪华小轿车。请指出该汽车厂哪些行为需缴纳消费税。

【答案】

销售的5 600辆小汽车和5辆广告样品视同销售需要缴纳消费税；而3辆用于破坏性碰撞试验，不视同销售，不缴消费税；10辆用于继续加工成豪华小轿车，连续生产应税消费品不用缴消费税。

3. 组成计税价格及税额的计算

纳税人自产自用的应税消费品，凡用于其他方面，应当纳税的，其销售额的确定顺序如下。

(1) 按照纳税人当月销售的同类消费品的销售价格计算纳税。如果当月同类消费品各期销售价格高低不同，应按销售数量加权平均计算。

但销售的应税消费品有下列情况之一的，不得列入加权平均计算：①销售价格明显偏低且无正当理由的；②无销售价格的。

(2) 如果当月无销售或者当月未完结，应按照同类消费品上月或者最近月份的销售价格计算纳税。

(3) 没有同类消费品销售价格的,按照组成计税价格作为计税依据计算纳税。

实行从价定率方法计算纳税的组成计税价格计算公式为

组成计税价格=(成本+利润)÷(1-消费税比例税率)

应纳税额=组成计税价格×消费税比例税率

实行复合计税方法计算纳税的组成计税价格计算公式为

组成计税价格=(成本+利润+自产自用数量×定额税率)÷(1-消费税比例税率)

应纳税额=组成计税价格×消费税比例税率+自产自用数量×定额税率

公式中的"成本"是指应税消费品的生产成本;"利润"是指根据应税消费品的全国平均成本利润率计算的利润。全国平均成本利润率由国家税务总局确定,具体规定如表 3-5 所示。

表 3-5 平均成本利润率

单位: %

货物名称	利润率	货物名称	利润率
甲类卷烟	10	摩托车	6
乙类卷烟	5	高尔夫球及球具	10
雪茄烟	5	高档手表	20
烟丝	5	游艇	10
粮食白酒	10	木制一次性筷子	5
薯类白酒	5	实木地板	5
其他酒	5	乘用车	8
高档化妆品	5	中轻型商务客车	5
鞭炮、焰火	5	电池	4
贵重首饰及珠宝玉石	6	涂料	7

【例 3-12 计算题】某化妆品公司为增值税一般纳税人,2021 年 10 月份经营业务如下:

(1) 销售自产的 A 高档化妆品 500 套,取得不含税收入 45 万元。

(2) 将另外 200 套 A 高档化妆品用于职工福利。

(3) 新研发出 B 高档化妆品,将这批化妆品赠送给老顾客。

已知: 该批 B 高档化妆品成本为 12 万元,成本利润率为 5%,高档化妆品消费税税率为 15%。

要求: 计算该公司 10 月份应缴纳的消费税税额。

【答案】

应纳消费税税额=(45+45÷500×200)×15%+12×(1+5%)÷(1-15%)×15%=11.67(万元)。

【例 3-13 计算题】某酒厂于 2021 年 6 月将自产的 6 吨新型粮食白酒作为职工福利发放给本厂职工。已知该批白酒的成本为 50 000 元,无同类产品市场价格。成本利润率为 10%。白酒消费税税率是复合计税: 20%加 0.5 元/500 克(或者 500 毫升)。

要求: 计算该批白酒应纳的消费税税额。

【答案】

组成计税价格=(成本+利润+自产自用数量×定额税率)÷(1-消费税比例税率)

$$=[50\,000\times(1+10\%)+6\times2\,000\times0.5]\div(1-20\%)$$
$$=76\,250(元);$$

应纳消费税税额=组成计税价格×消费税比例税率+自产自用数量×定额税率

$$=76\,250\times20\%+6\times2\,000\times0.5=21\,250(元)。$$

二、委托加工环节应纳消费税的计算

(一)委托加工应税消费品的确定

委托加工的应税消费品,是指由委托方提供原料和主要材料,受托方只收取加工费和代垫部分辅助材料加工的应税消费品。

对于由受托方提供原材料生产的应税消费品,或者受托方先将原材料卖给委托方,然后再接受加工的应税消费品,以及由受托方以委托方名义购进原材料生产的应税消费品,不论纳税人在财务上是否做销售处理,都不得作为委托加工应税消费品,而应当按照销售自制应税消费品缴纳消费税。

(二)代收代缴税款的规定

税法规定,委托加工的应税消费品,除受托方为个人(含个体工商户)外,由受托方在向委托方交货时代收代缴消费税。受托方在代收代缴消费税时,按下列顺序来确定计税依据。

(1) 按照受托方同类消费品的销售价格计算纳税。"同类消费品的销售价格"与自产自用应税消费品确定同类消费品的销售价格的原则和方法相同。

(2) 没有同类消费品销售价格的,按照组成计税价格计算纳税。

① 采用比例税率的应税消费品实行从价定率计征,计算公式如下。

组成计税价格=(材料成本+加工费)÷(1-消费税比例税率)

应纳税额=组成计税价格×消费税比例税率

② 采用复合计税方法的应税消费品实行从价定率和从量定额相结合,计算公式如下。

组成计税价格=(材料成本+加工费+数量×定额税率)÷(1-消费税比例税率)

应纳税额=组成计税价格×消费税比例税率+委托加工收回数量×消费税定额税率

组成计税价格公式中的"材料成本"是指委托方所提供加工材料的实际成本。委托加工应税消费品的纳税人,必须在委托加工合同上如实注明(或以其他方式提供)材料成本,凡未提供材料成本的,受托方所在地主管税务机关有权核定其材料成本。"加工费"是指受托方加工应税消费品向委托方所收取的全部费用(包括代垫辅助材料的实际成本,不包括增值税税额)。

对于受托方没有按规定代收代缴税款的,委托方要补缴税款,对受托方不再重复补税,但要按《中华人民共和国税收征收管理法》的规定,处以应代收代缴税款50%以上3倍以下的罚款。

【例3-14 计算题】某筷子生产企业为增值税一般纳税人,将成本为40万元的原木移送给位于某市市区的另一加工企业,委托其加工成木制一次性筷子,本月收回并取得增值税专用发票,增值税专用发票上注明的加工费及辅料费金额共计11.3万元。本月将其全部直接用于销售,取得不含税销售额90万元。木制一次性筷子的消费税税率为5%。请计算加工企业应代收代缴的消费税税额。

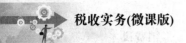

【答案】

加工企业应代收代缴的消费税税额=(40+11.3)÷(1-5%)×5%=2.7(万元)。

(三)委托加工应税消费品收回后消费税的处理

1. 受托方已代收代缴消费税的

委托加工的应税消费品,受托方在交货时已代收代缴消费税,委托方收回的应税消费品,以不高于受托方的计税价格出售的,属于直接销售,不再缴纳消费税;委托方以高于受托方的计税价格出售的,不属于直接销售,须按规定申报缴纳消费税,在计税时准予扣除受托方已代收代缴的消费税。

2. 受托方没有代收代缴消费税的

受托方没有代收代缴消费税的,委托方应补交税款。如果在检查时,收回的应税消费品已经直接销售的,按销售额计税;收回的应税消费品尚未销售或不能直接销售的(如收回后用于连续生产等),按组成计税价格计税。组成计税价格的计算公式与上述"(二)"组成计税价格公式相同。

3. 受托方为个人(含个体工商户)的

纳税人委托个人(含个体工商户)加工应税消费品,一律由委托方在收回加工应税消费品后向所在地主管税务机关缴纳消费税。

【例3-15计算题】题目同例3-14。

要求:请计算该筷子生产企业应纳消费税税额。

【答案】应纳消费税税额=90×5%-2.7=1.8(万元)。

【答案解析】售价90万元高于受托方计税价格54[(40+11.3)÷(1-5%)]万元,所以委托方仍需缴纳消费税,但允许扣除受托方已代收代缴的消费税。

(四)委托加工收回的应税消费品已纳税款的扣除

委托加工的应税消费品因为已由受托方代收代缴消费税,所以委托方收回货物后用于连续生产应税消费品的,其已纳税款准予按照规定从连续生产的应税消费品应纳消费税税额中抵扣。

1. 扣除范围

按照税法规定,下列连续生产的应税消费品准予从应纳消费税税额中按当期生产领用数量计算扣除委托加工收回的应税消费品已纳消费税税款。

(1) 以委托加工收回的已税烟丝为原料生产的卷烟。

(2) 以委托加工收回的已税高档化妆品为原料生产的高档化妆品。

(3) 以委托加工收回的已税珠宝玉石为原料生产的贵重首饰及珠宝玉石。

(4) 以委托加工收回的已税鞭炮、焰火为原料生产的鞭炮、焰火。

(5) 以委托加工收回的已税杆头、杆身和握把为原料生产的高尔夫球杆。

(6) 以委托加工收回的已税木制一次性筷子为原料生产的木制一次性筷子。

(7) 以委托加工收回的已税实木地板为原料生产的实木地板。

(8) 以委托加工收回的已税石脑油、燃料油、润滑油为原料生产的成品油。

(9) 以委托加工收回的已税汽油、柴油为原料生产的汽油、柴油。

2. 扣除方法

委托加工收回应税消费品用于连续生产应税消费品，在对这些连续生产出的应税消费品计税时，应按当期生产领用数量计算准予扣除的已纳消费税税款。计算公式为

当期准予扣除的委托加工应税消费品已纳税款=期初库存的委托加工应税消费品已纳税款+当期收回的委托加工应税消费品已纳税款-期末库存的委托加工应税消费品已纳税款

需要说明的是，纳税人用委托加工收回的已税珠宝玉石生产的该在零售环节征收消费税的金银首饰，在计税时一律不得扣除委托加工收回的珠宝玉石的已纳消费税税款。

【例 3-16 计算题】某卷烟厂(增值税一般纳税人)本月月初库存委托加工收回的烟丝金额为 20 万元，本月委托加工完毕收回的烟丝 50 万元，本月月末库存烟丝金额为 10 万元，其余为本月继续生产应税卷烟领用。计算该卷烟厂当月准予扣除的委托加工收回烟丝已纳消费税税额。

【答案】

(1) 烟丝的消费税税率为 30%。

(2) 当月准予扣除的委托加工收回烟丝已纳消费税税额=(20+50－10)×30%=18(万元)

注意：委托加工收回的应税消费品已纳税款的扣除的规定与外购应税消费品已纳税款的扣除规定是一致的。

三、进口环节应纳消费税的计算

进口的应税消费品，于报关进口时缴纳消费税；进口的应税消费品的消费税由海关代征；进口的应税消费品，由进口人或者其代理人向报关地海关申报纳税；纳税人进口应税消费品，按照关税征收管理的相关规定，应当自海关填发海关进口消费税专用缴款书之日起 15 日内缴纳税款。

纳税人进口应税消费品，从量计征的，计税依据为海关核定的应税消费品进口征税数量；从价计征和复合计征的，按照组成计税价格和规定的税率来计算消费税。

(1) 采用比例税率的应税消费品实行从价定率计征，计算公式如下。

组成计税价格=(关税完税价格+关税)÷(1-消费税比例税率)

应纳税额=组成计税价格×消费税比例税率

(2) 采用定额税率的应税消费品实行从量定额计征，计算公式如下。

应纳税额=应税消费品海关核定进口数量×消费税定额税率

(3) 采用复合计税方法的应税消费品实行从价定率和从量定额相结合，计算公式如下。

组成计税价格=(关税完税价格+关税+进口数量×消费税定额税率)÷(1-消费税比例税率)

应纳税额=组成计税价格×消费税比例税率+进口数量×消费税定额税率

【例 3-17 计算题】某企业进口粮食白酒 400 吨，关税完税价格为 1 000 万元。

要求：计算该企业进口环节应缴纳的税金。(已知：粮食白酒的关税税率为 15%。)

【答案】

(1) 关税=1 000×15%=150(万元)。

(2) 进口时缴纳的增值税=(1 000+150+400×2 000÷10 000×0.5)÷(1-20%)×13%=193.375(万元)；

(3) 进口时缴纳的消费税=(1 000+150+400×2 000÷10 000×0.5)÷(1-20%)×20%+400×2 000÷10 000×0.5=337.5(万元)。

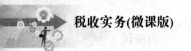

四、零售环节应纳消费税的计算

(一)金银首饰、铂金首饰、钻石及钻石饰品

金银首饰、铂金首饰、钻石及钻石饰品在零售环节缴纳消费税。

金银首饰指的是金、银和金基、银基合金首饰，以及金、银和金基、银基合金的镶嵌首饰。其他贵重首饰仍然在生产环节征税。

对既销售金银首饰，又销售非金银首饰的生产、经营单位，应将两类商品划分清楚，分别核算销售额。凡划分不清楚或不能分别核算的，在生产环节销售的，一律从高适用税率征收消费税；在零售环节销售的，一律按金银首饰征收消费税。金银首饰与其他产品组成成套消费品销售的，应按销售额全额征收消费税。

带料加工的金银首饰，应按受托方销售同类金银首饰的销售价格确定计税依据征收消费税。没有同类金银首饰销售价格的，按照组成计税价格计算纳税。

纳税人采用以旧换新(含翻新改制)方式销售的金银首饰，应按实际收取的不含增值税的全部价款确定计税依据征收消费税。

【例3-18 计算题】某百货商场为增值税一般纳税人，2021年5月发生如下经营业务：①零售金银首饰取得含税销售额22.6万元(不包括以旧换新业务)。②采取以旧换新方式销售黄金首饰，新首饰的含税销售额为7.9万元，旧首饰作价的含税金额为4.51万元，商场实际收取的含税金额为3.39万元。③零售玛瑙取得含税销售额为3.17万元。④零售包金项链取得含税销售额2.68万元。

要求：计算该商场零售金银首饰应缴纳的消费税税额。

【答案】

应缴纳的消费税税额=22.6÷1.13×5%+(7.9-4.51)÷1.13×5%=1.15(万元)。

【答案解析】玛瑙属于应税消费品，但是在生产环节纳税；包金首饰属于非应税消费品，因而玛瑙和包金首饰的零售销售额无须缴纳消费税。

(二)超豪华小汽车

为了引导合理消费、节能减排，超豪华小汽车除了在生产(进口)环节征收消费税外，在零售环节还要加征一道消费税，消费税税率为10%。

超豪华小汽车指的是每辆零售价格为130万元(不含增值税)及以上的乘用车和中轻型商用客车。

超豪华小汽车零售环节消费税应纳税额计算公式为

$$应纳税额=零售环节销售额(不含增值税，下同)×零售环节税率$$

国内汽车生产企业直接销售给消费者的超豪华小汽车，消费税税率按照生产环节税率和零售环节税率加总计算。消费税应纳税额计算公式为

$$应纳税额=销售额×(生产环节税率+零售环节税率)$$

【例3-19 计算题】某4S店销售一辆小汽车，零售价为200万元。

要求：判断该4S店是否需要缴纳消费税。

【答案解析】

零售价为200万元的小汽车，不含税价约为176.99(200÷1.13)万元，超过130万元，因此该车为超豪华小汽车，需要在零售环节缴纳消费税。

应纳消费税税额=200÷1.13×10%≈17.7(万元)。

五、批发环节应纳消费税的计算

为了完善烟类产品消费税制度，适当增加财政收入，我国在卷烟批发环节加征一道消费税，批发环节的应税消费品仅指卷烟。在我国境内从事卷烟批发业务的单位和个人，应就其批发的卷烟，按复合的税率缴纳消费税。

在计算批发环节卷烟消费税时要注意以下两个问题。

(1) 卷烟批发企业之间销售的卷烟不缴纳消费税，只有将卷烟销售给零售商或其他单位和个人时才缴纳消费税。

(2) 卷烟批发企业在计算卷烟消费税时不得扣除卷烟生产环节已缴纳的消费税。

【例 3-20 计算题】某卷烟批发企业 9 月份发生如下业务：批发销售卷烟 450 箱，其中，批发给另一卷烟批发企业 250 箱、零售专卖店 160 箱、个体烟摊 40 箱。每箱不含税批发价格为 12 000 元。卷烟批发环节的消费税为 11%加 0.005 元/支。

要求：计算该企业 9 月份应缴纳的消费税税额。

【答案】该企业应缴纳的消费税税额=12 000×(160+40)×11%+(160+40)×250×200×0.005=314 000(元)。

【答案解析】卷烟批发企业之间销售的卷烟不缴纳消费税，因而销售给另一卷烟批发企业无须缴纳消费税。

第四节　消费税的出口退税

一、出口应税消费品的退税政策

出口应税消费品退税政策分为三种情况。

(一)出口免税并退税

适用该政策的是：有出口经营权的外贸企业购进应税消费品直接出口的，以及外贸企业受其他外贸企业委托代理出口应税消费品。

需要注意的是，外贸企业只有受其他外贸企业委托，代理出口应税消费品才可办理退税。外贸企业受其他企业(主要是非生产性的商贸企业)委托，代理出口应税消费品是不予退(免)税的。该政策与前述出口货物退(免)增值税的政策规定是一致的。

(二)出口免税但不退税

适用该政策的是：有出口经营权的生产性企业自营出口或生产企业委托外贸企业代理出口自产的应税消费品，依据其实际出口数量免征消费税，不予办理退还消费税。

免征消费税是指对生产性企业按其实际出口数量免征生产环节的消费税。消费税是单环节课税，生产环节免征消费税，则该应税消费品出口时已不含有消费税，所以无须再办理退还消费税。这与前述出口货物退(免)增值税的规定不一致，因为增值税是在货物销售的各个环节征收，生产企业出口货物时，已纳的增值税就可以申请退还。

(三)出口不免税也不退税

适用该政策的是：除生产企业、外贸企业以外的其他企业，具体是指一般商贸企业，这

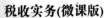

类企业委托外贸企业代理出口应税消费品一律不予退(免)税。

二、出口应税消费品的退税率

计算出口应税消费品应退消费税的税率或单位税额,依据《中华人民共和国消费税暂行条例》所附的税目税率表执行。也就是说,出口应税消费品的退税率为应税消费品的征税率,这是增值税和消费税在计算退税时的一个重要区别。

出口企业应将适用不同消费税税率的出口商品分别核算与申报,划分不清的,一律从低适用税率来计算应退税额。

三、出口应税消费品退税额的计算

出口货物的消费税应退税额的计税依据,按购进出口货物的消费税专用缴款书或海关进口消费税专用缴款书确定。

(一)实行从价定率办法计算纳税的应税消费品退税额的计算

从价定率计征消费税的应税消费品,应按照外贸企业从工厂购进货物时征收消费税的价格计算应退消费税税额。其计算公式为

$$应退消费税税额=出口货物的工厂销售额×比例税率$$

公式中"出口货物的工厂销售额"不含增值税,对含增值税的购进金额应换算成不含增值税的金额。

(二)实行从量定额办法计算纳税的应税消费品退税额的计算

从量定额计征消费税的应税消费品,应按照购进或报关出口的数量计算应退消费税税额。其计算公式为

$$应退消费税税额=出口数量×定额税率$$

(三)实行从价定率和从量定额复合计税办法计算纳税的应税消费品退税额的计算

复合计征消费税的应税消费品,应按照购进或报关出口的数量以及外贸企业从工厂购进货物时征收消费税的价格计算应退消费税税额。其计算公式为

$$应退消费税税额=出口货物的工厂销售额×比例税率+出口数量×定额税率$$

增值税与消费税出口退税政策的差异见表3-6。

表3-6 增值税与消费税出口退税政策的差异

项 目	增值税出口退税	消费税出口退税
使用退税率	法定退税率	税率即退税率
生产企业自营出口或委托外贸企业代理出口	采用"免、抵、退"办法,运用特定公式和适用退税率计算退税额	采用出口免税不退税政策,不计算退税
外贸企业收购货物出口	采用"先征后退"办法,用收购价款和适用退税率计算退税额	采用出口免税并退税政策,用收购价款和适用征税率计算退税额

【例3-21 计算题】某自营出口的外贸公司为增值税一般纳税人，从某化妆品厂购进高档化妆品一批，增值税专用发票上注明的价款为500万元。外贸公司将该批高档化妆品销往国外，离岸价为900万元，并按规定申报办理消费税退税。

已知：高档化妆品增值税的退税率为9%。

要求：计算该外贸公司应退的增值税和消费税税额。

【答案】

应退增值税税额=500×9%=45(万元)；

应退消费税税额=500×15%=75(万元)。

第五节　消费税的征收管理

一、纳税义务发生时间

消费税的纳税义务发生时间，以货款结算方式或行为发生时间来确定。

(1) 纳税人销售应税消费品纳税义务的发生时间如下。①纳税人采取赊销和分期收款结算方式的，其纳税义务发生时间为销售合同规定的收款日期当天。书面合同没有约定收款日期或者无书面合同的，为发出应税消费品的当天。②纳税人采取预收货款结算方式的，其纳税义务发生时间为发出应税消费品的当天。③纳税人采取托收承付和委托银行收款方式销售应税消费品的，其纳税义务发生时间为发出应税消费品并办妥托收手续的当天。④纳税人采取其他销售方式的，其纳税义务发生时间为收讫销售款或者索取销售款凭据的当天。

(2) 纳税人自产自用应税消费品的，其纳税义务发生时间为移送使用的当天。

(3) 纳税人委托加工应税消费品的，其纳税义务发生时间为纳税人提货的当天。

(4) 纳税人进口应税消费品的，其纳税义务发生时间为报关进口的当天。

(5) 金银首饰、钻石及钻石饰品应于零售环节纳税的，其纳税义务发生时间为收讫销售款或者索取销售款凭据的当天。

二、纳税地点

(1) 纳税人销售的应税消费品，以及自产自用的应税消费品，除国家另有规定的外，应当向纳税人机构所在地或者居住地的主管税务机关申报纳税。

(2) 委托他人加工的应税消费品，除受托方为个人外，由受托方向其机构所在地或者居住地主管税务机关申报纳税；委托方委托个人加工应税消费品的，于委托方收回后，向机构所在地或者居住地的主管税务机关申报纳税。

(3) 进口的应税消费品，由进口人或者其代理人向报关地海关申报纳税。

(4) 纳税人到外县(市)销售或者委托外县(市)代销自产应税消费品的，于应税消费品销售后，向机构所在地或者居住地主管税务机关申报纳税。

(5) 纳税人的总机构与分支机构不在同一县(市)的，应当分别向各自机构所在地的主管税务机关申报纳税；经财政部、国家税务总局或者其授权的财政、税务机关批准，可以由总

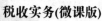

机构汇总向总机构所在地的主管税务机关申报纳税。

注意：纳税人销售的应税消费品，如因质量等原因由购买者退回时，经所在地主管税务机关审核批准后，可退还已征收的消费税税款，但不能自行直接抵减应纳税款。

三、纳税期限

消费税的纳税期限分别为 1 日、3 日、5 日、10 日、15 日、1 个月或者 1 个季度。纳税人的具体纳税期限由主管税务机关根据纳税人应纳税额的大小分别核定；不能按照固定期限纳税的，可以按次纳税。

纳税人以 1 个月或者 1 个季度为 1 个纳税期的，自期满之日起 15 日内申报纳税；以 1 日、3 日、5 日、10 日或者 15 日为 1 个纳税期的，自期满之日起 5 日内预缴税款，于次月 1 日起 15 日内申报纳税并结清上月应纳税款。

纳税人进口应税消费品，应当自海关填发海关进口消费税专用缴款书之日起 15 日内缴纳税款。

注意：消费税纳税义务发生时间、纳税期限的内容和增值税的规定基本相同，只是注意委托加工的应税消费品纳税义务发生时间为纳税人提货的当天。

📚 本章小结

本章全面介绍了消费税的理论、税制要素和计算方法。

消费税是对在我国境内从事生产、委托加工和进口应税消费品的单位和个人，就其销售额或销售数量征收的一种税。我国目前只对烟、酒、高档化妆品等 15 个税目的特定消费品征收消费税，属于特别消费税。

消费税实行单一环节征税，分别在生产销售环节、委托加工环节、进口环节、零售环节、批发环节等环节征税。

消费税实行比例税率、定额税率和从量定额与从价定率相结合的复合税率三种形式，以适应不同应税消费品的实际情况。

消费税应纳税额的计算主要分为从价计征、从量计征和从价从量复合计征三种方法。

在消费税应纳税额的计算中，生产销售环节应纳消费税的计算要注意区分直接对外销售和自产自用应税消费品的情况；委托加工环节应纳消费税的计算要注意代收代缴的相关规定；进口环节应纳消费税的计算要注意组成计税价格的确定；对于外购应税消费品和委托加工收回的应税消费品继续生产应税消费品的，要将外购应税消费品和委托加工收回的应税消费品已缴纳的消费税扣除，以体现消费税一次性征收的特点。

出口应税消费品退税政策分为三种情况：出口免税并退税、出口免税但不退税和出口不免税也不退税。注意"出口应税消费品的退税率为应税消费品的征税率"的特点，理解出口应税消费品退税额的计算。

消费税的征收管理主要包括纳税义务发生时间、纳税地点和纳税期限。

案例链接

"变名"销售偷逃消费税 3.24 亿余元，该当何罪？

被告人刘 Q 于 2012 年年初通过李某某介绍认识江浦公司的副总经理陆某某，并与陆某某商谈由刘 Q 成立公司，以采购原材料的名义为江浦公司开具增值税专用发票。被告人刘 Q 分别于 2012 年 2 月 2 日、2013 年 1 月 24 日在六安市经济技术开发区注册成立鑫鑫公司(于 2013 年 3 月注销)及铂锦公司与江浦公司"合作"。由江浦公司联系安徽海德石油化工有限公司、安徽泰合森能源科技有限责任公司、上海海盛石油化工有限公司等供货企业购进甲基叔丁基醚、混合芳烃、二甲苯、碳五、碳九等化工产品，并提供鑫鑫公司、铂锦公司的资料给供货企业，安排供货企业与鑫鑫公司、铂锦公司签订购货合同。通过鑫鑫公司、铂锦公司将江浦公司提供的购货资金支付给供货企业，供货企业收到货款后由江浦公司安排运输工具到供货企业提货或由供货企业直接将货物运输到江浦公司指定的地点。交易完成后，供货企业为鑫鑫公司、铂锦公司开具票货款一致的增值税专用发票。鑫鑫公司、铂锦公司收到发票后再按每吨 50 元至 70 元不等的标准加价后，为江浦公司开具货物名称为汽油及柴油的增值税专用发票。2012 年 4 月至 2013 年 2 月，被告人刘 Q 的鑫鑫公司为江浦公司开具名称为柴油 0#、93#(III)、93#(IV)、97#(IV)等增值税专用发票 881 份，价税合计 974 257 031.8 元，税额合计 141 558 714.23 元；2013 年 3 月至 2013 年 11 月，被告人刘 Q 的铂锦公司为江浦公司开具货物名称为 93#(III)、93#(IV)、92#苏(V)、95#苏(V)的增值税专用发票 815 份，价税合计 891 605 555.02 元，税额合计 129 549 524.51 元。江浦公司持上述增值税专用发票已向税务机关申报抵扣税款 271 108 238.74 元。被告人刘 Q 从中获利 1 100 万元。

2012 年 12 月，有晖公司因需要货物名称为汽油的增值税专用发票，通过江浦公司总经理徐某某与被告人刘 Q 取得联系。被告人刘 Q 的鑫鑫公司为有晖公司开具货物名称为 93#汽油(IV)的增值税专用发票 68 份，价税合计 79 192 035.73 元，税额合计 11 506 534.85 元。有晖公司持上述增值税专用发票已向税务机关申报抵扣税款 11 506 534.85 元。被告人刘 Q 从中获利 552 036 元。

另查明，用甲基叔丁基醚、混合芳烃、二甲苯、碳五、碳九等化工产品生产汽油、柴油应缴生产环节消费税。被告人刘 Q 采取将甲基叔丁基醚等化工产品转换成汽、柴油的方式为他人虚开增值税专用发票，隐瞒了生产环节，致使国家消费税损失 324 052 525.29 元。

被告人刘 Q 为获取非法利益而设立公司，在无货物销售的情况下，为他人虚开增值税专用发票计 1 764 份，价税合计 1 945 054 622.55 元，税款合计 282 614 773.59 元，虚开的税款数额巨大，且造成应税消费品的汽、柴油未征消费税 324 052 525.29 元，其行为已构成虚开增值税专用发票罪。

判处被告人刘 Q 犯虚开增值税专用发票罪，判处有期徒刑十二年，并处罚金 30 万元；违法所得 11 552 036 元予以追缴。

思考与讨论：

(1) 被告人刘 Q 是如何获利的？

(2) 被告人刘 Q 是如何偷逃消费税 3.24 亿余元的？

(3) 被告人刘 Q 获得了怎样的处罚？说明了税收的什么属性？

(4) 如何避免取得不符合规定的发票，以免给公司带来涉税风险？

同步测试题

一、单项选择题

1. 下列税种中，全部属于中央政府固定收入的是( )。
    A. 增值税   B. 资源税   C. 个人所得税   D. 消费税

2. 根据消费税法律制度的规定，下列消费品中，不属于消费税征税范围的是( )。
    A. 小汽车   B. 汽车轮胎   C. 烟丝   D. 实木地板

3. 消费税采取从量定额计税的税目是( )。
    A. 啤酒   B. 高档手表   C. 高档化妆品   D. 粮食白酒

4. 根据《中华人民共和国消费税暂行条例》的规定，下列各项中，纳税人不缴纳消费税的是( )。
    A. 销售应税消费品而收取的超过一年以上的包装物押金
    B. 随同应税消费品销售而取得的包装物作价收入
    C. 将自产的应税消费品用于连续生产应税消费品
    D. 将自产的应税消费品用于职工福利

5. 某日化厂既生产高档化妆品又生产护发品。为了扩大销路，该厂将化妆品和护发品组成礼品盒销售。当月，该厂直接销售化妆品取得收入 27 万元，直接销售护发品取得收入 8.6 万元，销售化妆品和护发品的组合礼品盒取得收入 14 万元，上述收入均不含增值税，则该企业应缴纳的消费税为( )万元。
    A. 6.15   B. 8.15   C. 3.4   D. 2.65

6. 外购已税消费品用于生产应税消费品时，当期准予扣除的已纳消费税的计算依据是( )。
    A. 当期购进数量
    B. 当期生产领用数量
    C. 当期出库数量
    D. 当期已出售的应税消费品的耗用数量

7. 某酒厂为增值税一般纳税人。10月销售粮食白酒 8 000 斤，取得销售收入 27 120 元(含增值税)。已知粮食白酒消费税定额税率为 0.5 元/斤，比例税率为 20%，则该酒厂 10 月应缴纳的消费税税额为( )元。
    A. 12 459.84   B. 11 020   C. 8 800   D. 8 000

8. 甲公司是一家化妆品生产企业，属于增值税一般纳税人，11 月该厂销售高档化妆品取得含增值税销售收入 1 130 万元，销售护肤护发产品取得含增值税销售收入 904 万元，将高档化妆品与护肤护发产品组成礼盒成套销售，取得含增值税销售额 565 万元，已知化妆品的消费税税率为 15%，则该企业当月应纳消费税税额为( )万元。
    A. 150   B. 190   C. 225   D. 345

9. 甲烟草公司提供烟叶委托乙公司加工一批烟丝。甲公司将已收回烟丝中的一部分用于生产卷烟，另一部分烟丝以不高于受托方的计税价格卖给丙公司。在这项委托加工烟丝业务中，消费税的纳税义务人是( )。

A. 甲公司　　　　B. 乙公司　　　　C. 丙公司　　　　D. 甲公司和丙公司

10. 进口的应税消费品，由进口人或其代理人向(　　)海关申报纳税。

A. 企业所在地　　　　　　　　B. 企业核算地

C. 货物入境地　　　　　　　　D. 报关地

二、多项选择题

1. 消费税具有(　　)特点。

A. 课征环节的单一性　　　　　　B. 税负的转嫁性

C. 减免税的多样性　　　　　　　D. 征税范围的选择性

2. 根据消费税现行规定，下列属于消费税纳税人的有(　　)。

A. 钻石的进口商　　　　　　　　B. 高档化妆品的生产商

C. 卷烟的批发商　　　　　　　　D. 金首饰的零售商

3. 我国消费税分别采用(　　)的计征方法。

A. 从价定额　　　B. 从量定额　　　C. 复合计税　　　D. 从价定率

4. 我国消费税的税率包括(　　)形式。

A. 累进税率　　　B. 定额税率　　　C. 比例税率　　　D. 复合税率

5. 下列收费(　　)应作为价外费用，计征消费税。

A. 返还利润　　　B. 包装费　　　C. 优质费　　　D. 手续费

6. 根据消费税现行规定，下列应缴纳消费税的有(　　)。

A. 钻石的进口　　　　　　　　　B. 高档化妆品的购买消费

C. 卷烟的批发　　　　　　　　　D. 金首饰的零售

7. 下列消费品中，征收消费税的是(　　)。

A. 陶瓷　　　　B. 鞭炮　　　　C. 黄酒　　　　D. 柴油

8. 消费税条例规定，下列行为应征消费税的有(　　)。

A. 将委托加工应税消费品收回后用于非生产机构

B. 将自产的应税消费品用于非应税项目

C. 委托加工应税消费品

D. 将自产的应税消费品用于连续生产应税消费品

9. 纳税人将自产的应税消费品用于(　　)项目，应视同对外销售。

A. 职工福利　　　B. 馈赠　　　C. 在建工程　　　D. 管理部门

10. 根据消费税法律制度的规定，关于消费税纳税义务发生时间的下列表述中，正确的有(　　)。

A. 纳税人采取预收货款结算方式销售应税消费品的，为收到预收款的当天

B. 纳税人自产自用应税消费品的，为移送使用的当天

C. 纳税人委托加工应税消费品的，为纳税人提货的当天

D. 纳税人进口应税消费品的，为报关进口的当天

三、判断题

1. 一切应税消费品均在产制环节征收。　　　　　　　　　　　　　(　　)

2. 因为消费税是价内税，所以消费税的计税销售额含增值税。　　　(　　)

3. 在流转税体系中,增值税属于普遍调节,消费税属于特殊调节,两者重复征收。

( )

4. 企业受托加工应税消费品所代收代缴的消费税,在采用组成计税价格计税时,组成计税价格的构成应当是材料成本与加工费之和。 ( )

5. 应税消费品连同包装物销售的,无论包装物是否单独计价以及在会计上如何核算,均应并入应税消费品的销售额中缴纳消费税。 ( )

6. 纳税人到外县销售应税消费品,应当于应税消费品销售后,向销售地主管税务机关申报缴纳消费税。 ( )

7. 委托加工应税消费品收回后直接出售的,应补缴消费税。 ( )

8. 纳税人进口应税消费品,其纳税义务发生时间为报关进口的当天。 ( )

9. 纳税人领用外购已税酒用于生产白酒,其外购酒已纳的消费税税额,准予从应纳税额中扣除。 ( )

10. 纳税人自产自用的应税消费品应当于移送时缴纳消费税。 ( )

四、计算题

1. 某化妆品厂为增值税一般纳税人,2021 年 11 月销售高档化妆品给小规模纳税人,开具的普通发票上注明的价款为 339 万元;销售化妆品给某商业企业,开具的专用发票上注明的价款为 800 万元,增值税税额为 104 万元;以成本价转给下属非独立核算的门市部化妆品 300 万元,门市部当月取得含税收入 452 万元。

请计算该化妆品厂 2021 年 11 月应缴纳的消费税。

2. 某化妆品厂 2020 年 8 月进口一批化妆品,海关审定的关税完税价格为 300 万元,关税税率为 40%。当月在国内全部售完,开具的增值税专用发票上注明的价款、增值税税款分别为 900 万元、117 万元。

请计算该化妆品厂 2020 年 8 月应缴纳的增值税和消费税。

3. 某城市一日化厂甲为增值税一般纳税人,主要生产高档化妆品,2021 年 8 月发生以下业务。

(1) 以上月购进的价值 60 000 元的原材料委托一县城日化厂乙(一般纳税人)加工散装化妆品,取得专用发票,注明的加工费为 25 000 元,加工产品已收回。

(2) 将加工收回的散装化妆品的 70%生产加工为成套化妆品,本月销售 1 000 套,每套不含税价为 500 元。(高档化妆品消费税税率为 15%。)

根据上述资料,请回答下列问题。

(1) 委托加工化妆品受托方代扣代缴消费税组成计税价格是多少?

(2) 委托加工化妆品受托方代扣代缴消费税是多少?

(3) 委托加工收回已税消费品可抵减的消费税是多少?

(4) 销售成套化妆品应纳消费税是多少?

4. 某白酒生产企业(以下简称甲企业)为增值税一般纳税人,2021 年 7 月发生以下业务:

(1) 向某烟酒专卖店销售粮食白酒 20 吨,开具普通发票,取得含税收入 200 万元,另收取品牌使用费 50 万元、包装物押金 32.5 万元。

(2) 提供 10 万元的原材料,委托乙企业加工散装药酒 1 000 公斤,收回时向乙企业支付不含增值税的加工费 0.8 万元,乙企业已代收代缴消费税。

委托加工收回后将其中 900 公斤散装药酒继续加工成瓶装药酒 1 800 瓶,以每瓶不含税售价 100 元通过非独立核算门市部销售完毕。将剩余 100 公斤散装药酒作为福利分给职工,同类药酒的不含税售价为每公斤 150 元。

(药酒的消费税税率为 10%,白酒的消费税税率为 20% 加 0.5 元/500 克。)

根据上述资料,请回答下列问题。

(1) 计算本月甲企业向专卖店销售白酒应缴纳的消费税税额。
(2) 计算乙企业已代收代缴的消费税税额。
(3) 计算本月甲企业销售瓶装药酒应缴纳的消费税税额。
(4) 计算本月甲企业分给职工的散装药酒应缴纳的消费税税额。

 拓展阅读

消费税的历史

消费税在我国具有悠久的历史。早在公元前 81 年,汉昭帝为避免酒的专卖“与商人争市利”,改酒专卖为普通征税,允许各地的地主、商人自行酿酒、卖酒,每升酒缴税款四文,纳税环节在酒销售之后,而不是在出坊(酒坊)时缴纳税款,这可以说是我国较早的消费税。

中华人民共和国成立后,1950 年统一全国税制,建立新税制,曾开征特种消费行为税,这一税种包含娱乐、筵席、冷食、旅馆四个税目,在发生特种消费行为时征收。为适应建立社会主义市场经济体制的需要,配合新一轮税制改革(主要是新增值税的推行),1993 年年底国务院正式颁布了《中华人民共和国消费税暂行条例》,并于 1994 年 1 月 1 日起实施。2006 年 3 月 20 日,财政部、国家税务总局发文,对消费税税目、税率及相关政策进行调整。新增高尔夫球及球具、高档手表、游艇、木制一次性筷子、实木地板 5 个税目;取消汽油、柴油税目,增列成品油税目;取消护肤护发品税目,将原属于护肤护发品征税范围的高档护肤类化妆品列入化妆品税目。2014 年 12 月 1 日起,财政部、国家税务总局取消了汽车轮胎和酒精税目。2015 年 2 月 1 日起,新增电池和涂料两个税目。2016 年 10 月 1 日起,财政部、国家税务总局取消对普通美容、修饰类化妆品征收消费税,将“化妆品”税目名称更名为“高档化妆品”,税率调整为 15%。2016 年 12 月 1 日起,在“小汽车”税目下增设“超豪华小汽车”子税目,对超豪华小汽车,在生产(进口)环节按现行税率征收消费税基础上,在零售环节加征消费税,税率为 10%。

 微课资源

扫一扫,获取本章相关微课视频。

3.1 消费税—
消费税概述

3.2 消费税—
消费税计算

第四章　关税

【教学目的与要求】

- 理解关税的概念、特点和分类。
- 理解关税征税对象和税率。
- 掌握进口货物关税完税价格的确定方法。
- 掌握出口货物关税完税价格的确定方法。
- 掌握不同税率设置下关税应纳税额的计算。
- 理解行邮税和跨境电子商务零售进口税。
- 理解关税减免。
- 了解关税的征收管理规定。

第一节　关税概述

关税是随着商品交换和商品流通领域的不断扩大以及国际贸易的不断发展而产生和逐步发展的。关税在维护国家主权和经济利益，保护和促进本国工农业生产的发展，调节国民经济和对外贸易，以及筹集国家财政收入等方面发挥着重要作用。

一、关税的概念

关税是海关依法对进出境货物、物品征收的一种税。"境"是指关境，又称"海关境域"或"关税领域"，是国家海关法全面实施的领域。

在通常情况下，一国关境与国境是一致的，包括国家全部的领土、领海、领空。但当某一国家在国境内设立了自由港、自由贸易区等时，这些区域就进出口关税而言，则处在关境之外，这时，该国家的关境小于国境。如我国根据《中华人民共和国香港特别行政区基本法》和《中华人民共和国澳门特别行政区基本法》，香港和澳门保持自由港地位，为我国单独的关税地区，即单独关境区。单独关境区是不适用该国海关法律、法规或实施单独海关管理制度的区域。

当几个国家结成关税同盟，组成一个共同的关境，实施统一的关税法令和统一的对外税则时，这些国家彼此之间货物进出国境不征收关税，只对来自或运往其他国家的货物进出共同关境征收关税，这些国家的关境大于国境，如欧盟，其范围大于任何一个成员国的国境。

关税在各国一般属于国家最高行政单位指定税率的高级税种，按征收目的不同，关税可以分为财政关税和保护关税。对于对外贸易发达的国家而言，关税往往是国家税收乃至国家财政的主要收入。

二、关税的特点

1. 以进出关境的货物和物品为征税对象

关税的征税对象是进出关境的货物和物品。属于贸易性进出口的商品称为货物；属于入境旅客携带的、个人邮递的、运输工具服务人员携带的，以及用其他方式进口个人自用的非贸易性商品称为物品。关税不同于因商品交换或提供劳务取得收入而课征的流转税，也不同于因取得所得或拥有财产而课征的所得税或财产税，而是对特定货物和物品途经海关通道进出口进行的征税。

2. 以货物进出口统一的国境或关境为征税环节

关税是主权国家对进出国境或关境的货物和物品统一征收的税种。

3. 单一环节价外税

进口货物征收关税之后，在境内自由流通，不需要再征收进口关税。相对于增值税和消费税的销售价格，关税是价内税；相对于关税的完税价格，关税是价外税，关税的税额不包含在关税完税价格中。

4. 实行复式税则

关税的税则是关税课税范围及其税率的法则。复式税则又称多栏税则，是指一个税目设有两个或两个以上的税率，根据进口货物原产国的不同，分别适用高低不同的税率。复式税则是一个国家对外贸易政策的体现。目前，在国际上除极个别国家外，各国关税普遍实行复式税则。

5. 具有涉外统一性，执行统一的对外经济政策

关税是一个国家的重要税种。国家征收关税不单纯是为了满足政府财政上的需要，更重要的是利用关税来贯彻执行统一的对外经济政策，实现国家的政治、经济目的。在我国现阶段，关税被用来争取实现平等互利的对外贸易，保护并促进国内工农业生产发展，为社会主义市场经济服务。

6. 由海关机构代表国家征收

关税由海关总署及其所属机构具体管理和征收，征收关税是海关工作的一个重要组成部分。《中华人民共和国海关法》规定："中华人民共和国海关是国家的进出关境监督管理机关，海关依照本法和其他有关法律、法规，监督进出境的运输工具、货物、行李物品，征收关税和其他税费，查缉走私，并编制海关统计和其他海关业务。"监督管理、征收关税和查缉走私是当前我国海关的三项基本任务。

【例 4-1 单选题】下列各项关于关税特点的说法，正确的是(   )。

A. 关税的高低对进口国的生产影响较大，对国际贸易影响不大

B. 关税是多环节价内税

C. 关税不仅对进出境的货物征税，还对进出境的劳务征税

D. 关税是单一环节的价外税

【答案】D

【答案解析】选项 A，关税具有较强的涉外性，所以关税税则的制定、税率的高低，会直接影响国际贸易的开展；选项 B，关税是单一环节的价外税；选项 C，关税征收的对象是进出境的货物和物品，对进出境的劳务不征收关税。

三、关税的分类

(一)以应税货物通过关境的流向为标准划分

以应税货物通过关境的流向为标准，关税可以分为进口关税、出口关税和过境关税。

1. 进口关税

进口关税是海关对国外输入本国的货物或物品征收的一种关税，是当前世界各国征收的最主要的一种关税。征收进口关税是执行关税政策的主要手段。一国的关税税款主要来源于进口关税。

2. 出口关税

出口关税是海关对本国出口货物在运出国境时征收的一种关税。我国目前仅对少数出口货物征收出口关税。

3. 过境关税

过境关税是对一国运往第三国的货物在通过本国国境或关境时所征收的关税。由于过境货物对本国工农业生产和市场不产生影响，而且可以增加本国交通运输、港口使用、仓库保管等方面的收入，所以目前大多数国家不征收过境关税。

(二)以计税依据为标准划分

以计税依据为标准划分，关税可以分为从价关税、从量关税、复合关税、选择关税和滑动关税。

1. 从价关税

从价关税是以征税对象的价格为计税依据，根据一定比例的税率征收的关税。从价关税的计算公式为

$$从价关税税额=进口(出口)货物总值×从价税率$$

目前，我国海关计征关税的标准主要是从价关税。

2. 从量关税

从量关税是以进口货物的重量、数量、长度、容量和面积等计量单位为标准计征的关税。其中，重量单位是最常用的从量税计量单位。从量关税的计算公式为

$$从量关税税额=货物计量单位数×从量税率$$

目前，我国对原油、啤酒等进口商品计征从量关税。

3. 复合关税

复合关税是征税时同时使用从量、从价两种税率计征，以两种税额之和作为该种商品的关税税额。复合关税按从量、从价的主次不同又可分为两种情况：一种是以从量关税为主加征从价税，即在对每单位进口商品征税的基础上，再按其价格加征一定比例的从价税。另一种是以从价税为主加征从量税，即在按进口商品的价格征税的基础上，再按其数量单位加征一定数额的从量税。目前，我国对一些录/播音电子设备实行复合税。

4. 选择关税

选择关税是指对某种商品同时制定从量和从价两种税率，征税时由海关选择其中一种征税，作为该种商品的应征关税额。一般是选择税额较高的一种税率征收，在物价上涨时使用从价税，物价下跌时使用从量税。有时为了鼓励某种商品的进口，或给某出口国以优惠待遇，也会选择税额较低的那种税率征收关税。目前，我国对天然橡胶实行选择税。

复合关税和选择关税都属于混合税。混合税结合使用了从量税和从价税，无论进口商品价格高低，都可以起到一定的保护作用。目前，世界上大多数国家或地区都使用混合税，如美国、欧盟、加拿大、澳大利亚、日本，以及一些发展中国家，如印度、巴拿马等。

5. 滑动关税

滑动关税也称滑准关税(sliding duties)或伸缩关税，是对进口税则中的同一种商品按其市场价格标准分别制定不同价格档次的税率而征收的一种进口关税。一般高档价格的税率低或不征税，低档价格的税率高。征收这种关税的目的是使该种进口商品，不论其进口价格高低，其税后价格保持在一个预定的价格标准上，以稳定进口国内该种商品的市场价格。1997 年10 月 1 日到 2002 年，我国首次对进口新闻纸实行滑准关税。从 2005 年 5 月 1 日至今，我国对关税配额外进口的棉花实行滑准关税，不仅较好地解决了国内棉花供应不足的问题，又稳定了国内棉花价格，保障了棉农利益。

(三)以征税性质为标准划分

1. 普通关税

普通关税又称一般关税，是指一国政府对与本国没有签署友好协定、经济互助协定的国家和地区按普通税率征收的关税。

2. 优惠关税

优惠关税是指对某些国家进口的货物使用低于普通税率的优惠税率来征收。常见的优惠关税如下。

(1) 最惠国关税，即缔约国双方相互之间现在和将来所给予任何第三国的优惠关税待遇，同样适用于对方。

(2) 协定关税是指国家之间通过协商相互给予对方优惠待遇的关税制度。

(3) 特惠关税是指一国对来自有特殊关系国家的进口商品规定特别优惠税率的关税，这种优惠待遇通常不得根据最惠国待遇给予任何第三国。

3. 特别关税

特别关税是指对进口货物因某种原因(如歧视、报复、保护经济方面的需要等)，在征收一般进口关税之外又加征的一种临时进口附加税。特别关税包括报复性关税、反倾销关税、反补贴关税和保障性关税。

(1) 报复性关税是指为报复他国对本国出口货物的关税歧视，而对相关国家的进口货物征收的一种进口附加税。任何国家或地区对其进口的原产于我国的货物征收歧视性关税或者给予其他歧视性待遇的，我国也将对原产于该国家或地区的进口货物征收报复性关税。

(2) 反倾销关税是指进口国海关对外国的倾销商品，在征收关税的同时附加征收的一种特别关税。

(3) 反补贴关税是指对进口商品使用的一种超过正常关税的特殊关税，目的是抵消国外竞争者得到的奖励和补助，抵消他国补贴，从而保护本国企业。

在激烈的市场竞争中，倾销和补贴行为在国际贸易中时常发生，且有愈演愈烈之势，其危害是使用不公平手段抢占市场份额，抑制我国相关产业的发展。

(4) 保障性关税是指当某类商品进口量剧增，对我国相关产业带来巨大威胁或损害时，按照世界贸易组织(WTO)有关规则，可以启动一般保障措施，即在与有实质利益的国家或地区进行磋商后，在一定时期内提高该项商品的进口关税或采取数量限制措施以保护国内相关产业不受损害。

第二节　关税的纳税人、征税对象和税率

一、纳税人

进口货物的收货人、出口货物的发货人、进出境物品的所有人、购买跨境电子商务零售进口商品的个人，是关税的纳税义务人。

进口货物的收货人、出口货物的发货人是依法取得对外贸易经营权，并进口或者出口货物的法人或者其他社会团体，包括各类外贸进出口公司和其他经批准经营进出口商品的企业。进出境物品的所有人包括该物品的所有人和推定为所有人的人。一般情况下，对于携带进境的物品，包括入境旅客随身携带的行李，推定其携带人为所有人；各种运输工具上的服务人员入境时携带自用物品的持有人，推定其持有人为所有人；对分离运输的行李，推定相应的进出境旅客为所有人；对以邮递方式进境的物品，推定其收件人为所有人；以邮递或其他运输方式出境的物品，推定其寄件人或托运人为所有人。

二、征税对象

关税的征税对象是进出关境的货物和物品。货物是指贸易性商品；物品是指入境旅客随身携带的行李和物品、个人邮递物品，各种运输工具上的服务人员携带进口的自用物品、馈赠物品，以及通过其他方式进境的个人物品。

1. 进口货物的征税范围

国家准许进口的货物，除《中华人民共和国进出口税则》列明免税的外，均应征收进口关税。征收进口关税的货物在《中华人民共和国进出口税则》中已按货物的名称详细列举。我国目前进口的应税货物大致有四类：一是必需品类，即国内不能生产或生产较少的货物；

二是需要品类，即非必需品，但仍属需要的货物；三是非必需品类，即在国内已经大量生产或非国计民生必需品；四是限制进口类，即奢侈性货物。

2. 出口货物的征税范围

为了鼓励出口贸易，我国仅选择了一些资源性产品、国家需要控制盲目出口等货物征收出口关税，对其他出口货物则不征税。征收出口关税的货物亦由《中华人民共和国海关进出口税则》按货物名称详细列举。现行税则仅对鳗鱼苗、部分有色金属矿砂及其精矿、生锑、磷、氟钽酸钾、苯、山羊板皮、部分铁合金、钢铁废碎料、铜和铝原料及其制品、镍锭、锌锭、锑锭的 108 项商品征收出口关税。

三、税率

(一)进口关税税率

我国加入 WTO(世界贸易组织)后，为履行在加入 WTO 关税减让谈判中承诺的有关义务，享有 WTO 成员应有的权利，自 2002 年 1 月 1 日起，我国进口关税设有最惠国税率、协定税率、特惠税率、普通税率、关税配额税率等税率。对进口货物在一定期限内可以实行暂定税率。

1. 最惠国税率

最惠国税率适用原产于与我国共同适用最惠国待遇条款的 WTO 成员国或地区的进口货物，或原产于与我国签订有相互给予最惠国待遇条款的双边贸易协定的国家或地区进口的货物，以及原产于我国境内的进口货物。

2. 协定税率

协定税率适用原产于与我国签订有含关税优惠条款的区域性贸易协定的有关缔约方的进口货物。

3. 特惠税率

特惠税率适用原产于与我国签订有特殊优惠关税协定的国家或地区的进口货物。

4. 普通税率

普通税率适用于原产于上述国家或地区以外的其他国家或地区的进口货物，或者原产地不明的国家或地区的进口货物。

按照普通税率征税的进口货物，经国务院关税税则委员会特别批准，可以适用最惠国税率。适用最惠国税率、协定税率、特惠税率的国家或地区名单，由国务院关税税则委员会决定。

5. 关税配额税率

关税配额税率是指对实行关税配额管理的进口货物，在关税配额内的，适用关税配额税率；在关税配额外的，按不同情况分别适用最惠国税率、协定税率、特惠税率或普通税率。即一定数量内的上述进口商品适用税率较低的配额内税率，超出该数量的进口商品适用税率较高的配额外税率。现行税则对小麦、玉米等 7 种农产品和尿素等 3 种化肥产品实行关税配额管理。

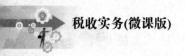

6. 暂定税率

根据经济发展需要，国家对部分进口原材料、零部件、农药原药和中间体、乐器及生产设备实行暂定税率。暂定税率优先适用于按特惠税率或最惠国税率征税的进口货物，而按普通税率征税的进口货物不适用暂定税率。我国现行税则对七百多个税目进口商品实行暂定税率。

(二)出口关税税率

目前，我国仅对少数资源性产品及易于竞相杀价、盲目出口、需要规范出口秩序的半成品和制成品征收出口关税。现行税则对 108 项商品计征出口关税，主要是鳗鱼苗、部分有色金属矿砂及其精矿、生锑、磷、氟钽酸钾、苯、山羊板皮、部分铁合金、钢铁废碎料、铜和铝原料及其制品、镍锭、锌锭、锑锭。但对上述范围内的 78 种商品实行 0%～20%的暂定税率，其中 51 种商品为零关税，14 种商品税类为 10%及以下。与进口暂定税率一样，出口暂定税率优先适用于出口税则中规定的出口税率。

(三)税率的运用

我国进出口货物都应当按照税则规定的归类原则归入合适的税号，并按照该税号所适用的税率征收关税，具体规定如下。

(1) 进出口货物，应当按照纳税义务人申报进口或者出口之日实施的税率征税。

(2) 进出口货物到达前，经海关核准先行申报的，应当按照装载此货物的运输工具申报进境之日实施的税率征税。

(3) 进口转关运输货物，应当适用指运地海关接受该货物申报进口之日实施的税率；货物运抵指运地前，经海关核准先行申报的，应当适用装载该货物的运输工具抵达指运地之日实施的税率。

(4) 出口转关运输货物，应当适用启运地海关接受该货物申报出口之日实施的税率。

(5) 经海关批准，实行集中申报的进出口货物，应当适用每次货物进出口时海关接受该货物申报之日实施的税率。

(6) 因超过规定期限未申报而由海关依法变卖的进口货物，其税款计征应当适用装载该货物的运输工具申报进境之日实施的税率。

(7) 因纳税义务人违反规定需要追征税款的进出口货物，应当适用违反规定的行为发生之日实施的税率；行为发生之日不能确定的，适用海关发现该行为之日实施的税率。

(8) 已申报进境并放行的保税货物、减免税货物、租赁货物或者已申报进出境放行的暂时进出境货物，有下列情形之一须缴纳税款的，应当适用海关接受纳税义务人再次填写报关单申报办理纳税及有关手续之日实施的税率。

①保税货物经批准不复运出境的；②保税仓储货物转入国内市场销售的；③减免税货物经批准转运或者移作他用的；④可暂不缴纳税款的暂时进出境货物，不复运出境或者进境的；⑤租赁进口货物，分期缴纳税款的；⑥补征和退还进出口货物关税的，应当按照前述规定确定适用的税率。

第三节 关税应纳税额的计算

我国加入 WTO 后，海关已全面实施《世界贸易组织估价协定》，遵循客观、公平、统一的估价原则，并依据《中华人民共和国海关审定进出口货物完税价格办法》(以下简称《完税价格办法》)，审定进出口货物的完税价格。

完税价格是不含关税和进出口环节其他税收的价格。海关一般以进出口货物的实际成交价格为基础审定完税价格。

内销保税货物完税价格的确定，准许进口的进境旅客行李物品、个人邮递物品以及其他个人自用物品的完税价格的确定，涉嫌走私的进出口货物、物品的计税价格的核定，不适用本办法。

一、一般进口货物的完税价格

(一)以成交价格为基础的完税价格

根据海关法的规定，进口货物的完税价格包括货物的货价、货物运抵我国境内输入地点起卸前的运输及其相关费用、保险费。我国境内输入地为入境海关地，包括内陆河、江口岸，一般为第一口岸，即进口货物以海关审定的成交价格为基础的到岸价格(CIF)为完税价格。

进口货物的货价以成交价格为基础。进口货物的成交价格是指买方为购买该货物，并按《完税价格办法》有关规定调整后的实付或应付价格。

进口货物的运输及其相关费用，应当按照由买方实际支付或者应当支付的费用计算。如果进口货物的运输及其相关费用无法确定，海关应当按照该货物进口同期的正常运输成本审查确定。运输工具作为进口货物，利用自身动力进境的，海关在审查确定完税价格时，不再另行计入运输及其相关费用。

进口货物的保险费，应当按照实际支付的费用计算。如果进口货物的保险费无法确定或者未实际发生，海关应当按照"货价加运费"两者总额的 3‰ 计算保险费，其计算公式为

$$保险费=(货价+运费)\times 3‰$$

邮运进口的货物，应当以邮费作为运输及其相关费用、保险费。

(二)对实付或应付价格进行调整的有关规定

"实付或应付价格"是指买方为购买进口货物直接或间接支付的总额，即作为卖方销售进口货物的条件，由买方向卖方或为履行卖方义务向第三方已经支付或将要支付的全部款项。

(1) 如下列费用或者价值未包括在进口货物的实付或者应付价格中，应当计入完税价格。①由买方负担的除购货佣金以外的佣金和经纪费。"购货佣金"是指买方为购买进口货物向自己的采购代理人支付的劳务费用。"经纪费"是指买方为购买进口货物向代表买卖双方利益的经纪人支付的劳务费用。②由买方负担的与该货物视为一体的容器费用。③由买方负担的包装材料和包装劳务费用。④与该货物的生产和向中华人民共和国境内销售有关的，由买方以免费或者以低于成本的方式提供并可以按适当比例分摊的料件、工具、模具、

消耗材料及类似货物的价款，以及在境外开发、设计等相关服务的费用。⑤与该货物有关并作为卖方向我国销售该货物的一项条件，应当由买方直接或间接支付的特许权使用费。"特许权使用费"是指买方为获得与进口货物相关的、受著作权保护的作品、专利、商标、专有技术和其他权利的使用许可而支付的费用。但是在估定完税价格时，进口货物在境内的复制权费不得计入该货物的实付或应付价格之中。⑥卖方直接或间接从买方对该货物进口后转售、处置或使用所得中获得的收益。

上列所述的费用或价值，应当由进口货物的收货人向海关提供客观、量化的数据资料。如果没有客观、量化的数据资料，完税价格由海关按《完税价格办法》规定的方法进行估定。

(2) 下列费用如能与该货物实付或者应付价格区分，不得计入完税价格。①厂房、机械、设备等货物进口后的基建、安装、装配、维修和技术服务的费用；②进口货物运抵境内输入地点起卸后的运输费用、保险费和其他相关费用；③进口关税及其他国内税收；④为在境内复制进口货物而支付的费用；⑤境内外技术培训及境外考察费用。

【例4-2 多选题】下列关于关税完税价格的说法，正确的是(　　　)。

A. 进口货物应当以成交价格为完税价格

B. 卖方直接或间接从买方对该货物进口后转售、处置或使用所得中获得的收益应计完税价格

C. 完税价格不包括进口环节缴纳的各项税金

D. 完税价格包括进口货物在境内运输途中发生的运费和保险费

【答案】BC

【答案解析】进口关税、进口环节代征税及其他国内税不需要计入关税完税价格，答案C正确；答案B属于实付或应付价格；进口货物应当以成交价格为基础确定完税价格，答案A不准确；完税价格不包括进口货物在境内运输途中发生的运费和保险费，答案D错误。

【例4-3 计算题】某进出口公司从美国进口一批化工材料，到岸价格(CIF)为上海 USD 600 000元，另外，在货物成交过程中，公司向卖方支付佣金 USD 50 000元，已知当时外汇牌价为 USD 100=CNY 670，适用关税税率为18%。经海关审定，其成交价格正常，据以计算关税完税价格。

【答案】

关税完税价格=到岸价格+卖方佣金=(600 000+50 000)×6.7=4 355 000(元)

(三)进口货物海关估价方法

进口货物的成交价格不符合规定条件的，或者成交价格不能确定的，海关应当依次以相同货物成交价格方法、类似货物成交价格方法、倒扣价格方法、计算价格方法及其他合理方法确定的价格为基础，估定完税价格。如果进口货物的收货人提出要求并提供相关资料，经海关同意，可以选择倒扣价格方法和计算价格方法的适用次序。

1. 相同或类似货物成交价格方法

相同或类似货物成交价格方法，即以与被估的进口货物同时或大约同时(在海关接受申报进口之日的前后各45天以内)进口的相同或类似货物的成交价格为基础，估定完税价格。

2. 倒扣价格方法

倒扣价格方法即以被估的进口货物、相同或类似进口货物在境内销售的价格为基础估定

完税价格。按该价格销售的货物应当同时符合五个条件：即在被估货物进口时或大约同时销售；按照进口时的状态销售；在境内第一环节销售；合计的货物销售总量最大；向境内无特殊关系方的销售。即在第一级销售环节销售给无特殊关系买方最大销售总量的单位价格。

以该方法估定完税价格时，下列各项应当扣除。

(1) 该货物的同等级或同种类货物，在境内销售时的利润和一般费用及通常支付的佣金。

(2) 货物运抵境内输入地点之后的运费、保险费、装卸费及其他相关费用。

(3) 进口关税、进口环节税和其他与进口或销售上述货物有关的国内税。

3. 计算价格方法

计算价格方法即按下列各项的总和计算出的价格估定完税价格。有关项如下。

(1) 生产该货物所使用的原材料价值和进行装配或其他加工的费用。

(2) 与向境内出口销售同等级或同种类货物通常的利润和一般费用。

(3) 货物运抵境内输入地点起卸前的运输及相关费用、保险费。

4. 其他合理方法

使用其他合理方法时，应当根据《完税价格办法》规定的估价原则，以在境内获得的数据资料为基础估定完税价格。但不得使用以下价格。

(1) 境内生产的货物在境内的销售价格。

(2) 可供选择的价格中较高的价格。

(3) 货物在出口地市场的销售价格。

(4) 以计算价格方法规定的有关各项之外的价值或费用计算的价格。

(5) 出口到第三国或地区的货物的销售价格。

(6) 最低限价或武断虚构的价格。

二、特殊进口货物的完税价格

(1) 运往境外修理的机械器具、运输工具或者其他货物，出境时已向海关报明，并且在海关规定的期限内复运进境的，应当以境外修理费和料件费为基础审查确定完税价格。

出境修理货物复运进境超过海关规定期限的，由海关按照相关规定审查确定完税价格。

(2) 运往境外加工的货物，出境时已向海关报明，并在海关规定期限内复运进境的，应当以境外加工费和料件费以及该货物复运进境的运输及其相关费用、保险费为基础审查确定完税价格。

出境加工货物复运进境超过海关规定期限的，由海关按照相关规定审查确定完税价格。

(3) 经海关批准的暂时进境货物，应当缴纳税款的，由海关按照相关规定审查确定完税价格。经海关批准留购的暂时进境货物，以海关审查确定的留购价格作为完税价格。

(4) 租赁方式进口的货物，按照下列方法审查确定完税价格。①以租金方式对外支付的租赁货物，在租赁期间以海关审查确定的租金作为完税价格，利息应当予以计入；②留购的租赁货物以海关审查确定的留购价格作为完税价格；③纳税义务人申请一次性缴纳税款的，可以选择申请按照进口货物海关估价方法确定完税价格，或者按照海关审查确定的租金总额作为完税价格。

(5) 减税或者免税进口的货物应当补税时，应当以海关审查确定的该货物原进口时的价格，扣除折旧部分价值作为完税价格。

(6) 易货贸易寄售、捐赠、赠送等不存在成交价格的进口货物，海关与纳税义务人进行价格磋商后，按照进口货物海关估价方法审查确定完税价格。

(7) 进口载有专供数据处理设备用软件的介质，具有下列情形之一的，应当以介质本身的价值或者成本为基础审查确定完税价格：①介质本身的价值或者成本与所载软件的价值分列；②介质本身的价值或者成本与所载软件的价值虽未分列，但是纳税义务人能够提供介质本身的价值或者成本的证明文件，或者能提供所载软件价值的证明文件。

含有美术、摄影、声音、图像、影视、游戏、电子出版物的介质不适用前款规定。

三、出口货物的完税价格

(一)以成交价格为基础的完税价格

出口货物的完税价格由海关以该货物的成交价格为基础审查确定，并且应当包括货物运至中华人民共和国境内输出地点装载前的运输及其相关费用、保险费。

出口货物的成交价格，是指该货物出口销售时，卖方为出口该货物应当向买方直接收取和间接收取的价款总额。

注意：如果出口货物成交价格中含有支付给国外的佣金，且与货物的离岸价格分列，应予扣除；未单独列明的，则不予扣除。出口货物在离岸价格之外，买方还另行支付货物包装费的，应将其计入完税价格。

下列税收、费用不计入出口货物的完税价格。

(1) 出口关税。

(2) 在货物价款中单独列明的货物运至中华人民共和国境内输出地点装载后的运输及其相关费用、保险费。

如果离岸价格包含出口关税，则完税价格的计算公式为

$$完税价格＝离岸价格÷(1＋出口关税税率)$$

(二)出口货物海关估价方法

出口货物的成交价格不能确定时，完税价格由海关依次使用下列方法估定。

(1) 同时或大约同时向同一国家或地区出口的相同货物的成交价格。

(2) 同时或大约同时向同一国家或地区出口的类似货物的成交价格。

(3) 根据境内生产相同或类似货物的成本利润和一般费用、境内发生的运输及其相关费用、保险费计算所得的价格。

(4) 按照其他合理方法估定的价格。

四、应纳税额的计算

关税应纳税额的计算有从价计税、从量计税、复合计税和滑准计税等方法。

(一)进口货物应纳关税税额的计算

1. 从价计税应纳税额的计算

$$应纳关税税额＝应税进口货物数量×单位完税价格×税率$$

具体分为以下几种情况。

(1) 以我国口岸到岸价格(CIF)成交的，或者和我国毗邻的国家以两国共同边境地点交货价格成交的进口货物，其成交价格即完税价格。应纳关税的计算公式为

$$应纳进口关税税额= CIF×关税税率$$

(2) 以国外口岸离岸价格(FOB)或国外口岸到岸价格成交的，应另加从发货口岸或国外交货口岸到我国口岸以前的运杂费和保险费作为完税价格。应纳关税的计算公式为

$$应纳进口关税税额= (FOB+运杂费+保险费)×关税税率$$

【例 4-4 计算题】某进出口公司从德国进口一批钢材，以采购地离岸价格成交，成交总价为 1 200 万元人民币，运达我国输入地点的运费、保险费、手续费等共计 40 万元。适用关税税率为 12%。经海关审定，其成交价格正常，据以计算关税完税价格和应纳关税。

【答案】

关税完税价格=离岸价格+运费及保险费等=1 200+40=1 240(万元)

应纳关税=1 240×12%=148.8(万元)

(3) 以国外口岸离岸价格加运费(即 CFR 价格)成交的，应另加 3‰ 的保险费作为完税价格，应纳关税的计算公式为

应纳进口关税税额=(CFR+保险费)×关税税率

= CFR×(1+保险费率)×关税税率

【例 4-5 计算题】某企业从中国香港进口原产地为韩国的设备 3 台，该设备的成交价格为离岸价格加运费(CFR)上海港 HKD 180 000 元，保险费率为 0.3%，设备进口关税税率为 10%，当日外汇牌价 HKD 100=CNY 84。计算此企业进口该批货物的应纳税额。

【答案】

关税完税价格= CFR×(1+保险费率) =180 000×0.84×(1+0.3%)=151 653.6(元)

应纳关税=151 653.6×10%=15 165.36(元)

(4) 特殊进口商品关税的计算。特殊进口货物种类繁多，需要在确定完税价格的基础上计算应纳税额。应纳关税的计算公式为

$$应纳进口关税税额=特殊进口货物完税价格×关税税率$$

【例 4-6 计算题】某企业将以前年度进口的设备运往境外修理，设备进口时成交价格为 60 万元，发生境外运费和保险费共计 8 万元；在海关规定的期限内复运进境，进境时同类设备价格为 75 万元。发生境外修理费 12 万元，料件费 18 万元，境外运输费和保险费共计 5 万元，进口关税税率为 20%，增值税税率为 13%。运往境外修理的设备报关进口时应纳多少进口环节税金？

【答案】

运往境外修理的设备报关进口时应纳进口环节税金=进口关税+进口增值税=(12+18)×20%+(12+18)×(1+20%)×13%=10.68(万元)

2. 从量计税应纳税额的计算

$$关税税额=应税进口货物数量×单位货物税额$$

3. 复合计税应纳税额的计算

我国目前实行的复合税都是先计征从量税，再计征从价税。

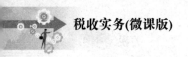

$$关税税额=应税进口货物数量×单位货物税额+$$
$$应税进口货物数量×单位完税价格×税率$$

4. 滑准税应纳税额的计算

$$关税税额=应税进口货物数量×单位完税价格×滑准税税率$$

现行税则《进(出)口商品从量税、复合税、滑准税税目税率表》后注明了滑准税税率的计算公式,该公式是一个与应税进(出)口货物完税价格相关的取整函数。

【例 4-7 计算题】 甲企业从境外某公司引进钢结构产品自动生产线,境外成交价格(FOB)为 1 800 万元。该生产线运抵我国输入地点起卸前的运费和保险费为 200 万元,境内运输费用为 12 万元。另支付由买方负担的经纪费 20 万元,买方负担的包装材料和包装劳务费 30 万元,与生产线有关的境外开发设计费用 80 万元,生产线进口后的现场培训指导费用 200 万元。取得海关开具的完税凭证及国内运输部门开具的合法运输发票。关税税率为 30%,增值税税率为 13%。请计算甲企业在进口环节应缴纳的关税和增值税。

【答案】

进口环节关税完税价格=1 800+200+20+30+80=2 130(万元)

进口环节应缴纳的关税=2 130×30% =639(万元)

进口环节应缴纳的增值税=(2 130+639) ×13% =359.97(万元)

【例 4-8 计算题】 有进出口经营权的某外贸公司,2 月经有关部门批准从境外进口小轿车 40 辆,每辆小轿车货价为 20 万元,运抵我国海关前发生的运输费用、保险费无法确定,经海关查实其他运输公司相同业务的运输费用占货价的比例为 2%。向海关缴纳了相关税款,并取得了完税凭证。(提示: 小轿车关税税率为 60%、消费税税率为 9%。)

请计算小轿车在进口环节应缴纳的关税、消费税、增值税。

【答案】

① 进口小轿车的货价=20×40= 800(万元)。

② 进口小轿车的运输费=800×2%=16(万元)。

③ 进口小轿车的保险费=(800+16)×3%= 2.448(万元)。

④ 进口小轿车应缴纳的关税。

关税的完税价格=800+16+2.448= 818.448(万元);

应缴纳关税税额= 818.448×60% =491.068 8(万元)。

⑤ 进口环节小轿车应缴纳的消费税:

消费税组成计税价格=(818.448+491.068 8)÷(1-9%)= 1 439.03(万元);

应缴纳消费税税额= 1 439.03×9% =129.512 7(万元)。

⑥ 进口环节小轿车应缴纳增值税税额:

$$1 439.03×13%=187.073 9(万元)。$$

(二)出口货物应纳关税税额的计算

1. 从价计税应纳税额的计算

$$应纳关税税额=应税出口货物数量×单位完税价格×税率$$

具体分为以下三种情况。

(1) 以我国口岸离岸价格(FOB)成交的,出口关税的计算公式为

$$应纳关税税额= FOB÷(1+关税税率)×关税税率$$

(2) 以国外口岸到岸价格(CIF)成交的，出口关税的计算公式为

$$应纳关税税额= (CIF-保险费-运费)÷(1+关税税率)×关税税率$$

(3) 以国外口岸到岸价格加运费价格(CFR)成交的，出口关税的计算公为

$$应纳关税税额= (CFR-运费)÷(1+关税税率)×关税税率$$

2. 从量计税应纳税额的计算

$$关税税额=应税出口货物数量×单位货物税额$$

3. 复合计税应纳税额的计算

我国目前实行的复合税都是先计征从量税，再计征从价税。

$$关税税额=应税出口货物数量×单位货物税额+应税出口货物数量×单位完税价格×税率$$

【例4-9 计算题】某进出口公司出口磷5 000吨到日本，每吨离岸价格天津为560美元，其中佣金为离岸价格的2%，理舱费为10 000美元，磷的出口关税税率为10%，当时的外汇牌价(中间价)为100美元=864元人民币。请计算该公司应缴纳的出口关税税额。

【答案】

(1) 离岸价格中减去佣金。

离岸价格=离岸价格(含佣金)÷(1+佣金比例)

=5 000×560÷(1+2%)=2 745 098.04(美元)

(2) 再从中减去理舱费。

离岸价格(不含佣金和理舱费)= 2 745 098.04-10 000= 2 735 098.04(美元)

(3) 计算关税完税价格。

完税价格=离岸价格(不含佣金和理舱费)÷(1+出口关税税率)

= 2 735 098.04÷(1+10%)=2 486 452.76(美元)

将美元按当时汇率折合成人民币的完税价格。

完税价格= 2 486 452.76×8.64=21 482 951.88(元)

(4) 计算该批产品出口的关税税额。

出口关税税额=完税价格×出口关税税率

=21 482 951.88×10%

≈2 148 295.19(元)

第四节 行邮税和跨境电子商务零售进口税

一、行邮税

1. 行邮税的含义

行李和邮递物品的进口税简称行邮税，是海关对入境旅客行李物品和个人邮递物品征收的进口税。由于其中包含了在进口环节征收的增值税、消费税，因而也是对个人非贸易性入境物品征收的进口关税和进口工商税收的总称。

2. 课税对象

课税对象包括入境旅客、运输工具、服务人员携带的应税行李物品、个人邮递物品、馈赠物品以及以其他方式入境的个人物品等项物品,简称进口物品。

对准许应税进口的旅客行李物品、个人邮递物品以及其他个人自用物品,均应依据《入境旅客行李物品和个人邮递物品进口税税率表》征收行邮税。

3. 纳税人

纳税人是携带应税个人自用物品入境的旅客及运输工具服务人员,进口邮递物品的收件人,以及以其他方式进口应税个人自用物品的收件人。上述所称的应税个人自用物品,不包括汽车、摩托车及其配件、附件。对进口应税个人自用汽车、摩托车及其配件、附件,以及超过海关规定自用合理数量部分的应税物品应按货物进口程序办理报关验放手续。

4. 税率

《入境旅客行李物品和个人邮递物品进口税税率表》由国务院关税税则委员会审定后,海关总署对外公布实施。我国行邮税税目和税率经过了多次调整,我国的行邮税也保持着明显的高税率,目前,行邮税所采用的进口税税率设为三档,分别为15%、30%和60%。15%税率对应最惠国税率为零的商品;60%税率对应征收消费税的高档消费品;其他商品执行30%税率。

5. 应纳税额的计算

进口税采用从价计征,完税价格由海关参照该项物品的境外正常零售平均价格确定。完税价格乘以进口税税率,即为应纳的进口税税额。海关按照填发税款缴纳书当日有效的税率和完税价格计算征收。纳税人应当在海关放行应税个人自用物品之前缴清税款。

注意: 旅客携运进出境的行李物品有下列情形之一的,海关暂不予放行:①旅客不能当场缴纳进境物品税款的;②进出境的物品属于许可证件管理的范围,但旅客不能当场提交的;③进出境的物品超出自用合理数量,按规定应当办理货物报关手续或其他海关手续,其尚未办理的;④对进出境物品的属性、内容存疑,需要由有关主管部门进行认定、鉴定、验核的;⑤按规定暂不予以放行的其他行李物品。

二、跨境电子商务零售进口税

为营造公平竞争的市场环境,促进跨境电子商务零售进口健康发展,跨境电子商务零售进口税收政策相关规定如下。

(1) 跨境电子商务零售进口商品按照货物征收关税和进口环节增值税、消费税。购买跨境电子商务零售进口商品的个人作为纳税义务人,实际交易价格(包括货物零售价格、运费和保险费)作为完税价格,电子商务企业、电子商务交易平台企业或物流企业可以作为代收代缴义务人。

(2) 跨境电子商务零售进口税收政策适用于从其他国家或地区进口的、《跨境电子商务零售进口商品清单》范围内的以下商品:①所有通过与海关联网的电子商务交易平台交易,能够实现交易、支付、物流电子信息"三单"比对的跨境电子商务零售进口商品;②未通过与海关联网的电子商务交易平台交易,但快递、邮政企业能够统一提供交易、支付、物流等电子信息,并承诺承担相应法律责任进境的跨境电子商务零售进口商品。

(3) 跨境电子商务零售进口商品的单次交易限值为人民币 2 000 元，个人年度交易限值为人民币 20 000 元。在限值以内进口的跨境电子商务零售进口商品，关税税率暂设为 0%；进口环节增值税、消费税取消免征税额，暂按法定应纳税额的 70% 征收。超过单次限值、累加后超过个人年度限值的单次交易，以及完税价格超过 2 000 元限值的单个不可分割商品，均按照一般贸易方式全额征税。

(4) 跨境电子商务零售进口商品自海关放行之日起 30 日内退货的可申请退税，并相应调整个人的年度交易总额。

第五节 关 税 减 免

关税减免是对某些纳税人和征税对象给予鼓励和照顾的一种特殊调节手段，使关税政策工作兼顾了普遍性和特殊性、原则性和灵活性。关税减免分为法定减免税、特定减免税和临时减免税。根据《中华人民共和国海关法》规定，除法定减免税外的其他减免税均由国务院决定。

一、法定减免税

法定减免是税法中明确列出的减免关税的优惠。符合税法规定可予以减免税的进出口货物，纳税人无须提出申请，海关可按规定直接予以减免税。

《中华人民共和国海关法》《中华人民共和国进出口关税条例》《中华人民共和国进出口税则》明确规定，下列货物、物品予以减免关税。

(1) 关税税额在人民币 50 元以下的一票货物，可免征关税。

(2) 无商业价值的广告品和货样，可免征关税。

(3) 外国政府、国际组织无偿赠送的物资，可免征关税。

(4) 进出境运输工具装载的途中必需的燃料、物料和饮食用品，可予免税。

(5) 为境外厂商加工、装配成品和为制造外销产品而进口的原材料、辅料、零件、部件、配套件和包装物料，海关按照实际加工出口的成品数量免征进口关税；或者对进口料件先征进口关税，再按照实际加工出口的成品数量予以退税。

(6) 因故退还的中国出口货物，经海关审查属实，可予免征进口关税，但已征收的出口关税不予退还。

(7) 因故退还的境外进口货物，经海关审查属实，可予免征出口关税，但已征收的进口关税不予退还。

(8) 进口货物如有以下情形，经海关查明属实，可酌情减免进口关税：①在境外运输途中或者在起卸时，遭受损坏或者损失的；②起卸后海关放行前，因不可抗力遭受损坏或者损失的；③海关查验时已经破漏、损坏或者腐烂，经证明不是保管不慎造成的。

(9) 无代价抵偿货物，即进口货物在征税放行后，发现货物残损、短少或品质不良，而由国外承运人、发货人或保险公司免费补偿或更换的同类货物，可以免税。但有残损或质量问题的原进口货物如未退运国外，其进口的无代价抵偿货物应照章征税。

(10) 经海关核准暂时进境或者暂时出境，并在 6 个月内复运出境或者复运进境的货样、展览品、施工机械、工程车辆、工程船舶、供安装设备时使用的仪器和工具、电视或者电影摄制器械、盛装货物的容器以及剧团服装道具,在货物收/发货人向海关缴纳相当于税款的保证金或者提供担保后,可予暂时免税。

(11) 我国缔结或者参加的国际条约规定减征、免征关税的货物、物品,按照规定予以减免关税的。

(12) 法律规定减征、免征的其他货物。

二、特定减免税

特定减免税也称政策性减免税。在法定减免税之外,国家按照国际通行规则和我国实际情况,制定发布的有关进出口货物减免关税的政策,称为特定减免税或政策性减免税。特定减免税货物一般有地区、企业和用途的限制,海关需要进行后续管理,也需要进行减免税统计。特定减免税主要涉及科教用品、残疾人专用品、慈善捐赠物资、加工贸易产品、边境贸易进口物资等减免税规定。

(一)科教用品

为有利于我国科研、教育事业的发展,对科学研究机构和学校,不以营利为目的,在合理数量范围内进口国内不能生产的科学研究和教学用品,直接用于科学研究或者教学的,免征进口关税和进口环节增值税、消费税。

(二)残疾人专用品

为支持残疾人的康复工作,对规定的残疾人个人专用品,免征进口关税和进口环节增值税、消费税;对康复中心、福利机构、假肢厂和荣誉军人康复医院进口国内不能生产的残疾人专用品,免征进口关税和进口环节增值税。

(三)扶贫、慈善性捐赠物资

为促进公益事业的健康发展,对境外的自然人、法人或者其他组织等境外捐赠人,无偿向经国务院主管部门依法批准成立的,以人道救助和发展扶贫、慈善事业为宗旨的社会团体以及国务院有关部门和各省、自治区、直辖市人民政府捐赠的,直接用于扶贫、慈善事业的物资,免征进口关税和进口环节增值税。

(四)加工贸易产品

1. 加工装配和补偿贸易

加工装配即来料加工、来样加工及来件装配,是指由境外客商提供全部或部分原辅料、零配件和包装物料,必要时提供设备,由我方按客商要求进行加工装配,成品交外商销售,我方收取加工费。客商提供的作价设备价款,我方用加工费偿还。

补偿贸易是指由境外客商提供或国内单位利用国外出口信贷进口生产技术或设备,由我方生产,以返销产品方式分期偿还对方技术、设备价款或贷款本息的交易方式。因有利于较快地提高出口产品生产技术,改善我国产品质量和品种,扩大出口,增加我国外汇收入,国家给予一定的关税优惠:进境料件不予征税,准许在境内保税加工为成品后返销出口;进口外商的不作价设备和作价设备,分别比照外商投资项目和国内投资项目的免税规定执行;剩余料件或增产的产品经批准转内销时，价值在进口料件总值2%以内，且总价值在3 000元以下的，可予免税。

2. 进料加工

经批准有权经营进出口业务的企业使用进料加工专项外汇进口料件，并在1年内加工或装配成品外销出口的业务，称为进料加工业务。对其关税优惠为：对专为加工出口商品而进口的料件，海关按实际加工复出口的数量，免征进口税；加工的成品出口，免征出口税，但内销料件及成品照章征税；对加工过程中产生的副产品、次品、边角料，海关根据其使用价值分析估价征税或者酌情减免税；剩余料件或增产的产品，经批准转内销时，价值在进口料件总值2%以内，且总价值在5 000元以下的，可予免税。

(五)边境贸易进口物资

为了鼓励我国边境地区积极发展与我国毗邻国家间的边境贸易与经济合作，国家制定了有关扶持、鼓励边境贸易和边境地区发展对外经济合作的政策措施。边境贸易有边民互市贸易和边境小额贸易两种形式。

边民互市贸易是指边境地区边民在边境线20公里以内、经政府批准的开放点或指定的集市上进行的商品交换活动。边民通过互市贸易进口的商品，每人每日价值在8 000元以下的，免征进口关税和进口环节增值税。

边境小额贸易是指沿陆地边境线经国家批准对外开放的边境县(旗)、边境城市辖区内经批准有边境小额贸易经营权的企业，通过国家指定的陆地边境口岸，与毗邻国家边境地区的企业或其他贸易机构之间进行的贸易活动。边境小额贸易企业通过指定边境口岸进口原产于毗邻国家的商品(除烟、酒、化妆品以及国家规定必须照章征税的其他商品外)，进口关税和进口环节增值税减半征收。

(六)保税区进出口货物

为了创造完善的投资、运营环境，开展为出口贸易服务的加工整理、包装、运输、仓储、商品展出和转口贸易，国家在境内设立了保税区，即与外界隔离的全封闭方式，在海关监控管理下进行存放和加工保税货物的特定区域。

保税区的主要关税优惠政策有：进口供保税区使用的机器、设备、基建物资、生产用车辆，为加工出口产品进口的原材料零部件、元器件、包装物料，供储存的转口货物以及在保税区内加工运输出境的产品免征进口关税和进口环节税；保税区内企业进口专为生产加工出口产品所需的原材料、零部件包装物料，以及转口货物予以保税；从保税区运往境外的货物，一般免征出口关税；等等。

(七)出口加工区进出口货物

为加强与完善加工贸易管理，严格控制加工贸易产品内销，保护国内相关产业，并为出口加工企业提供更为宽松的经营环境，带动国产原材料、零配件的出口，国家设立了出口加工区。

出口加工区的主要关税优惠政策有：从境外进入区内生产性的基础设施建设项目所需的机器、设备和建设生产厂房、仓储设施所需的基建物资，区内企业生产所需的机器、设备、

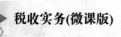

模具及其维修用零配件，区内企业和行政管理机构自用合理数量的办公用品，予以免征进口关税和进口环节税；区内企业为加工出口产品所需的原材料、零部件、元器件、包装物料及消耗性材料，予以保税；对加工区运往区外的货物，海关按照对进口货物的有关规定办理报关手续，并按照制成品征税；对从区外进入加工区的货物视同出口，可按规定办理出口退税。

(八)进口设备

为进一步扩大利用外资，引进国外先进技术和设备，促进产业结构的调整和技术进步，保持国民经济持续、快速、健康发展，对国家鼓励发展的国内投资项目和外商投资项目进口设备，在规定范围内免征进口关税和进口环节增值税。

(九)特定行业或用途的减免税政策

为鼓励、支持部分行业或特定产品的发展，国家制定了部分特定行业或用途的减免税政策，这类政策一般对可减免税的商品列有具体清单。如为支持我国海洋和陆上特定地区石油、天然气开采作业，对相关项目进口国内不能生产或性能不能满足要求的，直接用于开采作业的设备、仪器、零部件、专用工具，免征进口关税和进口环节增值税，等等。

【例 4-10 多选题】下列货物属于法定减免税的有( )。

A. 边境贸易进口物资　　　　　　B. 境外捐赠用于扶贫、慈善性物资

C. 出口加工区进出口货物　　　　D. 无商业价值的广告品和货样

E. 海关放行前损失的货物

【答案】DE

【答案解析】选项 A、B、C 均是特定减免税。

三、临时减免税

临时减免税是指除法定减免和特定减免关税以外，对某一关税纳税人由于特殊原因临时给予关税减免，一案一批，专文下达。一般有单位、品种、期限、金额或数量等限制，不能比照执行。

我国已加入 WTO，为遵循统一、规范、公平、公开的原则，有利于统一税法、公平税赋、平等竞争，国家严格控制减免税，一般不办理个案临时性减免税，对特定减免税也在逐步规范、清理，对不符合国际惯例的税收优惠政策将逐步予以废止。

【例 4-11 单选题】下列进口货物中，免征进口关税的是( )。

A. 具有一定商业价值的货样

B. 外国政府无偿赠送的物资

C. 关税税额为人民币 80 元的一票货物

D. 因保管不慎造成损坏的进口货物

【答案】B

【答案解析】选项 A，无商业价值的广告品和货样，可免征关税；选项 C，关税税额为人民币 50 元以下的一票货物，可免征关税；选项 D，海关查验时已经破漏损坏或者腐烂，经证明不是保管不慎造成的，经海关查明属实，可酌情减免进口关税。

第六节　关税征收管理

一、关税缴纳

进口货物自运输工具申报进境之日起 14 日内，出口货物在货物运抵海关监管区后装货的 24 小时以前，应由进出口货物的纳税义务人向货物进(出)境地海关申报，海关根据税则归类和完税价格计算应缴纳的关税和进口环节代征税，并填发税款缴款书。

纳税义务人应当自海关填发税款缴款书之日起 15 日内，向指定银行缴纳税款。如果关税缴纳期限的最后 1 日是周末或法定节假日，则关税缴纳期限顺延至周末或法定节假日过后的第 1 个工作日。

为方便纳税义务人，经申请且海关同意，进(出)口货物的纳税义务人可以在设有海关的指运地(启运地)办理海关申报、纳税手续。

关税纳税义务人因不可抗力或者在国家税收政策调整的情形下，不能按期缴纳税款的，经海关总署批准，可以延期缴纳税款，但延期纳税最长不得超过 6 个月。

二、关税的强制执行

纳税义务人未在关税缴纳期限内缴纳税款，即构成关税滞纳。为保证海关征收关税决定的有效执行和国家财政收入的及时入库，海关有对滞纳关税的纳税义务人强制执行的权力。强制措施主要有两类。

1. 征收关税滞纳金

滞纳金自关税缴纳期限届满滞纳之日起至纳税义务人缴纳关税之日止，按滞纳税款万分之五的比例按日征收，周末或法定节假日不予扣除。具体计算公式为

$$关税滞纳金金额=滞纳关税税额×滞纳金征收比率×滞纳天数$$

2. 强制征收

如纳税义务人自海关填发缴款书之日起 3 个月仍未缴纳税款，经海关关长批准，海关可以采取强制扣缴、变价抵缴等强制措施。

(1) 强制扣缴是指海关依法自行或向人民法院申请采取从纳税义务人的开户银行或者其他金融机构的存款中将相当于纳税人应纳税款的款项强制划拨入国家金库的措施，即书面通知其开户银行或者其他金融机构从其存款中扣缴税款。

(2) 变价抵缴是指当纳税人的银行账户中没有存款或存款不足以强制扣缴时，海关可以将未放行的应税货物依法变卖，以销售货物所得价款抵缴应缴税款。如果该货物已经放行，海关可以将该纳税人的其他价值相当于应纳税款的货物或其他财产依法变卖，以变卖所得价款抵应缴税款。

强制扣缴和变价抵缴的税款含纳税人未缴纳的税收滞纳金。

【例4-12 计算题】某进出口公司 2021 年从 A 国进口货物一批，成交价(离岸价)折合人民币为 10 000 万元(包括单独计价并经海关审查属实的货物进口后装配调试费用为 70 万元，向境外采购代理人支付的买方佣金为 40 万元)。另支付运费 200 万元，保险费 70 万元。货物运

抵我国口岸后，该公司在未经批准缓税的情况下，于海关填发税款缴款书的次日起第 25 天才缴纳税款。假设该货物适用的关税税率为 80%，增值税税率为 13%，消费税税率为 10%。

请分别计算该公司应缴纳的：①关税；②关税滞纳金；③进口消费税；④进口增值税。

【答案】

(1) 应缴纳的关税:

关税完税价格=离岸价-装配调试费用-买方佣金+运费+保险费

$$=10\,000-70-40+200+70=10\,160(万元)$$

关税=关税完税价格×关税税率=10 160×80%=8 128(万元)

(2) 应缴纳的关税滞纳金=应缴关税税款×0.5%×滞纳天数=8 128×0.5%×(25-15)=406.4(万元)

(3) 应缴纳的进口消费税: 组成计税价格=(关税完税价格+关税)÷(1-消费税税率)

$$=(10\,160+8\,128)\div(1-10\%)=20\,320(万元)$$

进口消费税=组成计税价格×消费税税率=20 320×10%=2 032(万元)

(4) 应缴纳的进口增值税:

组成计税价格=关税完税价格+关税+消费税=10 160+8 128+2 032=20 320(万元)

进口增值税=组成计税价格×增值税税率=20 320×13%=2 641.6(万元)

三、关税退还

关税退还是关税纳税义务人按海关核定的税额缴纳关税后，因某种原因的出现，海关将实际征收多于应当征收的税额(称为溢征关税)退还给原纳税义务人的一种行政行为。根据海关法规定，海关多征的税款，海关发现后应当立即退还。

按规定，有下列情形之一的，进出口货物的纳税义务人可以自缴纳税款之日起 1 年内，书面声明理由，连同原缴税凭证及相关资料向海关申请退税并加算银行同期活期存款利息，逾期不予受理。

(1) 因海关误征，多纳税款的。

(2) 海关核准免验进口的货物，在完税后，发现有短卸情形，经海关审查认可的。

(3) 已征出口关税的货物，因故未将其运出口，申报退关，经海关查验属实的。

对已征出口关税的出口货物和已征进口关税的进口货物，因货物品种或规格原因(非其他原因)原状复运进境或出境的，经海关查验属实的，也应退还已征关税。海关应当自受理退税申请之日起 30 日内，做出书面答复并通知退税申请人。本规定强调的是，"因货物品种或规格原因，原状复运进境或出境的"。如果属于其他原因且不能以原状复运进境或出境，则不能退税。

四、关税补征和追征

关税补征和追征是海关在关税纳税义务人按海关核定的税额缴纳关税后，发现实际征收税额少于应当征收的税额(称为短征关税)时，责令纳税义务人补缴所差税款的一种行政行为。海关法根据短征关税的原因，将海关征收原短征关税的行为分为补征和追征两种行为。

非因纳税人违反海关规定造成少征或漏征关税的，称为补征。根据海关法规定，进出境货物和物品放行后，海关发现少征或者漏征税款，应当自缴纳税款或者货物、物品放行之日起 1 年内，向纳税义务人补征。

由于纳税人违反海关规定造成短征关税的，称为追征。因纳税义务人违反规定而造成的少征或者漏征的税款，自纳税义务人应缴纳税款之日起 3 年以内可以追征，并从缴纳税款之日起按日加收少征或者漏征税款万分之五的滞纳金。

区分关税追征和补征的目的在于区别不同情况适用不同的征收时效，超过规定的时效期限，海关就丧失了追补关税的权力。

五、关税纳税争议

为保护纳税人的合法权益，我国海关法和进出口关税条例都规定了纳税义务人对海关确定的进出口货物的征税、减税、补税或者退税等有异议时，有提出申诉的权利。在纳税义务人同海关发生纳税争议时，可以向海关申请复议，但同时应当在规定期限内按海关核定的税额缴纳关税，逾期则构成关税滞纳，海关有权按规定采取强制执行措施。

纳税争议的内容一般为进出境货物和物品的纳税义务人对海关在原产地认定、税则归类、税率或汇率适用、完税价格确定，以及关税减征、免征、追征、补征和退还等征税行为是否合法或适当，是否侵害了纳税义务人的合法权益，而对海关征收关税的行为表示异议。

同海关发生纳税争议时，应当及时缴纳税款，并可以依法自填发税款缴款书之日起 30 日内，向原征税海关的上一级海关书面申请复议。 逾期申请的，海关不予受理。上一级海关应当自收到复议申请之日起 60 日内做出复议决定，并以复议决定书的形式正式答复纳税义务人；纳税义务人对海关复议决定仍然不服的，可以自收到复议决定书之日起 15 日内，向人民法院提起诉讼。

本章小结

本章全面介绍了关税的相关理论、税制要素和计算。

关税是海关依法对进出境货物、物品征收的一种税，具有以货物进出口统一的国境或关境为征税环节、单一环节价外征、实行复式税则、由海关代表国家征收等特点。

以应税货物通过关境的流向为标准，关税可以分为进口关税、出口关税和过境关税；以计税依据为标准，关税可以分为从价关税、从量关税、复合关税、选择关税和滑动关税；以征税性质划分为普通关税、优惠关税和特别关税。

进口货物的收货人、出口货物的发货人、进出境物品的所有人、购买跨境电子商务零售进口商品的个人，是关税的纳税义务人。

关税税率分进口关税税率和出口关税税率。进口关税设置最惠国税率、协定税率、特惠税率、普通税率、关税配额税率等，对进口货物在一定期限内可以实行暂定税率。我国现行税则对 108 项商品计征出口关税，实行 0~20% 的暂定税率。

进出口关税的计税依据是关税完税价格。进口货物的完税价格包括货物的货价、货物运抵我国境内输入地点起卸前的运输及其相关费用、保险费；出口货物的完税价格由海关以该货物的成交价格为基础审查确定，并且应当包括货物运至中华人民共和国境内输出地点装载

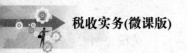

前的运输及其相关费用、保险费。

关税还包括行邮税和跨境电子商务零售进口税。关税减免分为法定减免、特定减免和临时减免。关税由海关负责征收管理。

 案例链接

郑州一留学生直播带货偷逃海关税 19 万余元

小许今年 27 岁，是西班牙某大学在读的研究生。本来小许是一边打工一边上学，然而因为西班牙新冠肺炎疫情暴发无法出门打工。

留在西班牙上网课的小许，从 2020 年 8 月起在某网络平台开设网店，以直播代购方式在西班牙向国内销售奢侈品牌的箱包、鞋帽，通过某物流公司将货物走私入境再销售牟利。2020 年 8 月至 11 月间，其偷逃海关税款共计 19 万余元。

案发后，小许追悔莫及，她说："从案发到现在二百多个日夜里，无时无刻不在懊悔和无助中度过，懊悔自己不敬畏法律，利欲熏心，把自己引上一条不归路，这八个月我都不愿出门见人，每天把自己关在房间，如同行尸走肉，自暴自弃，自己 20 年的努力，曾经幻想美好的未来，因为犯罪，突然一朝梦破，人生从此失去了方向。"

郑州市检察院第四检察部四级高级检察官丁明玉介绍，犯罪嫌疑人许某违反海关监管，走私普通物入境，偷逃应缴税额，其行为已触犯了《中华人民共和国刑法》第一百五十三条第一款项规定，应当以走私普通货物罪追究其刑事责任。

审查时考虑小许犯罪情节轻微，参与犯罪时间短，具有坦白情节，作案时又是在校学生，已将偷逃税额的违法所得主动上缴，且是初犯，无违法犯罪前科，具备回归社会条件。涉案时西班牙恰逢新冠肺炎疫情，滞留当地无法回国，对本案发生也应需考虑。

根据《河南省人民检察院轻微刑事案件适用相对不起诉指导意见》，综合本案犯罪事实、性质、情节、动机、归案后态度、社会危害性等因素，参考中国检察网公布的走私普通货物罪不起诉相关案例，认为本案依法可以从宽处罚，符合《中华人民共和国刑法》第三十七条之规定不需要判处刑罚，建议做相对不起诉处理。

思考与讨论:

(1) 小许是如何偷逃海关税款的？

(2) 小许获得了怎样的处罚？说明了税收的什么属性？

(3) 小许的行为触犯《中华人民共和国刑法》了吗？会对人生带来怎样的影响？

(4) 该案例的警示是什么？

同步测试题

一、单项选择题

1. 下列关于关税特点的说法中，正确的是(　　)。

A. 关税的高低对进口国的生产影响较大，对国际贸易影响不大

B. 关税是多环节价内税

C. 关税是单一环节价外税

D. 关税不仅对进出境的货物征税，还对进出境的劳务征税

2. 根据进出口商品价格的变动而税率相应增减的进出口关税属于(　　)。

A. 从价税　　　　　B. 从量税　　　　　C. 滑准税　　　　　D. 复合税

3. 当一个国家存在自由港、自由区时，该国国境(　　)关境。

A. 大于　　　　　B. 等于　　　　　C. 小于　　　　　D. 无法比较

4. 下列各项中，(　　)不属于关税的纳税义务人。

A. 进口货物的收货人　　　　　　B. 出口货物的发货人

C. 进境物品的所有人　　　　　　D. 进口货物的发货人

5. 进口货物的完税价格是以(　　)为基础确定的。

A. 到岸价格　　　　　　　　　　B. 成交价格

C. 到岸价格加关税　　　　　　　D. 成交价格加进口增值税

6. 根据我国税法规定，进口货物以海关审定的成交价格为基础的(　　)为完税价格。

A. 公允价格　　　　　B. 到岸价格　　　　　C. 离岸价格　　　　　D. 货价

7. 下列各项中，属于进口完税价格组成部分的是(　　)。

A. 进口人向境外自己的采购代理人支付的佣金

B. 进口人向中介机构支付的经纪费

C. 进口设施的安装调试费用

D. 货物运抵境内输入地点起卸之后的运输费用

8. 如果有多个相同或类似货物的成交价格，应当以(　　)为基础，估定进口货物的完税价格。

A. 平均成交价格　　　　　　　　B. 最高的成交价格

C. 最低的成交价格　　　　　　　D. 实际的成交价格

9. 某企业进口一批材料，货物价款为150万元，进口运费和保险费为50万元，报关进口后发现其中的10%有严重质量问题并将其退货，出口方为补偿该企业，发送价值20万元(含进口运费、保险费0.5万元)的无代价抵偿物，进口关税税率为20%，则该企业应缴纳进口关税(　　)万元。

A. 18.00　　　　　B. 40.00　　　　　C. 30.00　　　　　D. 40.40

10. 根据税法规定，一张票据上应税货物的关税税额在人民币(　　)元以下的，可以免征关税。

A. 10　　　　　B. 30　　　　　C. 50　　　　　D. 100

二、多项选择题

1. 按照关税的计征方式，可以将关税分为(　　)。

A. 从量关税　　　　　B. 从价关税　　　　　C. 复合关税

D. 选择性关税　　　　　E. 滑动关税

2. 以征税性质划分，进口关税可以分为(　　)。

A. 普通关税　　　　　B. 优惠关税　　　　　C. 过境关税　　　　　D. 特别关税

3. 进境物品的纳税义务人是指(　　)。

A. 携带物品进境的入境人员　　　　　　B. 进境邮递物品的收件人

C. 以其他方式进口物品的收件人　　D. 进境物品的邮寄人

4. 在下列费用中，(　　)应计入完税价格，计征关税。

A. 进口人为在境内使用该货物而向境外卖方支付的特许权使用费

B. 进口前发生而由买方支付的包装费

C. 进口关税

D. 进口设备进口后发生的安装费

5. 进口货物的下列(　　)费用应当计入完税价格。

A. 由买方负担的购货佣金

B. 由买方负担的在审查确定完税价格时与该货物视为一体的容器的费用

C. 由买方负担的包装材料费用和包装劳务费用

D. 作为该货物向中华人民共和国境内销售的条件，买方必须支付的、与该货物有关的特许权使用费

6. 进口时在货物的价款中列明的下列(　　)税收、费用，不计入该货物的完税价格。

A. 机械、设备进口后安装、装配、维修和技术服务的费用

B. 进口货物运抵境内输入地点起卸后的运输及其相关费用、保险费

C. 由买方负担的除购货佣金以外的佣金和经纪费

D. 进口关税及国内税收

7. 出口货物的完税价格中不应包括(　　)。

A. 出口关税　　　　　　　　　　B. 增值税

C. 消费税　　　　　　　　　　　D. 城市维护建设税

8. 纳税义务人应当自海关填发税款缴款书之日起(　　)内向指定银行缴纳税款。纳税义务人未按期缴纳税款的，从滞纳税款之日起，按日加收滞纳税款(　　)的滞纳金。

A. 7 日　　　　　　B. 万分之三　　　C. 15 日　　　　D. 万分之五

9. 关税的减免包括(　　)三种类型。

A. 特定减免　　　　　　　　　　B. 起征点

C. 临时减免　　　　　　　　　　D. 法定减免

10. 下列进出口货物中，免征关税的是(　　)。

A. 无商业价值的广告品和货样

B. 外国政府、国际组织无偿赠送的物资

C. 在海关放行前损失的货物

D. 进出境运输工具装载的途中必需的燃料、物料和饮食用品

三、判断题

1. 中华人民共和国准许进出口的货物、进境物品，除法律、行政法规另有规定外，由海关依照规定征收进出口关税。　　　　　　　　　　　　　　　　　　　(　　)

2. 接受纳税人的委托办理货物报关手续的代理人，不能代办纳税手续。　(　　)

3. 复合关税是指对一种进口货物同时使用从价、从量两种形式，分别计算出税额，以两个税额之和作为该货物的应征税额的一种征收关税标准。　　　　　　　(　　)

4. 进出口货物，应当适用海关接受该货物申报进口或者出口之日实施的税率。(　　)

5. 出口货物的成交价格，是指该货物出口时卖方为出口该货物应当向买方直接收取和间

接收取的价款总额。出口关税应计入完税价格。 （ ）

6. 从我国境外采购进口的原产于我国境内的物品，可不再缴纳进口关税。 （ ）

7. 歧视关税是对不同进口货物，由于输出国或生产国不同，或输入情况不同而使用不同税率征收的关税。 （ ）

8. 我国对一切出口货物都征出口关税。 （ ）

9. 关境是一个国家海关法令自主实施的领域。 （ ）

10. 关税滞纳金的比例是1‰。 （ ）

四、计算题

1. 某进出口公司进口一批货物，以采购地离岸价格成交，成交总价为1 800万元人民币，运抵我国输入地点前的运费、保险费、手续费等共计100万元人民币，适用的关税税率为20%。经海关审定，其成交价格正常。

请计算该公司进口关税的完税价格和进口关税的应纳税额。

2. 某位于市区的外贸公司进口一批货物，到岸价为110 000欧元，另支付包装费14 050欧元、港口到厂区公路运费3 000元人民币，取得国际货物运输发票。当期欧元与人民币汇率为1：8，关税税率为18%。

请计算该公司进口环节应纳关税税额。

3. 某具有进出口经营权的企业发生以下进口业务：

(1) 以租赁方式进口一台设备，设备价款为78万元，完税价格为80万元，分8次支付租金，每次支付10万元，承租人申请一次性缴纳税款。

(2) 进口材料一批，进料成交价为98万元，发生运费2万元、保险费1.4万元。

(3) 将一台设备运往境外修理，设备价为60万元，修理费为6万元，材料费为5万元，运输费为2万元，保险费为0.8万元。

(4) 转让2年前免税进口的一台设备，设备价款为60万元，转让价格为50万元。海关监管期为5年。

(5) 进口一批材料，进口完税价格为100万元，报关进口后发现其中10%部分有严重质量问题将其退货，出口方同意更换，进口方取得无代价抵偿物价值10万元。有质量问题的货物已退运国外。(上述进口关税税率：设备15%，材料20%。)

请计算该企业当年应纳进口关税。

拓展阅读

关税的历史

早在古希腊城邦制时代就有关税的课征。以后，罗马帝国对通过海港、道路、桥梁的商品都课以关税，处于关税的使用费时代。在中世纪早期，各地诸侯领主纷纷对通过自己领地内的海港、道路、桥梁等要冲地的商品课征一定比例的实物，在货币流通以后，又改为课征货币税，进入国内关税时代。随着王权的强大、统一国家的建立，国内关税逐渐随着封建割据的结束而废除，统一的国境关税随之确立起来、英国的"例行通行税"就是后来的关税。我国早在周代就开始对过关上市的商品征收"关市之赋"，唐宋五代以后，到1949年中华

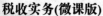
人民共和国成立，我国实现了关税自主。1985年国务院发布了《中华人民共和国进出口关税条例》，我国现行关税法律规范以全国人民代表大会于2000年7月修订颁布的《中华人民共和国海关法》为法律依据，以国务院于2004年1月发布的新《中华人民共和国进出口关税条例》及由国务院关税税则委员会审定并报国务院批准、作为条例组成部分的《中华人民共和国海关进出口税则》和《中华人民共和国海关入境旅客行李物品和个人邮递物品征收进口税办法》为基本法规，由负责关税政策制定和征收管理的主管部门依据基本法规拟订的管理办法和实施细则为主要内容。

关税在维护国家主权和经济利益，保护和促进本国工农业生产的发展，调节国民经济和对外贸易以及筹集国家财政收入等方面发挥着重要作用。

 微课资源

扫一扫，获取本章相关微课视频。

4 关税—关税完税
价格确定

第五章　企业所得税

【教学目的与要求】

- 理解企业所得税的概念和特点，能判断居民纳税人和非居民纳税人及其纳税义务。
- 掌握企业所得税的税率。
- 掌握应纳税所得额的两种计算方法：直接计算法和间接计算法。
- 理解纳税调整思路。
- 理解企业所得税税收优惠政策。
- 了解企业所得税的征收管理规定。

第一节　企业所得税概述

一、企业所得税的概念

企业所得税是指对我国境内的企业和其他取得收入的组织的生产经营所得和其他所得征收的一种税。它是国家参与企业利润分配，正确处理国家与企业的分配关系的一个重要税种。迄今为止已有一百六十多个国家和地区开征了企业所得税。

由于各国对个人独资企业和合伙企业一般征收个人所得税，仅对公司征收企业所得税，因此，在许多国家企业所得税又称公司所得税或法人所得税。我国的企业所得税实际上规定的就是"法人所得税"的纳税人的征税范围，即企业和其他取得收入的组织。

现行企业所得税税法的基本规范，是 2007 年 3 月 16 日第十届全国人民代表大会第五次全体会议通过的《中华人民共和国企业所得税法》和 2007 年 11 月 28 日国务院第 197 次常务会议通过的《中华人民共和国企业所得税法实施条例》。

二、企业所得税的特点

企业所得税作为我国税收体系的重要组成部分，有着与其他税种不同的特征。

(一)以所得额为征税对象

企业所得税的计税依据是应纳税所得额，是企业在一个纳税年度内的应税收入扣除各种

可以扣除的成本、费用、税金、损失后的余额。它以利润为主要依据，但不是直接意义上的会计利润，更不是收入总额，应纳税所得额的计算应严格按照《中华人民共和国企业所得税法》及相关规定执行。

(二)征税以量能负担为原则，体现税收公平

企业所得税以企业的应纳税所得额为征税对象，所得多的纳税人就多缴纳，所得少的纳税人就少缴纳，没有所得的纳税人则无须缴纳。企业的经济效益直接影响企业所得税的多少，充分体现了税负公平的原则。

(三)直接税，税负不易转嫁

所得税属于直接税，一般情况下不易转嫁，纳税人通常就是负税人。政府可以通过对企业所得税政策的选择，较好地实现调控经济的目的。

(四)实行按年计算、分期预缴的征收办法

企业所得税的是以全年的应纳税所得额乘以相应的企业所得税税率得出，实行按年计算、分月或分季预缴、年终汇算清缴的征收办法。

企业所得税有利于促进改善企业经营管理活动，提升企业的盈利能力；调节产业结构，促进经济发展；为国家建设筹集财政资金。

第二节　企业所得税的纳税义务人、征税对象和税率

一、纳税义务人

企业所得税的纳税义务人，是指在中华人民共和国境内的企业和其他取得收入的组织。除个人独资企业、合伙企业不适用企业所得税法外，凡在我国境内，企业和其他取得收入的组织(以下统称企业)为企业所得税的纳税人，依照本法规定缴纳企业所得税。

个人独资企业和合伙企业，由于出资人或投资者个人承担无限责任，所以，在我国，个人独资企业和合伙企业，缴纳的是个人所得税，它们不是企业所得税的纳税义务人。

企业所得税的纳税义务人包括企业、事业单位、社会团体、民办非企业单位以及其他取得收入的组织。这里的企业包括国有企业、集体企业、私营企业、联营企业、股份制企业、外商投资企业、外国企业等。我国的一些事业单位、社会团体组织等开展多种经营和有偿服务活动，取得经营收入，具有经营的特点，应当作为纳税义务人。

企业所得税的纳税义务人分为居民企业和非居民企业，不同的企业在向中国政府缴纳所得税时，纳税义务不同。把企业分为居民企业和非居民企业，是为了更好地保障我国税收管辖权的有效行使。

(一)居民企业

居民企业包括以下两类。

1. 依法在中国境内成立的企业

这是依据注册登记地标准判断的居民企业，包括依照中国法律、行政法规在中国境内成

立的企业。这里的企业包括国有企业、集体企业、私营企业、联营企业、股份制企业、外商投资企业、外国企业以及有生产经营所得和其他所得的其他组织。其中，有生产经营所得和其他所得的其他组织是指经国家有关部门批准，依法注册、登记的事业单位和社会团体等组织。例如，在我国注册成立的通用汽车(中国)投资有限公司，就是中国的居民企业。

2. 依照外国(地区)法律成立但实际管理机构在中国境内的企业

这是依据实际管理机构标准判定的居民企业。实际管理机构，是指对企业的生产经营、人员、账务、财务等实施实质性全面管理和控制的机构。例如，阿里巴巴在维京群岛注册的公司，因其实际管理机构在中国境内，所以也属于中国的居民企业。

(二)非居民企业

非居民企业包括以下两类。

(1) 依照外国(地区)法律成立且实际管理机构不在中国境内，但在中国境内设立机构、场所的企业。

(2) 在中国境内未设立机构、场所，但有来源于中国境内所得的企业。

上述所称机构、场所是指在中国境内从事生产经营活动的机构、场所，包括：①管理机构、营业机构；②工厂、农场、开采自然资源的场所；③提供劳务的场所；④从事建筑、安装、装配、修理、勘探等工程作业的场所；⑤其他从事生产经营活动的机构、场所。

非居民企业委托营业代理人在中国境内从事生产经营活动的，包括委托单位或者个人经常代其签订合同，或者储存、交付货物等，该营业代理人视为非居民企业在中国境内设立的机构、场所。

二、征税对象

企业所得税的征税对象是指纳税人企业的生产经营所得、其他所得和清算所得，包括销售货物所得，提供劳务所得，转让财产所得，股息、红利等权益性投资所得，利息所得，租金所得，特许权使用费所得，接受捐赠所得和其他所得。

征税对象的具体化即应纳税所得额，是指纳税人每一纳税年度的收入总额减去不征税收入、免税收入、允许的各项成本费用扣除以及允许弥补的以前年度亏损后的余额。

(一)居民企业的征税对象

居民企业负无限纳税义务，应就来源于中国境内、境外的所得缴纳企业所得税。

(二)非居民企业的征税对象

非居民企业负有限纳税义务。

在中国境内设立机构、场所的，应当就其所设机构、场所取得的来源于中国境内的所得，以及发生在中国境外，但与其所设机构、场所有实际联系的所得，缴纳企业所得税。

在中国境内未设立机构、场所的，或者虽设立机构、场所，但取得的所得与其所设机构、场所没有实际联系的，应当就其来源于中国境内的所得，缴纳企业所得税。

上述所称实际联系，是指非居民企业在中国境内设立的机构、场所拥有的据以取得所得的股权、债权，以及拥有、管理、控制据以取得所得的财产。

【例 5-1 判断题】非居民企业只就其来源于我国境内的所得纳税。(　　　)

【答案】×

【答案解析】对于在我国境内设有机构、场所的非居民企业，发生在中国境外，但与其所设机构、场所有实际联系的所得，需要缴纳企业所得税。

(三)所得来源的确定

来源于中国境内、境外的所得，按照以下原则确定。

1. 销售货物所得

销售货物所得按照交易活动发生地确定。

2. 提供劳务所得

提供劳务所得按照劳务发生地确定。

3. 转让财产所得

(1) 不动产转让所得按照不动产所在地确定。

(2) 动产转让所得按照转让动产的企业或者机构、场所所在地确定。

(3) 权益性投资资产转让所得按照被投资企业所在地确定。

4. 股息、红利等权益性投资所得

股息、红利等权益性投资所得按照分配所得的企业所在地确定。

5. 利息所得、租金所得、特许权使用费所得

利息所得、租金所得、特许权使用费所得按照负担、支付所得的企业或者机构、场所所在地确定，或者按照负担、支付所得的个人的住所地确定。

6. 其他所得

其他所得由国务院财政、税务主管部门确定。

三、税率

我国企业所得税实行比例税率。比例税率简便易行，透明度高，不会因征税而改变企业间收入分配比例。现行规定如下。

1. 基本税率为 25%

适用于居民企业和在中国境内设有机构、场所且所得与机构、场所有关联的非居民企业。

2. 低税率为 20%

适用于在中国境内未设立机构、场所的，或者虽设立机构、场所，但取得的所得与其所设机构、场所没有实际联系的非居民企业，其来源于中国境内的所得的适用税率为 20%。在实际执行时减按 10%的税率征收企业所得税。这类企业不属于我国的居民企业，仅就其来源于境内的所得征税，而且这类所得大多由支付单位代扣代缴，也称为预提所得税。

3. 优惠税率：15%、20%

对国家需要重点扶持的高新技术企业，减按 15%的税率征收企业所得税。

对符合条件的小型微利企业减按 20%的税率征收。

小型微利企业根据不同行业，采用不同的标准，应同时满足如下条件。

(1) 从事国家非限制和禁止行业。

(2) 工业企业，年度应纳税所得额不超过 30 万元，从业人数不超过 100 人，资产总额不超过 3 000 万元。

(3) 其他企业，年度应纳税所得额不超过 30 万元，从业人数不超过 80 人，资产总额不超过 1 000 万元。

居民企业和非居民企业的企业所得税税率如表 5-1 所示。

表 5-1　居民企业和非居民企业的企业所得税税率

纳 税 人	分 类	征税对象	税率/%
居民企业	境内注册成立	境内所得+境外所得	25
	境外成立，但实际管理机构在境内		
非居民企业	境外成立且实际管理机构不在境内，但在境内设立机构、场所	与机构、场所有关的所得（境内所得+境外所得）	
		与机构、场所无关的境内所得	10
	在境内未设立机构、场所	境内所得	

第三节　应纳税所得额的计算

应纳税所得额是企业所得税的计税依据。应纳税所得额的计算以权责发生制为原则，准确计算应纳税所得额是正确计算应纳所得税额的前提。计算方法有直接法和间接法。

一、直接计算法

直接计算法下，企业每一纳税年度的收入总额减除不征税收入、免税收入、各项扣除以及允许弥补的以前年度亏损后的余额为应纳税所得额。计算公式为

应纳税所得额=收入总额-不征税收入-免税收入-各项扣除-允许弥补的以前年度亏损

(一)收入总额

企业的收入总额包括以货币形式和非货币形式从各种来源取得的收入。其中，货币形式包括现金、存款、应收账款、应收票据、准备持有至到期的债券投资以及债务的豁免等；非货币形式包括固定资产、生物资产、无形资产、股权投资、存货、不准备持有至到期的债券投资、劳务以及有关权益等。这些非货币资产应当按照公允价值确定收入额，公允价值是指按照市场价格确定的价值。

1. 一般收入的确认

(1) 销售货物收入是指企业销售商品、产品、原材料、包装物、低值易耗品以及其他存货取得的收入。

(2) 劳务收入是指企业从事建筑安装、修理修配、交通运输、仓储租赁、金融保险、邮

电通信、咨询经纪、文化体育、科学研究、技术服务、教育培训、餐饮住宿、中介代理、卫生保健、社区服务、旅游、娱乐、加工以及其他劳务服务活动取得的收入。

(3) 财产转让收入是指企业转让固定资产、生物资产、无形资产、股权、债权等财产取得的收入。

(4) 股息、红利等权益性投资收益是指企业因权益性投资从被投资方取得的收入。股息、红利等权益性投资收益，除国务院财政、税务主管部门另有规定外，按照被投资方做出利润分配决定的日期确认收入的实现。

(5) 利息收入是指企业将资金提供他人使用但不构成权益性投资，或者因他人占用本企业资金取得的收入，包括存款利息、贷款利息、债券利息、欠款利息等。利息收入，按照合同约定的债务人应付利息的日期确认收入的实现。

(6) 租金收入是指企业提供固定资产、包装物或者其他有形资产的使用权取得的收入。租金收入，按照合同约定的承租人应付租金的日期确认收入的实现。

(7) 特许权使用费收入是指企业提供专利权、非专利技术、商标权、著作权以及其他特许权的使用权取得的收入。特许权使用费收入，按照合同约定的特许权使用人应付特许权使用费的日期确认收入的实现。

(8) 接受捐赠收入是指企业接受的来自其他企业、组织或者个人无偿给予的货币性资产、非货币性资产。接受捐赠收入，按照实际收到捐赠资产的日期确认收入的实现。

(9) 其他收入是指企业取得的除以上收入外的其他收入，包括企业资产溢余收入、逾期未退包装物押金收入、确实无法偿付的应付款项、已作坏账损失处理后又收回的应收款项、债务重组收入、补贴收入、违约金收入、汇兑收益等。

2. 特殊收入的确认

(1) 以分期收款方式销售货物的，按照合同约定的收款日期确认收入的实现。

(2) 采用售后回购方式销售商品的，销售的商品按售价确认收入，回购的商品作为购进商品处理。有证据表明不符合销售收入确认条件的，如以销售商品方式进行融资，收到的款项应确认为负债，回购价格大于原售价的，差额应在回购期间确认为利息费用。

(3) 销售商品以旧换新的，销售商品应当按照销售商品收入确认条件确认收入，回收的商品作为购进商品处理。

(4) 采取商业折扣(折扣销售)条件销售商品的，应当按照扣除商业折扣后的金额确定销售商品收入金额。

(5) 采取现金折扣(销售折扣)条件销售商品的，应当按照扣除现金折扣前的金额确定销售商品收入金额，现金折扣在实际发生时作为财务费用扣除。

(6) 采取折让方式销售商品的，企业已经确认销售收入的售出商品发生销售折让和销售退回，应当在发生当期冲减当期销售商品收入。

(7) 企业以买一赠一等方式组合销售本企业商品的，不属于捐赠，应将总的销售金额按照各项商品的公允价值的比例来分摊确认各项的销售收入。

(8) 企业受托加工制造大型机械设备、船舶、飞机，以及从事建筑、安装、装配工程业务或者提供其他劳务等，持续时间超过 12 个月的，按照纳税年度内完工进度或者完成的工作量确认收入的实现。

(9) 采取产品分成方式取得收入的，按照企业分得产品的日期确认收入的实现，其收入额按照产品的公允价值确定。

(10) 企业发生非货币性资产交换，以及将货物、财产、劳务用于捐赠、偿债、赞助、集资、广告、样品、职工福利或者利润分配等用途的，应当视同销售货物、转让财产或者提供劳务，国务院财政、税务主管部门另有规定的除外。

3. 处置资产收入的确认

处置资产收入的确认相关规定如下。

(1) 企业发生下列情形的处置资产，除将资产转移至境外以外，由于资产所有权属在形式和实质上均不发生改变，可作为内部处置资产，不视同销售确认收入，相关资产的计税基础延续计算。①将资产用于生产、制造、加工另一产品；②改变资产形状、结构或性能；③改变资产用途(如自建商品房转为自用或经营)；④将资产在总机构及其分支机构之间转移；⑤上述两种或两种以上情形的混合；⑥其他不改变资产所有权属的用途。

(2) 企业将资产移送他人的下列情形，因资产所有权属已发生改变而不属于内部处置资产，视同销售，除另有规定外，应按照被移送资产的公允价值确定销售收入。①用于市场推广或销售；②用于交际应酬；③用于职工奖励或福利；④用于股息分配；⑤用于对外捐赠；⑥其他改变资产所有权属的用途。

(二)不征税收入

国家为了扶持和鼓励某些特殊的纳税人和特定的项目，或者避免因征税影响企业的正常经营，对企业取得的某些收入予以不征税或免税的特殊政策，以减轻企业的负担，促进经济的协调发展。

不征税收入是指企业非经营活动或非营利活动带来的经济利益流入。目前，我国企业所得税的组织形式多种多样，除了企业外，还有事业单位、社会团体、公益慈善组织等形式。这些机构不以营利为目的，收入来源主要靠财政拨款、行政事业性收费等，纳入预算管理，对这些收入征税没有实际意义，应从应税收入总额中排除非营利性收入。不征税收入主要包括以下所得。

(1) 财政拨款。财政拨款是指各级人民政府对纳入预算管理的事业单位、社会团体等组织拨付的财政资金，但国务院和国务院财政、税务主管部门另有规定的除外。

(2) 依法收取并纳入财政管理的行政事业性收费、政府性基金。行政事业性收费是指依照法律、法规等有关规定，按照国务院规定程序批准，在实施社会公共管理，以及在向公民、法人或者其他组织提供特定公共服务过程中，向特定对象收取并纳入财政管理的费用。政府性基金，是指企业依照法律、行政法规等有关规定，代政府收取的具有专项用途的财政资金。

(3) 全国社会保障基金理事会管理的全国社会保障基金取得的直接股权投资收益、股权投资基金收益。

(4) 国务院规定的其他不征税收入。即企业取得的，由国务院财政、税务主管部门规定专项用途并经国务院批准的财政性资金。财政性资金，是指企业取得的来源于政府及其有关部门的财政补助、补贴、贷款贴息以及其他各类财政专项资金，包括直接减免的增值税和即征即退、先征后退、先征后返的各种税收，但不包括企业按规定取得的出口退税款。

(三)免税收入

免税收入是指属于企业的应税所得，但按照税法规定免予征收企业所得税的收入。不征

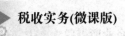

税收入和免税收入的最大区别在于，不征税收入不属于营利活动带来的经济利益，从根源和性质上不应列为征税范畴；免税收入则是纳税人应税收入的组成部分，但国家出于某些特殊方面的考虑而给予免税的优惠。免税收入主要包括如下所得。

1. 国债利息收入

为鼓励企业积极购买国债，支援国家建设项目，企业持有国务院财政部门发行的国债取得的利息收入，免征企业所得税。

2. 符合条件的居民企业之间的股息、红利等权益性收益

这类收益是指居民企业直接投资于其他居民企业取得的投资收益。采用免税法处理居民企业之间的股息、红利收入，就意味着当投资企业的税率高于被投资企业或被投资企业享受减免税优惠时，对投资企业从被投资企业取得的股息、红利收入，无须再补征企业所得税。

3. 在中国境内设立机构、场所的非居民企业从居民企业取得与该机构、场所有实际联系的股息、红利等权益性投资收益

该收益不包括连续持有居民企业公开发行并上市流通的股票不足 12 个月取得的投资收益。

4. 符合条件的非营利组织的收入

符合条件的非营利组织的收入不包括非营利组织从事营利活动取得的收入，但国务院和国务院财政、税务主管部门另有规定的除外。非营利组织的下列收入为免税收入。

(1) 接受其他单位或者个人捐赠的收入。

(2) 除财政拨款以外的其他政府补助收入，但不包括因政府购买服务取得的收入。

(3) 按照省级以上民政、财政部门规定收取的会费。

(4) 不征税收入和免税收入孳生的银行存款利息收入。

(5) 财政部、国家税务总局规定的其他收入。

不征税收入不属于税收优惠，而免税收入属于税收优惠。不征税收入属于国家税收部门明确的不予征税的项目收入，一般不需办理申请手续；免税收入则是国家为了鼓励某个领域、某个行业给予的税收优惠政策，通常需要企业到税务局事前办理减免手续，批复后才可以享受优惠政策。

【例5-2 单选题】根据企业所得税法律制度的规定，下列各项中，属于免税收入的是(   )。

A. 企业接受社会捐赠收入　　　　　B. 转让企业债券取得的收入

C. 财政拨款　　　　　　　　　　　D. 国债利息收入

【答案】D

【答案解析】选项 A、B 属于征税收入，选项 C 属于不征税收入。

(四)准予扣除项目

1. 税前扣除的原则

企业实际发生的与取得收入有关的、合理的支出，准予在计算应纳税所得额时扣除。除税收法另有规定外，税前扣除一般应遵循以下原则。

(1) 权责发生制原则是指企业费用应在发生的所属期扣除，而不是在实际支付时确认

扣除。

(2) 配比原则是指企业发生的费用应当与收入配比扣除。除特殊规定外，企业发生的费用不得提前或滞后申报扣除。

(3) 相关性原则是指企业可扣除的费用从性质和根源上必须与取得应税收入直接相关。

(4) 确定性原则是指企业可扣除的费用不论何时支付，其金额必须是确定的。

(5) 合理性原则是指符合生产经营活动常规，应当计入当期损益或者有关资产成本的必要和正常的支出。

另外，要区分收益性支出和资本性支出。收益性支出在发生当期直接扣除；资本性支出应当分期扣除或者计入有关资产成本，不得在发生当期直接扣除。

2. 扣除项目的范围

税前准予扣除项目一般是指纳税人取得的与应税收入有关的成本、费用、税金、损失和其他支出。

(1) 成本。成本是指企业在生产经营活动中发生的销售成本、销货成本、业务支出以及其他耗费。由于税法与财务会计制度的目的不同，税收中成本归集的内容不仅包括企业的主营业务成本，而且包括材料、技术转让等其他业务成本，以及固定资产清理费用等营业外支出。

(2) 费用。费用是指企业在每一个纳税年度为生产、经营商品或提供劳务等所发生的销售费用、研发费用、管理费用和财务费用，已经计入成本的有关费用除外。

(3) 税金。

税金是指企业发生的除企业所得税和增值税以外的企业缴纳的各项税金及其附加，即企业按规定缴纳的消费税、城市维护建设税、关税、资源税、土地增值税、房产税、车船税、土地使用税、印花税、教育费附加等销售税金及附加，这些已纳税金准予税前扣除。准许扣除的税金有两种扣除方式：一是在发生当期扣除；二是在发生当期计入相关资产的成本，在以后各期分摊扣除。

所得税税前扣除税金处理方式如表 5-2 所示。

表 5-2　所得税税前扣除税金处理方式一览表

税金处理方式	税　种
计入"税金及附加"在当期扣除	消费税、城市维护建设税、教育费附加、资源税、土地增值税、出口关税、车船税、房产税、城镇土地使用税、印花税
计入相关资产的成本，在以后各期分摊扣除	车辆购置税、契税、进口关税
不得在所得税前扣除	企业所得税、增值税

(4) 损失。损失是指企业在生产经营活动中发生的固定资产和存货的盘亏、毁损、报废损失，转让财产损失，呆账损失，坏账损失，自然灾害等不可抗力因素造成的损失以及其他损失。

企业发生的损失，减除责任人赔偿和保险赔款后的余额，依照国务院财政、税务主管部门的规定扣除。

企业已经作为损失处理的资产，在以后纳税年度又全部收回或者部分收回时，应当计入当期收入。

(5) 其他支出。其他支出是指除成本、费用、税金、损失外，企业在生产经营活动中发生的与生产经营活动有关的合理支出。

3. 扣除项目的具体规定

在计算应纳税所得额时，下列项目可按照实际发生额或规定的标准扣除。

(1) 工资、薪金支出。企业发生的合理的工资、薪金支出准予据实扣除。

工资、薪金支出，是企业每一纳税年度支付给本企业任职或与其有雇佣关系的员工的所有现金或非现金形式的劳动报酬，包括基本工资、奖金、津贴、补贴、年终加薪、加班工资，以及与任职或者是受雇有关的其他支出。

合理的工资、薪金，是企业按照股东大会、董事会、薪酬委员会或相关管理机构制定的工资薪金制度规定实际发放给员工的工资、薪金。

(2) 职工福利费、工会经费、职工教育经费。企业发生的职工福利费、工会经费、职工教育经费按标准扣除，未超过标准的按实际数扣除，超过标准的只能按标准扣除。

①企业发生的职工福利费支出，不超过工资薪金总额14%的部分准予扣除。②企业拨缴的工会经费，不超过工资薪金总额 2%的部分准予扣除。③企业发生的职工教育经费支出，不超过工资薪金总额8%的部分准予扣除，超过部分准予结转以后纳税年度扣除。

上述计算职工福利费、工会经费、职工教育经费的工资薪金总额，是指企业实际发放的工资、薪金总和，不包括企业的职工福利费、职工教育经费、工会经费，以及养老保险费、医疗保险费、失业保险费、工伤保险费、生育保险费等社会保险费和住房公积金。

【例 5-3 计算题】某市一家居民企业 2020 年发生工会经费 20 万元、职工福利费 100 万元、职工教育经费 72.5 万元。该企业当年实际发放给员工的工资总额为 800 万元。请计算该企业税前准予扣除的职工工会经费、职工福利费、职工教育经费和应调整的应纳税所得额。

【答案】

(1) 职工工会经费扣除限额=800×2%=16(万元)，企业实际发生了 20 万元，允许在税前扣除 16 万元，则应纳税所得额调增 4 万元。

(2) 职工福利费扣除限额=800×14%=112(万元)，企业实际发生了 100 万元，小于限额标准，允许在税前扣除 100 万元，则应纳税所得额不需要调整。

(3) 职工教育经费扣除限额=800×8%=64(万元)，企业实际发生了 72.5 万元，允许在税前扣除 64 万元，则应纳税所得额调增 8.5 万元。

(3) 社会保险费。①企业依照国务院有关主管部门或者省级人民政府规定的范围和标准为职工缴纳的基本养老保险费、基本医疗保险费、失业保险费、工伤保险费、生育保险费等基本社会保险费和住房公积金，即"五险一金"，属于国家基本保障性质的保险费支出，准予扣除。②企业为投资者或者职工支付的补充养老保险费、补充医疗保险费，分别不超过工资薪金总额 5%的部分准予扣除，超过部分不得扣除。③企业为投资者或者职工支付的商业保险费，不得扣除。但企业依照国家有关规定为特殊工种职工支付的人身安全保险费和符合国务院财政、税务主管部门规定可以扣除的商业保险费准予扣除。

企业职工因公出差乘坐交通工具发生的人身意外保险费支出，准予企业在计算应纳税所得额时扣除。

(4) 财产保险费。企业参加财产保险，按照规定缴纳的保险费，准予扣除。

(5) 利息费用。企业在生产、经营活动中发生的利息费用，按下列规定扣除。①非金融企业向金融企业借款的利息支出、金融企业的各项存款利息支出和同业拆借利息支出、企业经批准发行债券的利息支出可据实扣除。②非金融企业向非金融企业借款的利息支出，不超过按照金融企业同期同类贷款利率计算的数额部分可据实扣除，超过部分不许扣除。

【例 5-4 计算题】某公司 2021 年度"财务费用"账户中利息，含有以年利率 6%向银行借入的 9 个月期的生产周转用资金 500 万元贷款的借款利息；也包括 10.5 万元的向非金融企业借入的与银行同期的生产周转用 100 万元资金的借款利息。该公司 2021 年度在计算应纳税所得额时可扣除的利息费用是多少？

【答案】

银行利息费用=500×6%÷12×9=22.5(万元)，该部分费用可全额税前扣除；

非金融企业利息费用扣除限额=100×6%÷12×9=4.5(万元)，企业实际发生了 10.5 万元，允许在税前扣除 4.5 万元；

因此，可税前扣除的利息费用合计=22.5+4.5=27(万元)。

(6) 借款费用。①企业在生产经营活动中发生的合理的不需要资本化的借款费用，准予扣除。②企业为购置、建造固定资产、无形资产和经过 12 个月以上的建造才能达到预定可销售状态的存货发生借款的，在有关资产购置、建造期间发生的合理的借款费用，应予以资本化，作为资本性支出计入有关资产的成本；有关资产交付使用后发生的借款利息，可在发生当期扣除。

(7) 汇兑损失。企业在货币交易中以及纳税年度终了时，将人民币以外的货币性资产、负债按照期末即期人民币汇率中间价折算为人民币时产生的汇兑损失，除已经计入有关资产成本以及与向所有者进行利润分配相关的部分外，准予扣除。

(8) 业务招待费。企业发生的与生产经营活动有关的业务招待费支出，按照发生额的 60%扣除，但最高不得超过当年销售(营业)收入的 5‰。

当年销售(营业)收入=主营业务收入+其他业务收入+视同销售收入

其中，主营业务收入和其他业务收入与会计口径相同；视同销售收入是指会计上不作销售核算，而在税收上应作为应税收入缴纳企业所得税的收入。另外，会计核算中的营业外收入和投资收益不包含在内。

通常将业务招待费的支付范围界定为餐饮、香烟、水、食品、正常的娱乐活动等产生的费用支出。企业应将业务招待费与会议费严格区分，不得将业务招待费挤入会议费。会议费证明材料包括会议时间、地点、出席人员、内容、目的、费用标准、支付凭证等。

【例 5-5 计算题】甲企业 2020 年年末会计税前利润为 160 万元，当年发生招待费支出 70 万元，当年实现销售收入 6 000 万元。

要求：计算该企业 2020 年度可税前扣除的业务招待费及相应的纳税调整金额。

【答案】

按实际发生业务招待费的 60%计算=70×60%=42(万元)

业务招待费按照销售收入 5‰计算=6 000×5‰=30(万元)

招待费扣除限额为 30 万元，企业实际发生了 70 万元，允许在税前扣除 30 万元，则应纳税所得额调增 40 万元。即：应纳税所得额=160+(70-30)=200(万元)

(9) 广告费和业务宣传费。企业发生的符合条件的广告费和业务宣传费支出，除国务院财政、税务主管部门另有规定外，不超过当年销售(营业)收入 15%的部分，准予扣除；超过部分，准予结转以后纳税年度扣除。

企业申报扣除的广告费支出应与赞助支出严格区分。企业申报扣除的广告费支出，必须符合下列条件：广告是通过工商部门批准的专门机构制作的；已实际支付费用，并已取得相应发票；通过一定的媒体传播。

对于化妆品制造或销售、医药制造和饮料制造(不含酒类制造)企业发生的广告费和业务宣传费支出，不超过当年销售(营业)收入 30%的部分，准予扣除；超过部分，准予结转以后纳税年度扣除。

烟草企业的烟草广告费和业务宣传费支出，一律不得在计算应纳税所得额时扣除。

【例 5-6 计算题】甲企业 2020 年年末会计税前利润为 160 万元，当年会计账面主营业务收入和其他业务收入共计 6 000 万元，发生广告费 920 万元、业务宣传费支出 80 万元。2021 年年末会计税前利润为 140 万元，当年会计账面主营业务收入和其他业务收入共计 7 000 万元；发生广告费 880 万元、业务宣传费支出 90 万元。

要求：计算该企业 2020 年、2021 年度可税前扣除的广告费和业务宣传费金额及相应的纳税调整金额。

【答案】

2020 年广告费、业务宣传费扣除限额=6 000×15%=900(万元)，企业实际发生了(920+80)万元，允许在税前扣除 900 万元，则纳税调增 100 万元，即应纳税所得额=160+(920+80-900)=260(万元)

2021 年广告费、业务宣传费扣除限额=7 000×15%=1 050(万元)，企业实际发生了(880+90)万元<1 050 万元，差额 1 050-(880+90)=80(万元)，则上年结转的 100 万元中的 80 万元可以税前补扣，因而允许在税前扣除 1 050 万元，则纳税调减 80 万元，即应纳税所得额=140-80=60(万元)

(10) 环境保护专项资金。对于特殊行业的特定资产，通常需要根据国家法律、法规和国际条约的规定，承担环境保护和生态恢复等义务，如核电站设施的弃置和恢复环境义务。因此，企业依照法律、行政法规有关规定提取的用于环境保护、生态恢复等方面的专项资金，准予扣除。上述专项资金提取后改变用途的，不得扣除。

(11) 租赁费。企业根据生产经营活动的需要，租入固定资产的方式有经营租赁和融资租赁。经营租赁是指所有权不转移的租赁；融资租赁是指在实质上转移与一项资产所有权有关的全部风险和报酬的一种租赁。两种租赁方式支付的租赁费，按照以下方法扣除：①以经营租赁方式租入固定资产发生的租赁费支出，按照租赁期限平均扣除。②以融资租赁方式租入固定资产发生的租赁费支出，按照规定构成融资租入固定资产价值的部分应当提取折旧费用，分期扣除。

(12) 劳动保护费。企业根据有关规定，确因工作需要为员工配备工作服、手套、安全保护用品、防暑降温用品等发生的合理的劳动保护支出，准予扣除。

(13) 公益性捐赠支出。企业发生的公益性捐赠支出，在年度利润总额 12%以内的部分，准予在计算应纳税所得额时扣除；超过年度利润总额 12%的部分，准予结转以后三年内在计算应纳税所得额时扣除。可见，企业捐赠税前扣除必须同时满足两个条件：第一，必须是公益性捐赠；第二，必须在年度利润总额的 12% 以内。

公益性捐赠，是指企业通过公益性社会团体或者国家机关用于慈善活动、公益事业的捐赠支出。意味着：这种捐赠必须是公益性的，非公益性的不得扣除；这种捐赠必须是通过非营利机构或政府机构发生的捐赠，直接的捐赠或通过营利机构发生的捐赠不得扣除。

年度利润总额，是指按国家统一会计制度核算的年度会计利润。

【例 5-7 计算题】 甲居民企业 2020 年度实现收入总额为 1 000 万元，发生销售成本 500 万元，税金及附加 100 万元，期间费用 200 万元，营业外支出 100 万元(其中，通过民政局向灾区捐赠 20 万元，为解决职工子女入学问题直接向某小学捐赠 30 万元)。

要求：请计算该企业当年允许税前扣除的公益性捐赠支出及相应的纳税调整金额。

【答案】

年度会计利润=1 000-500-100-200-100=100(万元)

公益性捐赠扣除限额=100×12%=12(万元)

通过民政局向灾区捐赠 20 万元属于公益性捐赠支出，允许税前扣除 12 万元

为解决职工子女入学问题直接向某小学捐赠 30 万元，属于直接捐赠，不属于公益性捐赠支出，不得在税前扣除，则纳税调增(20-12)+30=38(万元)，即应纳税所得额=100+38=138(万元)

(14) 有关资产的费用。企业转让各类固定资产发生的费用，允许扣除。企业按规定计算的固定资产折旧费、无形资产和递延资产的摊销费，准予扣除。

(15) 总机构分摊的费用。非居民企业在中国境内设立的机构、场所，就其中国境外总机构发生的与该机构、场所生产经营有关的费用，能够提供总机构出具的费用汇集范围、定额、分配依据和方法等证明文件，并合理分摊的，准予扣除。

(16) 资产损失。企业当期发生的固定资产和流动资产盘亏、毁损净损失，由其提供清查盘存资料，经主管税务机关审核后，准予扣除。企业因存货盘亏、毁损、报废等原因不得从增值税销项税额中抵扣的进项税额，应视同企业财产损失，准予与存货损失一起在所得税前按规定扣除。

(17) 手续费及佣金支出。企业发生的与生产经营有关的手续费及佣金支出，不超过以下规定计算限额以内的部分，准予扣除；超过的部分，不得扣除。①保险企业。财产保险企业按当年全部保费收入扣除退保金等后余额的 15% 计算限额；人身保险企业按当年全部保费收入扣除退保金等后余额的 10% 计算限额。②其他企业。按与具有合法经营资格的中介服务机构或个人(不含交易双方及其雇员、代理人和代表人等)所签订服务协议或合同确认的收入金额的 5% 计算限额。

(18) 其他费用。依照有关法律、行政法规和国家有关税法规定准予扣除的其他项目，如会员费、合理的会议费、差旅费、违约金、诉讼费用等。

根据《中华人民共和国企业所得税法》第二十一条："在计算应纳税所得额时，企业财务、会计处理办法与税收法律、行政法规的规定不一致的，应当依照税收法律、行政法规的规定计算"的规定，对企业依据财务会计制度规定，并实际在财务会计处理上已确认的支出，凡没有超过《中华人民共和国企业所得税法》和有关税收法规规定的税前扣除范围和标准的，可按企业实际会计处理确认的支出，在企业所得税前扣除，计算其应纳税所得额。

4. 不得扣除的项目

在计算应纳税所得额时，下列支出不得扣除。

(1) 向投资者支付的股息、红利等权益性投资收益款项。

(2) 企业所得税税款。

(3) 税收滞纳金是指纳税人违反税收法规，被税务机关处以的滞纳金。

(4) 罚金、罚款和被没收财物的损失，是指纳税人违反国家有关法律、法规的规定，被有关部门处以的罚款，以及被司法机关处以的罚金和被没收财物。

(5) 超过规定标准的公益性捐赠支出以及非公益性捐赠支出。

(6) 非广告性质的赞助支出是指企业发生的与生产经营活动无关的各种非广告性质支出。

(7) 未经核定的准备金支出是指不符合国务院财政、税务主管部门规定的各项资产减值准备、风险准备等准备金支出。

(8) 企业之间支付的管理费、企业内营业机构之间支付的租金和特许权使用费，以及非银行企业内营业机构之间支付的利息，不得扣除。

(9) 与取得收入无关的其他支出。

(五)亏损弥补

税法规定，企业某一纳税年度发生的亏损可以用下一年度的所得弥补，下一年度的所得不足以弥补的，可以逐年延续弥补，但最长不得超过5年。

亏损弥补应注意以下三个问题。

(1) "亏损"的含义。亏损是指企业依照《中华人民共和国企业所得税法》及《中华人民共和国企业所得税暂行条例》的规定，将每一纳税年度的收入总额减除不征税收入、免税收入和各项扣除后小于零的数额，即应纳税所得额小于零。这里的亏损不是企业财务报表中反映的亏损额，而是经税务机关按照税法规定核实调整后的亏损额。

(2) 亏损弥补时间。亏损弥补期限为5年，5年内不论企业是盈利还是亏损，都作为弥补年限计算。亏损弥补期限是指自亏损年度报告的下一个年度连续5年不间断地计算。企业如果连续发生亏损，必须从第一个亏损年度算起，先亏先补，后亏后补。

(3) 企业在汇总计算缴纳企业所得税时，其境外营业机构的亏损不得抵减境内营业机构的盈利。

【例5-8 计算题】 经税务机关审定的某小型微利企业7年内应纳税所得额情况如表5-3所示。

表5-3 某小型微利企业各年度应纳税所得额

单位：万元

年　　度	2015	2016	2017	2018	2019	2020	2021
应纳税所得额	-140	-20	20	70	40	-15	55

要求：计算该企业7年间的亏损弥补情况。

【答案】

2015年亏损140万的弥补期为2016—2020年，到2020年年末尚有未弥补亏损10万元，到2021年则不能再弥补；2016年亏损20万的弥补期为2017—2021年，20万亏损可全部在2021年弥补；2020年亏损15万，也可在2021年弥补，则2021年弥补亏损后的应纳税所得额=55-20-15=20(万元)

二、间接计算法

在间接计算法下，在会计利润总额的基础上加或减按照税法规定调整的项目金额后，即为应纳税所得额。计算公式为

应纳税所得额=会计利润总额±纳税调整项目金额

应纳税所得额和会计利润是两个不同的概念。应纳税所得额是一个税收范畴，是根据企业所得税法规定计算的企业所得税的计税依据；会计利润则是一个财务会计范畴，反映的是企业在一定时期内生产经营的财务成果。应纳税所得额和会计利润在计算过程中有很多相同的地方，但在收入和成本费用的确认等方面，会计准则和税法的规定有时不一致。间接计算法，是在会计利润的基础上，按照税法的规定进行纳税调整，进而得到应纳税所得额。

在实际工作中，应纳税所得额的计算一般用间接计算法。

(一)会计利润总额

企业所得税年度纳税申报表(A)类中的利润总额，是指企业按照国家统一会计制度口径要求核算的会计利润总额，即按会计口径的收入减去会计口径的成本、费用。实行《企业会计准则》《小企业会计准则》《企业会计制度》以及分行业会计制度，纳税人的数据直接取自利润表。

利润总额=营业收入-营业成本-税金及附加-期间费用-资产减值损失+公允价值变动收益+投资收益+营业外收入-营业外支出

1. 营业收入

营业收入包括纳税人按照会计准则核算的主营业务收入和其他业务收入。

主营业务收入是指纳税人确认的销售商品、提供劳务等主营业务的收入，包括企业的销售商品收入、提供劳务收入、建造合同收入、让渡资产使用权收入和其他。

其他业务收入是指除主营业务收入以外的其他销售或其他业务的收入，包括材料销售收入、出租固定资产收入、出租无形资产收入、出租包装物和商品收入及其他收入。

2. 营业成本

营业成本是指纳税人主要经营业务和其他经营业务发生的成本总额，包括主营业务成本和其他业务成本。

主营业务成本是指纳税人确认的销售商品、提供劳务等主营业务的成本，包括销售商品成本、非货币性资产交换成本、提供劳务成本、建造合同成本、让渡资产使用权成本和其他。

其他业务成本是指纳税人按照国家统一会计制度核算的除主营业务成本以外的经营业务成本，包括材料销售成本、非货币性资产交换成本、出租固定资产成本、出租无形资产成本、包装物出租成本和其他成本。

3. 税金及附加

税金及附加是指纳税人经营活动发生的消费税、城市维护建设税、资源税、土地增值税和教育费附加等相关税费。

4. 期间费用

期间费用包括纳税人根据《企业会计准则》《小企业会计准则》《企业会计制度》等规

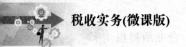

定核算的销售费用、管理费用、研发费用和财务费用。

5. 资产减值损失

资产减值损失是指纳税人计提各项资产准备发生的减值损失，如存货跌价损失、固定资产减值损失、无形资产减值损失等。按照企业会计准则的规定，企业资产中只有货币资金和交易性金融资产假定不会发生资产减值损失。

6. 公允价值变动收益

公允价值变动收益，是指交易性金融资产、交易性金融负债采用公允价值模式计量且其变动形成的应计入当期损益的利得和损失，以及采用公允价值模式计量的投资性房地产等公允价值变动形成的应计入当期损益的利得和损失。

7. 投资收益

投资收益是指纳税人以各种方式对外投资所确认取得的收益或发生的损失。

8. 营业外收入

营业外收入是指纳税人核算的与生产经营无直接关系的各项收入，主要包括非流动资产处置利得、非货币性资产交换利得、盘盈利得、捐赠利得、罚没利得、无法偿付的应付款项、汇兑收益和其他收入。

9. 营业外支出

营业外支出是指纳税人发生的与其经营活动无直接关系的各项支出，主要包括非流动资产处置损失、非货币性资产交换损失、非常损失、捐赠支出、赞助支出、罚没支出和其他支出。

(二)纳税调整

税收调整项目金额包括两方面的内容：①企业的财务会计处理和税收规定不一致的应予以调整的金额；②企业按税法规定准予扣除的税收金额。

会计利润总额是按会计口径计算的所得，纳税时需要按照税法口径进行相应的调整，将会计利润调整为应纳税所得额。纳税调整主要是对会计口径下的收入、成本费用调整为按税法口径下的收入、成本费用，具体有以下几类调整。

1. 收入类调整项目

应税收入总额包括以货币形式和非货币形式从各种来源取得的收入。

(1) 视同销售收入的纳税调整。在计算利润总额时，视同销售收入不计入其中，但在计算应纳税所得额时，要作为调整事项予以调增。因此，视同销售收入不影响利润总额，却因影响企业应纳税所得额从而影响净利润。

【例 5-9 计算题】2020 年 12 月，某电视机厂给职工发放自产电视机和当月外购的礼盒作为福利。其中，电视机的成本为 200 万元，同期对外销售价格为 300 万元；礼盒的购进价格为 50 万元。根据企业所得税相关规定，请计算该厂发放上述福利应确认的收入。

【答案】

企业发生视同销售情形时，属于企业自制的资产，应按企业同类资产对外销售价格确定销售收入；属于外购的资产，不以销售为目的，具有替代职工福利等费用支出性质，且购买后在一个纳税年度内处置的，可按购入时的价格确定销售收入。

按税法规定该厂应确认的收入为：300+50=350(万元)

(2) 未按权责发生制原则确认的收入纳税调整。会计核算遵循权责发生制原则，但税收工作以权责发生制原则为主，辅以收付实现制原则。未按权责发生制原则确认的收入，是指会计处理时按权责发生制确认收入，但计税时未按权责发生制，而是按收付实现制确认的收入。因此，二者在收入确认上产生差异，纳税时需要调减，如跨期收取的租金、利息、特许权使用费收入。

【例 5-10 分析题】某企业 2020 年 6 月分别与其他企业签订一年期借款合同和特许权使用合同，借款期限和特许权使用期限为 2020 年 7 月 1 日到 2021 年 6 月 30 日，合同约定付息日和特许权使用费的支付日期都是 2021 年 6 月 30 日。请确认该企业纳税调整。

【答案】

这里利息和特许权使用费收入属于 2020 年的下半年和 2021 年的上半年，跨期收取。对于跨期收取的租金、利息、特许权使用费收入，会计上按权责发生制确认收入，即 2020 年要确认半年的收入。税收上要求按"支付"日期确认收入，即在 2021 年 6 月 30 日确认收入。会计和税法两者在收入确认上就存在差异，需要纳税调减。

(3) 投资收益的纳税调整。需要纳税调整的投资收益，是指企业持有交易性金融资产(负债)、可供出售金融资产、持有至到期投资、长期股权(债券)投资的持有收益和处置收益。

① 持有收益。纳税人持有上述资产，期末纳税人按照税法规定计算的投资收益金额与纳税人按照国家统一会计制度规定核算的投资收入之差，需要做纳税调整。

【例 5-11 分析题】某企业投资一家子公司，进行长期股权投资。现子公司用未分配利润和盈余公积转增股东股本 1000 万元，请确认该企业纳税调整。

【答案】

会计制度和会计准则都规定，被投资企业用未分配利润和盈余公积转增股东股本时，股东是不做账的，会计上记载的持有收益是 0；但是税收上要视为分红，税收上的持有收益为 1 000 万元，这样就会形成纳税调增。

② 处置收益。纳税人处置上述资产，按税收计算的处置所得与按会计确认的处置所得或损失之差，需要做纳税调整。

【例 5-12 分析题】某企业处置一项长期股权投资，转让收入是 1 000 万元，投资成本是 800 万元，会计上对投资采用权益法核算，账面价值是 1 100 万元。请确认该企业纳税调整。

【答案】

会计上确认的处置收入和税收上计算的处置收入都是 1 000 万元，由于税法不承认权益法，只承认历史成本，所以该项投资的计税基础是 800 万元。因此，会计确认的结果是损失 100 万元，税法确认的结果是所得 200 万元，这样就产生了纳税调增 300 万元。

(4) 公允价值变动净损益的纳税调整。企业以公允价值计量的金融资产、金融负债以及投资性房地产项目，会计核算中将公允价值变动金额计入当期损益(投资收益科目)；而税收上规定，企业的各项资产，以历史成本为计税基础，也就是说，税法对各类资产持有期间的价值变动是不认可的。这样会计上和税收上对公允价值变动损益的处理就有了差异，如果是公允价值变动净收益，纳税需要调减；如果是公允价值变动净损失，纳税需要调增。

(5) 不征税收入的纳税调整。不征税收入，在计算应纳税所得额时从收入总额中减除。不征税收入用于支出形成的费用，不得在计算应纳税所得额时扣除；用于支出所形成的资产，

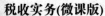

其计算的折旧、摊销不得在计算应纳税所得额时扣除。

企业在收到符合不征税收入的财政性资金时，会计上做"营业外收入"处理，增加会计利润；税收上计算应纳税所得额时从收入总额中减除，纳税需要调减。同时，在不征税收入相关支出发生，或形成的资产计算折旧、摊销时，会计核算计入相关成本费用，而税收上不得在计算应纳税所得额时扣除，纳税需要调增。

2. 扣除类调整项目

扣除类调整项目主要涉及成本、费用等扣除内容和标准，参考在直接计算法下的处理，这里不再赘述。

3. 资产类调整项目

资产类调整项目主要涉及固定资产和生物资产的折旧费、无形资产的摊销、长期待摊费用的摊销、存货、资产减值准备和资产损失等的调整事项，详见"第四节　资产的税务处理"。

(三)弥补亏损

企业在汇总计算缴纳企业所得税时，境外某国的营业机构额亏损不得抵减境内营业机构的盈利，也不能用境外他国的盈利弥补，只能用境外该国以后年度的盈利弥补。体现了我国在处理跨国所得税事务时所坚持的"来源地优先"的原则，即发生在一国的亏损，应该用发生在该国的盈利来弥补。

境外所得除了可以弥补境外往年亏损，还可以弥补境内当年亏损，但不能直接弥补境内往年亏损。若存在境内当年亏损，先用境外应纳税所得弥补境内当年亏损，得到"纳税调整后所得"的数额。如果还存在境内以前年度的亏损，就用纳税调整后所得进行弥补。

第四节　资产的税务处理

资产是由于资本投资而形成的财产，对于资本性支出以及无形资产受让、开办、开发费用，不允许作为成本、费用从纳税人的收入总额中作一次性扣除，只能采取分次计提折旧或分次摊销的方式予以扣除。即纳税人经营活动中使用的固定资产的折旧费用、无形资产和长期待摊费用的摊销费用可以扣除。

税法规定，纳入税务处理范围的资产形式主要有固定资产、生物资产、无形资产、长期待摊费用、投资资产、存货等，均以历史成本为计税基础。历史成本是指企业取得该项资产时实际发生的支出。企业持有各项资产期间资产增值或者减值，除国务院财政、税务主管部门规定可以确认的损益外，不得调整该资产的计税基础。

一、固定资产的税务处理

固定资产是指企业为生产产品、提供劳务、出租或者经营管理而持有的、使用时间超过12个月的非货币性资产，包括房屋、建筑物、机器、机械、运输工具以及其他与生产经营活动有关的设备、器具、工具等。

会计准则中将已出租的房屋、建筑物等归入投资性房地产进行单独核算，而税收上一律计入固定资产进行税务处理。

(一)固定资产计税基础

(1) 外购的固定资产，以购买价款和支付的相关税费以及直接归属于使该资产达到预定用途发生的其他支出为计税基础。

(2) 自行建造的固定资产，以竣工结算前发生的支出为计税基础。

(3) 融资租入的固定资产，以租赁合同约定的付款总额和承租人在签订租赁合同过程中发生的相关费用为计税基础，租赁合同未约定付款总额的，以该资产的公允价值和承租人在签订租赁合同过程中发生的相关费用为计税基础。

(4) 盘盈的固定资产，以同类固定资产的重置完全价值为计税基础。

(5) 通过捐赠、投资、非货币性资产交换、债务重组等方式取得的固定资产，以该资产的公允价值和支付的相关税费为计税基础。

(6) 改建的固定资产，除已足额提取折旧的固定资产和租入的固定资产以外的其他固定资产，以改建过程中发生的改建支出增加计税基础。

(二)固定资产折旧

1. 折旧范围

在计算应纳税所得额时，企业按照税法规定计算的固定资产折旧，准予扣除。下列固定资产不得计算折旧扣除。

(1) 房屋、建筑物以外未投入使用的固定资产。

(2) 以经营租赁方式租入的固定资产。

(3) 以融资租赁方式租出的固定资产。

(4) 已足额提取折旧仍继续使用的固定资产。

(5) 与经营活动无关的固定资产。

(6) 单独估价作为固定资产入账的土地。

(7) 法律规定其他不得计算折旧扣除的固定资产。

2. 折旧方法

(1) 企业应当自固定资产投入使用月份的次月起计算折旧；停止使用的固定资产，应当自停止使用月份的次月起停止计算折旧。

(2) 企业应当根据固定资产的性质和使用情况，合理确定固定资产的预计净残值。固定资产的预计净残值一经确定，不得变更。

(3) 固定资产按照直线法计算的折旧，准予扣除。

3. 折旧年限

除国务院财政、税务主管部门另有规定外，固定资产计算折旧的最低年限如下。

(1) 房屋、建筑物，为 20 年。

(2) 飞机、火车、轮船、机器、机械和其他生产设备，为 10 年。

(3) 与生产经营活动有关的器具、工具、家具等，为 5 年。

(4) 飞机、火车、轮船以外的运输工具，为 4 年。

(5) 电子设备，为 3 年。

从事开采石油、天然气等矿产资源的企业，在开始商业性生产前发生的费用和有关固定

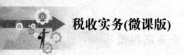

资产的折耗、折旧方法，由国务院财政、税务主管部门另行规定。

为了引导企业加大设备、器具的投资力度，固定资产加速折旧年限的相关规定可参见第五节"企业所得税税收优惠"中加速折旧的内容。

(三)固定资产的处置

税法规定，企业转让资产时，该项资产的净值、转让费用和税金等可以在计算应纳税所得额时扣除。企业出售、转让固定资产、处置收入扣除成本和相关税费后产生的所得，应并入应纳税所得额征税；所产生的损失可以冲减应纳税所得额。固定资产报废、毁损、盘亏造成的损失，可以作为财产损失在税前扣除。

二、生物资产的税务处理

生物资产，是指有生命的动物和植物。生物资产分为消耗性生物资产、生产性生物资产和公益性生物资产。消耗性生物资产，是指为出售而持有的，或在将来收获为农产品的生物资产，包括生长中的农田作物、蔬菜、用材林以及存栏待售的牲畜等。生产性生物资产，是指为产出农产品、提供劳务或出租等目的而持有的生物资产，包括经济林、薪炭林、产畜和役畜等。公益性生物资产，是指以防护、环境保护为主要目的的生物资产，包括防风固沙林、水土保持林和水源涵养林等。

税法对生产性生物资产的税务处理做了单独规定，对消耗性生物资产和公益性生物资产的税务处理，一般可以按照会计准则的规定执行。

(一)生产性生物资产的计税基础

生产性生物资产按照以下方法确定计税基础。

(1) 外购的生产性生物资产，以购买价款和支付的相关税费为计税基础。

(2) 通过捐赠、投资、非货币性资产交换、债务重组等方式取得的生产性生物资产，以该资产的公允价值和支付的相关税费为计税基础。

(二)生产性生物资产的折旧

生产性生物资产按照直线法计算的折旧，准予扣除。企业应当自生产性生物资产投入使用月份的次月起计算折旧；停止使用的生产性生物资产，应当自停止使用月份的次月起停止计算折旧。

企业应当根据生产性生物资产的性质和使用情况，合理确定生产性生物资产的预计净残值。生产性生物资产的预计净残值一经确定，不得变更。

生产性生物资产计算折旧的最低年限：林木类生产性生物资产为 10 年；畜类生产性生物资产为 3 年。

三、无形资产的税务处理

无形资产，是指企业长期使用但没有实物形态的资产，包括专利权、商标权、著作权、土地使用权、非专利技术、商誉等。

对无形资产范围的界定，税法与会计上有所差异：会计上将商誉作为独立于无形资产之外的单独一类资产进行确认；税收上没有将土地使用权分别归属于无形资产和投资性房地产，而是一律按照无形资产进行处理。

(一)无形资产的计税基础

无形资产按照以下方法确定计税基础。

(1) 外购的无形资产，以购买价款和支付的相关税费以及直接归属于使该资产达到预定用途而发生的其他支出为计税基础。

(2) 自行开发的无形资产，以开发过程中该资产符合资本化条件后至达到预定用途前发生的支出为计税基础。

(3) 通过捐赠、投资、非货币性资产交换、债务重组等方式取得的无形资产，以该资产的公允价值和支付的相关税费为计税基础。

(二)无形资产摊销的范围

在计算应纳税所得额时，企业按照规定计算的无形资产摊销费用，准予扣除。

下列无形资产不得计算摊销费用进行扣除。

(1) 自行开发的支出已在计算应纳税所得额时扣除的无形资产。

(2) 自创商誉。

(3) 与经营活动无关的无形资产。

(4) 其他不得计算摊销费用扣除的无形资产。

(三)无形资产的摊销方法及年限

无形资产的推销采取直线法计算。无形资产的摊销年限不得低于 10 年。作为投资或者受让的无形资产，有关法律规定或者合同约定了使用年限的，可以按照规定或者约定的使用年限分期摊销。外购商誉的支出，在企业整体转让或者清算时，准予扣除。

四、长期待摊费用的税务处理

长期待摊费用是指企业已经支出，但摊销期限在一年以上的各项费用。长期待摊费用尽管是一次性支出的，但与支出对应的受益期间较长，按照收入支出的配比原则，应该将该项支出在企业的受益期间内平均摊销。

在计算应纳税所得额时，企业以发生的下列支出作为长期待摊费用，按照规定摊销的，准予扣除。

(1) 已足额提取折旧固定资产的改建支出，按照固定资产预计尚可使用年限分期摊销。

(2) 租入固定资产的改建支出，按照合同约定的剩余租赁期限分期摊销。

(3) 固定资产的大修理支出。企业所得税法所指固定资产的大修理支出，是指同时符合下列条件的支出：①修理支出达到取得固定资产时的计税基础 50%以上。②修理后固定资产的使用年限延长 2 年以上。

(4) 其他应当作为长期待摊费用的支出。自支出发生月份的次月起分期摊销，摊销年限不得低于 3 年。

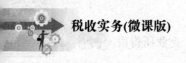

五、存货的税务处理

存货是指企业持有以备出售的产品或者商品，处于生产过程中的在产品、在生产或者提供劳务过程中耗用的材料和物料等。

(一)存货的计税基础

存货按照以下方法确定成本。

(1) 通过支付现金方式取得的存货，以购买价款和支付的相关税费为成本。

(2) 通过支付现金以外的方式取得的存货，以该存货的公允价值和支付的相关税费为成本。

(3) 生产性生物资产收获的农产品，以产出或者采收过程中发生的材料费、人工费和分摊的间接费用等必要支出为成本。

(二)存货的成本计算方法

企业使用或者销售的存货成本计算方法，可以在先进先出法、加权平均法、个别计价法中选用一种。计价方法一经选用，不得随意变更。

企业出售、转让存货，处置收入扣除计税成本和相关税费后产生的所得，应并入应纳税所得额征税；所产生的损失可以冲减应纳税所得额。存货报废、毁损、盘亏造成的损失，可以作为财产损失在税前扣除。

六、投资资产的税务处理

投资资产是指企业对外进行权益性投资和债权性投资而形成的资产。

投资资产按以下方法确定投资成本。

(1) 通过支付现金方式取得的投资资产，以购买价款为成本。

(2) 通过支付现金以外的方式取得的投资资产，以该资产的公允价值和支付的相关税费为成本。

企业对外投资期间，投资资产的成本在计算应纳税所得额时不得扣除，也就是说，在投资期间，对外投资的成本不得折旧和摊销，也不得作为投资当期的费用直接在税前扣除。企业在转让或者处置投资资产时，投资资产的成本准予扣除。

第五节　企业所得税的税收优惠

2008 年 1 月 1 日起实施的内、外资统一的企业所得税法，统一税收优惠政策，将原来以区域优惠为主的格局，转变为"以产业优惠为主，区域优惠为辅"的税收优惠新格局。现行企业所得税的减免优惠政策主要体现在以下 6 个方面。

一、扶持农、林、牧、渔业发展

(1) 企业从事下列项目的所得，免征企业所得税：①蔬菜、谷物、薯类、油料、豆类、棉花、麻类、糖料、水果、坚果的种植；②农作物新品种的选育；③中药材的种植；④林木的培育和种植；⑤牲畜、家禽的饲养；⑥林产品的采集；⑦灌溉、农产品初加工、兽医、农技推广、农机作业和维修等农、林、牧、渔服务业项目；⑧远洋捕捞。

(2) 企业从事下列项目的所得，减半征收企业所得税。①花卉、茶以及其他饮料作物和香料作物的种植；②海水养殖、内陆养殖。

二、促进技术创新和科技进步

(1) 对国家需要重点扶持的高新技术企业，减按 15% 的税率征收企业所得税。

(2) 企业为开发新技术、新产品、新工艺发生的研究开发费用，未形成无形资产计入当期损益的，在按照规定据实扣除的基础上，按照本年度研究开发费用的 50% 加计扣除；形成无形资产的，按照无形资产成本的 150% 在税前摊销。

根据《关于提高研究开发费用税前加计扣除比例的通知》(财税〔2018〕99 号)规定，在 2018 年 1 月 1 日～2020 年 12 月 31 日期间，研究开发费用加计扣除比例提高至 75%，也就是说，未形成无形资产计入当期损益的，在按照规定据实扣除的基础上，再按照实际发生额的 75% 在税前加计扣除；形成无形资产的，在上述期间按照无形资产成本的 175% 在税前摊销。

【例 5-13 计算题】某居民企业 2021 年进行甲项目研发工作，本年度形成无形资产价值 500 万元，进行乙项目研发工作，发生研发费用 200 万元。研发形成的无形资产均按直线法 10 年摊销。请计算企业 2021 年的研发费用税前加计扣除额。

【答案】

2021 年研发费用未形成无形资产的扣除额和加计扣除额=200×50%=100(万元)

2021 年研发费用形成无形资产的摊销额=500×50%÷10=25(万元)

2021 年研发费用的税前加计扣除额=100+25=125(万元)

(3) 企业的固定资产由于技术进步等原因，确需加速折旧的，可以缩短折旧年限或者采取加速折旧的方法。可采用以上折旧方法的固定资产是指：①由于技术进步，产品更新换代较快的固定资产；②常年处于强震动、高腐蚀状态的固定资产。

采取缩短折旧年限方法的，最低折旧年限不得低于规定折旧年限的 60%；采取加速折旧方法的，可以采取双倍余额递减法或者年数总和法。

企业在 2018 年 1 月 1 日至 2020 年 12 月 31 日期间新购进的设备、器具(除房屋、建筑物以外的固定资产)，单位价值不超过 500 万元的，允许一次性计入当期成本费用在计算应纳税所得额时扣除，不再分年度计算折旧。

(4) 创业投资企业采取股权投资方式投资于未上市的中小高新技术企业 2 年以上的，可以按照其投资额的 70% 在股权持有满 2 年的当年抵扣该创业投资企业的应纳税所得额；当年不足抵扣的，可以在以后纳税年度结转抵扣。

【例 5-14 计算题】甲投资企业对未上市的中小高新技术企业满 2 年的直接股权投资额为 600 万元，甲投资企业当年的应纳税所得额是 1 000 万元。请计算可以抵扣当年的应纳税所得额。

【答案】

按照相关规定，可以抵扣应纳税所得额相当于投资额的70%即600×70%=420(万元)

甲投资企业当年的应纳税所得额是 1 000 万元，则抵扣后应纳税所得额为 1 000-420=580(万元)

(5) 在一个纳税年度内，居民企业转让符合条件的技术所有权所得不超过 500 万元的部分，免征企业所得税；超过 500 万元的部分，减半征收企业所得税。

三、支持环境保护、节能节水、资源综合利用、安全生产

(1) 从事符合条件的环境保护、节能节水项目的所得，自项目取得第一笔生产经营收入所属纳税年度起，第 1～3 年免征企业所得税，第 4～6 年减半征收企业所得税。

环境保护、节能节水项目，包括公共污水处理、公共垃圾处理、沼气综合开发利用、节能减排技术改造、海水淡化等。

(2) 企业以《资源综合利用企业所得税优惠目录》规定的资源作为主要原材料，生产国家非限制和禁止并符合国家和行业相关标准的产品取得的收入，减按 90% 计入收入总额。

(3) 企业购置并实际使用《环境保护专用设备企业所得税优惠目录》《节能节水专用设备企业所得税优惠目录》和《安全生产专用设备企业所得税优惠目录》规定的环境保护、节能节水、安全生产等专用设备的，该专用设备投资额的 10% 可以从企业当年的应纳税额中抵免；当年不足抵免的，可以在以后 5 个纳税年度结转抵免。

享受前款规定的企业所得税优惠的企业，应当实际购置并自身实际投入使用前款规定的专用设备；企业购置上述专用设备在 5 年内转让、出租的，应当停止享受企业所得税优惠，并补缴已经抵免的企业所得税税款。转让的受让方可以按照该专用设备投资额的 10% 抵免当年企业所得税应纳税额；当年应纳税额不足抵免的，可以在以后 5 个纳税年度结转抵免。

需要注意的是，购买上述专用设备，如果取得增值税专用发票：进项税额可从销项税额中抵扣，则专用设备投资额不再包括增值税进项税额；如果取得普通发票：进行税额不得抵扣，则专用设备投资额为价税合计金额。

【例 5-15 计算题】某环境保护企业，2020 年末会计利润为 100 万元，当年购置环境保护专用设备支出 60 万元。请计算该企业当年应纳企业所得税。

【答案】

按照相关规定，该专用设备投资额的 10% 可以从企业当年的应纳税额中抵免，则

抵免税额=60×10%=6(万元)

应纳税额=100×25%-6=19(万元)

企业利用财政拨款购置专用设备的投资额，不得抵免企业应纳所得税额。

四、促进公益事业和照顾弱势群体

(1) 根据相关规定，小型微利企业是指从事国家非限制和禁止行业，且同时符合年度应纳税所得额不超过 300 万元、从业人数不超过 300 人、资产总额不超过 5 000 万元等三个条件的企业。

为更好地发挥小型微利企业在自主创新、吸纳就业等方面的优势，利用税收政策鼓励、

支持和引导小型微利企业的发展，参照国际通行做法，对小型微利企业实行 20%的照顾性税率。

自 2019 年 1 月 1 日至 2021 年 12 月 31 日，对小型微利企业年应纳税所得额不超过 100 万元的部分，减按 25%计入应纳税所得额，按 20%的税率缴纳企业所得税；对年应纳税所得额超过 100 万元但不超过 300 万元的部分，减按 50%计入应纳税所得额，按 20%的税率缴纳企业所得税。

小型微利企业无论按查账征收方式还是核定征收方式缴纳企业所得税，均可享受上述优惠政策。

(2) 企业安置残疾人员的，在按照支付给残疾职工工资据实扣除的基础上，按照支付给残疾职工工资的 100%加计扣除。残疾人员的范围适用《中华人民共和国残疾人保障法》的有关规定。

五、鼓励基础设施建设

企业从事国家重点扶持的公共基础设施项目投资经营的所得，自项目取得第一笔生产经营收入所属纳税年度起，第 1～3 年免征企业所得税，第 4～6 年减半征收企业所得税。国家重点扶持的公共基础设施项目，是指《公共基础设施项目企业所得税优惠目录》规定的港口码头、机场、铁路、公路、电力、水利等项目。

企业承包经营、承包建设和内部自建自用本条规定的项目，不得享受本条规定的企业所得税优惠。

六、给予非居民企业优惠

非居民企业在中国境内未设立机构、场所的，或者虽设立机构、场所，但取得的所得与其所设机构、场所没有实际联系的，其来源于中国境内的所得适用税率为 20%，但实际征税时减按 10%的税率征收企业所得税。该类非居民企业下列所得可以免征企业所得税。

(1) 外国政府向中国政府提供贷款取得的利息所得。

(2) 国际金融组织向中国政府和居民企业提供优惠贷款取得的利息所得。

(3) 经国务院批准的其他所得。

第六节　应纳税额的计算

一、居民企业应纳税额的计算

居民企业应缴纳所得税额的基本计算公式为

$$应纳税额=应纳税所得额×适用税率-减免税额-抵免税额$$

减免税额和抵免税额，是指根据《中华人民共和国企业所得税法》和国务院的税收优惠规定减征、免征和抵免的应纳税额，具体见本章第五节企业所得税的税收优惠。

根据计算公式可以看出，应纳税额的多少，取决于应纳税所得额和适用税率两个因素。

应纳税所得额是企业所得税的计税依据，其计算方法有直接法和间接法。

在直接计算法下，应纳税所得额的计算公式为

应纳税所得额=收入总额-不征税收入-免税收入-各项扣除-允许弥补的以前年度亏损

在间接计算法下,应纳税所得额的计算公式为

应纳税所得额=会计利润总额±纳税调整项目金额

具体见本章第三节 应纳税所得额的计算。

【例5-16 计算题】一家国家重点扶持的高新技术企业,2020年实现税前收入总额为2 000万元(包括产品销售收入1 800万元、购买国库券利息收入100万元、营业外收入100万元),发生各项成本费用共计1 000万元,其中包括:合理的工资薪金总额200万元,业务招待费100万元,职工福利费50万元,职工教育经费20万元,工会经费10万元,税收滞纳金10万元,提取的各项准备金支出100万元(未经核定)。另外,企业当年购置环境保护专用设备支出500万元,购置完毕即投入使用。请计算该企业当年应纳企业所得税(假定以前年度无亏损)。

【答案】

(1) 由于国库券利息收入免税,所以,应税收入总额=2 000-100=1 900(万元)

(2) 准予扣除项目金额:

① 发生业务招待费的60%=100×60%=60(万元)。

销售收入的0.5%=1 800×0.5%=9(万元)。

业务招待费扣除调增金额=100-9=91(万元)。

② 职工福利费扣除限额=200×14%=28(万元)。

职工福利费扣除调增金额=50-28=22(万元)。

③ 职工教育经费扣除限额=200×8%=16(万元)。

职工教育经费扣除调增金额=20-16=4(万元)。

④ 工会经费扣除限额=200×2%=4(万元)。

工会经费扣除调增金额=10-4=6(万元)。

⑤ 税收滞纳金10万元不属于税前扣除项目。

⑥ 未经核定的准备金支出100万元也不得在税前扣除。

⑦ 准予扣除项目金额合计=1 000-91-22-4-6-10-100=767(万元)。

(3) 应纳税所得额=1 900-767=1 133(万元)。

(4) 高新技术企业的税率为15%,故应纳税额=1 133×15%=169.95(万元)。

(5) 购置环保设备,可享受抵免,允许抵免额=500×10%=50(万元)。

(6) 企业应纳企业所得税=169.95-50=119.95(万元)。

【例5-17 计算题】某一生产企业2021年末实现税前会计利润200万元,有关账簿资料如下。

(1) 本年实现产品销售收入9 000万元,劳务收入1 000万元。

(2) 本年发生广告费1 560万元,业务宣传费40万元。

(3) 本年支付业务招待费60万元。

(4) 向非关联企业生产经营用借款1 000万元,支付利息60万元(银行同期同类借款利率为4%)。

(5) 本年新产品研究开发费为60万元(未形成无形资产)。

(6) 支付工商部门罚款10万元。

(7) 本年发放工资 400 万元，支付职工福利费 60 万元，拨缴工会经费 10 万元，发生职工教育经费 14 万元。

(8) 取得直接投资其他居民企业的权益性收益 34 万元(已在投资方所在地按 15%的税率缴纳了所得税)。

(9) 发生的营业外支出中含公益捐赠 20 万元。

企业所得税税率为 25%，请计算该企业应纳所得税。

【答案】

(1) 广告费和业务宣传费扣除限额=(9 000+1 000)×15%=1 500(万元)。

纳税所得调增=1 560+40-1 500=100(万元)。

(2) 发生业务招待费的 60%=60×60%=36(万元)。

销售收入的 0.5%=(9 000+1000)×0.5%=50(万元)。

纳税所得调增=60-36=24(万元)。

(3) 利息费税法扣除限额=1 000×4%=40(万元)。

纳税所得调增=60-40=20(万元)。

(4) 工商部门罚款纳税所得调增 10 万元。

(5) 新产品研究开发费的纳税所得调减=60×50%=30(万元)。

(6) 职工福利费扣除限额=400×14%=56(万元)。

纳税所得调增=60-56=4 (万元)。

(7) 工会经费扣除限额=400×2%=8(万元)。

纳税所得调增=10-8=2(万元)。

(8) 职工教育经费扣除限额=400×8%=32(万元)。

纳税所得不做调整。

(9) 取得直接投资其他居民企业的权益性收益属于免税收入，应调减应纳税所得额 34 万元。

(10) 捐赠扣除标准=200×12%=24(万元)。

实际捐赠 20 万元，小于扣除标准 24 万元，可按实捐数扣除，不做纳税调整。

(11) 应纳税所得额=200+100+24+20+10-30+4+2-34=296(万元)。

(12) 应缴纳企业所得税=296×25%=74(万元)。

二、境外所得抵扣税额的计算

目前，世界各国普遍采用抵免法来缓解或消除各国间所得税重复征税问题。抵免法是指一国政府在优先承认其他国家的地域税收管辖权的前提下，在对本国纳税人来源于国外的所得征税时，以本国纳税人在国外缴纳税款冲抵本国税收的方法，其分为全额抵免和限额抵免。

全额抵免是指居住国政府对跨国纳税人在国外直接缴纳的所得税税款予以全部抵免。限额抵免是指居住国政府对跨国纳税人在国外直接缴纳的所得税税款予以抵免，但可抵免的数额不得超过国外所得额按照本国税率计算的应纳税额。我国采用的是限额抵免法。

企业取得的下列所得已在境外缴纳的所得税税额，可以从其当期应纳税额中抵免，抵免限额为该项所得依照本法规定计算的应纳税额；超过抵免限额的部分，可以在以后 5 个年度内，用每年度抵免限额抵免当年应抵税额后的余额进行抵补。

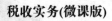

境外所得包括：①居民企业来源于中国境外的应税所得；②非居民企业在中国境内设立机构、场所，取得发生在中国境外但与该机构、场所有实际联系的应税所得。

已在境外缴纳的所得税税额是指企业来源于中国境外的所得依照中国境外税收法律以及相关规定应当缴纳并已经实际缴纳的企业所得税性质的税款。企业依照企业所得税法的规定抵免企业所得税税额时，应当提供中国境外税务机关出具的税款所属年度的有关纳税凭证。

抵免限额可以选择分国(地区)不分项或者是不分国(地区)不分项计算，上述办法一经选择，5年内不得改变。计算公式为

抵免限额=中国境内、境外所得依照企业所得税法和条例规定计算的应纳税总额×

来源于某国(地区)的应纳税所得额÷中国境内、境外应纳税所得总额

该公式可以简化为

抵免限额=来源于某国的(税前)应纳税所得额×我国法定税率

【例 5-18 计算题】某企业 2021 年度境内应纳税所得额为 2 000 万元，适用 25%的企业所得税税率。另外，该企业分别在 A、B 两国设有分支机构(我国与 A、B 两国已经缔结避免双重征税协定)，在 A 国分支机构的应纳税所得额为 800 万元，A 国税率为 20%；在 B 国分支机构的应纳税所得额为 300 万元，B 国税率为 40%。

要求：

(1) 假设该企业选取分国不分项的方法，计算该企业汇总时在我国应缴纳的企业所得税税额。

(2) 假设该企业选取不分国不分项的方法，计算该企业汇总时在我国应缴纳的企业所得税税额。

【答案】

(1) 企业选取分国不分项的方法。

① 该企业按我国税法计算的境内、境外所得的应纳税额：

应纳税额=(2 000+800+300)×25%=775(万元)。

② A、B 两国的扣除限额：

A 国扣除限额=800×25%=200(万元)。

B 国扣除限额=300×25%=75(万元)。

在 A 国缴纳的所得税为 800×20%=160(万元)，低于扣除限额 200 万元，可全额扣除。

在 B 国缴纳的所得税 300×40%=120(万元)，高于扣除限额 75 万元，其超过扣除限额的部分 45 万元当年不能扣除。

③ 汇总时在我国应缴纳的所得税=775-160-75=540(万元)。

(2) 企业选取不分国不分项的方法。

① 该企业按我国税法计算的境内、境外所得的应纳税额：

应纳税额=(2 000+800+300)×25%=775(万元)。

② A、B 两国的扣除限额为

(800+300)×25%=275(万元)。

在 A 国缴纳的所得税为 800×20%=160(万元)，在 B 国缴纳的所得税为 300×40%=120(万元)，合计为 280 万元。高于扣除限额 275 万元，其超过扣除限额的部分 5 万元当年不能扣除。

③ 汇总时，在我国应缴纳的所得税=775-275=500(万元)。

三、居民企业核定征收应纳税额的计算

为了加强企业所得税征收管理，对部分中小企业采取核定征收的办法计算其应纳税额。核定征收企业所得税的有关规定如下。

(一)核定征收企业所得税的范围

本办法适用于居民企业纳税人，纳税人具有下列情形之一的，核定征收企业所得税。

(1) 依照法律、行政法规的规定可以不设置账簿的。

(2) 依照法律、行政法规的规定应当设置但未设置账簿的。

(3) 擅自销毁账簿或者拒不提供纳税资料的。

(4) 虽然设置账簿，但账目混乱或者成本资料、收入凭证、费用凭证残缺不全，难以查账的。

(5) 发生纳税义务，未按照规定的期限办理纳税申报，经税务机关责令限期申报，逾期仍不申报的。

(6) 申报的计税依据明显偏低，又无正当理由的。

特殊行业、特殊类型的纳税人和一定规模以上的纳税人不适用本办法。上述特定纳税人由国家税务总局另行明确。

(二)核定征收的办法

税务机关应根据纳税人具体情况，对核定征收企业所得税的纳税人，核定应税所得率或者核定应纳所得税额。

(1) 具有下列情形之一的，核定其应税所得率：①能正确核算(查实)收入总额，但不能正确核算(查实)成本费用总额的；②能正确核算(查实)成本费用总额，但不能正确核算(查实)收入总额的；③通过合理方法，能计算和推定纳税人收入总额或成本费用总额的。

纳税人不属于以上情形的，核定其应纳所得税额。

(2) 税务机关采用下列方法核定征收企业所得税：①参照当地同类行业或者类似行业中经营规模和收入水平相近的纳税人的税负水平核定；②按照应税收入额或成本费用支出额定率核定；③按照耗用的原材料、燃料、动力等推算或测算核定；④按照其他合理的方法核定。

(3) 采用应税所得率方式核定征收企业所得税的，应纳所得税额计算公式如下。

$$应纳所得税额=应纳税所得额×适用税率$$
$$应纳税所得额=应税收入额×应税所得率$$

或

$$应纳税所得额=成本(费用)支出额÷(1-应税所得率)×应税所得率$$

应税所得率按表 5-4 规定的幅度标准确定。

表 5-4 应税所得率的幅度标准

行　业	应税所得率/%
农、林、牧、渔业	3~10
制造业	4~15
批发和零售贸易业	4~15

续表

行　业	应税所得率/%
交通运输业	7～15
建筑业	7～20
饮食业	7～25
娱乐业	14～30
其他行业	10～30

四、非居民企业应纳税额的计算

对于在中国境内未设立机构、场所的，或者虽设立机构、场所，但取得的所得与其所设机构、场所没有实际联系的非居民企业的所得，按照下列方法计算应纳税所得额。

(1) 股息、红利等权益性投资收益和利息、租金、特许权使用费所得，以收入全额为应纳税所得额。

(2) 转让财产所得，以收入全额减除财产净值后的余额为应纳税所得额。

(3) 其他所得，参照前两项规定的方法计算应纳税所得额。

财产净值是指财产的计税基础减除已经按照规定扣除的折旧、折耗、摊销、准备金等后的余额。

对于在中国境内未设立机构、场所的，或者虽设立机构、场所，但取得的所得与其所设机构、场所没有实际联系的非居民企业的应纳税额计算公式为

$$应纳税额＝年应纳税所得额×税率(减按10\%)$$

【例 5-19 计算题】某外国公司在中国境内设有常驻代表机构，2021 年该外国公司与中国一家企业签订一项技术转让协议，合同约定技术转让费为 100 万元，则该外国公司应为该笔技术转让费向中国缴纳多少企业所得税？

【答案】

中国企业代扣代缴企业所得税＝100×10%＝10(万元)。

第七节　企业所得税的征收管理

一、纳税期限

企业所得税按年计征，分月或者分季预缴，年终汇算清缴，多退少补。

企业所得税的纳税年度，自公历 1 月 1 日起至 12 月 31 日止。企业在 1 个纳税年度的中间开业，或者由于合并、关闭等原因终止经营活动，使该纳税年度的实际经营期不足 12 个月的，应当以其实际经营期为 1 个纳税年度。企业清算时，应当以清算期间作为 1 个纳税年度。

企业在年度中间终止经营活动的，应当自实际经营终止之日起 60 日内，向税务机关办理当期企业所得税汇算清缴。

二、纳税申报

(一)预缴

按月或按季预缴的，应当自月份或者季度终了之日起 15 日内，向税务机关报送预缴企业所得税纳税申报表，预缴税款。

分月或分季预缴所得税时，应当按月度或季度的实际利润额预缴；按月度或季度的实际利润额预缴有困难的，可以按上一年度应纳税所得额的 1/12 或 1/4 预缴；或按照经税务机关认可的其他方法预缴。预缴方式一经确定，当年度不得变更。

(二)汇算清缴

企业应自年度终了之日起 5 个月内，向税务机关报送年度企业所得税纳税申报表，并汇算清缴，结清应缴应退税款。

企业在报送企业所得税纳税申报表时，应当按照规定附送财务会计报告和其他相关资料。

需要注意的是，企业在纳税年度内无论盈利或者亏损，都应当向税务机关报送预缴企业所得税纳税申报表、年度企业所得税纳税申报表、财务会计报告和税务机关规定应当报送的其他相关资料。

企业应当在办理注销登记前，就其清算所得向税务机关申报并依法缴纳企业所得税。

三、纳税地点

(1) 除税收法律、行政法规另有规定外，居民企业以企业登记注册地为纳税地点；但登记注册地在境外的，以实际管理机构所在地为纳税地点。

(2) 居民企业在中国境内设立不具有法人资格的营业机构的，应当汇总计算并缴纳企业所得税。企业汇总计算并缴纳企业所得税时，应当统一核算应纳税所得额，具体办法由国务院财政、税务主管部门另行制定。

(3) 非居民企业在中国境内设立机构、场所的，应当就其所设机构、场所取得的来源于中国境内的所得，以及发生在中国境外但与其所设机构、场所有实际联系的所得，以机构、场所所在地为纳税地点。非居民企业在中国境内设立两个或者两个以上机构、场所的，经税务机关审核批准，可以选择由其主要机构、场所汇总缴纳企业所得税。

(4) 非居民企业在中国境内未设立机构、场所的，或者虽设立机构、场所，但取得的所得与其所设机构、场所没有实际联系的所得，以扣缴义务人所在地为纳税地点。

(5) 除国务院另有规定外，企业之间不得合并缴纳企业所得税。

本章小结

本章全面介绍了企业所得税的理论、税制要素和计算方法。

企业所得税是对我国境内的企业和其他取得收入的组织的生产经营所得和其他所得征收的一种税。它以所得额为课税对象，以应纳税所得额为课税依据，体现了量能负担的课税

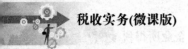

原则。

在我国境内，除个人独资企业和合伙企业外，按照地域管辖权和居民管辖权相结合的标准，企业所得税纳税义务人分为居民企业和非居民企业，分别承担不同的纳税义务。

我国企业所得税采用的是比例税率，基本税率为 25%，低税率为 20%，适用于在中国境内未设立机构、场所的，或者虽设立机构、场所，但取得的所得与其所设机构、场所没有实际联系的非居民企业，在实际执行时减按 10%的税率征收企业所得税。另外，还有优惠税率15%、20%，对国家需要重点扶持的高新技术企业，减按 15%的税率征收企业所得税；对符合条件的小型微利企业减按 20%的税率征收企业所得税。

应纳税所得额是企业所得税的计税依据。应纳税所得额的计算以权责发生制为原则，计算方法有直接计算法和间接计算法。直接计算法下，应纳税所得额是纳税人每一纳税年度的收入总额减去不征税收入、免税收入、允许的各项成本费用扣除以及允许弥补的以前年度亏损后的余额。间接计算法下，应纳税所得额是会计利润加/减税收调整项目。确定税前扣除项目是企业所得税准确计算应纳税所得额的重要组成部分。

对居民企业来源于国外的所得征税时，采用限额抵免法。

企业所得税以产业优惠为主，其税收优惠体现在扶持农、林、牧、渔业发展；促进技术创新和科技进步；支持环境保护、节能节水、资源综合利用、安全生产；促进公益事业和照顾弱势群体；鼓励基础设施建设；给予非居民企业优惠等方面。

企业所得税的征收管理主要包括纳税地点、纳税申报和税款缴纳。

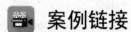 案例链接

大理药业股份有限公司补缴税款

2021 年 3 月 12 日至 2021 年 6 月 29 日，大理州税务局第一稽查局对公司 2017 年 1 月 1日至 2018 年 12 月 31 日的涉税情况进行了检查。公司因买入保本型理财产品取得利息及利息性质的收入未计提增值税、城市维护建设税、教育费附加、地方教育费附加；取得不符合规定的发票，导致公司未及时履行纳税义务。

未缴纳税费的具体情况包括：增值税 436 954.20 元，城市维护建设税 30 586.79 元，教育费附加 13 108.20 元，地方教育费附加 8 738.10 元，企业所得税 618 541.69 元，根据《中华人民共和国税收征收管理法》及相关法律、法规的规定，对应缴未缴增值税 436 954.20 元、城市维护建设税 30 586.79 元、少缴企业所得税 618 541.69 元按日加收滞纳税款万分之五的滞纳金，公司应缴纳滞纳金 459 915.09 元。

上述应补缴税款及滞纳金合计 1 567 844.07 元。具体解读如下。

(1) 企业账户有富余资金或由于其他不能言说原因购买了理财产品，一定要关注合同条款是如何约定的，如果合同中明确承诺到期本金可全部收回的投资收益，要按现行政策规定按贷款服务缴纳增值税。取得的非保本的上述收益不属于利息或利息性质的收入，不征收增值税。关键问题就是确认理财产品是"保本"还是"非保本"。然而此类问题还是有不少企业未缴增值税，确实存在一定的涉税风险，已有众多企业中招。

(2) 取得不符合规定的发票，导致公司未及时履行纳税义务。这个问题也是企业普遍存

在的涉税风险。不合规发票(包括但不限于私自印制、伪造、变造、作废、开票方非法取得、虚开、填写不规范等)存在诸多涉税风险,如增值税、企业所得税等法规均有规定。

思考与讨论:

(1) 未缴纳增值税 436 954.20 元是如何影响企业的资产负债表和利润表的?

(2) 未缴纳城市维护建设税 30 586.79 元、教育费附加 13 108.20 元、地方教育费附加 8 738.10 元、企业所得税 618 541.69 元是如何影响企业的资产负债表和利润表的?

(3) 理财产品的投资收益如何处理?

(4) 如何避免取得不符合规定的发票,以免给公司带来涉税风险?

(5) 为了正确计算企业所得税,如何厘清应纳税所得和会计利润之间的关系?

(6) 大理药业股份有限公司需补缴税款及滞纳金合计 1 567 844.07 元,说明了税收的什么属性?

 # 同步测试题

一、单项选择题

1. 下列各项中,不属于企业所得税征收范围的是( )。

A. 居民企业来源于境外的所得

B. 非居民企业来源于中国境内的所得

C. 非居民企业来源于中国境外的,与所设机构没有实际联系的所得

D. 在中国设立机构、场所的非居民企业,取得的与其所设机构、场所有实际联系的所得

2. 下列各项中,不属于企业所得税纳税人的是( )。

A. 股份有限公司　　B. 合伙企业　　　C. 联营企业　　D. 出版社

3. 根据企业所得税法律制度的规定,企业缴纳的下列税金中,不得在计算企业所得税应纳税所得额时扣除的是( )。

A. 增值税　　　　B. 消费税　　　　C. 印花税　　　　D. 房产税

4. 某生产服装的企业,2020 年计入成本、费用中的合理的实发工资为 540 万元,当年发生工会经费 18 万元、职工福利费 90 万元、职工教育经费 16 万元,则税前可扣除的职工工会经费、职工福利费、职工教育经费合计为( )元。

A.106　　　　　B.97.4　　　　　C.99.9　　　　　D.102.4

5. 在计算企业应纳税所得额时,除国务院财政、税务主管部门另有规定外,有关费用支出不超过规定比例的准予扣除,超过部分,准予在以后纳税年度结转扣除。下列各项中,属于该有关费用的是( )。

A. 工会会费　　　　　　　　　　B. 社会保险费

C. 职工福利费　　　　　　　　　D. 职工教育经费

6. 关于企业捐赠,下列说法不正确的是( )。

A. 在年度利润总额 12%以内的部分,准予在计算应纳税所得额时扣除

B. 超过年度利润总额 12%的部分,准予结转以后三年内在计算应纳税所得额时扣除

C. 超过年度利润总额 12%的部分，准予结转以后年度在计算应纳税所得额时扣除

D. 企业在对公益性捐赠支出计算扣除时，应先扣除以前年度结转的捐赠支出，再扣除当年发生的捐赠支出

7. 某企业 2021 年度销售收入为 3 000 万元，发生业务招待费 50 万元，根据相关规定，该企业当年可以在税前扣除的业务招待费最高为( )万元。

    A. 13.6   B. 30   C. 38   D. 15

8. 某企业 2021 年度销售收入为 272 000 元，发生广告费和业务宣传费 50 000 元，根据相关规定，该企业当年可以在税前扣除的广告费和业务宣传费最高为( )元。

    A. 30 000   B. 38 080   C. 40 800   D. 50 000

9. 根据相关规定，下列项目中，纳税人在计算应纳税所得额时准予扣除的是( )。

    A. 罚金   B. 银行按规定加收的罚息

    C. 税收滞纳金   D. 罚款和被没收财物的损失

10. 企业在纳税年度内无论盈利或亏损，都应在月份或季度终了后( )日内，向其所在地主管税务机关报送会计报表和预缴所得税申报表。

    A. 7   B. 10   C. 15   D. 45

二、多项选择题

1. 根据企业所得税法律制度的规定，下列各项关于收入确认的表述中，正确的有( )。

    A. 企业以非货币形式取得的收入，应当按照公允价值确定收入额

    B. 以分期收款方式销售货物的，按照收到货款或索取货款凭证的日期确认收入的实现

    C. 采取产品分成方式取得收入的，按照企业分得产品的日期确认收入的实现，其收入额按照产品的公允价值确定

    D. 接受捐赠收入，按照实际收到捐赠资产的日期确定收入

2. 下列收入中，属于免征企业所得税的收入有( )。

    A. 财产转让收入

    B. 符合条件的居民企业之间的权益性投资收益

    C. 符合条件的非营利组织收入

    D. 接受捐赠收入

3. 根据《中华人民共和国企业所得税法》的规定，下列项目中，属于不征税收入的有( )。

    A. 财政拨款

    B. 国债利息收入

    C. 企业债权利息收入

    D. 依法收取并纳入财政管理的行政事业性收费、政府性基金

4. 在计算应纳税所得额时，企业发生的下列长期待摊费用，按照规定摊销的，准予扣除的是( )。

    A. 已足额提取折旧的固定资产的改建支出

    B. 租入固定资产的改建支出

    C. 固定资产的大修理支出

D. 其他应当作为长期待摊费用的支出

5. 企业的下列哪些税金在计算应纳税所得额时，准予从收入总额中扣除(　　)。

A. 企业所得税　　　　B. 房产税　　　　C. 消费税　　　　D. 教育费附加

6. 某企业 2021 年利润总额为 2 000 万元，工资薪金支出为 1 500 万元，已知在计算企业所得税应纳税所得额时，公益性捐赠支出、职工福利费支出、职工教育经费支出的扣除比例分别不超过 12%、14%和 8%，下列支出中，允许在计算 2021 年企业所得税应纳税所得额时全额扣除的有(　　)。

A. 公益性捐赠支出 210 万元

B. 职工福利支出 180 万元

C. 职工教育经费支出 60 万元

D. 2021 年 7 月至 2022 年 6 月期间的厂房租金支出 100 万元

7. 根据相关规定，下列支出项目中，在计算企业所得税应纳税所得额时，不得扣除的有(　　)。

A. 向投资者支付的股利　　　　　　B. 税收滞纳金

C. 非广告性赞助支出　　　　　　　D. 与取得收入无关的费用支出

8. 企业通过非营利性社团和国家机关对(　　)捐赠，在年度利润总额 12%之内的部分，准予在计算应纳税所得额时扣除。

A. 红十字会　　　　　　　　　　　B. 减灾委员会

C. 全国老年基金会　　　　　　　　D. 老区促进会

9. 我国企业所得税的税收优惠包括(　　)。

A. 免税收入　　　B. 加计扣除　　　C. 减计收入　　　D. 税额抵免

10. 企业的下列所得中，可以免征、减征企业所得税的是(　　)。

A. 从事农、林、牧、渔业项目的所得

B. 从事国家重点扶持的公共基础设施项目投资经营的所得

C. 从事符合条件的环境保护、节能节水项目的所得

D. 符合条件的技术转让所得

三、判断题

1. 企业所得税的征税对象为所得额，它是企业实现的利润额，但不是企业的销售额或营业额。　　　　　　　　　　　　　　　　　　　　　　　　　　　　(　　)

2. 按照企业所得税法的规定，国家需要重点扶持的高新技术企业，减按 10%的税率征收企业所得税。　　　　　　　　　　　　　　　　　　　　　　　　　　　　(　　)

3. 企业购买国债的利息收入，不计入应纳税所得额。　　　　　　　　　(　　)

4. 居民企业应当就其来源于中国境内的所得缴纳企业所得税。　　　　　(　　)

5. 非居民企业在中国境内未设立机构、场所的，或者虽设立机构、场所，但取得的所得与其所设机构、场所没有实际联系的，应当就其来源于中国境内的所得缴纳企业所得税。

(　　)

6. 非居民企业在中国境内未设立机构、场所的，或者虽设立机构、场所，但取得的所得与其所设机构、场所没有实际联系的来源于中国境内的所得的适用税率为 25%。　　(　　)

7. 企业所得税的应纳税所得额是企业每一纳税年度的收入总额，减除不征税收入各项扣

除以及允许弥补的以前年度亏损后的余额。 （   ）

8. 企业收入总额中的不征税收入包括财政拨款，依法收取并纳入财政管理的行政事业性收费、政府性基金，国务院规定的其他不征税收入。 （   ）

9. 企业在汇总计算应缴纳企业所得税时，其境外营业机构的亏损可以抵减境内营业机构的盈利。 （   ）

10. 企业开发新技术、新产品、新工艺发生的研究与开发费用，以及安置残疾人员及国家鼓励安置的其他就业人员所支付的工资，可以免征、减征企业所得税。 （   ）

四、计算题

1. 甲公司为居民企业，2021年度的生产经营情况如下。

(1) 销售收入5 000万元，销售成本为3 570万元，税金及附加为140万元，缴纳增值税为800万元。

(2) 期间费用共计1 040万元。其中，销售费用中含广告费280万元，运输、包装、展览费用120万元，运输用车辆的折旧费12万元(该货车于2020年12月购入，原值42万元，预计净残值2万元，期限按税法规定，计提年限为4年)；管理费用中含业务招待费60万元、新产品研发费80万元，为职工购买商业人寿保险支出8万元，为基本医疗保险支出15万元；财务费用100万元，都是向非金融机构借款用于经营的利息支出，若按银行同期同类贷款利率计算，其利息支出为60万元。

(3) 营业外收入10万元，为接受的货币性捐赠收入。

(4) 营业外支出160万元，含合同违约金2万元；银行罚息3万元；工商部门罚款1万元；为乙企业提供与收入无关的担保，因乙企业破产而承担负债20万元。

请计算甲公司2021年度的应纳税所得额和应纳所得税额。

2. 某企业经税务机关同意，每个季度按实际利润预缴所得税。2021年第一季度实现利润额为150万元，第二季度实现利润额为180万元，第三季度实现利润额为200万元，第四季度实现利润额为100万元。2021年全年应纳税所得额为800万元。

请计算该企业2021年各季度应预缴和年终汇算清缴的企业所得税税额。

3. 某中外合资经营企业2021年度境内应纳税所得额为400万元，该企业在A、B两国设有分支机构。A国分公司所得为200万元，其中生产经营所得150万元，A国所得税税率为40%；租金所得50万元，税率为20%。B国分公司所得为240万元，其中生产经营所得为200万元，B国所得税税率为25%；利息所得为40万元，税率为20%。

请计算该企业2021年应纳的企业所得税税额。

拓展阅读

企业所得税改革历程

我国企业所得税税制的沿革可以分为五个阶段。

(一)早期的所得税制度

企业所得税，1799年诞生于英国，由于战争一度被废止，在1842年平定叛乱之际又被开征并延续至今。我国所得税最早产生于两千多年前的西汉。企业所得税制度可以追溯到20

世纪初清末宣统年间(约 1910 年),政府曾草拟出《所得税章程》。1943 年,国民政府公布了《所得税法》。由于当时的国民政府政治腐败,经济落后,富人大量逃税,而穷人又无力纳税,所以《所得税法》不可能很好地实施。

(二)中华人民共和国成立至改革开放前的所得税制度

中华人民共和国成立后,我国的企业所得税经历了几次大的变革。

在 1949 年首届全国税务会议上,通过了统一全国税收政策的基本方案,其中包括对企业所得和个人所得征税的办法。1950 年,政务院发布了《全国税政实施要则》,规定全国设置 14 种税收,其中涉及对企业所得征收的主要是工商业税(所得税部分)。

1958 年和 1973 年的两次税制改革对税制进行了简化,工商业税(所得税部分)主要对集体企业征收,国营企业仍然是上缴利润。

(三)改革开放后的企业所得税制度

1980 年 9 月,为了适应改革开放后经济发展的需要,《中华人民共和国中外合资经营企业所得税法》公布实施。企业所得税税率确定为 30%,另按照应纳税所得额附征 10% 的地方所得税。1981 年 12 月,通过《中华人民共和国外国企业所得税法》,实行 20%~40% 的 5 级超额累进税率,仍按应税所得额附征 10% 的地方所得税。1984 年 9 月,国务院发布了《中华人民共和国国营企业所得税条例(草案)》和《国营企业调节税征收办法》。1985 年 4 月,国务院发布了《中华人民共和国集体企业所得税暂行条例》,实行 10%~55% 的 8 级超额累进税率。1988 年 6 月,国务院发布了《中华人民共和国私营企业所得税暂行条例》。这一系列的法规使得内外资企业以及内外资中的不同所有制企业实行有差别的所得税制度,造成了税负上的差异,阻碍了市场经济的健康发展。1991 年 4 月,国务院将《中华人民共和国中外合资经营企业所得税法》和《中华人民共和国外国企业所得税法》合并,制定了《中华人民共和国外商投资企业和外国企业所得税法》,实现了外资企业所得税法的统一。1993 年 12 月 13 日,国务院将《中华人民共和国国营企业所得税条例(草案)》《中华人民共和国国营企业调节税征收办法》《中华人民共和国集体企业所得税暂行条例》以及《中华人民共和国私营企业所得税暂行条例》合并,制定了《中华人民共和国企业所得税法暂行条例》,实现了内资企业所得税的统一,于 1994 年 1 月 1 日起施行。

(四)企业所得税实施前的企业所得税制度

1994 年以后的企业所得税分为内资企业、外资企业(包括外商投资企业和外国企业)两套税制。在税制要素(如纳税人、扣除项目、优惠政策等)方面都存在一定的差异。内资企业法定的基准税率为 33%;外资企业实行 30% 的比例税率,另征收 3% 的地方所得税。综合税率为 33%。为加大吸引外商投资,国家实施了一系列税收优惠政策,主要包括生产性外商投资企业享受企业所得税的"两免三减半"优惠;投资港口码头和能源类的外资企业享受企业所得税"五免五减半"优惠;对设在经济特区、经济技术开发区等地区的生产性外资企业实行 15%、24% 的低税率优惠等。

(五)现行企业所得税制度

现行的《中华人民共和国企业所得税法》自 2008 年 1 月 1 日起施行。内外资企业使用统一的企业所得税法。至此,我国企业所得税初步建立了较为统一、规范的现代税制。

我国现行企业所得税基本税率设定为25%,从世界各国比较而言还是偏低的。据有关资料介绍,世界上近160个实行企业所得税的国家(地区)平均税率为28.6%,我国周边18个国家(地区)的平均税率为 26.7%。现行税率的确定,既考虑了我国财政承受能力,又考虑了企业负担水平。

　　对符合规定的小型微利企业实行20%的照顾性税率,对国家需要重点扶持的高新技术企业实行15%的优惠税率,统一了税前扣除标准,统一了税收优惠政策。

微课资源

　　扫一扫,获取本章相关微课视频。

5.1　企业所得税—　　　　5.2　企业所得税—　　　　5.3　企业所得税—
　　应纳税所得额的计算　　　　境外所得抵扣税额的计算　　　　税法扣除的规定

第六章　个人所得税

【教学目的与要求】

● 理解个人所得税的概念、类型及特征。
● 掌握个人所得税的征税范围、纳税人及税率。
● 准确计算居民个人综合所得应纳税额和其他各项所得应纳税额。
● 理解个人所得税全员全额扣缴申报和自行申报纳税两种纳税方式。

第一节　个人所得税概述

个人所得税是主要以自然人取得的各类应税所得为征税对象而征收的一种所得税,是政府利用税收对个人收入进行调节的一种手段,体现了国家与个人之间的分配关系。

个人所得税是世界各国普遍开征的一个税种,最早产生于18世纪的英国,此后世界各国相继效仿,开征此税种。目前,世界上已有140多个国家和地区开征了个人所得税。

一、个人所得税税制模式

世界各国的个人所得税制大体可分为以下三种类型,三种不同的征收模式各有其优缺点。

1. 分类征收制

分类征收制就是将纳税人不同来源、性质的所得项目,分别规定不同的税率进行征税。

2. 综合征收制

综合征收制是对纳税人全年的各项所得加以汇总,就其总额进行征税。

3. 混合征收制

混合征收制是对纳税人不同来源、性质的所得先分别按照不同的税率征税,然后将全年的各项所得进行汇总征税。

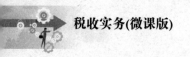

二、个人所得税的特点

我国现行的个人所得税主要具有以下特点。

1. 在征收制度上实行分类征收制

我国现行的个人所得税制采用了分类与综合相结合的征收模式，即一方面对个人的工资、薪金所得、劳务报酬所得、稿酬所得和特许权使用费所得按综合征收；另一方面对其余所得按不同的税率、不同的费用扣除标准和不同的计税方法，实行按年、按月或按次计征等，从而简化计算，方便征纳双方，以控制税源，减少偷逃税款。

2. 在费用扣除上定额和定率扣除并用

个人所得税的计税依据是净所得。现行的个人所得税对各项应税所得，根据情况不同分别在费用扣除上实行定额扣除和定率扣除两种方法。例如，对个人综合所得的减除费用实行定额扣除，对财产租赁所得、稿酬所得的定率扣除的标准为20%，从而把征税的重点集中在高收入者身上，以体现多得多征、少得少征和公平税负的政策精神。

3. 在税率上累进税率和比例税率并用

现行的个人所得税在税率上，根据不同的应税所得分别实行累进税率和比例税率两种形式。对个人的综合所得、经营所得实行超额累进税率，对其他应税所得实行比例税率，从而实现对个人收入差距的合理调节。

4. 在申报缴纳上采用自行申报和代扣代缴两种方法

现行的个人所得税在申报缴纳上，对纳税人应纳税额分别采取由支付单位代扣代缴和纳税人自行申报纳税两种方法。对可以在应税所得的支付环节扣缴的，均由法定的扣缴义务人(即支付应税所得的单位或个人)在向纳税人支付应税所得时代扣代缴个人所得税税款；对于没有扣缴义务人的，以及个人在两处以上取得所得等情况的，实行由纳税人自行申报纳税的方法，即由纳税人自行向税务机关申报缴纳个人所得税税款，这样做既有利于控制个人所得税税款的流失，也便于个人所得税的征管。

5. 以个人作为纳税单位

现行的个人所得税以个人(自然人)作为纳税人，而不是将家庭作为个人所得税的纳税人。

三、个人所得税的作用

(一)调节收入分配，体现社会公平

改革开放以来，我国个人之间的收入差距增大。城乡之间、地区之间、行业之间以及个人之间的收入分配差距越来越大。征收个人所得税，本着公平税负的原则，能够把高收入者的一部分收入转化为国家所有，这在客观上有利于缓和社会分配不公的矛盾。同时，由于个人所得税具有费用扣除额及税率方面的规定，所以对低收入者可保证维持其基本的生活需要，而对高收入者也不至于因纳税而损害其生产经营和工作的积极性。

(二)提高公民纳税意识

由于社会、经济环境的快速转变，资本财富和收入来源的多样性和隐性化，以及我国目前个人所得税税制本身存在的问题，公民纳税意识还相对淡薄。个人所得税作为直接税，对于个人取得的所得，支付单位首先要代扣代缴个人所得税，个人拿到手的是税后所得，缴纳个人所得税有助于提高公民的纳税意识。

(三)稳定经济的功能

个人所得税实行的累进税率具有内在稳定器的功能，是现代所得税制度对经济变动的弹性反应。当经济处于繁荣时期，个人收入增加，个人所得税税基扩大，应纳税所得自动进入较高边际税率，税负自动增长，社会总需求自动减少，对经济发展和通货膨胀起到自动抑制的作用；当经济处于萧条时期，个人收入减少，个人所得税税基缩小，应纳税所得自动退回较低边际税率，税负自动减少，会削弱经济衰退的压力，有利于维持社会总需求的规模，对经济衰退起到自动抑制的作用。不仅如此，政府还可以通过提高或降低个人所得税税率，拓宽或削减个人所得税税基等方式，增加或减少个人所得税，有意识地对经济施加影响。

(四)增加国家财政收入

西方很多国家个人所得税收入占全部税收收入总额的 30%以上，是政府非常重要的财政收入。相对而言，我国个人所得税所占比例较低，到 2019 年为止仍不足 10%。但随着经济的发展，个人收入的增加，个人所得税制的日益健全、征管力度的加大及纳税人纳税意识的不断增强，个人所得税作为我国收入潜力最大的税种，在筹集财政收入方面必将发挥越来越重要的作用。

第二节　个人所得税的纳税义务人

个人所得税的纳税义务人，包括中国公民、个体工商户、个人独资企业、合伙企业投资者、在中国境内有所得的外籍人员(包括无国籍人员，下同)和香港特别行政区、澳门特别行政区、台湾地区同胞。上述纳税义务人依据住所和居住时间两个标准，区分为居民纳税义务人和非居民纳税义务人，分别承担不同的纳税义务。

一、居民纳税义务人

居民纳税义务人是指在中国境内有住所，或者无住所而在中国境内居住满 183 天的个人。居民纳税义务人负有无限纳税义务，应就来源于中国境内和境外的所得，向中国缴纳个人所得税。

所谓在中国境内有住所的个人，是指因户籍、家庭、经济利益关系而在中国境内习惯性居住的个人。

习惯性居住是判定纳税义务人属于居民还是非居民的一个重要依据。它是指个人因学习、工作、探亲等原因消除之后，没有理由在其他地方继续居留时，所要回到的地方，而不是指实际居住地或在某一个特定时期内的居住地。例如，某纳税人因学习、工作、探亲、旅游等原因而在中国境外居住，在这些原因消除之后，必须回到中国境内居住的，则中国为该人的习惯性居住地。

所谓无住所而在境内居住满 183 天，是指在一个纳税年度(即公历 1 月 1 日起至 12 月 31 日止，下同)内，在中国境内居住累计满 183 日。

在计算居住天数时，按其一个纳税年度内在境内的实际居住时间确定，即境内无住所的某人在一个纳税年度内无论出境多少次，只要在境内累计住满 183 天，就可判定其为我国的居民纳税人。例如，某外籍人员从 2019 年 11 月起到中国境内的公司任职，在 2020 纳税年度内，虽多次离境回国，但该外籍人员在境内居住时间累计达到 190 日，已超过 183 日标准。因此，该纳税义务人 2020 纳税年度为我国的居民纳税义务人。

居民纳税义务人应就来源于中国境内、境外的所得缴纳个人所得税，负有无限纳税义务。所得的来源地和支付地不是同一个概念。下列所得，不论支付地点是否在中国境内，均为来源于中国境内的所得。

(1) 因任职、受雇、履约等而在中国境内提供劳务取得的所得。

(2) 将财产出租给承租人在中国境内使用而取得的所得。

(3) 转让中国境内的不动产等财产或者在中国境内转让其他财产取得的所得。

(4) 许可各种特许权在中国境内使用而取得的所得。

(5) 从中国境内的企事业单位、其他组织以及居民个人取得的利息、股息、红利所得。

在中国境内无住所，且在中国境内累计居住满 183 天的年度连续不满六年的个人，其来源于中国境外的所得，经向主管税务机关备案，可以只就由中国境内单位或者个人支付的部分缴纳个人所得税，其来源于中国境外且由境外单位或者个人支付的所得，免予缴纳个人所得税。

二、非居民纳税义务人

非居民纳税义务人是指在中国境内无住所又不居住，或者无住所而一个纳税年度内在中国境内居住累计不满 183 天的个人。非居民纳税义务人承担有限纳税义务，仅就其来源于中国境内的所得，向中国缴纳个人所得税。

在现实生活中，非居民纳税义务人，实际上只能是在一个纳税年度中没有在中国境内居住，或者在中国境内居住不满 183 天的外籍人员、华侨或香港、澳门、台湾同胞。

在中国境内无住所的个人，在一个纳税年度中在中国境内连续或者累计居住不超过 90 日的个人，其来源于中国境内的所得，由境外雇主支付并且不由该雇主在中国境内的机构、场所负担的部分，免予缴纳个人所得税。

【例 6-1 判断题】在中国境内有住所，或者无住所而在中国境内居住满 90 天的个人，为我国个人所得税的居民个人。   (   )

【答案】×

【答案解析】居民纳税义务人是指在中国境内有住所，或者无住所而在中国境内居住满 183 天的个人。

【例 6-2 分析题】日本居民小野女士受其供职的境外公司委派，来华从事投资咨询工作，在华停留 70 天，期间取得境外公司支付的工资 30 000 元，取得中国福利彩票中奖收入 20 000 元。

要求：分析小野女士在中国的个人所得税情况。

【答案解析】境内无住所的个人在我国境内连续或累计居住不超过 90 日，境内所得境外支付部分免税，因此 30 000 元工资收入免税；境内所得境内支付不免税，因此 20 000 元中奖收入需要纳税。

三、扣缴义务人

我国个人所得税实行代扣代缴和个人自行申报相结合的征收管理制度。个人所得税以支付所得的单位或者个人为扣缴义务人，有利于从源泉控制税源，保证税收收入，简化征纳手续，加强个人所得税管理。

扣缴义务人扣缴税款时，纳税人应当向扣缴义务人提供纳税人识别号。纳税人有中国居民身份证号码的，以中国居民身份证号码为纳税人识别号；纳税人没有中国居民身份证号码的，由税务机关赋予其纳税人识别号。

第三节　个人所得税的征税范围

个人所得税的征税对象是个人取得的应税所得，按应税所得的来源划分，分为如下 9 项。

一、工资、薪金所得

工资、薪金所得是指个人因任职或者受雇而取得的工资、薪金、奖金、年终加薪、劳动分红、津贴、补贴以及与任职或者受雇有关的其他所得。

一般来说，工资、薪金所得属于非独立个人劳动所得。所谓非独立个人劳动，是指个人所从事的是由他人指定、安排并接受管理的劳动，工作或服务于公司、工厂、行政事业单位的人员(私营企业除外)均为非独立劳动者。一般表现为个人在机关、团体、学校、部队、企事业单位及其他组织中任职、受雇而得到的报酬。通常情况下，把直接从事生产、经营或服务的劳动者所取得的收入称为工资；而把从事社会公职或管理活动的劳动者所取得的收入称为薪金。

除工资、薪金以外，奖金、年终加薪、劳动分红、津贴、补贴等也被确定为工资、薪金的范畴。但是，税法规定了下列补贴、津贴不属于工资、薪金性质或者不属于纳税人本人工资、薪金所得项目的收入，不予征税，这些项目包括独生子女补贴；执行公务员工资制度未纳入基本工资总额的补贴、津贴差额和家属成员的副食品补贴；托儿补助费；差旅费津贴、误餐补助等。

其中，误餐补助是指按照财政部规定，个人因公在城区、郊区工作，不能在工作单位或返回就餐的，根据实际误餐顿数，按规定的标准领取的误餐费。单位以误餐补助名义发给职工的补助、津贴不能包括在内。

二、劳务报酬所得

劳务报酬所得是指个人独立从事各种非雇佣关系的各种劳务所取得的所得。它包括设计、装潢、安装、制图、化验、测试、医疗、法律、会计、咨询、讲学、新闻、广播、翻译、审稿、书画、雕刻、影视、录音、录像、演出、表演、广告、展览、技术服务、介绍服务、

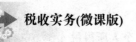

经纪服务、代办服务以及其他劳务取得的所得。

劳务报酬所得与工资、薪金所得的区别为：劳务报酬所得是个人独立从事自由职业或独立提供某种劳务取得的所得，不存在雇佣与被雇佣关系；工资、薪金所得则是个人从事非独立劳动，从所在单位领取的报酬，存在雇佣与被雇佣的关系。因此，是否存在雇佣与被雇佣的关系，是判断一种收入属于劳务报酬所得，还是属于工资、薪金所得的重要标准。比如，个人在非任职单位担任董事、监事职务取得的报酬属于劳务报酬所得，在任职单位担任董事、监事职务取得的报酬则属于工资、薪金所得。

【例6-3 多选题】 根据个人所得税法律制度的规定，下列个人所得中，应按"劳务报酬所得"项目征收个人所得税的有(   )。

A. 从任职公司取得的监事费收入　　　　B. 某公司高管从乙大学取得的讲课费

C. 从非任职公司取得的董事费收入　　　　D. 某大学教授从甲企业取得咨询费

【答案】 BCD

【答案解析】 个人在公司任职、受雇，同时兼任董事、监事的，应将董事费、监事费与个人工资收入合并，统一按"工资、薪金所得"项目缴纳个人所得税，所以选项A不应按"劳务报酬所得"项目征收个人所得税；"劳务报酬所得"是个人独立从事自由职业或独立提供某种劳务取得的所得不存在雇佣关系，所以，选项BCD应按"劳务报酬所得"项目征收个人所得税。

三、稿酬所得

稿酬所得是指个人因其作品以图书、报刊形式出版、发表而取得的所得。这里所说的作品，包括文学作品、书画作品、摄影作品以及其他作品。

纳税人将文字、图片等以图书、报刊方式出版、发表的，按照稿酬所得征税；而对不以图书、报刊形式出版、发表的翻译、审稿、书画所得按照劳务报酬所得征税，主要是考虑了出版、发表作品的特殊性。

需要注意的是：①任职、受雇于报纸、杂志等单位的记者、编辑等专业人员在本单位的刊物上发表作品取得的所得，为工资、薪金所得。除上述人员以外，其他人员在本单位的刊物上发表作品取得的所得，为稿酬所得。②出版社的专业作者撰写、编写或翻译的作品，由本社以图书形式出版取得的稿酬收入，为稿酬所得。

【例6-4 单选题】 根据规定，下列个人所得中，应按"稿酬所得"项目缴纳个人所得税的有(   )。

A. 审稿收入　　　　　　　　　　B. 翻译收入

C. 出版摄影作品收入　　　　　　D. 题字收入

【答案】 C

【答案解析】 稿酬所得为出版、发表取得的所得，选项A、B、D不属于出版、发表取得的所得。

四、特许权使用费所得

特许权使用费所得是指个人提供专利权、商标权、著作权、非专利技术以及其他特许权的使用权取得的所得。提供著作权的使用权取得的所得，不包括稿酬所得。

对于作者将自己的文字作品手稿原件或复印件公开拍卖(竞价)取得的所得，属于著作权的使用所得，为特许权使用费所得。

特许权主要涉及以下4种权利。

(1) 专利权是指由国家专利主管机关依法授予专利申请人在一定时期内对其发明创造独自享有的使用和转让的权利。

(2) 商标权是指商标注册人依法取得的独自享有对其注册商标专门在某类商品或产品上使用的权利。

(3) 著作权即版权是指作者对其创作的文学、科学和艺术作品依法享有的各种权利，主要包括发表权、署名权、修改权、保护作品完整权、使用权和获得报酬权等。

(4) 非专利技术是指未申请专利权的处于秘密状态的先进技术或各种诀窍。

居民个人取得工资薪金所得、劳务报酬所得、稿酬所得、特许权使用费所得(以下称综合所得)，按纳税年度合并计算个人所得税；非居民个人取得工资薪金所得、劳务报酬所得、稿费所得、特许使用费所得，按月或者按次分项计算个人所得税。

【例6-5 单选题】根据规定，下列个人所得中，应按"特许权使用费所得"项目缴纳个人所得税的有(   )。

A. 公司高管从甲企业取得的咨询费

B. 编剧从一家电视剧制作单位取得的剧本使用费

C. 设计师从乙装修公司取得的设计费

D. 大学教授从丙大学取得的讲课费

【答案】B

【答案解析】A、C、D属于劳务报酬所得，B属于著作权的获得报酬权，属于特许权使用费所得。

五、经营所得

经营所得，包括如下所得。

(1) 个体工商户从事生产、经营活动取得的所得。

(2) 个人独资企业投资人、合伙企业的个人合伙人来源于境内注册的个人独资企业、合伙企业生产、经营的所得。

个人独资企业、合伙企业的个人投资者以企业资金为本人、家庭成员及其相关人员支付与企业生产经营无关的消费性支出及购买汽车、住房等财产性支出，视为企业对个人投资者利润分配，并入投资者个人的生产经营所得，依照"经营所得"项目计征个人所得税。

(3) 个人经政府有关部门批准，取得执照，从事办学、医疗、咨询以及其他有偿服务活动取得的所得。

(4) 个人对企事业单位的承包经营、承租经营所得。个人承包经营或承租经营以及转包、转租取得的所得，按照个人承包、承租企业后，不同的企业性质和不同的利润分配情况，纳税义务不尽相同，具体情况如表6-1所示。

表6-1　个人对企事业单位的承包、承租经营所得的涉税情况比较

承包后单位登记情况	企业所得税	个人所得税
承包后单位工商登记变更为个体工商户的	不缴纳企业所得税	按照"经营所得"缴纳个人所得税
承包后单位工商登记仍为企业的	缴纳企业所得税	承包、承租人对企业经营成果不拥有所有权，仅按合同规定取得所得的，按"工资、薪金所得"缴纳个人所得税
		承包、承租人对企业经营成果拥有所有权，按"经营所得"缴纳个人所得税

(5) 个人从事其他生产、经营活动取得的所得。个人因从事彩票代销业务而取得的所得；从事个体出租车运营的出租车驾驶员取得的收入等为个体工商户从事生产、经营活动取得的所得。

个体工商户和从事生产经营的个人，取得与生产、经营活动无关的其他各项应税所得，应分别按照其他应税项目的有关规定，计算征收个人所得税。若取得对外投资分配的股息所得，应按"利息、股息、红利所得"税目的规定单独计征个人所得税。

六、利息、股息、红利所得

利息、股息、红利所得是指个人拥有债权、股权而取得的利息、股息、红利所得。利息一般是指个人因拥有债权而获得的利息所得，包括存款、贷款利息和债券利息。股息、红利是指个人因拥有股权而获得的所得，其中，股息是指股份公司按一定的股息率和股东所持有的股份数分派给股东的收益；红利是指股份公司分派股息之后，按持股比例分配的利润。

除个人独资企业、合伙企业以外的其他企业的个人投资者，以企业资金为本人、家庭成员及其相关人员支付与企业生产经营无关的消费性支出及购买汽车、住房等财产性支出；或从其投资企业借款，在该纳税年度终了后既不归还，又未用于企业生产经营的，视为企业对个人投资者的红利分配，依照"利息、股息、红利所得"项目计征个人所得税。企业的上述支出不允许在所得税税前扣除。

七、财产租赁所得

财产租赁所得是指个人出租不动产、土地使用权、机器设备、车船以及其他财产取得的所得。

个人取得的财产转租收入属于财产租赁所得的征税范围。

八、财产转让所得

财产转让所得是指个人转让有价证券、股权、合伙企业中的财产份额、不动产、土地使用权、机器设备、车船以及其他财产取得的所得。

对个人取得的各项财产转让所得，除股票转让所得外，都要征收个人所得税。

集体所有制企业在改制为股份合作制企业时，对职工个人以股份形式取得的拥有所有权的企业量化资产，暂缓征收个人所得税；待个人将股份转让时，就其转让收入额，减除个人取得该股份时实际支付的费用支出和合理转让费用后的余额，按财产转让所得项目征收个人所得税。

九、偶然所得

偶然所得是指个人得奖、中奖、中彩以及其他偶然性质的所得。得奖是指参加各种有奖竞赛活动，取得名次得到的奖金；中奖、中彩是指参加各种有奖活动，如有奖销售、有奖储蓄或者购买彩票，经过规定程序，抽中、摇中号码而取得的奖金。偶然所得应缴纳的个人所得税税款，一律由发奖单位或机构代扣代缴。

个人取得的所得，难以界定应纳税所得项目的，由国务院税务主管部门确定。

纳税人取得上列经营所得，利息、股息、红利所得；财产租赁所得；财产转让所示；偶然所得，分别计算个人所得税。

第四节　个人所得税的税率

一、综合所得适用税率

综合所得适用七级超额累进税率，税率为3%～45%，具体税率如表6-2所示。

表6-2　综合所得个人所得税税率

级　数	全年应纳税所得额	税率/%	速算扣除数/元
1	不超过36 000元的	3	0
2	超过36 000元至14 400元的部分	10	2 520
3	超过144 000元至300 000元的部分	20	16 920
4	超过300 000元至420 000元的部分	25	31 920
5	超过420 000元至660 000元的部分	30	52 920
6	超过660 000元至960 000元的部分	35	85 920
7	超过960 000元的部分	45	181 920

注：① 本表所称全年应纳税所得额是指依照规定，居民个人取得综合所得以每一纳税年度收入额减除费用60 000元以及专项扣除、专项附加扣除和依法确定的其他扣除后的余额。
② 非居民个人取得的工资、薪金所得，劳务报酬所得，稿酬所得和特许权使用费所得，依照本表按月换算后计算应纳税额。

居民个人每一纳税年度取得的综合所得包括工资、薪金所得，劳务报酬所得，稿酬所得和特许权使用费所得，按纳税年度合并计算个人所得税。

二、经营所得适用税率

经营所得适用五级超额累进税率，税率为5%～35%，具体税率如表6-3所示。

表6-3　经营所得个人所得税税率

级　数	全年应纳税所得额	税率/%	速算扣除数/元
1	不超过 30 000 元的	5	0
2	超过 30 000 元至 90 000 元的部分	10	1 500
3	超过 90 000 元至 300 000 元的部分	20	10 500
4	超过 300 000 元至 500 000 元的部分	30	40 500
5	超过 500 000 元的部分	35	65 500

注：本表所称全年应纳税所得额是指依照规定，以每一纳税年度经营所得的收入总额减除必要成本、费用后的余额。

这里需要注意：①承包、承租人对企业经营成果不拥有所有权，仅是按合同(协议)规定取得一定所得的，其所得按"工资、薪金所得"项目征税，适用 3%～45%的七级超额累进税率。②承包、承租人按合同(协议)的规定只向发包、出租方交纳一定费用后，企业经营成果归其所有的，承包、承租人取得的所得，按对企事业单位的"承包经营、承租经营所得"项目，适用 5%～35%的五级超额累进税率征税。

三、其他所得适用税率

利息、股息、红利所得，财产租赁所得，财产转让所得和偶然所得依照规定分别计算个人所得税，适用比例税率，税率为 20%。

第五节　个人所得税应纳税所得额的计算

个人所得税的应税项目不同，取得某项所得费用也不相同，因此计算个人应纳税所得额，需按不同应税项目分项计算。以某项应税项目的收入额减去规定的该项目费用减除标准后的余额，为该应税项目应纳税所得额。两个以上的个人共同取得同一项目收入的，应当对每个人取得的应税收入分别计算纳税。

一、每次收入的确认

《中华人民共和国个人所得税法》对纳税义务人的征税方法有三种：一是按年计征，如经营所得、居民个人取得的综合所得；二是按月计征，如非居民个人取得的工资、薪金所得；三是按次计征，如利息、股息、红利所得，财产租赁所得，偶然所得，非居民个人取得的劳务报酬所得，稿酬所得，特许权使用费所得等六项所得。在按次征收的情况下，费用扣除依据每次收入的多少，分别规定了定额和定率两种标准。因此，无论是从保护纳税人的合法权益还是从保证国家税收收入角度，明确"次"的概念都显得非常重要。

(一)非居民个人取得的劳务报酬所得、稿酬所得、特许权使用费所得

1. 属于一次性收入的，以取得该项收入为一次

(1)　就劳务报酬所得而言，从事设计、安装、装潢、制图、化验、测试等劳务，往往是

接受客户的委托，按照客户的要求，完成一次劳务后就会取得收入。因此，这些是属于只有一次性的收入，应以每次提供劳务取得的收入为一次。但是需要注意，如果一次性劳务报酬收入以分月支付方式取得的，就适用"同一事项连续取得收入，以一个月内取得的收入为一次"的规定。

(2) 就稿酬而言，采用按次计征，以每次出版、发表取得的收入为一次，具体又可细分为：①同一作品再版取得的所得，应视作另一次稿酬所得计征个人所得税；②同一作品先在报刊上连载，然后再出版，或先出版，再在报刊上连载的，应视为两次稿酬所得征税，即连载作为一次，出版作为另一次；③同一作品在报刊上连载取得收入的，以连载完成后取得的所有收入合并为一次，计征个人所得税；④同一作品在出版和发表时，以预付稿酬或分次支付稿酬等形式取得的稿酬收入，应合并计算为一次；⑤同一作品出版、发表后，因添加印数而追加稿酬的，应与以前出版、发表时取得的稿酬合并计算为一次，计征个人所得税。

(3) 就特许权使用费而言，以某项特许权的一次性转让所取得的收入为一次。

2. 属于同一项目连续性收入的，以一个月内取得的收入为一次

例如，某歌手与歌舞厅签约，在一年内每周到歌舞厅演唱一次，每次演出后付酬 2 000 元。在计算其劳务报酬所得时，应视为同一事项的连续性收入。以其一个月内取得的收入 8 000 元为一次计征个人所得税，而不能以每周取得的收入为一次。

(二)财产租赁所得

以一个月内取得的收入为一次。

(三)利息、股息、红利所得

以支付利息、股息、红利时取得的收入为一次。

(四)偶然所得

以每次取得该项收入为一次。

二、应纳税所得额与费用扣除标准

(一)居民个人综合所得应纳税所得额

居民个人的综合所得，按年征税，以每一纳税年度的收入额减除费用 60 000 元以及专项扣除、专项附加扣除和依法确定的其他扣除后的余额，为应纳税所得额。

1. 专项扣除

专项扣除包括居民个人按照国家规定的范围和标准缴纳的基本养老保险、基本医疗保险、失业保险等社会保险费和住房公积金等。

2. 专项附加扣除

专项附加扣除包括子女教育、继续教育、大病医疗、住房贷款利息或者住房租金、赡养老人等支出，具体范围、标准和实施步骤由国务院确定，并报全国人民代表大会常务委员会备案。

1) 子女教育

纳税人的子女接受全日制学历教育的相关支出，按照每个子女每月 1 000 元(每年 12 000

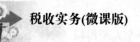

元)的标准定额扣除。

学历教育包括义务教育(小学、初中)、高中阶段教育(普通高中、中等职业、技工)、高等教育(大学专科、大学本科、硕士研究生、博士研究生)。

年满 3 岁至小学入学前处于学前教育阶段的子女,按学历教育扣除。

父母可以选择由其中一方按扣除标准的 100%扣除,也可以选择由双方分别按扣除标准的 50%扣除,具体扣除方式在一个纳税年度内不能变更。

纳税人子女在中国境外接受教育的,纳税人应当留存境外学校录取通知书、留学签证等相关教育的证明资料备查。

2) 继续教育

纳税人在中国境内接受学历(学位)继续教育的支出,在学历(学位)教育期间按照每月 400 元(每年 4 800 元)定额扣除。同一学历(学位)继续教育的扣除期限不能超过 48 个月(4 年)。纳税人接受技能人员职业资格继续教育、专业技术人员职业资格继续教育的支出,在取得相关证书的当年,按照 3 600 元定额扣除。

个人接受本科及以下学历(学位)继续教育,符合本办法规定扣除条件的,可以选择由其父母按子女教育扣除,也可以选择由本人按继续教育扣除。

纳税人接受技能人员职业资格继续教育、专业技术人员职业资格继续教育的,应当留存相关证书等资料备查。

3) 大病医疗

在一个纳税年度内,纳税人发生的与基本医保相关的医药费用支出,扣除医保报销后个人负担(指医保目录范围内的自付部分)累计超过 15 000 元的部分,由纳税人在办理年度汇算清缴时,在 80 000 元限额内据实扣除。

纳税人发生的医药费用支出可以选择由本人或者其配偶扣除;未成年子女发生的医药费用支出可以选择由其父母一方扣除。

纳税人及其配偶、未成年子女发生的医药费用支出,按本办法规定分别计算扣除额。

纳税人应当留存医药服务收费及医保报销相关票据原件(或者复印件)等资料备查。医疗保障部门应当向患者提供在医疗保障信息系统记录的本人年度医药费用信息查询服务。

4) 住房贷款利息

纳税人本人或者配偶单独或者共同使用商业银行或者住房公积金个人住房贷款为本人或者其配偶购买中国境内住房,发生的首套住房贷款利息支出,在实际发生贷款利息的年度,按照每月 1 000 元(每年 12 000 元)的标准定额扣除,扣除期限最长不超过 240 个月(20 年)。纳税人只能享受一次首套住房贷款的利息扣除。

所称首套住房贷款是指购买住房享受首套住房贷款利率的住房贷款。

经夫妻双方约定,可以选择由其中一方扣除,具体扣除方式在一个纳税年度内不能变更。

夫妻双方婚前分别购买住房发生的首套住房贷款,其贷款利息支出,婚后可以选择其中一套购买的住房,由购买方按扣除标准的 100%扣除,也可以由夫妻双方对各自购买的住房分别按扣除标准的 50%扣除,具体扣除方式在一个纳税年度内不能变更。

纳税人应当留存住房贷款合同、贷款还款支出凭证备查。

5) 住房租金

纳税人在主要工作城市没有自有住房而发生的住房租金支出,可以按照以下标准定额扣除：①直辖市、省会(首府)城市、计划单列市以及国务院确定的其他城市，扣除标准为每月 1 500 元(每年 18 000 元)。②除第一项所列城市以外，市辖区户籍人口超过 100 万的城市，扣除标准为每月 1 100 元(每年 13 200 元)；市辖区户籍人口不超过 100 万的城市，扣除标准为每月 800 元(每年 9 600 元)。

纳税人的配偶在纳税人的主要工作城市有自有住房的，视同纳税人在主要工作城市有自有住房。

市辖区户籍人口，以国家统计局公布的数据为准。

所称主要工作城市是指纳税人任职受雇的直辖市、计划单列市、副省级城市、地级市(地区、州、盟)全部行政区域范围；纳税人无任职受雇单位的，为受理其综合所得汇算清缴的税务机关所在城市。

夫妻双方主要工作城市相同的，只能由一方扣除住房租金支出。

住房租金支出由签订租赁住房合同的承租人扣除。

纳税人及其配偶在一个纳税年度内不能同时分别享受住房贷款利息和住房租金专项附加扣除。

纳税人应当留存住房租赁合同、协议等有关资料备查。

6) 赡养老人

纳税人赡养一位及以上被赡养人的赡养支出，统一按照以下标准定额扣除：①纳税人为独生子女的，按照每月 2 000 元(每年 24 000 元)的标准定额扣除；②纳税人为非独生子女的，由其与兄弟姐妹分摊每月 2 000 元(每年 24 000 元)的扣除额度，每人分摊的额度不能超过每月 1 000 元(每年 12 000 元)。可以由赡养人均摊或者约定分摊，也可以由被赡养人指定分摊。约定或者指定分摊的须签订书面分摊协议，指定分摊优先于约定分摊。具体分摊方式和额度在一个纳税年度内不能变更。

所称被赡养人是指年满 60 岁的父母，以及子女均已去世的年满 60 岁的祖父母、外祖父母。

所称父母，是指生父母、继父母、养父母。所称子女，是指婚生子女、非婚生子女、继子女、养子女。父母之外的其他人担任未成年人的监护人的，比照本办法规定执行。

个人所得税专项附加扣除额一个纳税年度扣除不完的，不能结转以后年度扣除，具体规定如表 6-4 所示。

表 6-4　个人所得税专项附加扣除

项目	扣除条件		扣除标准	扣除方式
子女教育	子女接受全日制学历教育	义务教育(小学、初中)	每个子女 1 000 元/月	父母各扣 50%/或指定一方扣 100%
		高中(普通高中、中等职工、技工)		
		高等教育(大专、本科、硕士、博士)		
	子女接受学前教育阶段	年满 3 岁至小学前		

续表

项目	扣除条件	扣除标准	扣除方式
继续教育	在中国境内接受学历(学位)继续教育	400 元/月	本科及以下学历(学位)继续教育的,由本人按继续教育或父母按子女教育扣除
	接受技能人员职业资格继续教育、专业技术人员职业资格继续教育的	3 600 元定额扣除	取得相关证书的当年定额扣除
大病医疗	在一个纳税年度内,纳税人发生的与基本医保相关的医药费用支出,扣除医保报销后个人负担(指医保目录范围内的自付部分)累计超过 15 000 元的部分	在 80 000 元大病医疗限额内据实扣除	本人或者其配偶扣除,未成年子女大病医疗费用由其父母一方扣除
住房贷款利息	购买中国境内住房,发生的首套住房贷款利息支出	1 000 元/月	本人扣除;夫妻双方可选择一人扣除
住房租金	在主要城市没有自有住房而发生的住房租金	直辖市、省会(首府)城市、计划单列市以及国务院确定的其他城市 1 500 元/月	承租人扣除;夫妻工作城市相同,一方扣除
		市辖区户籍人口超过 100 万的城市 1 000 元/月	
		市辖区户籍人口不超过 100 万的城市 800 元/月	
赡养老人	赡养一位及以上被赡养人的赡养支出(赡养人是指年满 60 岁的父母,以及子女均已去世的年满 60 岁的祖父母、外祖父母)	独生子女 2 000 元/月	定额扣除
		非独生子女 不超过 1 000 元/月	均摊/指定分摊/约定分摊

(二)非居民个人的应纳税所得额

非居民个人取得工资、薪金所得,劳务报酬所得,稿酬所得和特许权使用费所得,按月或者按次分项计算应纳税所得额,不实行综合征收,以每次收入额为应纳税所得额。

工资、薪金所得以每月收入额减除费用 5 000 元后的余额为应纳税所得额;

劳务报酬所得、稿酬所得、特许权使用费所得,以每次收入额为应纳税所得额,以收入减除 20%的费用后的余额为收入额,其中,稿酬所得的收入额减按 70%计算。个人兼有不同的劳务报酬所得,应当分别减除费用,计算缴纳个人所得税。

(三)经营所得的应纳税所得额

经营所得实行按年计征,以每一纳税年度的收入总额减除成本、费用以及损失后的余额,为应纳税所得额。

所称成本、费用是指生产、经营活动中发生的各项直接支出和分配计入成本的间接费用以及销售费用、管理费用、财务费用；所称损失，是指生产、经营活动中发生的固定资产和存货的盘亏、毁损、报废损失，转让财产损失，坏账损失，由自然灾害等不可抗力因素造成的损失以及其他损失。

取得经营所得的个人，没有综合所得的，计算其每一纳税年度的应纳税所得额时，应当减除费用 60 000 元、专项扣除、专项附加扣除以及依法确定的其他扣除。专项附加扣除在办理汇算清缴时减除。

从事生产、经营活动，未提供完整、准确的纳税资料，不能正确计算应纳税所得额的，由主管税务机关核定应纳税所得额或者应纳税额。

个人独资企业的投资者以全部生产经营所得为应纳税所得；合伙企业的投资者按照合伙企业的全部生产经营所得和合伙协议约定的分配比例，确定应纳税所得额，合伙协议没有约定分配比例的，以全部生产经营所得和合伙人数量平均计算每个投资者的应纳税所得额。

上述所称生产经营所得，包括企业分配给投资者个人的所得和企业当年留存的所得(利润)。

对个体工商户业主、个人独资企业和合伙企业自然人投资者的生产经营所得依法计征个人所得税时，个体工商户业主、个人独资企业和合伙企业是自然人投资者本人的费用扣除标准统一确定为每年 60 000 元(每月 5 000 元)。

对企事业单位的承包经营、承租经营所得，以每一纳税年度的收入总额减除必要费用后的余额，为应纳税所得额。每一纳税年度的收入总额，是指纳税义务人按照承包经营、承租经营合同规定分得的经营利润和工资、薪金性质的所得；减除必要费用，是指按年减除 60 000 元。

(四)财产租赁所得的应纳税所得额

财产租赁所得实行按次计征，以 1 个月内取得的收入为一次。每次收入不超过 4 000 元的，减除费用 800 元；每次收入在 4 000 元以上的，减除 20%的费用，其余额为应纳税所得额。

在确定财产租赁所得的应纳税所得额时，纳税人在出租财产过程中缴纳的税金和教育费附加，可持完税(缴款)凭证，从其财产租赁收入中扣除。另外，还允许扣除能够提供有效、准确凭证，证明由纳税人负担的该出租财产实际开支的修缮费用，但允许扣除的修缮费用，以每次 800 元为限。一次扣除不完的，准予在下一次继续扣除，直到扣完为止。

个人出租财产取得的财产租赁收入，在计算缴纳个人所得税时，应依次扣除以下费用：

(1) 财产租赁过程中缴纳的税费。

(2) 由纳税人负担的该出租财产实际开支的修缮费用。

(3) 税法规定的费用扣除标准。财产租赁所得每次收入(该金额为扣除前三项后的余额)不超过 4 000 元，定额减除费用 800 元；每次收入在 4 000 元以上，定率减除 20%的费用。

应纳税所得额的计算公式如下。①每次(月)收入不超过 4 000 元的：应纳税所得额=每次(月)收入额-准予扣除项目-修缮费用(800 元为限)-800 元。②每次(月)收入超过 4 000 元的：财产租凭所得的应纳税所得额=[每次(月)收入额-准予扣除项目-修缮费用(800 元为限)]×(1-20%)。

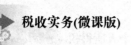

(五)财产转让所得的应纳税所得额

以转让财产的收入额减除财产原值和合理费用后的余额，为财产转让所得的应纳税所得额。

财产原值按照下列方法确定。

(1) 有价证券，为买入价以及买入时按照规定缴纳的有关费用。

(2) 建筑物，为建造费或者购进价格以及其他有关费用。

(3) 土地使用权，为取得土地使用权所支付的金额、开发土地的费用以及其他有关费用。

(4) 机器设备、车船，为购进价格、运输费、安装费以及其他有关费用。

其他财产参照前款规定的方法确定财产原值。

纳税人未提供完整、准确的财产原值凭证，不能按照规定的方法确定财产原值的，由主管税务机关核定财产原值。

所称合理费用，是指卖出财产时按照规定支付的有关税费。

财产转让所得的应纳税所得额=收入总额-财产原值-合理税费

(六)利息、股息、红利所得和偶然所得的应纳税所得额

利息、股息、红利所得，以支付利息、股息、红利时取得的收入为一次。偶然所得是指个人得奖、中奖、中彩以及其他偶然性质的所得。该项所得以每次收入额为应纳税所得额，不作任何费用扣除。

三、应纳税所得额的其他规定

(1) 劳务报酬所得、稿酬所得、特许权使用费所得以收入减除 20%的费用后的余额为收入额。稿酬所得的收入额减按 70%计算。

(2) 个人将其所得对教育、扶贫、济困等公益慈善事业进行捐赠，捐赠额未超过纳税人申报的应纳税所得额 30%的部分，可以从其应纳税所得额中扣除；国务院规定对公益慈善事业捐赠实行全额税前扣除的，从其规定。

第六节　个人所得税应纳税额的计算

根据税法规定的适用税率和费用扣除标准，各项所得的应纳税额计算如下。

一、居民综合所得应纳税额的计算

(一)应纳税额的计算

居民的综合所得按年征税，以每一纳税年度的收入额减除费用 60 000 元以及专项扣除、专项附加扣除和依法确定的其他扣除后的余额，为应纳税所得额。

首先，工资、薪金所得全额计入收入额；劳务报酬所得、特许权使用费所得的收入额为实际取得劳务报酬、特许权使用费收入的 80%；稿酬所得的收入额在扣除 20%费用的基础上，再减按 70%计算，即稿酬的收入额为实际取得的稿酬收入的 56%。

其次，居民的综合所得，以每一纳税年度的收入额减除费用60 000元以及专项扣除、专项附加扣除和依法确定的其他扣除后的余额为应纳税所得额。

居民综合所得应纳税额的计算公式为

应纳税额=全年应纳税所得额×适用税率-速算扣除数

=(全年收入额-60 000-社保、住房公积金费用-享受的专项附加扣除-

享受的其他扣除)×适用税率-速算扣除数

【例6-6 计算题】王某是国内某高校教师，居民个人，独生子女，2020年其收入情况如下：在单位工作，每月取得工资薪金18 000元，每月按照规定缴纳扣除"三险一金"3 500元；获稿酬3万元；此外，王某还担任某上市公司独立董事，全年取得劳务报酬10万元。该纳税人有两个孩子且均由其扣除子女教育专项附加，纳税人的父母健在且均已满60周岁。计算其当年应缴纳的个人所得税。

【答案】全年应纳税所得额=18 000×12+100 000×(1-20%)+30 000×(1-20%)×(1-30%)-

60 000-3 500×12-2×1 000×12 -2 000×12=162 800(元)

应纳税额=162 800×20%-16 920=15 640(元)

(二)预扣预缴税款的计算

新个人所得税法实施后，扣缴单位扣缴工资、薪金所得，劳务报酬所得，稿酬所得和特许权使用费所得的税款从原来的代扣代缴变成了预扣预缴。

居民个人取得综合所得，按年计算个人所得税，年度中支付单位作为扣缴义务人所扣缴的税款，只能按照某种方法预先计算扣缴税款，及按月或按次预扣预缴税款。年度终了时，再根据个人全年取得的综合所得收入额计算其应纳税额。对日常预缴的税款，年度终了纳税人通过申请办理综合所得年度汇算清缴，多退少补。

1. 工资、薪金所得预扣预缴税额方法——累计预扣法

累计预扣法是指扣缴义务人在一个纳税年度内，以截至当前月份累计支付的工资、薪金减除累计基本减除费用、累计专项扣除、累计专项附加扣除和依法确定的累计其他扣除后的余额为预缴应纳税所得额，对照综合所得税税率表，计算出累计应预扣预缴税额，减除已预扣预缴税额后的余额，确定本期应预扣预缴税额的一种方法。

扣缴义务人向居民个人支付工资、薪金时，应当按照累计预扣法计算预扣税款，并按月办理全员全额扣缴申报。具体计算公式为

本期应预扣预缴税额=(累计预扣预缴应纳税所得额×预扣率-速算扣除数)-累计减免税额

-累计已预扣预缴税额

累计预扣预缴应纳税所得额=累计收入-累计免税收入-累计减除费用-累计专项扣除

-累计专项附加扣除-累计依法确定的其他扣除

其中，累计减除费用按照每月5 000元乘以纳税人当年截至本月在本单位的任职受雇月份数计算。

上述公式中，计算居民个人工资、薪金所得预扣预缴税额的预扣率、速算扣除数，按"个人所得税预扣率表一"执行，具体如见表6-5所示。

表6-5　个人所得税预扣率表一

(居民个人工资、薪金所得预扣预缴适用)

级　数	累计预扣预缴应纳税所得额	预扣率/%	速算扣除数/元
1	不超过36 000元的	3	0
2	超过36 000元至14 400元的部分	10	2 520
3	超过144 000元至300 000元的部分	20	16 920
4	超过300 000元至420 000元的部分	25	31 920
5	超过420 000元至660 000元的部分	30	52 920
6	超过660 000元至960 000元的部分	35	85 920
7	超过960 000元的部分	45	181 920

【例6-7 计算题】某居民个人2019年每月取得工资收入10 000元，每月缴纳社保费用和住房公积金1 500元，该居民个人全年均享受住房贷款利息专项附加扣除，请计算该居民个人的工资、薪金扣缴义务人2019年每月代扣代缴的税款金额。

【答案】

(1) 2019年1月。

累计预扣预缴应纳税所得额=累计收入-累计免税收入-累计减除费用-累计专项扣除-累计专项附加扣除-累计依法确定的其他扣除=10 000-5 000-1 500-1 000=2 500(元)。

本期应预扣预缴税额=2 500×3%-0=75(元)。

(2) 2019年2月。

累计预扣预缴应纳税所得额=累计收入-累计免税收入-累计减除费用-累计专项扣除-累计专项附加扣除-累计依法确定的其他扣除=10 000×2-5 000×2-1 500×2-1 000×2=5 000(元)。

本期应预扣预缴税额=(5 000×3%-0)-累计减免税额-累计已预扣预缴税额=150-75=75(元)。

2019年3月—11月原理同上。

(3) 2019年12月。

累计预扣预缴应纳税所得额=累计收入-累计免税收入-累计减除费用-累计专项扣除-累计专项附加扣除-累计依法确定的其他扣除=10 000×12-5 000×12-1 500×12-1 000×12=30 000(元)。

本期应预扣预缴税额=(30 000×3%-0)-累计减免税额-累计已预扣预缴税额=900-75×11=75(元)。

进一步计算可知，该纳税人全年累计预扣预缴应纳税所得额为30 000元，一直适用3%的税率，因此，各月应预扣预缴的税款相同。

专项附加扣除中的子女教育、赡养老人、住房贷款利息或住房租金、继续教育费用可以通过预扣预缴扣除，而大病医疗以及不愿意将专项附加扣除信息报送给任职受雇单位的，或没有工资、薪金所得，但有劳务报酬、稿酬、特许权使用费所得的，或纳税年度内未足额享受专项附加扣除等情形的，只能在汇算清缴时予以扣除。

【例6-8 计算题】某居民纳税人2020年每月应发工资均为30 000元，每月减除费用5 000元，"三险一金"等专项扣除为4 500元，享受子女教育、赡养老人两项专项附加扣除共计

2 000 元，没有减免收入及减免税额等情况，请计算 1—3 月份其每月应当预扣预缴个人所得税额。

【答案】

1 月份预扣预缴个人所得税额=(30 000-5000-4 500-2 000)×3%=555(元)；

2 月份预扣预缴个人所得税额=(30 000×2-5 000×2-4 500×2-2 000×2)×10%-2 520-555=625(元)；

3 月份预扣预缴个人所得税额=(30 000×3-5 000×3-4 500×3-2 000×3)×10%-2 520-555-625=1 850(元)。

上述计算结果表明，由于 2 月份累计预扣预缴应纳税所得额为 37 000 元，已适用 10%的税率，因此，2 月份和 3 月份应预扣预缴有所增加。

2. 劳务报酬所得、稿酬所得和特许权使用费所得预扣预缴税额

扣缴义务人向居民个人支付劳务报酬所得、稿酬所得和特许权使用费所得，按次或者按月预扣预缴个人所得税，具体预扣预缴方法如下。

(1) 计算收入额。劳务报酬所得、稿酬所得和特许权使用费所得，以收入减除费用后的余额为收入额。其中，稿酬收入的收入额减按 70%计算。

减除费用的规定：劳务报酬所得、稿酬所得和特许权使用费所得每次收入不超过 4 000 元的，减除费用按 800 元计算；每次收入在 4 000 元以上的，减除费用按 20%计算。

(2) 计算应纳税所得额。劳务报酬所得、稿酬所得和特许权使用费所得，以每次收入额为预扣预缴应纳税所得额。

(3) 计算预扣预缴税额。根据预扣预缴应纳税所得额乘以适用预扣率计算应预扣预缴税额。计算公式为

劳务报酬预扣预缴税额=预扣预缴应纳税所得额×预扣率-速算扣除数

稿酬、特许权使用费所得预扣预缴税额=预扣预缴应纳税所得额×20%

稿酬、特许权使用费所得适用 20%的比例预扣率。

劳务报酬适用 20%～40%的三级超额累进税率，具体如表 6-6 所示。

表 6-6 个人所得税预扣率表二

(居民个人劳务报酬所得预扣预缴适用)

级　数	预扣预缴应纳税所得额	预扣率/%	速算扣除数/元
1	不超过 20 000 元的	20	
2	超过 20 000 元至 50 000 元的部分	30	2 000
3	超过 50 000 元的部分	40	7 000

居民个人办理年度综合所得汇算清缴时，应当依法计算劳务报酬所得、稿酬所得、特许权使用费所得的收入额，并入年度综合所得计算应纳税款，税款多退少补。

【例 6-9 计算题】某居民纳税人 2020 年 3 月除工资、薪金外取得以下三项收入。

(1) 提供翻译服务，取得收入 12 000 元。

(2) 发表论文，取得稿酬 3 500 元。

(3) 转让专利权，取得收入 50 000 元。

计算2020年3月支付单位应预扣预缴该居民的个人所得税。

【答案】

(1) 劳务报酬应预扣预缴的个人所得税=12 000×(1−20%)×20%=1 920(元)。

(2) 稿酬应预扣预缴的个人所得税=(3 500−800)×70%×20%=378(元)。

(3) 特许权使用费应预扣预缴的个人所得税=50 000×(1−20%)×20%=8 000(元)。

居民个人劳务报酬所得、稿酬所得、特许权使用费所得预扣预缴与汇算清缴有以下几点区别：(1)收入额的计算方法不同。年度汇算清缴时，收入额一律为收入减除20%的费用后的金额，稿酬减按70%计算。预扣预缴时，每次收入不超过4 000元的，减除费用按800元计算；每次收入4 000元以上的，减除费用按20%计算。(2)适用的税率和预扣率不同。年度汇算清缴时，适用3%～45%的七级超额累进税率；预扣预缴时，劳务报酬所得适用20%～40%的三级预扣率，稿酬所得和特许权使用费所得适用20%的预扣率。(3)可扣除项目不同。年度汇算清缴时，劳务报酬所得、稿酬所得、特许权使用费所得计入综合所得，以收入额减除费用60 000元以及专项扣除、专项附加扣除和依法确定的其他扣除后的余额为应纳税所得额，而日常预扣预缴不做上述扣除。

二、非居民个人取得工资、薪金所得，劳务报酬所得，稿酬所得和特许权使用费所得应纳税额的计算

扣缴义务人向非居民个人支付工资、薪金所得，劳务报酬所得，稿酬所得和特许权使用费所得时，应当按照以下方法按月或者按次代扣代缴个人所得税款。

非居民个人的工资、薪金所得，以每月收入额减除费用5 000元后的余额为应纳税所得额；劳务报酬所得、稿酬所得、特许权使用费所得，实行按次计征的办法，以每次收入额为应纳税所得额，适用个人所得税税率表三(见表6-7)计算应纳税额。劳务报酬所得、稿酬所得、特许权使用费所得以收入减除20%的费用后的余额为收入额；其中，稿酬所得的收入额减按70%计算。

表6-7　个人所得税税率表三

(非居民个人工资、薪金所得，劳务报酬所得，稿酬所得，特许权使用费所得适用)

级　数	应纳税所得额	税率/%	速算扣除数/元
1	不超过3 000元的	3	0
2	超过3 000元至12 000元的部分	10	210
3	超过12 000元至25 000元的部分	20	1 410
4	超过25 000元至35 000元的部分	25	2 660
5	超过35 000元至55 000元的部分	30	4 410
6	超过55 000元至80 000元的部分	35	7 160
7	超过80 000元的部分	45	15 160

【例6-10计算题】某非居民个人Alice 2020年10月在华期间，取得以下四项来源于中国的收入。

(1) 由境内雇主支付的工资26 000元。

(2) 向境内雇主以外的企业提供技术咨询服务，取得收入 12 000 元。

(3) 在境内杂志上发表论文，取得稿酬 3 500 元。

(4) 将个人的专利权转让给境内某公司，取得收入 60 000 元。

请计算 Alice 上述四项收入应扣缴的个人所得税。

【答案】

(1) 工资应代扣代缴的个人所得税=(26 000-5 000)×20%-1 410=2 790(元)。

(2) 劳务报酬应代扣代缴的个人所得税=12 000×(1-20%)×10%-210=750(元)。

(3) 稿酬应代扣代缴的个人所得税=3 500×(1-20%)×70%×3%=58.8(元)。

(4) 特许权使用费应代扣代缴的个人所得税=60 000×(1-20%)×30%-4410=9 990(元)。

三、经营所得应纳税额的计算

经营所得应纳税额的计算公式为

$$应纳税额=应纳税所得额×适用税率-速算扣除数$$
$$应纳税所得额=全年收入总额-成本、费用及损失$$

(一)个体工商户、个人独资企业和合伙企业生产经营所得应纳税额的计算

个体工商户、个人独资企业和合伙企业生产经营应纳税所得额的计算，以权责发生制为原则，具体规定如下。

(1) 个体工商户业主、个人独资企业和合伙企业投资者的工资、薪金支出不得税前扣除。自 2019 年 1 月 1 日起，费用扣除标准统一确定为 60 000 元/年。

(2) 个体工商户、个人独资企业和合伙企业向其从业人员实际支付的合理的工资、薪金支出，允许在税前据实扣除。

(3) 按照国务院有关主管部门或者省级人民政府规定的范围和标准为其业主和从业人员缴纳的基本养老保险费、基本医疗保险费、失业保险费、工伤保险费和住房公积金，准予扣除为从业人员缴纳的补充养老保险费、补充医疗保险费，分别在不超过从业人员工资总额5%标准内的部分据实扣除；超过部分，不得扣除。

个体工商户业主、个人独资企业和合伙企业投资者本人缴纳的补充养老保险费、补充医疗保险费，以当地(地级市)上年度社会平均工资的 3 倍为计算基数，分别在不超过该计算基数 5%标准内的部分据实扣除；超过部分，不得扣除。

(4) 向当地工会组织缴纳的工会经费、实际发生的职工福利费支出、职工教育经费支出分别在工资总额的 2%、14%、2.5%的标准内据实扣除。

(5) 每一纳税年度发生的广告费和业务宣传费用不超过当年销售(营业)收入15%的部分，可据实扣除；超过部分，准予在以后纳税年度结转扣除。

(6) 每一纳税年度发生的与其生产经营业务直接相关的业务招待费支出，按照发生额的60%扣除，但最高不得超过当年销售(营业)收入的 5‰。

(7) 在生产、经营期间向金融企业借款的利息支出允许全部扣除；向非金融企业和个人借款的利息支出，不超过按照金融企业同期同类贷款利率计算的数额的部分可以税前扣除。

(8) 以经营租赁方式租入固定资产发生的租赁费支出，按照租赁期限均匀扣除；以融资租赁方式租入固定资产发生的租赁费支出，按照规定构成融资租入固定资产价值的部分应当

提取折旧费用，分期扣除。

(9) 个体工商户生产经营活动中，应当分别核算生产经营费用和个人、家庭费用。对于生产经营与个人、家庭生活混用难以分清的费用，其40%视为与生产经营有关的费用，准予扣除。个人独资企业和合伙企业投资者及其家庭发生的生活费用不允许在税前扣除。

(10) 下列支出不得扣除：个人所得税税款；税收滞纳金；罚金、罚款和被没收财产的损失；不符合扣除规定的捐赠支出；赞助支出；与取得生产经营收入无关的其他支出。

【例 6-11 计算题】某个体工商户从事餐饮业务，2020年第一季度取得经营业务收入 100 000元，购进菜、肉、蛋、面粉、大米等原材料支付费用 44 500 元，缴纳水费、电费、房租、煤气费等 15 000 元，缴纳其他税费合计为 7 650 元。1～2月份已预缴所得税 800 元。请计算该个体工商户 3 月份应预缴的所得税额。

【答案】

(1) 第一季度应纳税所得额=100 000-44 500-15 000-7 650-5 000×3 =17 850(元)。

(2) 全年应纳税所得额=17 850×(12÷3)=71 400(元)。

(3) 全年应纳所得税额=71 400×10%-1 500=5 640(元)。

或全年应纳所得税额=30 000×5%+41 400×10%=5 640(元)。

(4) 第一季度累计应纳所得税税额=5 640×(3÷12)=1 410(元)。

(5) 3 月份应预缴所得税额=1 410-800=610(元)。

(二)个人对企事业单位的承包经营、承租经营所得应纳税额的计算

应纳税所得额的计算方法如下。

(1) 获取固定承包费的：依照工资、薪金所得纳税。

(2) 上交固定承包费的：依照个体工商户所得纳税。

应纳税额=[年度收入总额-必要费用(每月 5000 元×12)]×适用税率-速算扣除数

【例 6-12 计算题】杨先生承包经营某市一家饭店(某事业单位下属企业)，承包期为三年，每年从税后利润中上交承包费 50 万元。该饭店本年度实现利润总额 882 700 元，企业所得税的应纳税所得额为 1 247 400 元，企业所得税税率为 25%，杨先生全年领取的工资性收入为35 950 元，该年度必要费用的扣除标准为每月 5 000 元。请计算杨先生应纳个人所得税额。

【答案】

(1) 该饭店应纳企业所得税额=1 247 400×25%=311 850(元)。

(2) 该饭店实现的净利润=882 700-311 850=570 850(元)。

(3) 杨先生应纳税所得额=570 850-500 000+35 950-5 000×12=46 800(元)。

(4) 应纳个人所得税额=46 800×10%-1 500=3 180(元)。

或应纳个人所得税额=30 000×5%+16 800×10%=3 180(元)。

四、财产租赁所得应纳税额的计算

应纳税所得额的计算公式如下。

(1) 每次(月)收入不超过 4 000 元的：应纳税所得额=每次(月)收入额-准予扣除项目-修缮费用(800 元为限)-800 元。

(2) 每次(月)收入超过 4 000 元的：应纳税所得额=[每次(月)收入额-准予扣除项目-修缮费用(800 元为限)]×(1-20%)。

财产租赁所得适用 20%的比例税率,其应纳税额的计算公式为

$$应纳税额=应纳税所得额×20\%$$

但是,对个人按市场价格出租的居民住房取得的所得,自 2001 年 1 月 1 日起暂减按 10%的税率征收个人所得税。

【例 6-13 计算题】生活在某市的张先生于 2020 年 1 月将其自有的一套普通住宅出租给王某居住,租金按年收取,每月 8 000 元,租赁期为 5 年。出租当月,张先生按王某的要求对出租房进行修缮,发生费用 2 400 元,并按税法规定缴纳了房产税。

要求:计算张先生 2020 年全年租金收入应缴纳的个人所得税。

【答案】

(1) 出租房屋每个月相关税费(房产税)=8 000×4%=320(元)。

(2) 1—3 月每月应纳的个人所得税=(8 000-320-800)×(1-20%)×10%=550.4(元)。

(3) 4—12 月每月应纳的个人所得税=(8 000-320)×(1-20%)×10%=614.4(元)。

(4) 2020 年全年应纳的个人所得税=550.4×3+614.4×9=7 180.8(元)。

财税〔2008〕124 号文件规定:对个人出租住房取得的所得减按 10%的税率征收个人所得税;对个人出租、承租住房签订的租赁合同,免征印花税。对个人出租住房,按 4%的税率征收房产税,免征城镇土地使用税。个人出租住房应税服务收入低于起征点 100 000 元的,免征增值税。

五、财产转让所得应纳税额的计算

$$应纳税额=应纳税所得额×适用税率=(收入总额-财产原值-合理税费)×20\%$$

【例 6-14 计算题】小王 2018 年建住房一幢,造价为 720 000 元,支付其他费用 50 000 元。2021 年该自建自用 3 年后的住房出售,售价为 1 200 000 元,在卖房过程中按规定支付交易费等有关费用 6 000 元。

要求:计算小王应纳个人所得税。

【答案】

(1) 应纳税所得额=财产转让收入-财产原值-合理费用

$$=1 200 000-(720 000+50 000)-6 000=424 000(元)。$$

(2) 应纳税额=424 000×20%=84 800(元)。

六、利息、股息、红利所得及偶然所得应纳税额的计算

利息、股息、红利所得及偶然所得以支付利息、股息、红利、偶然所得时取得的收入为一次。该项所得以每次收入额为应纳税所得额,不作任何费用扣除。利息、股息、红利所得及偶然所得应纳税额的计算公式为

$$应纳税额=应纳税所得额×适用税率=每次收入额×20\%$$

【例 6-15 计算题】小王 2020 年 8 月取得以下收入。

(1) 取得企业债券利息 20 000 元。

(2) 国债利息 40 000 元。

(3) 2020 年 1 月 1 日,通过二级市场购买在上证所交易的 A 公司股票 10 000 股,A 公

司于 2020 年 8 月 1 日发放现金股利，每股 0.3 元(含税)。

(4) 小王在参加商场的有奖销售过程中，中奖所得共计价值 50 000 元。

要求：计算小王应缴纳的个人所得税。

【答案】

(1) 企业债券利息应纳个人所得税=20 000×20%=4 000(元)。

(2) 国债利息免税。

(3) 现金股利应纳个人所得税=10 000×0.3×50%×20%=300(元)。

(4) 中奖所得应纳个人所得税=50 000×20%=10 000(元)。

为鼓励投资、抑制投机行为，根据相关规定，个人从公开发行和转让市场取得的上市公司股票，持股期限在 1 个月以内(含 1 个月)的，其利息红利所得全额计入应纳税所得额；持股期限在 1 个月以上至 1 年(含 1 年)的，暂按 50%计入应纳税所得额；持股期限超过 1 年的，股息红利所得暂免征收个人所得税。按上述标准计算的应纳税所得额统一适用 20%的税率计征个人所得税。

持股期限是指个人从公开发行和转让市场取得上市公司股票之日至转让交割该股票之日前一日的持有时间。

上市公司派发股息红利时，对个人持股 1 年以内(含 1 年)的，上市公司暂不扣缴个人所得税；待个人转让股票时，证券登记结算公司根据其持股期限计算应纳税额，由证券公司等股份托管机构从个人资金账户中扣收并划付证券登记结算公司，证券登记结算公司应于次月 5 个工作日内划付上市公司，上市公司在收到税款当月的法定申报期限内向主管税务机关申报缴纳。

七、应纳税额计算中的特殊问题

(一)对个人取得全年一次性奖金的计税方法

全年一次性奖金是指行政机关、企事业单位等扣缴义务人根据其全年经济效益和对雇员全年工作业绩的综合考核情况，向雇员发放的一次性奖金。一次性奖金包括年终加薪、实行年薪制和绩效工资办法的单位根据考核情况兑现的年薪和绩效工资。

居民个人取得全年一次性奖金，在 2021 年 12 月 31 日前，可选择不并入当年综合所得，以全年一次性奖金收入除以 12 个月得到的数额，按照"月度税率表"确定适用税率和速算扣除数，单独计算纳税(见表 6-8)。

表 6-8　按月换算后的综合所得税率表

级　数	全年应纳税所得额	税率/%	速算扣除数/元
1	不超过 3 000 元的	3	0
2	超过 3 000 元至 12 000 元的部分	10	210
3	超过 12 000 元至 25 000 元的部分	20	1 410
4	超过 25 000 元至 35 000 元的部分	25	2 660
5	超过 35 000 元至 55 000 元的部分	30	4 410
6	超过 55 000 元至 80 000 元的部分	35	7 160
7	超过 80 000 元的部分	45	15 160

另外，需要注意的是：①在一个纳税年度内，对每一个纳税人，该计税办法只允许采用一次。②雇员取得除全年一次性奖金以外的其他各种名目奖金，如半年奖、季度奖、加班奖、先进奖、考勤奖等，一律与当月工资、薪金收入合并，按税法规定缴纳个人所得税。

【例 6-16 计算题】中国公民王某 2021 年 1 月领取全年一次性奖金 84 000 元，当月工资为 5 000 元(已扣除个人按规定缴纳的"三险一金"，没有其他专项扣除)。

要求：请计算王某取得年终奖应缴纳的个人所得税。

【答案】

(1) 确定年终奖适用的税率和速算扣除数。

按 12 个月分摊后，每月奖金为 7 000(84 000÷12)元，根据"按月换算后的综合所得税率表"，适用税率为 10%，速算扣除数为 210。

(2) 计算年终奖应缴纳的个人所得税。

年终奖应纳个人所得税=84 000×10%-210=8 190(元)。

从 2022 年 1 月 1 日起，居民个人取得全年一次性奖金，需要并入当年综合所得计算缴纳个人所得税。

(二)关于个人公益救济性捐赠支出费用的扣除问题

个人将其所得通过中国境内的社会团体、国家机关向教育和其他社会公益事业，以及遭受严重自然灾害地区、贫困地区捐赠，捐赠额未超过纳税义务人申报的应纳税所得额 30%的部分，可以从其应纳税所得额中扣除。

个人通过非营利性的社会团体和国家机关向红十字事业、农村义务教育以及公益性青少年活动场所的公益性捐赠，准予在缴纳个人所得税前的所得额中全额扣除。

【例 6-17 计算题】陈某在参加商场的有奖销售过程中，中奖所得共计价值 60 000 元。陈某领奖时告知商场，从中奖收入中拿出 20 000 元通过教育部门向某贫困地区捐赠。

要求：计算商场代扣代缴个人所得税后，陈某实际可得中奖金额。

【答案】

(1) 捐赠扣除限额=60 000×30%=18 000(元)<20 000(元)，则可扣除捐赠额为 18 000 元。

(2) 应纳税所得额=偶然所得-可扣除捐赠额=60 000-18 000=42 000(元)。

(3) 应纳税额(即商场代扣税款)=42 000×20%=8 400(元)。

(4) 陈某实际可得金额=60 000-20 000-8 400=31 600(元)。

(三)关于境外所得已纳税额的扣除问题

对个人所得税的居民纳税人，应就其来源于中国境内、境外的所得计算缴纳个人所得税。在对纳税人的境外所得征税时，会存在其境外所得已在来源国家或者地区缴税的实际情况。为避免双重征税，纳税义务人从中国境外取得的所得，准予其在应纳税额中扣除已在境外缴纳的个人所得税税额，但扣除额不得超过该纳税义务人境外所得依照我国税法规定计算的应纳税额。

需要说明如下。

(1) 已在境外缴纳的个人所得税税额，是指纳税义务人从中国境外取得的所得，依照该所得来源国家或者地区的法律应当缴纳并且实际已经缴纳的税额。

(2) 依照我国税法规定计算的应纳税额，是指纳税义务人从中国境外取得的所得，区别不同国家或者地区和不同应税项目,依照我国税法规定的费用减除标准和适用税率计算的应纳税额;同一国家或者地区内不同应税项目,依照我国税法计算的应纳税额之和,为该国家或者地区的扣除限额。

(3) 纳税义务人依照税法的规定申请扣除已在境外缴纳的个人所得税税额时,应当提供境外税务机关填发的完税凭证原件。

纳税义务人在中国境外一个国家或者地区实际已经缴纳的个人所得税税额,低于依照上述规定计算出的该国家或者地区扣除限额的,应当在中国缴纳差额部分的税款;超过该国家或者地区扣除限额的,其超过部分不得在本纳税年度的应纳税额中扣除,但是可以在以后纳税年度的该国家或者地区扣除限额的余额中补扣,补扣期限最长不得超过5年。

【例 6-18 计算题】居民个人陈某 2021 年在境内任职单位取得全年薪金收入 120 000 元,专项扣除为每月 1 800 元,专项附加扣除为每月 2 500 元。同时,又从境外甲、乙两国取得应税收入。其中,将在甲国的铺面出租,每月租金为 3 500 元;持有甲国某公司股票,取得股息收入 90 000 元。以上收入已在甲国分别缴纳个人所得税 7 200 元和 12 000 元。在乙国购买彩票,中奖收入 30 000 元,已在乙国缴纳个人所得税 7 500 元。

要求:请计算陈某汇总纳税时应缴纳的个人所得税。

【答案】

(1) 计算陈某在甲国应税收入的抵免限额。

租金:$(3\ 500-800)\times20\%\times12=6\ 480$(元);

股息:$90\ 000\times20\%=18\ 000$(元)。

陈某在甲国的两项应税收入的抵免限额合计:$6\ 480+18\ 000=24\ 480$(元);

陈某在甲国实际纳税:$7\ 200+12\ 000=19\ 200$(元);

需在中国补缴差额部分的税款:$24\ 480-19\ 200=5\ 280$(元)。

(2) 计算陈某在乙国应税收入的抵免限额。

中奖收入:$30\ 000\times20\%=6\ 000$(元)。

陈某在乙国实际纳税 7 500 元,超出抵免限额,超出的 1 500($7\ 500-6\ 000$)元可以留抵 5 年。

(3) 陈某 2021 年度境内外共应缴纳个人所得税:

$(120\ 000-5\ 000\times12-1\ 800\times12-2\ 500\times12)\times3\%+(3\ 500-800)\times20\%\times12+90\ 000\times20\%+30\ 000\times20\%-19\ 200-6\ 000=5\ 532$(元)。

第七节 税 收 优 惠

为鼓励科学发展,支持社会福利、慈善事业和照顾某些纳税人的实际困难,个人所得税对有关所得项目有减、免的优惠规定。具体优惠方式有免税项目、减税项目和暂免征税项目三大类。

一、免税项目

(1) 省级人民政府、国务院部委和中国人民解放军以上单位,以及外国组织、国际组织颁发的科学、教育、技术、文化、卫生、体育、环境保护等方面的奖金。

(2) 国债和国家发行的金融债券利息。

(3) 按照国家统一规定发给的补贴、津贴。

(4) 福利费、抚恤金、救济金。

(5) 保险赔款。

(6) 军人的转业费、复员费、退役金。

(7) 按照国家统一规定发给干部、职工的安家费、退职费、退休工资、离休工资、离休生活补助费。

(8) 依照我国有关法律规定应予免税的各国驻华使馆、领事馆的外交代表、领事官员和其他人员的所得。

(9) 企业和个人按照省级以上人民政府规定的比例提取并缴付的住房公积金、医疗保险金、基本养老保险金、失业保险金,不计入个人当期的工资、薪金收入,免予征收个人所得税。超过规定的比例缴付的部分计征个人所得税。

个人领取原预提存的住房公积金、医疗保险金、基本养老保险金时,免予征收个人所得税。

(10) 对乡、镇(含乡、镇)以上人民政府或经县(含县)以上人民政府主管部门批准成立的有机构、有章程的见义勇为基金或者类似性质组织,奖励见义勇为者的奖金或奖品,经主管税务机关核准,免征个人所得税。

(11) 按照国家有关城镇房屋拆迁管理办法规定的标准,被拆迁人取得的拆迁补偿款,免征个人所得税。

(12) 达到离休、退休年龄,但确因工作需要,适当延长离休、退休年龄的高级专家(指享受国家发放的政府特殊津贴的专家、学者),其在延长离休、退休期间的工资、薪金所得,视同离休、退休工资免征个人所得税。

(13) 经国务院财政部门批准的其他免税所得。

二、减税项目

(1) 残疾、孤老人员和烈属的所得。

对残疾人个人取得的劳动所得适用减税规定,具体所得项目为:工资、薪金所得,个体工商户的生产经营所得、对企事业单位的承包和承租经营所得,劳务报酬所得,稿酬所得和特许权使用费所得。

(2) 因严重自然灾害造成重大损失的。

(3) 其他经国务院财政部门批准减税的。

三、暂免征税项目

(1) 外籍个人以非现金形式或实报实销形式取得的住房补贴、伙食补贴、搬迁费、洗衣费。

(2) 外籍个人按合理标准取得的境内、境外出差补贴。

(3) 外籍个人取得的语言训练费、子女教育费等,经当地税务机关审核批准为合理的部分。

(4) 外籍个人从外商投资企业取得的股息、红利所得。

(5) 个人举报、协查各种违法、犯罪行为而获得的奖金。

(6) 个人办理代扣代缴手续，按规定取得的扣缴手续费。

(7) 个人转让自用达 5 年以上，并且是唯一的家庭生活用房取得的所得。

(8) 对个人购买福利彩票、赈灾彩票、体育彩票，一次中奖收入在 1 万元以下的(含 1 万元)暂免征收个人所得税，超过 1 万元的，全额征收个人所得税。

(9) 储蓄存款利息所得暂免征收个人所得税。

(10) 房屋产权所有人将房屋产权无偿赠与配偶、父母、子女、祖父母、外祖父母、孙子女、外孙子女、兄弟姐妹的；房屋产权所有人将房屋产权无偿赠与对其承担直接抚养或者赡养义务的抚养人或者赡养人的；房屋产权所有人死亡，依法取得房屋产权的法定继承人、遗嘱继承人或者受遗赠人的，均可暂免征收个人所得税。

(11) 对个人转让境内上市公司股票的所得，暂免征收个人所得税。

(12) 企业在销售商品(产品)和提供服务过程中向个人赠送礼品，属于下列情形之一的，不征收个人所得税：①企业通过价格折扣、折让方式向个人销售商品(产品)和提供服务；②企业在向个人销售商品(产品)和提供服务的同时给予赠品，如通信企业对个人购买手机赠话费、入网费，或者购话费赠手机等；③企业对累积消费达到一定额度的个人按消费积分反馈的礼品。

第八节　征　收　管　理

个人所得税的纳税办法，全国通行的有全员全额扣缴申报纳税和自行申报纳税两种。对于无法查账征收的纳税人规定了核定征收的方式。

一、全员全额扣缴申报纳税

个人所得税以取得应税所得的个人为纳税人，以支付所得的单位或者个人为扣缴义务人。扣缴义务人应当依法办理全员全额扣缴申报。除经营所得外，扣缴义务人向纳税人支付所得时，均应当扣缴个人所得税。

扣缴义务人每月或者每次预扣、代扣的税款，应当在次月十五日内缴入国库，并向税务机关报送《个人所得税扣缴申报表》。扣缴义务人的责任与义务如下。

(1) 扣缴义务人向纳税人反馈扣缴信息的规定。支付工资、薪金所得的扣缴义务人应当于年度终了后两个月内，向纳税人提供其个人所得和已扣缴税款等信息；纳税人年度中间需要提供上述信息的，扣缴义务人应当提供；纳税人取得除工资、薪金所得以外的其他所得，扣缴义务人应当在扣缴税款后，及时向纳税人提供其个人所得和已扣缴税款等信息。

(2) 发现纳税人涉税信息与实际不符的处理方法。扣缴义务人应当按照纳税人提供的信息计算税款，办理扣缴申报，不得擅自更改纳税人提供的信息。扣缴义务人发现纳税人提供的信息与实际情况不符的，可以要求纳税人修改。纳税人拒绝修改的，扣缴义务人应当报告税务机关，税务机关应当及时处理。纳税人发现扣缴义务人提供或者扣缴申报的个人信息、支付所得、扣缴税款等信息与实际情况不符的，有权要求扣缴义务人修改。扣缴义务人拒绝修改的，纳税人应当报告税务机关，税务机关应当及时处理。

(3) 涉税资料和信息留存备查与保密的规定。扣缴义务人对纳税人提供的《个人所得税专项附加扣除信息表》应当按照规定妥善留存备查；扣缴义务人应当依法对纳税人报送的专项附加扣除等相关涉税信息和资料保密。

(4) 纳税人拒绝扣缴税款的处理方法。扣缴义务人依法履行代扣代缴义务，纳税人不得拒绝。纳税人拒绝的，扣缴义务人应当及时报告税务机关。

(5) 扣缴义务人的法律责任。扣缴义务人应扣未扣、应收而不收税款的，由税务机关向纳税人追缴税款。对扣缴义务人应扣未扣、应收未收税款的处 50%以上 3 倍以下的罚款；扣缴义务人逃避、拒绝或者以其他方式阻挠税务机关检查的，由税务机关责令改正，可处以 5 万元以下的罚款。

(6) 代扣代缴手续费的规定。对扣缴义务人按照规定扣缴的税款，不包括税务机关、司法机关等查补或责令补扣的税款，按年付给 2%的手续费；扣缴义务人可将代扣代缴手续费用于提升办税能力、奖励办税人员。

二、自行申报纳税

自行申报纳税是由纳税人自行在税法规定的纳税期限内，向税务机关申报取得的应税所得项目和数额，如实填写个人所得税纳税申报表，并按照税法规定计算应纳税额，据此缴纳个人所得税的一种方法。

(一)取得综合所得需要办理汇算清缴的纳税申报

(1) 纳税人从两处以上取得综合所得，且综合所得年收入额减除专项扣除后的余额超过 6 万元的。

(2) 纳税人取得劳务报酬所得、稿酬所得、特许权使用费所得中的一项或多项所得，且综合所得的年收入减除 20%的费用，再减除年度专项扣除后的余额超过 6 万元的。

(3) 纳税年度内预扣预缴税额低于依法计算的年度综合所得应纳税额的。

(4) 纳税人申请退税的。

纳税人应当于取得综合所得的次年 3 月 1 日至 6 月 30 日内，向任职、受雇单位所在地主管税务机关办理汇算清缴，并报送《个人所得税年度自行纳税申报表》。有两处以上任职受雇单位的，选择向其中一处任职、受雇单位所在地主管税务机关办理纳税申报；纳税人没有任职、受雇单位的，向户籍所在地或经常居住地主管税务机关办理纳税申报。

(二)经营所得的纳税申报

(1) 个体工商户从事生产、经营活动取得的所得，个人独资企业的投资人、合伙企业的个人合伙人来源于境内注册的个人独资企业、合伙企业生产、经营的所得。

(2) 个人依法从事办学、医疗、咨询以及其他有偿服务活动取得的所得。

(3) 个人对企业、事业单位承包经营、承租经营以及转包、转租取得的所得。

(4) 个人从事其他生产、经营活动取得的所得。

纳税人取得经营所得的，应当在月度或季度终了后 15 日内，向经营管理所在地主管税务机关办理预缴纳税申报，并报送《个人所得税经营所得纳税申报表(A 表)》，在取得所得的次年 3 月 31 日前，向经营管理所在地主管税务机关办理汇算清缴，并报送《个人所得税经营所得纳税申报表(B 表)》。从两处以上取得经营所得的，选择向其中一处经营管理所在

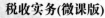
地主管税务机关办理年度汇总申报，并报送《个人所得税经营所得纳税申报表(C表)》。

(三)取得应税所得，扣缴义务人未扣缴税款的纳税申报

(1) 居民个人取得综合所得的，按照第(一)条办理。

(2) 非居民个人取得工资、薪金所得，劳务报酬所得，稿酬所得，特许权使用费所得的，应当在取得所得的次年6月30日前，向扣缴义务人所在地主管税务机关办理纳税申报，并报送《个人所得税自行纳税申报表(A表)》。非居民个人在中国境内有两个以上扣缴义务人未扣缴税款的，纳税人应当选择向其中一处扣缴义务人所在地主管税务机关办理纳税申报。

(3) 纳税人取得利息、股息、红利所得，财产租赁所得，财产转让所得和偶然所得的，应当在取得所得的次年6月30日前，按相关规定向主管税务机关办理纳税申报，报送《个人所得税自行纳税申报表(A表)》。

同时，税务机关通知限期缴纳的，纳税人应当按照期限缴纳税款。

(四)取得境外所得的纳税申报

(1) 居民个人从中国境外取得所得的，应当在取得所得的次年3月1日至6月30日内，向中国境内任职、受雇单位主管税务机关办理纳税申报，并报送《个人所得税年度自行纳税申报表》。

(2) 在中国境内没有任职、受雇单位的，向户籍所在地或中国境内经常居住地主管税务机关办理纳税申报。

(3) 户籍所在地与中国境内经常居住地不一致的，选择向其中一地主管税务机关办理纳税申报。

(4) 在中国境内没有户籍的，向中国境内经常居住地主管税务机关办理纳税申报。

(五)非居民个人在中国境内从两处以上取得工资、薪金所得的纳税申报

非居民个人在中国境内从两处以上取得工资、薪金所得的，应当在取得所得的次月15日内，向其中一处任职、受雇单位所在地主管税务机关办理纳税申报，并报送《个人所得税自行纳税申报表(A表)》。

本章小结

本章全面介绍了个人所得税的理论、税制要素和计算方法。

个人所得税主要是以自然人取得的各类应税所得为征税对象而征收的一种税。我国现行个人所得税采用分类和综合相结合的所得税制，具有在费用扣除上定额和定率扣除并用，在税率上累进税率和比例税率并用，在申报缴纳上采用自行申报和代扣代缴等特点。

个人所得税的纳税义务人依据住所和居住时间两个标准，分为居民纳税义务人和非居民纳税义务人，分别承担不同的纳税义务。

个人所得税的征税对象是个人取得的应税所得，按应税所得的来源，分为9项，分别是：工资、薪金所得，劳务报酬所得，稿酬所得，特许权使用费所得，经营所得，利息股息、红利所得，财产租赁所得，财产转让所得，偶然所得。其中，综合所得适用七级超额累进税率，税率为3%～45%；经营所得适用五级超额累进税率，税率为5%～35%；其他所得为单一比

例税率 20%。

　　个人所得税的计税依据是纳税人取得的应纳税所得额。应纳税所得额是个人取得的每项收入减去税法规定的扣除项目或扣除金额之后的余额。扣除项目对于不同收入分别实行定额扣除、比例扣除、按实扣除和不允许扣除四种方式。

　　计算个人所得税应纳税额时，可分为按年、按月以及按次计征三种计税方式，对综合所得实行按年计征，同时按月累计预扣预缴，对经营所得按年计算，同时按月或按季预缴，对财产租赁所得按月计征，对其他所得按次计征。对于居民个人境外所得，为了避免双重征税，准予扣除已在境外缴纳的个人所得税税额，但扣除额不得超过境外所得依照我国税法规定计算的应纳税额。

　　个人所得税缴纳实行全员全额扣缴申报纳税和自行申报纳税两种。

📹 案例链接

薇娅偷逃个人所得税被罚 13.41 亿元

　　这几年直播电商行业的快速发展，特别是 2019 年新冠疫情的出现，大量消费者涌入直播间购物，又让这个行业的规模突飞猛进，电商直播对脱贫攻坚、乡村振兴、疫情企业复工复产、国货崛起、共同富裕等领域的价值和作用有目共睹，直播间不仅是商品的买卖，也可以是知识普及，是中国文化传播的窗口。

　　得益于在国家发展和电商崛起的大好时光，有幸从业于电商直播行业，薇娅也因此成为一名公众人物，成为拥有众多粉丝的电商主播。

　　2021 年 12 月，浙江省杭州市税务部门经税收大数据分析，发现网络主播黄薇(网名：薇娅)涉嫌偷逃税款，在相关税务机关协作配合下，依法对其开展了全面深入的税务检查。

　　经查，黄薇在 2019 年至 2020 年期间，通过隐匿个人收入、虚构业务转换收入性质虚假申报等方式偷逃税款 6.43 亿元，其他少缴税款 0.6 亿元。

　　在税务调查过程中，黄薇能够配合并主动补缴税款 5 亿元，同时主动报告税务机关尚未掌握的涉税违法行为，综合考虑上述情况，国家税务总局杭州市税务局稽查局依据《中华人民共和国个人所得税法》《中华人民共和国税收征收管理法》《中华人民共和国行政处罚法》等相关法律法规规定，按照《浙江省税务行政处罚裁量基准》，对黄薇追缴税款，加收滞纳金并处罚款，共计 13.41 亿元。其中，对隐匿收入偷税但主动补缴的 5 亿元和主动报告的少缴税款 0.31 亿元，处 0.6 倍罚款，计 3.19 亿元；对隐匿收入偷税但未主动补缴的 0.27 亿元，处 4 倍罚款，计 1.09 亿元；对虚构业务转换收入性质偷税少缴的 1.16 亿元，处 1 倍罚款，计 1.16 亿元。杭州市税务局稽查局已依法向黄薇送达税务行政处理处罚决定书。

　　思考与讨论：

　　(1) 薇娅的收入属于个人所得税中的哪项收入？

　　(2) 这项收入的适用税率是多少？

　　(3) 薇娅被罚 13.41 亿元体现了税收的哪个属性？

　　(4) 该案例带给你的启示是什么？

同步测试题

一、单项选择题

1. 下列选项中，不属于个人所得税纳税人的是( )。

    A. 国有企业   B. 自然人   C. 合伙企业   D. 个人独资企业

2. 根据相关规定，下列收入中，应按"劳务报酬所得"税目缴纳个人所得税的是( )。

    A. 退休人员再任职取得的收入

    B. 从非任职公司取得的董事费收入

    C. 从任职公司取得的监事费收入

    D. 从任职公司关联企业取得的监事费收入

3. 根据相关规定，应按"稿酬所得"税目缴纳个人所得税的是( )。

    A. 审稿收入   B. 翻译收入   C. 题字收入   D. 出版作品收入

4. 下列各项中，属于综合所得计算应纳税额时可以做专项扣除的是( )。

    A. 个人缴纳的基本养老保险   B. 子女教育支出

    C. 继续教育支出   D. 赡养老人支出

5. 根据个人所得税法律制度的规定，下列各项中，属于综合所得计算应纳税额时可以扣除的是( )。

    A. 赵某 2 岁儿子小赵的学前教育支出

    B. 钱某使用商业银行贷款购买第二套住房发生的贷款利息支出

    C. 孙某赡养 55 岁母亲的支出

    D. 李某在上海拥有一套住房，其所任职的公司外派其在成都工作 1 年，李某在成都租房发生的租金支出

6. 下列所得中，不实行超额累进税率的是( )。

    A. 工资、薪金所得

    B. 个体工商户的生产、经营所得

    C. 对企事业单位的承包经营、承租经营所得

    D. 财产租赁所得

7. 2020 年 5 月王某将自己的一套三居室出租，年租金为 55 200 元，当月发生修缮费用 1 200 元，则王某本月应缴纳的个人所得税(不考虑房屋出租过程中的其他相关税金)的下列计算中，正确的是( )。

    A. (55 200÷12-1 200-800)×10%=260(元)

    B. (55 200÷12-1 200)×(1-20%)×10%=272(元)

    C. (55 200÷12-800-800)×10%=300(元)

    D. (55 200÷12-800)×(1-20%)×10%=304(元)

8. 王某将其唯一的一套住房以 1 200 万元的价格出售，该住宅是 6 年前以 400 万元的价格购买的，交易过程中支付相关税费及中介费等各项费用共计 80 万元(发票为证)，则王某应缴纳的个人所得税的下列计算中，正确的是( )。

A. 0   B. (1 200-400-80)×20%=144(万元)

C. (1 200-400)×20%=160(万元)   D. 1 200×20%=240(万元)

9. 2021 年 8 月，王某购买彩票中奖 60 000 元，从中拿出 20 000 元通过国家机关捐赠给贫困地区，则王某中奖收入应缴纳的个人所得税税额的下列计算中，正确的是( )。

  A. 60 000×20%=12 000(元)   B. (60 000-60 000×30%)×20%=8 400(元)

  C. (60 000-20 000)×20%=8 000(元)   D. 20 000×20%=4 000(元)

10. 根据相关规定，下列各项中，不属于来源于中国境内的所得的是( )。

  A. 某美国居民，在中国境内推销商品取得所得

  B. 某日本居民，在中国境内炒股取得所得

  C. 某韩国居民，在中国商场购物获得抽奖机会，取得中奖所得

  D. 某中国居民，将位于美国纽约的一栋别墅出售给一家美国公司取得所得

二、多项选择题

1. 下列所得中，不计入工资、薪金所得纳税的是( )。

  A. 年终奖金   B. 独生子女补贴   C. 差旅费津贴   D. 误餐费补助

2. 个人所得税的纳税人是指( )的个人。

  A. 在中国境内有住所

  B. 无住所而在中国境内居住满一年

  C. 在中国境内无住所又不居住但有来源于中国境内的所得

  D. 无住所而在中国境内居住不满一年但有来源于中国境内的所得

3. 下列所得中，实行超额累进税率的是( )。

  A. 工资、薪金所得

  B. 个体工商户的生产、经营所得

  C. 对企事业单位的承包经营、承租经营所得

  D. 财产租赁所得

4. 下列个人所得中，应按"劳务报酬所得"项目征收个人所得税的有( )。

  A. 某编剧从电视剧制作单位取得的剧本使用费

  B. 某公司高管从大学取得的讲课费

  C. 某作家拍卖手稿取得的收入

  D. 某大学教授从企业取得董事费

5. 我国的个人所得税实行分项征收制，费用的扣除采用分项确定，扣除方法包括( )。

  A. 定额扣除法   B. 定率扣除法

  C. 会计核算扣除法   D. 税务机构规定法

6. 综合所得计税中的专项附加扣除项目包含( )。

  A. 子女教育支出   B. 大病医疗支出

  C. 住房贷款利息支出   D. 赡养老人支出

7. 下列项目中，在计算个体工商户的生产、经营所得应纳税所得额时，可据实从年度收入总额中扣除的是( )。

  A. 按规定缴纳的工商管理费

  B. 发生的与生产经营有关的修理费用

C. 在生产经营过程中以经营租赁方式租入固定资产而发生的租赁费

D. 在生产经营过程中以融资租赁方式租入固定资产而发生的租赁费

8. 下列个人所得中，属于个人所得税免税项目的有( )。

    A. 个人取得的保险赔款

    B. 军人的转业费、复员费

    C. 国债和国家发行的金融债券的利息

    D. 个人转让自用达 5 年以上，并且是唯一的家庭生活用房取得的所得

9. 根据相关规定，纳税人应当自行申报缴纳个人所得税的有( )。

    A. 取得经营所得的   B. 取得应税所得，扣缴义务人未扣缴税款的

    C. 居民个人从境外取得的所得   D. 取得综合所得并需要办理汇算清缴的

10. 我国个人所得税的主要征收方式是( )。

    A. 全员全额扣缴申报纳税   B. 自行申报纳税

    C. 委托代征   D. 核定征收

三、判断题

1. 李某公开拍卖自己的文学作品手稿原件取得收入 5 000 元，他对这 5 000 元收入应按稿酬所得缴纳个人所得税。   ( )

2. 某著名摄影家去世后，其子女取得他的遗作稿酬，可免缴个人所得税。   ( )

3. 从事生产经营的个体工商户未提供完整、准确的纳税资料，不能正确计算应纳税所得额的，由主管税务机关核定其应纳税所得额。   ( )

4. 个人每次以图书、报刊方式出版、发表同一作品，出版单位分笔支付报酬，或者加印该作品后再付稿酬，可以各次取得的所得或加印所得按分次所得计征个人所得税。   ( )

5. 个人取得的国债利息收入免税，国家发行的金融债券利息要缴纳个人所得税。( )

6. 个人独资企业和合伙企业需要先缴纳企业所得税，再计算缴纳个人所得税。( )

7. 个人综合所得中专项扣除、专项附加扣除和依法确定的其他扣除一个纳税年度扣除不完的，可以结转以后年度扣除。   ( )

8. 非居民个人歌手杰克每周去闪亮酒吧演唱两次，其应以一个月取得的所得为一次，按照"劳务报酬所得"项目缴纳个人所得税。   ( )

9. 个人出租自有住房适用的个人所得税的税率为 10%。   ( )

10. 根据个人所得税法律制度的有关规定，退休人员再任职取得的收入，暂免征收个人所得税。   ( )

四、计算题

1. 歌星刘某一次的表演收入为 40 000 元，扣除 20%的费用后，应纳税所得额为 32 000 元，请计算其应预扣预缴的个人所得税税额。

2. 某作家为居民个人，2019 年 3 月取得一次未扣除个人所得税的稿酬收入 20 000 元，请计算其应预扣预缴的个人所得税税额。

3. 某居民个人纳税人为独生子女，2021 年交完社保和住房公积金后共取得税前工资收入 30 万元，劳务报酬 3 万元，稿酬 2 万元，该纳税人有两个小孩且均有扣除子女教育专项附加，纳税人的父母健在且均已年满 60 岁，计算其当年应纳个人所得税税额。

4. 王某是天一公司的一名员工，2021年收入情况如下。

(1) 每月取得工薪收入5 000元，奖金9 000元，差旅费津贴6 000元，单位代扣代缴基本养老保险费400元，失业保险费50元，基本医疗保险费100元，住房公积金350元。"三险一金"合计共900元;

(2) 4月，帮某公司设计图纸取得收入30 000元，通过当地教育局向农村义务教育捐款2 000元;

(3) 6月取得储蓄存款利息1 000元;

(4) 8月已经去世的父亲遗作出版，作为继承人，王某取得稿酬250 000元;

(5) 10月因汽车被盗获得保险赔款80 000元;

(6) 11月购买福利彩票中奖8 000元，领奖发生交通费200元。

已知：王某母亲已年满60周岁，每月需要还首套房贷款20 000元。

要求：根据上述资料，计算王某2021年个人所得税应纳税额。

5. 张先生于2021年1月将其自有的一套普通住宅出租给王某居住，租金按年收取，每年12万元，租赁期为5年。出租当月，张先生按王某的要求对出租房进行修缮，发生费用2 400元，并按税法规定缴纳了房产税。

要求：计算张先生2021年全年租金收入应缴纳的个人所得税。

拓展阅读

我国个人所得税的发展历史

自中华人民共和国成立以来，我国的个人所得税经历了一个不断发展和完善的过程。早在1950年国务院公布的《全国税政实施要则》中就列举了对个人所得征税的税种，即薪金报酬所得税和存款利息所得税。前者实际并没有开征，后者于1950年开征，1959年取消。在此后20多年的时间里，我国对个人所得是不征税的。

1978年党的十一届三中全会以后，随着改革开放的开展和对外交往的不断扩大，在我国工作的外籍人员日益增多。根据国际惯例，也为了维护我国的税收权益，需要制定相应的对个人所得征税的法律和法规。为此，1980年9月10日第五届全国人民代表大会第三次会议审议通过了《中华人民共和国个人所得税法》(以下简称《个人所得税法》)，并同时公布实施。同年12月14日，经国务院批准，财政部公布了《中华人民共和国个人所得税法施行细则》。该税法统一适用于中国公民和在我国取得收入的外籍人员。至此，我国的个人所得税征收制度开始建立。到20世纪80年代中期，随着经济体制改革的进一步深入和经济的快速发展，在个体经济不断发展和人民生活水平不断提高的同时，个人收入的差距也在不断扩大。为了有效调节社会成员收入水平的差距，国务院在1986年1月7日和1986年9月25日分别颁布了《中华人民共和国城乡个体工商业户所得税暂行条例》(同年实施)和《中华人民共和国个人收入调节税暂行条例》(1987年1月1日起实施)。前者适用于个体工商户，后者适用于中国公民，而《个人所得税法》自1987年1月1日起只适用于在中国取得收入的外籍人员。至此，我国对个人所得的征税制度形成了"三税并存"的格局，即对外籍人员征收的个人所得税、对中国公民征收的个人收入调节税和对个体工商户征收的城乡个体工商业户所

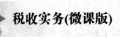

得税。

上述三个有关个人所得征税的税收法律、法规的颁布执行,虽然对缓解社会分配的不公平、增加财政收入起到了积极作用,但随着经济形势的发展,对个人所得征税"三税并存",逐渐暴露出税收征收制度的不规范和执行过程中所体现的税负不公平;同时,原个人所得税征收制度中的征税范围、应税项目以及税率和减免税政策等方面已与现实经济生活不相适应,从而影响了税收职能作用的充分发挥,因此,应根据新形势的变化和需要对个人所得的征税制度进行规范和完善,建立统一的个人所得税征收制度。第八届全国人民代表大会常务委员会在对原三种个人所得征税的法律、法规进行修改、合并的基础上,于 1993 年 10 月 31 日通过了《关于修改〈中华人民共和国个人所得税法〉的决定》,同时公布了修改后的《中华人民共和国个人所得税法》,自 1994 年 1 月 1 日起施行,并取消了城乡个体工商业户所得税和个人收入调节税;1994 年 1 月 28 日,国务院颁布了《中华人民共和国个人所得税法实施条例》,建立起内外资统一的个人所得税制度。在随后的几年内,国务院、财政部相继对《中华人民共和国个人所得税法》规定的有关内容做了多方面的补充规定。自 1999 年 11 月 1 日起,国务院决定恢复对储蓄存款利息征收个人所得税;2001 年,个人独资企业和合伙企业投资者开始缴纳个人所得税,停止缴纳企业所得税等。个人所得税征收制度不断得到完善。

我国的个人所得税法的基本规范是 1980 年 9 月 10 日第五届全国人民代表大会第三次会议制定的《中华人民共和国个人所得税法》,多年来经过七次修改,目前适用的《中华人民共和国个人所得税法》是 2018 年 8 月 31 日,由第十三届全国人民代表大会常务委员会第五次会议修改并公布的,自 2019 年 1 月 1 日起施行,共同构成了现行个人所得税的征收制度。

第七次个人所得税改革主要就纳税人认定标准、所得分类、费用减除额、专项附加扣除、反避税规则、预扣预缴以及年度汇算清缴等内容进行了调整或首次规定,是历次个人所得税修改中变革最大的一次,实行综合和分类相结合的个人所得税制。

🎥 微课资源

扫一扫,获取本章相关微课视频。

6.1 个人所得税——
个人所得税概述

6.2 个人所得税——综合所得
和经营所得应纳税额计算

第七章　财产行为税类

【教学目的与要求】

- 理解契税的概念、征税范围、纳税义务人和税率。
- 掌握契税计税依据的确定和应纳税额的计算。
- 了解契税的税收优惠和征收管理。
- 理解房产税的概念、征税范围、纳税义务人和税率。
- 掌握房产税计税依据的确定和应纳税额的计算。
- 了解房产税的税收优惠和征收管理。
- 理解车船税的概念、征税范围、纳税义务人和税目税率。
- 掌握车船税计税依据的确定和应纳税额的计算。
- 了解车船税的税收优惠和征收管理。
- 理解印花税的概念、征税范围、纳税义务人和税目税率。
- 掌握印花税计税依据的确定和应纳税额的计算。
- 了解印花税的税收优惠和征收管理。

第一节　契　　税

一、契税的概念

契税是以在中华人民共和国境内转移土地、房屋权属为征税对象，向产权承受人征收的一种财产税。

契税是唯一从需求方进行调节的税种，对买方征税的主要目的在于承认不动产转移生效。承受人纳税以后，便可拥有转移过来的不动产的产权或使用权，以法律保护纳税人的合法权益。

契税有利于筹集财政收入；保护合法产权，避免产权纠纷；有利于调控房地产交易价格，加强房地产管理和调节财富分配，实现社会公平的作用。

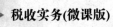

二、契税的征税范围

契税的征税对象是发生土地使用权和房屋所有权权属转移的土地和房屋，其具体的征税范围包括以下内容。

1. 国有土地使用权的出让

国有土地使用权的出让是指使用者向国家交付土地使用权出让费用，国家将国有土地使用权在一定年限内让与土地使用者的行为。

2. 土地使用权的转让

土地使用权的转让是指土地使用者以出售、赠与、交换或者其他方式将土地使用权转移给其他单位和个人的行为。土地使用权的转让不包括农村集体土地承包经营权的转移。

3. 房屋买卖

以下几种特殊情况，视同房屋买卖。

(1) 以房产抵债或实物交换房屋。经当地政府和有关部门批准，以房产抵债或实物交换房屋，均视同房屋买卖，应由产权承受人按房屋现值缴纳契税。例如，甲因无力偿还乙债务，而以自有的房产折价抵偿债务。经双方同意及有关部门批准，乙取得甲的房屋产权。在办理产权过户手续时，按房产折价款缴纳契税；如以实物(金融首饰等)交换房屋，应视同以货币购买房屋。

(2) 以房产作投资或股权转让。这种交易业务属房屋产权转移，根据国家房地产管理的有关规定，办理房屋产权交易和产权变更登记手续，视同房屋买卖，由产权承受方按契税税率计算缴纳契税。例如，甲以自有房产投资于乙企业，其房屋产权变为乙企业所有，产权所有人发生变化，乙企业在办理产权登记手续后，按甲入股房产现值(国有企事业房产须经国有资产管理部门评估)缴纳契税。如丙以股份方式购买乙企业房屋产权，丙在办理产权登记后，按取得房产买价缴纳契税。

注意：以自有房产作股投入本人独资经营的企业，免纳契税。因为以自有的房产投入本人独资经营的企业，产权所有人和使用权使用人未发生变化，无须办理房产变更手续，也无须办理契税手续。

(3) 买房拆料或翻建新房。买房拆料或翻建新房，应照章征收契税。例如，甲购买乙房产，不论其目的是取得该房产的建筑材料还是翻建新房，实际均构成房屋买卖。甲应首先办理房屋产权变更手续，再按买价缴纳契税。

(4) 以预付方式或者预付集资建房款方式承受土地、房屋权属。

4. 房屋赠与

房屋赠与是指房屋产权所有人(房屋赠与人)将房屋无偿转让给他人(受赠人)所有。由于房屋是不动产，价值较大，故法律要求赠与房屋应有书面合同(契约)，并到相关部门办理登记过户手续才能生效，房屋的受赠人要按规定缴纳契税。

注意：以获奖方式取得房屋产权的，其实质是接受赠与房产，视同销售，应照章缴纳契税。

法定继承人继承土地、房屋权属的，不征契税；非法定继承人根据遗嘱承受死者生前的土地、房屋权属，属于赠与行为，应缴纳契税。

5. 房屋交换

房屋交换是指房屋所有者之间互相交换房屋使用权或所有权的行为。交换双方应订立交换契约，办理房屋产权变更手续和契税手续。房屋产权相互交换，若双方交换价值相等，免纳契税，办理免征契税手续；若双方交换价值不相等，按超出部分由支付差价方缴纳契税。

三、契税的纳税义务人

契税的纳税义务人是指境内转移土地、房屋权属，承受的单位和个人。境内是指中华人民共和国实际税收行政管辖范围内。土地、房屋权属是指土地使用权和房屋所有权。单位是指企业、事业单位、国家机关、军事单位和社会团体以及其他组织。个人是指个体经营者及其他个人，包括中国公民和外籍人员。

四、契税的税率

契税采用比例税率，实行 3%～5%的幅度税率。

实行幅度税率是考虑到中国经济发展的不平衡，各地经济差别较大的实际情况。因此，各省、自治区、直辖市人民政府可以在 3%～5%的幅度税率规定范围内，按照该地区的实际情况决定具体税率。

五、契税的计税依据和应纳税额的计算

(一)计税依据

契税的计税依据为不动产的价格。

由于土地、房屋权属转移方式不同，定价方法不同，计税依据需视不同情况而定。

(1) 国有土地使用权出让、土地使用权出售、房屋买卖，成交价格为计税依据。

(2) 土地使用权赠与、房屋赠与，由征收机关参照土地使用权出售、房屋买卖的市场价格核定。

(3) 土地使用权交换、房屋交换，为所交换的土地使用权、房屋价格的差额。也就是说，交换价格相等时，免征契税；交换价格不等时，由多付货物、实物、无形资产或者其他经济利益的一方缴纳契税。

前款成交价格明显低于市场价格并且无正当理由的，或者所交换土地使用权、房屋的价格的差额明显不合理并且无正当理由的，由征收机关参照市场价格核定。

(4) 以划拨方式取得土地使用权，经批准转让房地产时，由房地产转让者补缴契税，计税依据为补缴的土地使用权出让费或者土地收益。

(5) 个人无偿赠与不动产行为(法定继承人除外)，应对受赠人全额征收契税。

(二)应纳税额的计算

应纳税额的计算公式为

$$应纳税额=计税依据×税率$$

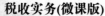

【例7-1 单选题】甲公司2021年将其一处房产(价值1 200万元)和乙公司一商品房(价值1 000万元)互换，双方按差价补付后，办理了过户手续。当地政府规定的契税税率是3%，则甲公司应缴纳契税(   )。

A. 不纳税　　　　　　B. 30元　　　　　　C. 24元　　　　　　D. 6元

【答案】A

【答案解析】交换价格不等时，由多付货款、实物、无形资产或者其他经济利益的一方缴纳契税，因此，应该由乙公司缴纳契税。

【例7-2 计算题】居民甲有两套住房，将一套出售给居民乙，成交价格为7 000 000元；将另一套两室住房与居民丙交换成两处一室住房，并支付给居民丙换房差价600 000元，请计算甲、乙、丙相关行为应缴纳的契税(假定契税税率为3%)。

【答案】

(1) 甲应缴纳契税=600 000×3%=18 000(元);

(2) 乙应缴纳契税=7 000 000×3%=210 000(元)。

【答案解析】甲销售第一套住房不用缴纳契税，承受方乙应当缴纳契税 7 000 000×3%=210 000(元); 房屋互换，价格不等时，由多交付货币、实物、无形资产或者其他经济利益的一方缴纳契税，甲与丙互换住房，由甲支付差价款，甲应当缴纳契税600 000×3%=18 000(元)。丙不是补差价的支付方，所以不用缴纳契税。

六、契税的税收优惠

(1) 根据《中华人民共和国契税法》的规定，有下列情形之一的，免征契税：①国家机关、事业单位、社会团体、军事单位承受土地、房屋权属用于办公、教学、医疗、科研、军事设施；②非营利性的学校、医疗机构、社会福利机构承受土地、房屋权属用于办公、教学、医疗、科研、养老、救助；③承受荒山、荒地、荒滩土地使用权用于农、林、牧、渔业生产；④婚姻关系存续期间夫妻之间变更房屋、土地权属；⑤法定继承人通过继承承受土地、房屋权属；⑥依照法律规定应当予以免税的外国驻华使馆、领事馆和国际组织驻华代表机构承受的土地、房屋权属。

根据国民经济和社会发展的需要，国务院对居民住房需求保障、企业改制重组、灾后重建等情形可以规定免征或者减征契税，报全国人民代表大会常务委员会备案。

(2) 省、自治区、直辖市可以决定对下列情形免征或者减征契税：①因土地、房屋被县级以上人民政府征收、征用，重新承受土地、房屋权属；②因不可抗力灭失住房，重新承受房屋权属。

注意：经批准减征、免征契税的纳税人，改变有关土地、房屋的用途的，不再属于减征、免征契税范围的，应当补缴已经减征、免征的税款。

七、契税的征收管理

(一)纳税义务发生时间

契税的纳税义务发生时间，为纳税人签订土地、房屋权属转移合同的当天，或者纳税人取得其他具有土地、房屋权属转移合同性质凭证的当天。

(二)纳税期限

纳税人应当自纳税义务发生之日起 10 日内，向土地、房屋所在地的契税征收机关办理纳税申报，并在契税征收机关核定的期限内缴纳税款。

(三)纳税地点

契税实行属地征收管理，纳税人发生契税纳税义务时，应当向土地、房屋所在地的契税征收机关申报缴纳，契税征收机关一般为土地、房屋所在地的地方税务机关，具体由省、自治区、直辖市人民政府确定。

(四)纳税申报

纳税人应当在规定的期限内填制"契税纳税申报表"，向契税的征收机关办理纳税申报，并在核定的期限内缴纳税款。

纳税人办理纳税事宜后，征收机关应向纳税人开具契税完税凭证。纳税人持契税完税凭证和其他规定的文件资料，依法向土地管理部门、房产管理部门办理有关土地、房屋的权属变更登记。

纳税人符合减征或者免征契税规定的，应当在签订土地、房屋权属转移合同后 10 日内，向土地、房屋所在地的契税征收机关办理减征或者免征契税手续。

【例 7-3 单选题】下列关于契税纳税义务发生时间正确的为(   )。

A. 签订房地产转让合同当天　　　　B. 办理房地产过户的当天

C. 约定房地产转让当天　　　　　　D. 缴纳购房款当天

【答案】A

【答案解析】契税纳税义务发生时间是纳税人签订土地、房屋权属转移合同的当天，或者纳税人取得其他具有土地房屋权属转移合同性质凭证的当天。

第二节　房　产　税

一、房产税的概念

房产税是以房屋为征税对象，依据房产价值或房产租金收入，向房产所有人或经营人征收的一种财产税。

征收房产税有利于运用税收杠杆加强对房产的管理，提高房产的使用效率，也有利于配合国家房产政策的调整，合理调节房产所有人和经营人的收入。由于房产税税源稳定，易于管理控制，因此它成为地方财政收入的重要来源。

现行房产税的基本规范是 2011 年 1 月 8 日国务院修订的《中华人民共和国房产税暂行条例》。房产税具有如下特点。

1. 对城镇的经营性房屋征收

房产税的征税范围是在城市、县城、建制镇和工矿区，不涉及农村。另外，对某些虽然拥有房屋但自身没有纳税能力的单位，如国家拨付行政经费、事业经费和国防经费的单位自用的房产，税法通过免税的方式将这类房屋排除在征税范围。

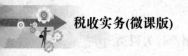

2. 属于个别财产税

财产税按征收方式，可分为一般财产税和个别财产税。一般财产税也称综合财产税，是对纳税人所拥有的全部财产，按其综合计算的价值进行课征的一种财产税。

个别财产税也称特种财产税，是对纳税人所有的土地、房屋、资本或其他财产分别课征的税收。我国现行房产税属于个别财产税。

3. 区别房屋的经营使用方式规定征税方法

根据纳税人经营形式的不同，房产税的征税方法可以分为两种：按房产余值征收和按租金收入征收。两种不同的征收方式符合纳税人的不同经营特点，便于平衡税收负担和征收管理。

二、房产税的纳税义务人

房产税以在征税范围内的房屋产权所有人为纳税人。其中：

(1) 产权属于国家所有的，由经营管理单位纳税；产权属于集体和个人所有的，由集体单位和个人纳税。

(2) 产权出典的，由承典人依照房产余值纳税。

(3) 产权所有人、承典人不在房屋所在地的，由房产代管人或者使用人纳税。

(4) 产权未确定及租典纠纷未解决的，亦由房产代管人或者使用人纳税。

(5) 应税单位和个人无租使用房产管理部门、免税单位及纳税单位的房产，应由使用人依照房产余值代为缴纳房产税。

【例 7-4 单选题】 下列各项中，符合房产税纳税义务人规定的是( )。

A. 产权纠纷未解决的由代管人或使用人缴纳

B. 房屋产权出典的由出典人缴纳

C. 产权属于集体的由承典人缴纳

D. 产权属于国家所有的不缴纳

【答案】 A

【答案解析】 选项 B，房屋产权出典的，由承典人缴纳；选项 C，产权属于集体的，由集体单位缴纳；选项 D，产权属于国家所有的，由经营管理单位缴纳。

三、房产税的征税范围

房产税以房产为征税对象。所谓房产，是指有屋面和围护结构(有墙或两边有柱)，能够遮风避雨，可供人们在其中生产、学习、工作、娱乐、居住或储藏物资的场所。例如，水池不是房产税的征税对象，使用的办公楼则为征税对象。房地产开发企业建造的商品房，在出售前不征收房产税；但对出售前房地产开发企业已使用或出租、出借的商品房应按规定征收房产税。

房产税的征税范围为城市、县城、建制镇和工矿区，其具体规定如下。

(1) 城市按市行政区域(含郊区)的区域范围。

(2) 县城按县城镇行政区域(含镇郊)的区域范围。

(3) 建制镇按镇人民政府所在地的镇区范围，不包括所辖的行政村。

(4) 工矿区指大中型工矿企业所在地非农业人口达 2 000 人以上、工商业比较发达的工矿区。开征房产税的工矿区须经省税务局批准。

房产税的征税范围不包括农村。因为农村的房屋，除农副业生产用房外，大部分是农民居住用房。对农村房屋不纳入房产税征税范围，有利于农业发展，减轻农民的负担。

【例 7-5 单选题】下列房屋及建筑物中，属于房产税征税范围的是(   )。

A. 个人拥有的市区经营性用房

B. 建在室外的露天游泳池

C. 农村的居住用房

D. 尚未使用或出租而待售的商品房

【答案】A

【答案解析】选项 B，房产税以房产为征税对象，所谓房产，是指有屋面和围护结构(有墙或两边有柱)，能够遮风避雨，可供人们在其中生产、学习、工作、娱乐、居住或储藏物资的场所，对于建在室外的露天游泳池，不属于房产税的征税范围；选项 C，房产税的征税范围为城市、县城、建制镇和工矿区，不包括农村；选项 D，房地产开发企业建造的商品房，在出售前不征收房产税；但对出售前已使用或出租、出借的商品房应按规定征收房产税。

四、房产税的税率

我国现行房产税采用的是比例税率。由于房产税的计税依据分为从价计征和从租计征两种形式，所以房产税的税率也有两种。

(1) 从价计征：按房产原值一次减除 10%～30%后的余值计征的，税率为 1.2%。

(2) 从租计征：按房产出租的租金收入计征的，税率为 12%。

注意：从 2001 年 1 月 1 日起，对个人按市场价格出租的居民住房，用于居住的，可暂减按 4%的税率征收房产税。

五、房产税的计税依据和应纳税额的计算

(一)计税依据

房产税的计税依据是房产的计税价值或房产的租金收入。按照房产计税价值征税的，称为从价计征；按照房产租金收入计征的，称为从租计征。

1. 从价计征

房产自用的，房产税依照房产原值一次性减除 10%～30%后的余值计算缴纳。各地扣除比例由当地省、自治区、直辖市人民政府确定。

计算房产原值时需要注意以下内容。

(1) 房产原值是指纳税人按照会计制度规定，在账簿"固定资产"科目中记载的房屋原价。没有记载房屋原价的，参照同类房屋确定房产原值，按规定计征房产税。

注意：从价计征房产税的房产，无论会计上如何核算，房产原值均应包含地价，包括为取得土地使用权支付的价款、开发土地发生的成本费用等。

宗地容积率低于 0.5 的，按房产建筑面积的 2 倍计算土地面积并据此确定计入房产原值

的地价。

(2) 房产原值应包括与房屋不可分割的、不可随意移动的各种附属设备和配套设施,如给排水、采暖、消防、中央空调、电气及智能化楼宇设备等,无论在会计核算中是否单独记账与核算,都应计入房产原值,计征房产税。

对于更换房屋附属设备和配套设施的,在将其价值计入房产原值时,可扣减原来相应设备和设施的价值;对附属设备和配套设施中易损坏,需要经常更换的零配件,更新后不再计入房产原值。

(3) 纳税人对原有房屋进行改建、扩建的,要相应增加房屋的原值。

(4) 对投资联营的房产,在计征房产税时应予以区别对待。对于以房产投资联营,投资者参与投资利润分红,共担风险的,按房产余值作为计税依据计征房产税;对以房产投资,收取固定收入,不承担联营风险的,实际是以联营名义取得房产租金,应由出租方按租金收入计缴房产税。

(5) 对融资租赁的房产,由承租人自融资租赁合同约定开始日的次月起依照房产余值缴纳房产税;合同未约定开始日的,由承租人自融资租赁合同签订的次月起依照房产余值缴纳房产税。

(6) 对居民住宅区内业主共有的经营性房产由实际经营(包括自营和出租)的代管人或使用人缴纳房产税。其中,自营的,依照房产原值减除10%~30%后的余值计征;没有房产原值或不能将业主共有房产与其他房产的原值准确划分开的,由房产所在地地方税务机关参照同类房产核定房产原值;出租的,依照租金收入计征。

(7) 凡在房产税征收范围内的具备房屋功能的地下建筑,包括与地上房屋相连的地下建筑以及完全建在地面以下的建筑、地下人防设施等,均应依照规定征收房产税。自用的地下建筑,按以下方式计税:①工业用途房产,以房屋原价的50%~60%作为应税房产原值;②商业和其他用途房产,以房屋原价的70%~80%作为应税房产原值;③对于与地上房屋相连的地下建筑,如房屋的地下室、地下停车场、商场的地下部分等,应将地下部分与地上房屋视为一个整体,按照地上房屋建筑的有关规定计算征收房产税。

2. 从租计征

房产出租的,以房产租金收入为房产税的计税依据。所谓房产的租金收入,是指房屋产权所有人出租房产使用权所得的报酬,包括货币收入和实物收入。如果是以劳务或者其他形式为报酬抵付房租收入的,应根据当地同类房产的租金水平,确定一个标准租金额从租计征。

对出租房产,租赁双方签订的租赁合同约定有免收租金期限的,免收租金期间由产权所有人按照房产原值缴纳房产税。

纳税人对个人出租房屋的租金收入申报不实或申报数与同一地段同类房屋的租金收入相比明显不合理的,税务部门可以采取科学合理的方法核定其应纳税款。具体办法由各省、自治区、直辖市地方税务机关结合当地的实际情况制定。

注意:从租计征,计税依据为房产不含增值税的租金收入。

(二)应纳税额的计算

房产税的计税依据有两种,与之相适应的应纳税额的计算方法也分为两种。

1. 从价计征的应纳税额的计算

从价计征是按房产的原值减除一定比例后的余值计征，其计算公式为

$$应纳税额=应税房产原值×(1-扣除比例)×1.2\%$$

房产原值是"固定资产"科目中记载的房屋原价；减除一定比例是省、自治区、直辖市人民政府规定的10%～30%的减除比例；计征的适用税率为1.2%。

【例7-6 计算题】某企业的经营用房原值为8 000万元，按照当地规定允许以减除20%后余值计税，适用税率为1.2%。

请计算其应纳房产税税额。

【答案】

应纳税额=8 000×(1-20%)×1.2%=76.8(万元)。

2. 从租计征的应纳税额的计算

从租计征是按房产的租金收入计征，其计算公式为

$$应纳税额=租金收入×12\%(或4\%)$$

【例7-7 计算题】某公司出租房屋3间，年不含增值税租金收入为90 000元，适用税率为12%。

请计算其应纳房产税税额。

【答案】

应纳税额=90 000×12%=10 800(元)。

【例7-8 计算题】王某将其住房按照市场价格出租给李某居住，每月租金收入为15 000元，适用税率为4%。

请计算王某每月应纳房产税税额。

【答案】

应纳税额=15 000×4%=600(元)。

【例7-9 计算题】某企业有原值为4 500万元的房产。2021年1月1日将其中的40%对外投资联营，投资期限为10年，每年固定利润分红80万元，不承担投资风险。当地政府规定的扣除比例为20%。

请计算该企业2021年度应该缴纳的房产税税额。

【答案】

应纳税额=4 500×(1-40%)×(1-20%)×1.2%+80×12%=35.52(万元)。

六、房产税的税收优惠

(1) 国家机关、人民团体、军队自用的房产免征房产税。但是，上述免税单位的出租房产及非自身业务使用的生产、营业用房，不属于免税范围。

(2) 由国家财政部门拨付事业经费的单位，如学校、医疗卫生单位、幼儿园、敬老院、文化、体育、艺术这些实行全额或差额预算管理的事业单位所有的房产，本身业务范围内使用的房产免征房产税。

由国家财政部门拨付事业经费的单位，其经费来源实行自收自支后，从事业单位实行自收自支的年度起，免征房产税3年。

　　上述单位所属的附属工厂、商店、招待所等不属于单位公务、业务的用房，应照章纳税。

　　(3) 宗教寺庙、公园、名胜古迹自用的房产免征房产税。宗教寺庙、公园、名胜古迹中附设的营业单位，如影剧院、饮食部、茶社、照相馆等所使用的房产及出租的房产，不属于免税范围，应照章纳税。

　　(4) 个人所有非营业用的房产免征房产税。个人所有的非营业用房主要是指居民住房，不分面积多少，一律免征房产税。对个人拥有的营业用房或者出租的房产，不属于免税房产，应照章纳税。

　　(5) 经财政部批准免税的其他房产。①损坏不堪使用的房屋和危险房屋，经有关部门鉴定，在停止使用后，可免征房产税。②纳税人因房屋大修导致连续停用半年以上的，在房屋大修期间，免征房产税。免征税额由纳税人在申报缴纳房产税时自行计算扣除，并在申报表附表或备注栏中做相应说明。③为基建工地服务的各种工棚、材料棚、休息棚和办公室、食堂、茶炉房、汽车房等临时性房屋，在施工期间，一律免征房产税。但工程结束后，施工企业将这种临时性房屋交还或估价转让给基建单位的，应从基建单位接收的次月起，照章纳税。④地下人防设施，暂不征收房产税。⑤对高校学生公寓免征房产税。⑥对非营利性医疗机构、疾病控制机构和妇幼保健机构等卫生机构自用的房产，免征房产税。⑦经营公租房的租金收入，免征房产税。⑧对老年服务机构自用的房产，免征房产税。⑨向居民供热并向居民收取采暖费的供热企业，暂免征收房产税。⑩国家机关、军队、人民团体、事业单位、居委会、村委会、体育基金会、体育类民办非企业单位拥有的体育场馆、用于体育活动的房产免征房产税。⑪企业拥有并运营管理的大型体育场馆，其用于体育活动的房产减半征收房产税。

　　注意：⑩、⑪用于体育活动的天数不得低于全年自然天数的 70%。

七、房产税的征收管理

(一)纳税义务发生时间

　　(1) 纳税人将原有房产用于生产经营，从生产经营之月起缴纳房产税。

　　(2) 纳税人自行新建房屋用于生产经营，从建成之次月起缴纳房产税。

　　(3) 纳税人委托施工企业建设的房屋，从办理验收手续之次月起缴纳房产税。

　　(4) 纳税人购置新建商品房，自房屋交付使用之次月起缴纳房产税。

　　(5) 纳税人购置存量房，自办理房屋权属转移、变更登记手续，房地产权属登记机关签发房屋权属证书之次月起，缴纳房产税。

　　(6) 纳税人出租、出借房产，自交付出租、出借房产之次月起，缴纳房产税。

　　(7) 房地产开发企业自用、出租、出借本企业建造的商品房，自房屋使用或交付之次月，缴纳房产税。

　　(8) 自 2009 年 1 月 1 日起，纳税人因房产的实物或权利状态发生变化而依法终止房产义务的，其应纳税款的计算应截止到房产的实物或权利状态发生变化的当月末。

　　【例 7-10 多选题】下列各项中，符合房产税纳税义务发生时间规定的有(　　)。

　　A. 将原有房产用于生产经营，从生产经营之次月起缴纳房产税

　　B. 委托施工企业建设的房屋，从办理验收手续之次月起缴纳房产税

　　C. 购置存量房，自权属登记机关签发房屋权属证书之次月起缴纳房产税

D. 购置新建商品房，自权属登记机关签发房屋权属证书之次月起缴纳房产税

【答案】BC

【答案解析】选项 A，将原有房产用于生产经营，从生产经营之月起缴纳房产税；选项 D，购置新建商品房，自房屋交付使用次月起缴纳房产。

(二)纳税期限

房产税实行按年计算、分期缴纳的征收方法，具体纳税期限由省、自治区、直辖市人民政府确定。各地一般按季度或半年征收一次，在季度或半年内规定某一月份征收。

(三)纳税地点

房产税在房产所在地缴纳。房产不在同一地方的纳税人，应按房产的所在地点分别向房产所在地的税务机关纳税。

(四)纳税申报

房产税的纳税人应按照条例的有关规定，及时办理纳税申报，将现有房屋的坐落地点、结构、面积、原值、出租收入等情况如实填写在房产税纳税申报表中。

第三节 车 船 税

一、车船税的概念

车船税是指对在中华人民共和国境内属于《中华人民共和国车船税法》中"车船税税目税额表"所规定的车辆、船舶(以下简称车船)的所有人或管理人征收的一种财产税。

车船税具有为地方交通运输事业发展筹集资金，运用税收经济杠杆加强对车船使用的管理和调节财富分配，体现社会公平的作用。

现行车船税法的基本规范是由中华人民共和国第十一届全国人民代表大会常务委员会第十九次会议于 2011 年 12 月 25 日通过的《中华人民共和国车船税法》，自 2012 年 1 月 1 日起施行，其具有以下特点。

1. 幅度定额税率

车船税划分车辆和船舶，规定相关的定额税率。对车辆采用分类幅度定额税率，即对不同类别的车辆规定了最高税额和最低税额，以适应我国各地经济发展不平衡、车辆种类繁多的实际情况。

2. 财产税

现行车船税的纳税义务人是拥有车船的单位和个人，因此，该税种具有财产税的特点。从财产税的角度看，车船税属于单项财产税，不仅征税对象仅限于车船类运输工具，而且对不同的车船规定了不同的征税标准。

二、车船税的纳税义务人

在中华人民共和国境内，车船的所有人或者管理人为车船税的纳税义务人。管理人是指

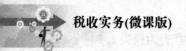

对车船具有管理使用权，不具有所有权的单位和个人。

一般情况下，拥有与使用车船的单位和个人是相同的，纳税人既是车船使用人，又是车船拥有人。如存在租赁关系，车船拥有人与使用人不一致时，应由租赁双方协商确定纳税人；租赁双方未商定的，由车船的使用人纳税。

从事机动车第三者责任强制保险业务的保险机构为机动车车船费的扣缴义务人，在销售机动车交通事故责任强制保险时代收车船税，并出具代收税款凭证。

三、车船税的征税范围

车船税的征税范围是指在中华人民共和国境内属于《中华人民共和国车船税法》所附"车船税税目税额表"规定的车船。

车船具体是指依法应当在车船登记管理部门登记的机动车辆和船舶；以及依法不需要在车船登记管理部门登记、在单位内部场所行驶或者作业的机动车辆和船舶。

1. 车辆

车辆包括机动车辆和非机动车辆。机动车辆是指依靠燃油、电力等能源作为动力运行的车辆，如汽车、拖拉机、无轨电车等；非机动车辆是指依靠人力、畜力运行的车辆，如三轮车、自行车、畜力驾驶车等。

注意： 纯电动乘用车和燃料电池乘用车不属于车船税征税范围，不征车船税。

2. 船舶

船舶包括机动船舶和非机动船舶。机动船舶是指依靠燃料等能源作为动力运行的船舶，如客轮、货船、气垫船等；非机动船舶是指依靠人力或者其他力量运行的船舶，如木船、帆船、舢板等。

四、车船税的税目与税额

车船税采用幅度定额税额，即对不同类别的车辆和船舶规定了单位上、下限税额。车船税确定税额总的原则是：非机动车船的税负轻于机动车船；人力车的税负轻于畜力车；小吨位船舶的税负轻于大船舶。

车船税税目税额如表 7-1 所示。

表 7-1　车船税税目税额

税　　目		计税单位	年基准税额/元	备　　注
乘用车 [按发动机气缸容量(排气量)分档]	1.0 升(含)以下的	每辆	60～360	核定载客人数 9 人(含)以下
	1.0 升以上至 1.6 升(含)的		300～540	
	1.6 升以上至 2.0 升(含)的		360～660	
	2.0 升以上至 2.5 升(含)的		660～1 200	
	2.5 升以上至 3.0 升(含)的		1 200～2 400	
	3.0 升以上至 4.0 升(含)的		2 400～3 600	
	4.0 升以上的		3 600～5 400	

税 目		计税单位	年基准税额/元	备 注
商用车	客车	每辆	480～1 440	核定载客人数9人以上(包括电车)
	货车	整备质量每吨	16～120	(1)包括半挂牵引车、挂车、三轮汽车和低速载货汽车等 (2)挂车按照货车税额的50%计算
其他车辆	专业作业车	整备质量每吨	16～120	不包括拖拉机
	轮式专用机械车	整备质量每吨	16～120	
摩托车		每辆	36～180	
船舶	机动船舶	净吨位每吨	3～6	拖船、非机动驳船分别按照机动船舶税额的50%计算；游艇税额另行规定
	游艇	艇身长度每米	600～2 000	

(1) 机动船舶具体适用税额为：①净吨位不超过 200 吨的，每吨 3 元；②净吨位超过 200 吨但不超过 2 000 吨的，每吨 4 元；③净吨位超过 2 000 吨但不超过 10 000 吨的，每吨 5 元；④净吨位超过 10 000 吨的，每吨 6 元。

拖船按照发动机功率每千瓦折合净吨位 0.67 吨计算征收车船税；拖船、非机动驳船分别按照机动船舶税额的 50%计算。

(2) 游艇具体适用税额为：①艇身长度不超过 10 米的，每米 600 元；②艇身长度超过 10 米但不超过 18 米的，每米 900 元；③艇身长度超过 18 米但不超过 30 米的，每米 1 300 元；④艇身长度超过 30 米的，每米 2 000 元；⑤辅助动力帆艇，每米 600 元。

(3) 排气量、整备质量、核定载客人数、净吨位、千瓦、艇身长度，以车船登记管理部门核发的车船登记证书或者行驶证相应项目所载数据为准。

依法不需要办理登记的车船和依法应当登记而未办理登记或者不能提供车船登记证书、行驶证的车船，以车船出厂合格证明或者进口凭证标注的技术参数、数据为准；不能提供车船出厂合格证明或者进口凭证的，由主管税务机关参照国家相关标准核定，没有国家相关标准的参照同类车船核定。

(4) 车辆的具体适用税额由省、自治区、直辖市人民政府在规定的税额幅度内，按照以下原则确定，并报国务院备案：①乘用车依排气量从小到大递增税额；②客车按照核定载客人数 20 人以下和 20 人(含)以上两档划分，递增税额。

【例 7-11 单选题】下列车船中，不以"辆"作为车船税计税单位的有(   )。

A. 半挂牵引车   B. 摩托车   C. 微型客车   D. 电车

【答案】A

【答案解析】半挂牵引车按整备质量每吨作为计税单位；摩托车、微型客车和电车都是以"辆"作为车船税计税单位。

五、车船税的计税依据和应纳税额的计算

(一)计税依据

车船税的计税依据按车船种类和性能，分别确定辆、整备质量吨位、净吨位和艇身长度四种，具体规定如下。

(1) 乘用车、商用客车、摩托车按辆计税。

(2) 商用货车、挂车、专用作业车、轮式专用机械车按整备质量吨位计税。

(3) 机动船舶按净吨位计税，拖船按照发动机功率 1 千瓦折合净吨位 0.67 吨计税。

(4) 游艇按艇身长度计税。

需要注意的具体情形如下。

(1) 计算时所涉及的整备质量吨位、净吨位、艇身长度等计税标准，以车船登记管理部门核发的车船登记证书或者行驶证书相应项目所载数据为准。

依法不需要办理登记的车船和依法应当登记而未办理登记或者不能提供车船登记证书、行驶证的车船，以车船出厂合格证明或者进口凭证标注的技术参数、数据为准；不能提供车船出厂合格证明或者进口凭证的，由主管税务机关参照国家相关标准核定，没有国家相关标准的参照同类车船核定。

(2) 整备质量是指一辆汽车的自重，即汽车在正常条件下准备行驶时，尚未载人(包括驾驶员)、载物时的空车重量。

车辆整备质量尾数在 0.5 吨以下(含 0.5 吨)的，按照 0.5 吨计算；超过 0.5 吨的，按照 1 吨计算。

整备质量不超过 1 吨的车辆，按照 1 吨计算。

船舶净吨位尾数在 0.5 吨以下(含 0.5 吨)的不予计算，超过 0.5 吨的，按照 1 吨计算。

净吨位不超过 1 吨的船舶，按照 1 吨计算。

(二)应纳税额的计算

纳税人按照纳税地点所在的省、自治区、直辖市人民政府确定的具体适用税额缴纳车船税。车船税的计算按照计税依据的不同，其计算方法有以下几种。

(1) 乘用车、商用客车、摩托车：应纳税额=车辆数×适用税额。

(2) 商用货车、专用作业车、轮式专用机械车：应纳税额=整备质量吨位×适用税额。

(3) 挂车：应纳税额=整备质量吨位×适用税额×50%。

(4) 机动船舶：应纳税额=净吨位×适用税额。

(5) 拖船、非机动驳船：应纳税额=净吨位×适用税额×50%。

(6) 游艇：应纳税额=艇身长度×适用税额。

需要注意的具体情形如下。

(1) 客货两用车按载货汽车的计税单位和税额标准计征车船税。

(2) 购置的新车船，购置当年的应纳税额自纳税义务发生的当月起按月计算。其计算

公式为

$$应纳税额=(年应纳税额÷12)×应纳税月份数$$
$$应纳税月份数=12-纳税义务发生时间(取月份)+1$$

(3) 在一个纳税年度内，已完税的车船被盗抢、报废、灭失的，纳税人可以凭有关管理机关出具的证明和完税凭证，向纳税所在地的主管税务机关申请退还自被盗抢、报废、灭失月份起至该纳税年度终了期间的税款。

(4) 已办理退税的被盗抢车船失而复得的，纳税人应当从公安机关出具相关证明的当月起计算缴纳车船税。

(5) 已缴纳车船税的车船在同一纳税年度内办理转让过户的，不另纳税，也不退税。

(6) 在一个纳税年度内，纳税人在非车辆登记地由保险机构代收代缴机动车车船税，且能够提供合法有效完税证明的，纳税人不再向车辆登记地的主管税务机关申报缴纳车船税。

【例7-12 单选题】某船运公司拥有旧机动船8艘，每艘净吨位为1 500吨；该年7月购置新机动船6艘，每艘净吨位为3 000吨。该公司船舶适用的车船税年税额为：净吨位200～2 000吨的，每吨4元；净吨位2 001～10 000吨的，每吨5元，则该公司该年度应缴纳的车船税为(   )元。

A. 225 000   B. 93 000   C. 105 000   D. 123 000

【答案】B

【答案解析】购置的新车船，购置当年的应纳税额自纳税义务发生的当月起按月计算。

该公司该年度应缴纳的车船税=(4×1 500×8)+(5×3 000×6÷12×6)=93 000(元)。

【例7-13 计算题】某机械制造厂2021年拥有货车4辆，每辆货车的整备质量均为1.86吨；挂车2部，其整备质量为1.6吨；小汽车5辆。已知货车车船税税率为整备质量每吨年基准税额16元，小汽车车船税税率为每辆年基准税额360元。

请计算该机械制造厂2021年度应纳车船税税额。

【答案】

挂车按照货车税额的50%计算纳税。

车船税法及其实施条例涉及的整备质量、净吨位等计税单位，有尾数的一律按照含尾数的计税单位据实计算车船税应纳税额。

该机械制造厂该年应纳的车船税税额=1.86×4×16+1.6×2×16×50%+5×360=1 944.64(元)。

六、车船税的税收优惠

车船税的税收优惠包括法定减免和特定减免。

(一)法定减免

(1) 捕捞、养殖渔船。即在渔业船舶管理部门登记为捕捞船或者养殖船的渔业船舶。

(2) 军队、武装警察部队专用的车船。即按照规定在军队、武警车船管理部门登记，并领取军用、武警牌照的车船。

(3) 警用车船。即公安机关、国家安全机关、监狱、劳动教养管理机关和人民法院、人民检察院领取警用牌照的车辆和执行警务的专用船舶。

(4) 依照法律规定，应当予以免税的外国驻华使馆、领事馆和国际组织驻华代表机构及其有关人员的车船。

(5) 非机动车船(不包括非机动驳船)。非机动车是指以人力或者畜力驱动的车辆，以及符合国家有关标准的残疾人机动轮椅车、电动自行车等车辆。非机动船是指自身没有动力装置，依靠外力驱动的船舶。非机动驳船是指在船舶管理部门登记为驳船的非机动船。

(6) 拖拉机。即在农业(农业机械)部门登记为拖拉机的车辆。

(二)特定减免

(1) 对节约能源的车辆减半征收车船税，对使用新能源的车辆免征车船税。这里使用新能源的车辆包括纯电动商用车、混合动力汽车、燃料电池乘用车。

纯电动乘用车和燃料电池乘用车不属于车船税征收范围，不征收车船税。

(2) 省、自治区、直辖市人民政府根据当地实际情况，可对公共交通车船，农村居民拥有并主要在农村地区使用的摩托车、三轮汽车和低速载货汽车定期减征或者免征车船税。

(3) 经批准临时入境的外国车船和香港特别行政区、澳门特别行政区、台湾地区的车船，不征收车船税。

(4) 依法不需要在车船登记管理部门登记的机场港口、铁路站场内部行驶或者作业的车船，5年内免征车船税。

(5) 对受严重自然灾害影响纳税困难以及有其他特殊原因确实需要减税、免税的，可以减征或者免征车船税。具体办法由国务院规定，并报全国人民代表大会常务委员会备案。

【例7-14 单选题】根据车船税法的规定，下列车船中需要缴纳车船税的是(　　)。

A. 拥有小汽车的某省省长　　　　　B. 武装警察部队专用的车船

C. 领事馆大使专用车辆　　　　　　D. 报废的车辆

【答案】A

【答案解析】依照我国有关法律和我国缔结或者参加的国际条约的规定应当予以免税的外国驻华使馆、领事馆和国际组织驻华代表机构及其有关人员免征车船税。拥有小汽车的某省省长，依法缴纳车船税。

七、车船税的征收管理

(一)纳税义务发生时间

车船税的纳税义务发生时间，为车船管理部门核发的车船登记证书或者行驶证书所载日期的当月。纳税人未到车船管理部门办理登记手续的，以车船购置发票所载开具时间的当月作为车船税的纳税义务发生时间。对未办理车船登记手续且无法提供车船购置发票的，由主管税务机关核定纳税义务发生时间。

(二)纳税期限

车船税的纳税期限为车船管理部门核发的车船登记证书或者行驶证书所载日期的当月，即购买车船的发票或其他证明文件所载日期的当月。

(三)纳税地点

车船税由地方税务机关负责征收。

纳税人自行申报缴纳车船税的，纳税地点为车船登记地的主管税务机关所在地；依法不需要办理登记的车船，纳税地点为车船所有人或者管理人主管税务机关所在地。

扣缴义务人代收代缴车船税的，纳税地点为扣缴义务人所在地。

(四)纳税申报

车船税按年申报，分月计算，一次性缴纳。纳税年度为公历 1 月 1 日至 12 月 31 日，具体申报纳税期限由省、自治区、直辖市人民政府规定。纳税申报分为自行申报和代收代缴。

1. 自行申报

一般各省人民政府都规定：在一个纳税年度内，纳税人可以在投保机动车第三者责任强制保险或者办理车船登记、检验时自行申报缴纳车船税。

纳税人没有自行申报缴纳车船税的，车船税的纳税期限为纳税人投保机动车第三者责任强制保险或者办理车船登记、检验的当天。

对于依法不需要购买机动车交通事故责任强制保险的车辆，纳税人应当向主管税务机关申报缴纳车船税。

2. 代收代缴

保险机构应当在收取机动车第三者责任强制保险费时，依法代收车船税，及时解缴代收代缴的车船税及其滞纳金，并向税务机关申报。扣缴义务人应当在每月终了后 15 日以内向税务机关报送上月代收代缴的相关资料，并解缴上月代收税款。

纳税人应按照规定及时办理纳税申报，并如实填写车船税纳税申报表。

注意：在一个纳税年度内，纳税人在非车辆登记地由保险机构代收代缴机动车车船税，且能够提供合法有效完税证明的，纳税人不再向车辆登记地的地方税务机关缴纳车船税。

【例 7-15 多选题】根据相关规定，下列表述正确的是(   )。

A. 在机场、港口以及其他企业内部场所行驶或者作业且依法不需在车船登记管理部门登记的车船不缴纳车船税

B. 拖船按照发动机功率每 1 千瓦折合净吨位 0.67 吨计算征收车船税

C. 车船税按年申报缴纳，具体申报纳税期限由省、自治区、直辖市人民政府规定

D. 按照规定缴纳船舶吨税的机动船舶，自车船税法实施之日起 5 年内免征车船税

【答案】BCD

【答案解析】依法应当在车船登记管理部门登记的车辆和船舶，在机场、港口以及其他企业内部场所行驶或者作业且依法不需在车船登记管理部门登记的车船也纳入征收范围，所以选项 A 错误。

【例 7-16 多选题】下列各项中，不符合车船税有关征收管理规定的是(   )。

A. 纳税人自行申报缴纳的，应在纳税人所在地缴纳

B. 车船税按年申报，分月计算，一次性缴纳

C. 节约能源、使用新能源的车船一律减半征收车船税

D. 临时入境的外国车船属于车船税的征税范围，需缴纳车船税

【答案】ACD

【答案解析】选项 A，纳税人自行申报缴纳的，应在车船的登记地缴纳车船税；选项 C，节约能源、使用新能源的车船可以免征或者减半征收车船税；选项 D，临时入境的外国车船和香港特别行政区、澳门特别行政区、台湾地区的车船，不征收车船税。

第四节　印　花　税

一、印花税概述

(一)印花税的概念

印花税是对在经济活动和经济交往中书立、领受具有法律效力的凭证的行为征收的一种税。因其采用在应税凭证上粘贴印花税票作为完税的标志而得名。

2022年7月1日，《中华人民共和国印花税法》开始施行。

(二)印花税的特点

1. 兼有凭证税和行为税性质

印花税是单位和个人书立、领受的应税凭证征收的一种税，具有凭证税性质；同时，任何一种应税经济凭证反映的都是某种特定的经济行为，因此，对凭证征税，实质上是对经济行为的课税。

2. 征税范围广泛

印花税的征税对象包括经济活动和经济交往中的各种应税凭证，凡书立和领受这些凭证的单位和个人都要缴纳印花税，其征税范围是极其广泛的。随着市场经济的发展和经济法制的健全，依法书立经济凭证的现象将会越来越普遍。因此，印花税的征收面将会更加广阔。

3. 税率低、负税轻

印花税与其他税种相比，税率要低得多，税负较轻，最低比例税率为应税凭证所载金额的万分之零点五，一般为万分之几或千分之几；定额税率是每件应税凭证5元。印花税具有广集资金、积少成多的财政效应。

4. 由纳税人自行完成纳税义务

纳税人通过自行计算应纳税额，自行购买并粘贴印花税票，自行在印花税票和凭证的骑缝处盖戳注销或画销来完成纳税义务，也称"三自"纳税，这也与其他税种的缴纳方法存在较大区别。

(三)印花税的作用

1. 有利于培养公民的纳税意识

印花税实行自行贴花纳税的方法，有助于培养纳税人自觉纳税的意识；同时，印花税又具有轻税重罚的特点，有助于增强纳税人的税收法制观念。

2. 有利于配合和加强经济合同的监督管理

根据相关规定，发放或办理各种应税凭证的单位负有监督纳税的义务。这样可以配合各种经济法规的实施，加强经济合同的监督管理；同时，各种合同贴花以后，不论是否兑现，都已负担了税款，可以促使经济往来各方信守合同，减少由于盲目签约而造成的经济损失和纠纷，提高合同的兑现率。

3. 加强对其他税种的监督管理

经济单位和个人的应税凭证是该单位和个人经济活动的反映，通过对各种凭证的税款申报和检查，税务机关可以掌握纳税人经济活动中的真实情况，进行印花税和其他各税的交叉稽核检查，有利于配合加强对其他应纳税种的监督管理。

4. 印花税具有调控市场的作用

印花税税率的高低可以直接改变股票的交易成本，因此，监管层通过调整印花税税率可以起到调控股市的作用。

5. 筹集财政收入

印花税税负虽轻，但征税面广，可以积少成多，为国家建设积累资金；同时，还有利于完善地方税体系和分税制财政体制。

6. 有利于维护国家经济权益

印花税是国际通行的税种。随着我国对外经济交往的日益频繁，涉外经济合同越来越多。开征印花税有利于在对外经济交往中贯彻税收对等互利的原则，维护国家的经济权益，促进对外经济的发展。

二、印花税的纳税义务人

在中华人民共和国境内书立应税凭证、进行证券交易的单位和个人，以及在中华人民共和国境外书立在境内使用的应税凭证的单位和个人为印花税的纳税人。

所谓应税凭证，是指《印花税税目税率表》列明的合同、产权转移书据和营业账簿；所谓证券交易，是指转让在依法设立的证券交易所、国务院批准的其他全国性证券交易场所交易的股票和以股票为基础的存托凭证。

根据征税项目划分的具体纳税人主要如下。

(1) 立和同人。订立各类合同的，以立和同人为纳税人。所谓立和同人，是指合同的当事人，即对凭证有直接权利义务关系的单位和个人。

注意：立和同人不包括合同的担保人、证人、鉴定人。

(2) 立账簿人。建立营业账簿的，以立账簿人为纳税人。所谓立账簿人，是指设立并使用营业账簿的单位和个人。

(3) 立据人。订立各种财产转移书据的，以立据人为纳税人。所谓立据人，是指土地、房屋权属转移过程中买卖双方的当事人。

(4) 领受人。领取权利许可证照的，以领受人为纳税人。所谓领受人，是指领取或接受并持有该项凭证的单位和个人。例如，某人因其发明创造，经申请依法取得国家专利机关颁发的专利证书，该人即为纳税人。

(5) 使用人。这是指在国外订立或领受，在国内使用应税凭证的单位和个人。

(6) 各类电子应税凭证的当事人。这是指在国内进行证券交易的单位和个人。

注意：

(1) 如果一份合同或应税凭证由两方或两方以上当事人共同签订，签订合同或应税凭证的各方都是纳税人，应各就其所持合同或应税凭证的计税金额履行纳税义务。

(2) 纳税人为境外单位或者个人，在境内有代理人的，以其境内代理人为扣缴义务人；在境内没有代理人的，由纳税人自行申报缴纳印花税，具体办法由国务院税务主管部门规定。

【例7-17 多选题】下列各项中，不属于印花税纳税人的是(　　　)。

A. 在国外书立合同且在国外使用的人　　B. 合同签订的证人

C. 权利许可证照的发放人　　　　　　　D. 以电子形式签订应税凭证的当事人

【答案】ABC

【答案解析】选项A，在国外书立、领受，但在国内使用的应税凭证，其纳税人是使用人；选项B，合同的当事人属于印花税的纳税人，所谓当事人，是指对凭证有直接权利义务关系的单位和个人，但不包括合同的担保人、证人、鉴定人；选项C，权利许可证照的领受人，属于印花税的纳税人；选项D，以电子形式签订应税凭证的当事人，属于印花税的纳税人。

三、印花税的税目税率

(一)税目

印花税的征税对象为合同(指书面合同)、产权转移收据、营业账簿、证券交易四大类税目，17个明细税目。

印花税税目采用正列举的方式，凡有列举的项目都征税，未列入范围的则不用征收。具体税目如下。

1. 合同

印花税税目中的合同比照我国合同法对合同的分类，在税目税率表中列举了11类合同。

(1) 借款合同是指银行业金融机构和借款人(不包括银行同业拆借)订立的借款合同。

(2) 融资租赁合同。

(3) 买卖合同是指动产买卖合同(不包括个人书立的动产买卖合同)。

(4) 承揽合同。

(5) 建设工程合同。

(6) 运输合同是指货运合同和多式联运合同(不包括管道运输合同)。

(7) 技术合同，包括技术开发、转让、咨询和服务等合同，不包括专利权、专有技术使用权转让书据。

注意：技术转让合同包括专利申请转让、非专利技术转让所订立的合同，但不包括专利权转让、专利实施许可所订立的合同，后者属于"产权转移书据"税目。一般的法律、会计、审计等方面的咨询不属于技术咨询，其所立合同不贴印花。

(8) 租赁合同。

(9) 保管合同。

(10) 仓储合同。

(11) 财产保险合同，不包括再保险合同。

注意：因印花税具有行为税性质，未按期兑现合同也应缴税。纳税人签订应税合同，就发生了应税经济行为，必须依法缴纳，履行完税手续。

2. 产权转移书据

产权转移即财产权利关系的变更行为，表现为产权主体发生变更。产权转移书据是在产权的买卖、交换、继承、赠与、分割等产权主体变更过程中，由产权出让人与受让人之间所订立的民事法律文书。

印花税税目的产权转移书据包括：土地使用权出让书据；土地使用权、房屋等建筑物和构筑物所有权转让书据(不包括土地承包经营权和土地经营权转移)；股权转让书据(不包括应缴纳证券交易印花税的)；商标专用权、著作权、专利权、专有技术使用权转让书据。

3. 营业账簿

营业账簿属于财务会计账簿，是单位或个人记载生产经营活动的财务会计核算账簿。营业账簿按其反映内容的不同，可分为记载资金的账簿和其他账簿。

注意：记载资金的账簿属于印花税征税税目，其他账簿免征印花税。

4. 证券交易

证券交易是指转让在依法设立的证券交易所、国务院批准的其他全国性证券交易场所交易的股票和以股票为基础的存托凭证。

存托凭证以境外股票为基础在中国境内发行，并在境内证券交易场所上市交易。将其纳入印花税征税范围，适用于股票相同的政策，有利于保证税制统一和税负公平。

注意：《中华人民共和国印花税法》明确规定六类合同不征收印花税：

(1) 除记载资金账簿外，其他营业账簿不征收印花税。

(2) 个人书立的动产买卖合同不征收印花税。

(3) 管道运输合同不征收印花税。

(4) 再保险合同不征收印花税。

(5) 同业拆借合同不征收印花税。

(6) 土地承包经营权和土地经营权转移不征收印花税。

(二)税率

现行印花税采用比例税率。

印花税的比例税率分为五档：1‰、0.5‰、0.3‰、0.25‰、0.05‰。具体如表 7-2 所示。

表 7-2　印花税税目税率表(2022 年 7 月 1 日起执行)

税　目		税　率	备　注
合同	借款合同	借款金额的万分之零点五	指银行业金融机构、经国务院银行业监督管理机构批准设立的其他金融机构与借款人(不包括同业拆借)的借款合同
	融资租赁合同	租金的万分之零点五	
	买卖合同	价款的万分之三	指动产买卖合同(不包括个人书立的动产买卖合同)
	承揽合同	报酬的万分之三	
	建设工程合同	价款的万分之三	
	运输合同	运输费用的万分之三	指货运合同和多式联运合同(不包括管道运输合同)

续表

税目		税率	备注
合同	技术合同	价款、报酬或者使用费的万分之三	不包括专利权、专有技术使用权转让书据
	租赁合同	租金的千分之一	
	保管合同	保管费的千分之一	
	仓储合同	仓储费的千分之一	
	财产保险合同	保险费的千分之一	不包括再保险合同
产权转移书据	土地使用权出让书据	价款的万分之五	转让包括买卖(出售)、继承、赠与、互换、分割
	土地使用权、房屋等建筑物和构筑物所有权转让书据(不包括土地承包经营权和土地经营权转移)	价款的万分之五	
	股权转让书据(不包括应缴纳证券交易印花税的)	价款的万分之五	
	商标专用权、著作权、专利权、专有技术使用权转让书据	价款的万分之三	
营业账簿		实收资本(股本)、资本公积合计金额的万分之二点五	
证券交易		成交金额的千分之一	

注意：香港市场投资者通过沪港通买卖、继承、赠与上交所上市 A 股，按照内地现行税制规定缴纳证券(股票)交易印花税；内地投资者通过沪港通买卖、继承、赠与联交所上市股票，按照香港特别行政区现行税法规定缴纳印花税。

【例 7-18 单选题】印花税年度纳税申报表中，仓储合同适用的税率为(　　)。

A. 0.3‰ 　　　　　B. 0.5‰ 　　　　　C. 0.05‰ 　　　　　D. 1‰

【答案】D

【答案解析】根据印花税税目税率表，仓储合同的印花税率是仓储费的千分之一。

四、印花税的计税依据和应纳税额的计算

(一)计税依据

(1) 应税合同的计税依据，为合同所列的金额，不包括列明的增值税税款。

(2) 应税产权转移书据的计税依据，为产权转移书据所列的金额，不包括列明的增值税税款。

(3) 应税营业账簿的计税依据，为账簿记载的实收资本(股本)、资本公积合计金额。

(4) 证券交易的计税依据为成交金额。

注意：

(1) 应税合同、产权转移书据未列明金额的，印花税的计税依据按照实际结算的金额确定。

(2) 计税依据按照前款规定仍不能确定的，按照书立合同、产权转移书据时的市场价格确定；依法应当执行政府定价或者政府指导价的，按照国家有关规定确定计税依据。

(3) 证券交易无转让价格的，按照办理过户登记手续时该证券前一个交易日收盘价计算确定计税依据；无收盘价的，按照证券面值计算确定计税依据。

(二)应纳税额的计算

印花税的应纳税额按照计税依据乘以适用税率计算。

注意：

(1) 同一应税凭证载有两个以上税目事项并分别列明金额的，按照各自适用的税目税率分别计算应纳税额；未分别列明金额的，从高适用税率。

(2) 同一应税凭证由两方以上当事人书立的，按照各自涉及的金额分别计算应纳税额。

(3) 已缴纳印花税的营业账簿，以后年度记载的实收资本(股本)、资本公积合计金额比已缴纳印花税的实收资本(股本)、资本公积合计金额增加的，按照增加部分计算应纳税额。

【例 7-19 计算题】甲汽车轮胎厂与乙汽车制造厂签订了一份货物交换合同，甲以价值125 万元的轮胎交换乙的两辆汽车，同时甲再支付给乙 6 万元差价。

请计算此项交易甲应缴纳的印花税税额。

【答案】

甲应缴纳的印花税=(125+131)×0.3‰×10 000=768(元)。

【答案解析】

商品购销活动中，采用以货换货方式进行商品交易签订的合同，是反映既买又卖双重经济行为的合同，因此，应按合同所载的购、销合计金额贴花。

【例 7-20 计算题】某企业 2021 年 3 月开业，与其他企业订立专有技术使用权转让书据一份，所载金额为 90 万元；订立产品买卖合同两份，所载金额为 250 万元；订立借款合同一份，所载金额为 60 万元。此外，企业营业账簿中的"实收资本"科目载有资金 600 万元，2021 年 12 月该企业"实收资本"科目所载资金增加为 800 万元。

请计算该企业 2021 年 2 月份应缴纳的印花税税额和 12 月份应补缴印花税税额。

【答案】

(1) 企业订立产权转移书据应纳印花税=900 000×0.5‰=450(元)。

(2) 企业订立买卖合同应纳印花税=2 500 000×0.3‰=750(元)。

(3) 企业订立借款合同应纳印花税=600 000×0.05‰=30(元)。

(4) 企业营业账簿应纳印花税=6 000 000×0.25‰=1 500(元)。

(5) 2 月份应缴纳的印花税税额=450+750+30+1 500=2 730(元)。

(6) 12 月份营业账簿应补缴印花税税额=(8 000 000-6 000 000)×0.25‰=500(元)。

【例 7-21 计算题】甲公司和乙公司签订一份加工合同，甲公司提供价值 80 万元的辅料并收取加工费 30 万元，代乙公司购买加工用材料 200 万元。

请计算甲公司应缴纳的印花税税额。

【答案】

甲公司应缴纳的印花税=(200+80)×0.3‰×10 000+30×0.3‰×10 000=930(元)。

【答案解析】甲公司代乙公司购买的材料属于甲公司向乙公司提供原材料的情形,应按买卖合同缴纳印花税,加工费按照承揽合同贴花,辅料按照买卖合同贴花。

五、印花税的税收优惠

下列凭证免征印花税。

(1) 应税凭证的副本或者抄本。

(2) 依照法律规定应当予以免税的外国驻华使馆、领事馆和国际组织驻华代表机构为获得馆舍书立的应税凭证。

(3) 中国人民解放军、中国人民武装警察部队书立的应税凭证。

(4) 农民、家庭农场、农民专业合作社、农村集体经济组织、村民委员会购买农业生产资料或者销售农产品书立的买卖合同和农业保险合同。

(5) 无息或者贴息借款合同、国际金融组织向中国提供优惠贷款书立的借款合同。

(6) 财产所有权人将财产赠与政府、学校、社会福利机构、慈善组织书立的产权转移书据。

(7) 非营利性医疗卫生机构采购药品或者卫生材料书立的买卖合同。

(8) 个人与电子商务经营者订立的电子订单。

根据国民经济和社会发展的需要,国务院对居民住房需求保障、企业改制重组、破产、支持小型微型企业发展等情形可以规定减征或者免征印花税,报全国人民代表大会常务委员会备案。

六、印花税的征收管理

(一)纳税义务发生时间

印花税的纳税义务发生时间为纳税人书立应税凭证或者完成证券交易的当日;证券交易印花税扣缴义务发生时间为证券交易完成的当日。

(二)纳税环节

印花税一般在应税凭证书立时贴花,具体是指合同在签订时贴花,产权转移书据在立据时贴花,营业账簿在启用时贴花。如果合同在国外签订,并且不便在国外贴花的,应在将合同带入境时办理贴花纳税手续。

(三)纳税方式

印花税的纳税方式,根据应纳税额的大小、纳税次数的多少,以及税收征收管理的需要,申报纳税的方式有四种:自行贴花方式、汇贴或汇缴方式、委托代征方式和网上申报方式。

1. 自行贴花

为简化贴花手续,应纳税额较大或者贴花次数频繁的,纳税人可向税务机关提出申请,采取以缴款书代替贴花或者按期汇总缴纳的办法。

印花税票应当粘贴在应纳税凭证上,并由纳税人在每枚税票的骑缝处盖戳注销或者画销。纳税人有印章的，加盖印章注销；纳税人没有印章的，可用钢笔(或圆珠笔)画几条横线注销。注销标记应与骑缝处相交。骑缝处是指粘贴的印花税票与应税凭证之间的交接处。

2. 汇贴或汇缴

这种方法一般适用于应纳税额较大或贴花次数频繁的纳税人。

(1) 汇贴。一份凭证应纳税额超过五百元的，应向当地税务机关申请填写缴款书或者完税证，将其中一联粘贴在凭证上，或者由税务机关在凭证上加注完税标记代替贴花。

(2) 汇缴。同一种类应纳税凭证，需频繁贴花的，应向当地税务机关申请按期汇总缴纳印花税。税务机关对核准汇总缴纳印花税的单位，应发给汇缴许可证。汇总缴纳的限期限额由当地税务机关确定，但最长期限不得超过一个月。

纳税期满后，纳税人应填写印花税纳税申报表，向主管税务机关申报纳税。凡汇缴印花税的凭证，应加盖税务机关的汇缴戳记，编号并装订成册后，将已贴印花税票或缴款书的一联黏附册后，盖章注销，保存备查。

3. 委托代征

委托代征是受托单位按税务机关的要求，以税务机关的名义向纳税人征收税款的一种方式。受托单位一般是发放、签证、公证应税凭证的政府部门或其他社会组织。

税务机关应与代征单位签订代征委托书。纳税人在办理应税凭证相关业务时，由上述受托单位代为征收印花税款，要求纳税人购花并贴花，这样做的主要目的是加强税源控制。

4. 网上申报

近年来，单位纳税人对于应税凭证的完税大多采取网上申报缴纳的方式，一般不再采取贴花的方式完税。即通过税务局互联网进行网上明细申报，填写《印花税纳税申报表》后，按照规定程序办理缴税手续。

证券交易印花税仍然采取由证券登记结算机构代扣代缴的方式。

(四)纳税期限

印花税按季、按年或者按次计征。实行按季、按年计征的，纳税人应当自季度、年度终了之日起十五日内申报缴纳税款；实行按次计征的，纳税人应当自纳税义务发生之日起十五日内申报缴纳税款。

证券交易印花税按周解缴。证券交易印花税扣缴义务人应当自每周终了之日起五日内申报解缴税款以及银行结算的利息。

(五)纳税地点

纳税人为单位的，应当向其机构所在地的主管税务机关申报缴纳印花税；纳税人为个人的，应当向应税凭证书立地或者纳税人居住地的主管税务机关申报缴纳印花税。

不动产产权发生转移的，纳税人应当向不动产所在地的主管税务机关申报缴纳印花税。

纳税人为境外单位或者个人，在境内有代理人的，以其境内代理人为扣缴义务人；在境内没有代理人的，由纳税人自行申报缴纳印花税，具体办法由国务院税务主管部门规定。

证券登记结算机构为证券交易印花税的扣缴义务人，应当向其机构所在地的主管税务机关申报解缴税款以及银行结算的利息。

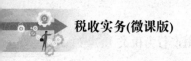

本章小结

本章全面介绍了契税、房产税、车船税和印花税的理论、税制要素和计算方法。

契税是以在中华人民共和国境内转移土地、房屋权属为征税对象，向产权承受人征收的一种财产税。其征税对象是发生土地使用权和房屋所有权权属转移的土地和房屋。其纳税义务人是境内转移土地、房屋权属，承受的单位和个人。契税采用比例税率，实行 3%～5%的幅度税率。契税的计税依据为不动产的价格。由于土地、房屋权属转移方式不同，定价方法也不同，其具体计税依据视不同情况而定。其应纳税额的计算公式为：应纳税额=计税依据×税率。此外，还介绍了契税的税收优惠政策和征收管理规定。

房产税是以房屋为征税对象，依据房产价值或房产租金收入，向房产所有人或经营人征收的一种财产税，其具有对城镇的经营性房屋征收、属于个别财产税、区别房屋的经营使用方式规定征税方法的特点。房产税的征税范围为城市、县城、建制镇和工矿区，不包括农村。以在征税范围内的房屋产权所有人为纳税人。

房产税的计税依据有两种：房产余值或房产的租金收入。与之相对应的税率和应纳税额的计算也分为两种：一是从价计征，按房产原值一次减除 10%～30%后的余值计征的，税率为 1.2%；二是从租计征，按房产出租的租金收入计征的，税率为 12%。房产税实行按年计算、分期缴纳的征收方法，在房产所在地缴纳。

车船税是指对在中华人民共和国境内属于《中华人民共和国车船税法》中"车船税税目税额表"所规定的车辆、船舶的所有人或管理人征收的一种财产税。车船税采用幅度定额税额，即对不同类别的车辆和船舶规定了单位上、下限税额。车船税的计税依据按车船种类和性能，分别确定辆、整备质量吨位、净吨位和艇身长度四种。车船税由当地税务机关负责征收，对某些具有特殊用途的车船减征或者免征车船税。

印花税是对在经济活动和经济交往中书立、领受具有法律效力的凭证的行为征收的一种税。因其采用在应税凭证上粘贴印花税票作为完税的标志而得名。印花税具有兼有凭证税和行为税性质；征税范围广泛；税率低、负税轻；由纳税人自行完成纳税义务的特点。在中华人民共和国境内书立应税凭证、进行证券交易的单位和个人及在中华人民共和国境外书立在境内使用的应税凭证的单位和个人为印花税的纳税人。印花税的征税对象为合同(指书面合同)、产权转移收据、营业账簿、证券交易四大类税目，17 个明细税目。印花税的比例税率分为五档：1‰、0.5‰、0.3‰、0.25‰、0.05‰。其计税依据为：合同所列的金额；产权转移书据所列的金额；账簿记载的实收资本(股本)、资本公积合计金额；证券交易的计税依据为成交金额。单位印花税统一实行申报纳税方式，不再采用贴花的纳税方式，证券交易印花税仍然采取由证券登记结算机构代扣代缴的方式。

案例链接

投资性房地产房产税问题

重庆富力房地产公司 2009 年建成位于江北区富力海洋广场的项目，将商业房地产相继出租部分。根据立信羊城会计师事务所有限公司出具的《重庆富力房地产开发有限公司 2009

年度审计报告》，于 2010 年 6 月 30 日将其开发建设的富力海洋广场商业房地产由库存商品开发产品、生产成本开发成本转入投资性房地产成本、投资性房地产公允价值变动会计科目，开发成本为 367 126 653.36 元，公允价值变动为 180 805 946.64 元。

经市税务局审理后，市地税二稽查局于 2016 年 1 月 26 日做出渝地税二稽处〔2016〕2 号《税务处理决定书》，认为重庆富力房地产公司于 2010 年 6 月将开发成本 367126653.36 元转入投资性房产，2010 年 6 月至 2013 年 12 月期间对投资性房地产出租部分按取得的租金收入缴纳了相关税费，但对投资性房地产未出租部分未按规定申报缴纳房产税，2010 年 6 月 1 日至 2013 年 12 月 31 日期间，该公司投资性房地产未出租部分共计少缴房产税 8 860 410.87 元，其中，2010 年 6 月 1 日至 12 月 31 日期间少缴 1 500 087.83 元，2011 年度少缴 2 857 267.89 元，2012 年度少缴 2 703 828.63 元，2013 年度少缴 1 799 226.52 元，根据相关规定，追缴重庆富力房地产公司 2010 年 6 月 1 日至 2013 年 12 月 31 日期间少缴的房产税 8 860 410.87 元。

相关分析：

根据《房产税暂行条例》第一条和《重庆市房产税实施细则》第二条的规定，房产税实行普遍征收原则，本案涉案房产位于江北区，属于应税房产的范围。根据《关于房产税、城镇土地使用税有关政策规定的通知》(国税发〔2003〕89 号)第一条关于"房地产开发企业开发的商品房在出售前，对房地产开发企业而言是一种产品，因此，对房地产开发企业建造的商品房，在售出前，不征收房产税；但对售出前房地产开发企业已使用或出租、出借的商品房应按规定征收房产税"的规定，对房产税的缴纳只做个别减免。

本案例中，富力房地产公司将其开发建设的富力海洋广场项目中包括涉案房产在内的商业房地产于 2010 年 6 月 30 日从库存商品开发产品、生产成本开发成本，转入了投资性房地产成本、投资性房地产公允价值变动会计科目，载明开发成本为 367 126 653.36 元，公允价值变动为 180 805 946.64 元，已持有上述商业房地产，并已相继出租部分房产获取租金等事实。

结合《企业会计准则第 3 号——投资性房地产》第二条第一款关于"投资性房地产，是指为赚取租金或资本增值，或两者兼有而持有的房地产"的规定，上诉人对其拥有的涉案房产作为投资性房地产进行管理和核算，该部分房地产的价值亦随市场发生损益变化，其性质为投资性房地产，这一行为已构成对涉案房产的实际使用。

故涉案房产不属于相关规定免征房产税的产品。

思考与讨论：

(1) 会计上是如何界定投资性房地产的？

(2) 房地产开发公司开发的商业房地产作为库存商品开发产品，是否需要缴纳房产税？

(3) 投资性房地产未出租部分按规定是否应申报缴纳房产税？

(4) 售出前房地产开发企业已使用或出租、出借的商品房，按规定是否应征收房产税？

(5) 通过该案例，对于会计与税收的关系有何认识？如何提升职业素养？

同步测试题

一、单项选择题

1. 以下应缴纳契税的有(   )。

   A. 以高级轿车换取房屋   B. 购买高级轿车

C. 取得国家划拨的土地　　　　　D. 等价交换土地使用权

2. 契税的纳税人应当在纳税义务发生之日起( )日内,向土地、房屋所在地的契税征收机关办理纳税申报。

A. 5　　　　　B. 7　　　　　C. 10　　　　　　D. 15

3. 以下关于房产税纳税人和征税范围的说法正确的是( )。

A. 房产税的征税对象是房屋和建筑物

B. 产权属于国家所有的,免纳房产税

C. 无租使用其他单位房产的单位和个人,使用人代为缴纳房产税

D. 农村的农民出租房屋也应缴纳房产税

4. 产权所有人、承典人不在房产所在地的,或者产权未确定及租典纠纷未解决的,( )为房产税的纳税人。

A. 产权所有人　　　　　　　B. 承典人

C. 房产代管人或使用人　　　　D. 经营管理单位

5. 在计算房产税时,房产余值是指房产原值减除( )后的余值。

A. 10%～15%　　　　　　B. 10%～20%

C. 10%～30%　　　　　　D. 10%～40%

6. 某公司 2019 年购进一处房产,2021 年 5 月 1 日用于投资联营(收取固定收入,不承担联营风险),投资期为 3 年,当年取得固定收入 160 万元。该房产原值为 5 000 万元,当地政府规定的减除幅度为 30%,则该公司 2021 年应缴纳的房产税为( )。

A. 21.2 万元　　　　　　B. 27.6 万元

C. 29.7 万元　　　　　　D. 44.4 万元

7. 车船税应税车辆实行( )税率。

A. 比例　　　B. 超额累进　　　C. 幅度定额　　　D. 幅度比例

8. 某公司 2021 年 2 月 1 日购入一载货商用车,当月办理机动车辆权属证书,并办理车船税完税手续。此车整备质量为 10 吨,每吨年税额为 96 元。该车于 6 月 1 日被盗,经公安机关确认后,该公司遂向税务局申请退税,但在办理退税手续期间,此车又于 9 月 1 日被追回并取得公安机关证明,则该公司就该车 2021 年实际缴纳的车船税为( )。

A. 240 元　　　B. 480 元　　　C. 640 元　　　D. 880 元

9. 根据印花税法律制度的规定,下列各项中,属于印花税纳税人的是( )。

A. 合同的双方当事人　　　　　B. 合同的担保人

C. 合同的证人　　　　　　　D. 合同的鉴定人

10. 融资租赁合同属于( )。

A. 购销合同　　　B. 财产租赁合同　　　C. 借款合同　　　D. 技术合同

二、多项选择题

1. 以下列方式转移房屋权属,视同房屋买卖征收契税的是( )。

A. 以房屋权属作价入股　　　　B. 以房屋权属抵债

C. 以获奖方式承受房屋权属　　　D. 以无形资产方式承受房屋权属

2. 下列情况可免征契税的是( )。

A. 学校承受土地用于教育的

B. 承受荒山土地使用权并用于农业生产的

C. 国家机关承受房屋用于办公的

D. 军事单位承受房屋用于军事设施的

3. 房产税的征税范围是指开征房产税的地理区域,只在(   )征收。

A. 城市   B. 县城   C. 建制镇   D. 工矿区

4. 房产税采用比例税率,税率为(   )。

A. 1.2%   B. 3%   C. 5%   D. 12%

5. 企业办的(   )自用的房产,可免征房产税。

A. 学校   B. 医院   C. 托儿所   D. 幼儿园

6. 车船税的计税依据有(   )。

A. 辆   B. 净吨位   C. 整备质量   D. 艇身长度

7. 下列车船中,免征车船税的是(   )。

A. 拖拉机   B. 军队专用的车船

C. 警用车船   D. 非机动车船(不包括非机动驳船)

8. 下列印花税应税凭证中,适用比例税率的有(   )。

A. 经济合同   B. 营业账簿中记载资金的期簿

C. 产权转移书据   D. 营业账簿中的其他账簿

9. 下列印花税应税凭证中,可免纳印花税的有(   )。

A. 货物运输合同   B. 无息贷款合同

C. 贴息贷款合同   D. 特殊货运凭证

10. 发放或者办理印花税应税凭证的单位负有监督纳税人依法纳税的义务,应监督的纳税事项包括(   )。

A. 应税凭证是否已粘贴印花   B. 粘贴的印花是否足额

C. 粘贴的印花是否按规定注销   D. 应税凭证是否妥善保管

三、判断题

1. 土地使用权交换的,其契税的计税依据为所交换的土地使用权的价格。 (   )

2. 当房屋交换价格相等时,也征契税。 (   )

3. 坐落在农村的房产也征房产税。 (   )

4. 产权属于国家所有的房产,其经营管理单位和个人为纳税人。 (   )

5. 对以房产投资联营的,投资者参与投资利润分红、共担风险的,以房产评估值作为计税依据。 (   )

6. 警用车船免征车船税。 (   )

7. 车船税的纳税义务人是指在中华人民共和国境内,车辆、船舶的所有人或者管理人。 (   )

8. 印花税中的产权转移书据是指单位和个人产权的买卖、继承、赠与、交换、分制等所书立的凭证。 (   )

9. 印花税的纳税人是指在我国境内书立、领受应税凭证的单位和个人,其中也包括外商投资企业和外国企业。 (   )

10. 应税合同应在合同兑现后贴花。 (   )

四、计算题

1. 居民甲有两套住房,将一套出售给居民乙,成交价格为 5 000 000 元;将另一套两室住房与居民丙交换成两处一室住房,并支付给居民丙换房差价 300 000 元。(假定契税税率为 3%。)

请计算甲、乙、丙相关行为应缴纳的契税。

2. 某工业企业有房屋三幢。其中,两幢房屋用于本企业生产经营,这两幢房屋的账面原值为 1 000 万元;另一幢房屋出租给商业企业,账面原值为 120 万元,年租金为 60 万元。(当地政府规定,计税时允许按房产原值减除 30%。)

请计算该工业企业当年应缴纳的房产税税额。

3. 某公司共拥有汽车 45 辆,各种汽车如下:

(1) 大客车 13 辆,其中,3 辆大客车划给本公司幼儿园自用。

(2) 小轿车 20 辆。

(3) 载货汽车 12 辆,整备质量均为 5 吨,其中,4 辆载货汽车年初已停止使用,并已报主管税务机关。(该公司所在地车船税年应纳税额为:乘人汽车 9 座以上的每辆 480 元;9 座以下的每辆 140 元;载货汽车为整备质量每吨 30 元。)

请计算该公司当年应缴纳的车船税税额。

4. 某公司 2021 年度的有关资料如下:

(1) 签订销售合同 2 份,总金额为 400 万元。

(2) 签订购货合同 1 份,总金额为 200 万元。

(3) 签订专利权转让合同 1 份,总金额为 150 万元。

(4) 签订贴息贷款合同 1 份,总金额为 300 万元。

(5) 该年度记载资金的账簿中,"实收资本"科目的金额为 1 000 万元,"资本公积"科目的金额为 200 万元。

请计算 2021 年度该公司应缴纳的印花税税额。

拓展阅读

【拓展阅读 7-1】

契税的历史

契税起源于东晋的"估税",至今已有一千六百多年的历史。契税自东晋创立以后,南朝的宋、齐、梁、陈等国都陆续实施。宋太祖开宝二年(公元 969 年),官印契纸,开始只对典卖房产田地收税,后来,徽宗时期,典卖牛畜也征契税。宋以后的元、明、清各代,均把契税作为杂税进行征收。

到了北洋政府时期,基本沿用清制的"买九典六"征收契税,后来由于税率太高影响收入,而减为"买六典三"。国民党时期,契税划归地方,成为省级收入,而且各省税率不一,常有变动,有的买契高达 15%。

中华人民共和国成立后,我国从 1950 年 6 月起开征契税,由于我国土地归国家,不得买卖,所以契税仅对房屋产权转移行为和土地使用权转移行为课征。

1950 年首次颁布《契税暂行条例》,主要内容为:凡土地房屋之买卖、典当、赠与或交换，均应凭土地房屋所有证，并由当事人双方订立契约，由承受人依照本条例缴纳契税。注：买契税税率为 6%；典契税税率为 3%；赠与契税税率为 6%。

1954 年针对 1950 年的《契税暂行条例》进行了部分修改。

1997 年颁布《中华人民共和国契税暂行条例》，本条例所称转移土地、房屋权属是指：国有土地使用权出让，土地使用权出售、赠与和交换，房屋买卖，赠与和交换。注：契税税率为 3%～5%。

2020 年通过《中华人民共和国契税法》，本法所称转移土地、房屋权属是指：国有土地使用权出让，土地使用权出售、赠与和互换，房屋买卖/赠与/互换，以作价投资入股、偿还债务、转账、奖励等方式转移。注：契税税率为 3%～5%。自 2021 年 9 月 1 日起施行。

【拓展阅读 7-2】

房产税的历史

房产税是为中外各国政府广为开征的一种古老的税种。欧洲中世纪时，房产税就成为封建君主敛财的一种重要手段，且名目繁多，如"窗户税""灶税""烟囱税"等，这类房产税大多以房屋的某种外部标志作为确定负税的标准。

对房屋征税，我国自古有之。周期的"廛布"，唐朝的间架税，清朝初期的"市廛输钞""计檩输钞"，清末和民国时期的"房捐"等，都是对房屋所征的税。

中华人民共和国成立后，1950 年 1 月政务院公布了《全国税政实施要则》，规定全国统一征收房产税。

1951 年 8 月，政务院公布了《中华人民共和国城市房地产税暂行条例》，将房产税与地产税合并为房地产税。

1973 年简化了税制，将试行工商税的企业缴纳的城市房地产税并入工商税，只对有房产的个人、外国侨民和房地产管理部门继续征收城市房地产税。

1984 年 10 月，国营企业实行第二步利改税和全国改革工商税制时，确定对企业恢复征收城市房地产税。同时，鉴于中国城市的土地属于国有，使用者没有土地产权的实际情况，将城市房地产税分为房产税和土地使用税。

1986 年 9 月 15 日，国务院发布的《中华人民共和国房产税暂行条例》是现行房产税法的基本规范，决定从当年 10 月 1 日起施行，适用于国内单位和个人；对在中国有房产的外商投资企业、外国企业和外籍人员仍征收城市房地产税。

自 2009 年 1 月 1 日起，外商投资企业、外国企业和组织以及外籍个人和港澳台同胞等在内地拥有的房产，也依据《中华人民共和国房产税暂行条例》缴纳房产税，在此以前不征房产税，只征收城市房地产税。

改革开放以后，国家开始对企业房地产和居民出租房征收房产税，以便抑制房地产投机行为。2011 年 1 月 28 日，在上海和重庆两个试点城市开始对居民拥有的房地产征收房产税。

【拓展阅读 7-3】

车船税的历史

车船税在我国历史悠久，早在公元前 129 年(汉朝)，就开征了类似车船税的算商车。明清时，曾对内河商船征收船钞。1945 年 6 月，民国政府公布了《使用牌照税法》。

中华人民共和国成立后，于 1951 年颁布了《车船使用牌照税暂行条例》，开征车船使用牌照税。

1986 年国务院发布了《中华人民共和国车船使用税暂行条例》，将税名改为"车船使用税"。

2007 年 7 月 1 日颁布了《中华人民共和国车船税暂行条例》，开征车船税，以取代原车船使用牌照税和车船使用税，内外资企业和个人实行统一的车船税。

2011 年 2 月 25 日通过的《中华人民共和国车船税法》和 2011 年 11 月 23 日通过的《中华人民共和国车船税法实施条例》均于 2012 年 1 月 1 日起施行。

【拓展阅读7-4】

印花税的历史

1624 年，荷兰政府发生经济危机，财政困难。当时执掌政权的统治者摩里斯(Maurs)为了解决财政匮乏的问题，采用公开招标办法，以重赏来寻求新税设计方案。印花税，就是从千万个应征者设计的方案中精选出来的"杰作"。

印花税的设计者可谓独具匠心，他观察到人们在日常生活中使用契约、借贷凭证的单据很多，一旦征税，税源将很大。重要的是，人民的心理迫切需要政府的合法认证，在凭证上盖个印，就可以成为合法凭证，在发生纠纷的时候，还有法律保障。由于最开始用刻花滚筒在凭证上盖"印花"戳记，所以被命名为"印花税"。

从 1624 年世界上第一次在荷兰出现印花税后，欧美各国相继效法，丹麦于 1660 年、法国于 1665 年、部分北美地区于 1671 年、奥地利于 1686 年、英国于 1694 年先后开征印花税。

在中国，1903 年清政府决定推行印花税，但立即遭到各省市反对，只能选择放弃，经过一系列的立法、推倒的过程，直到清朝灭亡，还没有通过印花税的法案。直到 1912 年 10 月北洋政府公布《印花税法》才熬出头，正式实施印花税。

中华人民共和国成立后，中央政府于 1950 年 12 月公布了《印花税暂行条例》，并于 1951 年 1 月公布了《印花税暂行条例施行细则》。现行印花税的法规和规章是 1988 年国务院颁布的《中华人民共和国印花税暂行条例》和国家税务总局颁布的《中华人民共和国印花税暂行条例施行细则》。

2021 年 2 月 27 日，印花税法草案首次提请第十三届全国人大常委会第二十六次会议审议。草案总体上保持现行税制框架和税负水平基本不变，将《中华人民共和国印花税暂行条例》和证券交易印花税有关规定上升为法律。于 2021 年 6 月 10 日通过，由暂行条例正式上升为法律。《中华人民共和国印花税法》自 2022 年 7 月 1 日起施行。

📹 微课资源

扫一扫，获取本章相关微课视频。

7 财产行为税类——
思政案例分析

第八章 资源税类

【教学目的与要求】

● 理解资源税的概念、纳税人、征税范围和税率。
● 掌握资源税的计税依据和应纳税额的计算。
● 了解资源税的税收优惠和征收管理。
● 理解城镇土地使用税的概念、纳税人、征税范围和税率。
● 掌握城镇土地使用税的计税依据和应纳税额的计算。
● 了解城镇土地使用税的税收优惠和征收管理。
● 理解土地增值税的概念、特点、纳税人、征税范围和税率。
● 掌握土地增值税应纳税额的计算。
● 了解土地增值税的税收优惠和征收管理。

第一节 资 源 税

一、资源税的概念

资源税是对在我国境内从事应税矿产品开采或生产盐的单位和个人征收的一种税，属于对自然资源占用课税的范畴。

资源税税目包括能源矿产、金属矿产、非金属矿产、水气矿产和盐共五大类及若干子目，主要是根据资源税应税产品类别和纳税人开采资源的行业特点设置的。

资源税具有促进企业之间开展平等竞争、促进对自然资源的合理开发利用和为国家筹集财政资金的作用。

二、资源税的纳税人和征税范围

(一)纳税人

资源税的纳税人是指在中华人民共和国领域及管辖海域开采《中华人民共和国资源税暂行条例》规定的矿产品或者生产盐(以下简称开采或者生产应税产品)的单位和个人。自 2016

年 7 月 1 日起，在河北省利用取水工程或设施直接取用地表水、地下水的单位和个人，为水资源税纳税人。自 2017 年 12 月 1 日起，水资源税试点范围扩大到北京、天津、山西等 9 个省市。

这里所说的单位是指国有企业、集体企业、私营企业、股份制企业和其他企业，以及行政单位、事业单位、军事单位、社会团体与其他单位；个人，是指个体经营者及其他个人，包括负有纳税义务的中国公民和在中国境内的外国公民。

收购未税矿产品的单位为资源税的扣缴义务人，具体包括独立矿山、联合企业及其他收购未税矿产品的单位，由扣缴义务人在收购矿产品时代扣代缴资源税，目的是加强对资源税零散税源的管控。

【例 8-1 多选题】根据相关规定，下列单位和个人生产经营行为应纳资源税的有(　　)。

A. 中外合作开采天然气　　　　　　B. 个体经营者开采煤矿

C. 军事单位开采石油　　　　　　　D. 冶炼企业进口铁矿石

【答案】ABC

【答案解析】根据资源税纳税人的规定，在境内开采应税矿产品的单位和个人征收资源税，进口资源产品不征收资源税；中外合作开采石油、天然气，按照规定征收资源税。

(二)征税范围

就资源而言，其范围很广，我国目前资源税的征税范围仅包括矿产品、盐和水资源三类，具体税目如下。

1. 能源矿产

能源矿产包括原油、天然气、煤和地热等。原油是指开采的天然原油，不包括人造石油。天然气是指专门开采或与原油同时开采的天然气，暂不包括煤矿生产的天然气。煤是指原煤，不包括洗煤、选煤及其他煤炭制品，但包括以未税原煤加工的洗选煤。

2. 金属矿产

金属矿产包括黑色金属和有色金属。金属矿产是指纳税人开采后自用、销售的，用于直接入炉冶炼或作为主产品先入选精矿，制造人工矿，再最终入炉冶炼的金属矿石原矿，包括铁矿、金矿、铜矿等。

3. 非金属矿产

非金属矿产包括矿物类、岩石类和宝玉石类等。

4. 水气矿产

水气矿产包括二氧化碳气、硫化氢气、氦气、氡气和矿泉水。

5. 盐

盐包括钠盐、钾盐、镁盐、锂盐、天然卤水和海盐。纳税人开采或者生产应税产品，自用于连续生产应税产品的，不缴纳资源税；自用于其他方面的，视同销售，缴纳资源税。

【例 8-2 多选题】根据相关规定，下列各项中，属于资源税征税范围的是(　　)。

A. 天然气　　　B. 地下水　　　C. 原油　　　D. 液体盐

【答案】ACD

【答案解析】根据资源税征税范围的规定，地下水不属于征税范围；A、C、D 均属于资源税征税范围。

三、资源税的税率

资源税采用比例税率和定额税率两种形式。对"资源税税目税率表"中列举名称的资源品目和未列举名称的其他金属矿采用比例税率实行从价计征；对于未列举名称的其他非金属矿产品，按照从价计征为主、从量计征为辅的原则，由省级人民政府确定计征方法。对经营分散、多为现金交易且难以控制的黏土、砂石，实行从量定额计征。资源税的税目、税率，依照"资源税税目税率表"及财政部有关规定执行，具体如表 8-1 所示。

表 8-1　资源税税目税率表

税　目			征税对象	税　率
能源矿产		原油	原矿	6%
		天然气、页岩气、天然气水和物	原矿	6%
		煤	原矿或选矿	2%～10%
		煤成(层)气	原矿	1%～2%
		铀、钍	原矿	4%
		油页岩、油砂、天然沥青、石煤	原矿或选矿	1%～4%
		地热	原矿	1%～20%或者每立方米 1～30 元
金属矿产	黑色金属	铁、锰、铬、钒、钛	原矿或选矿	1%～9%
	有色金属	铜、铅、锌、锡、镍、锑、镁、钴、铋、汞	原矿或选矿	2%～10%
		铝土矿	原矿或选矿	2%～9%
		钨	选矿	6.5%
		钼	选矿	8%
		金、银	原矿或选矿	2%～6%
		铂、钯、钌、锇、铱、铑	原矿或选矿	5%～10%
		轻稀土	选矿	7%～12%
		中重稀土	选矿	20%
		铍、锂、锆、锶、铷、铯、铌、钽、锗、镓、铟、铊、铪、铼、镉、硒、碲	原矿或选矿	2%～10%
非金属矿产	矿物类	高岭土	原矿或选矿	1%～6%
		石灰岩	原矿或选矿	1%～6%或每吨(或每立方米)1～10 元
		磷	原矿或选矿	3%～8%

续表

税　　目			征税对象	税　　率
非金属矿产	矿物类	石墨	原矿或选矿	3%～12%
		萤石、硫铁矿、自然硫	原矿或选矿	1%～8%
		天然石英砂、脉石英、粉石英、水晶、工业用金刚石、冰洲石、蓝晶石、硅线石、长石、滑石、刚玉、菱镁矿、颜料矿物、天然碱、芒硝、钠硝石、明矾石、砷、硼、碘、溴、膨润土、硅藻土、陶瓷土、耐火黏土、铁矾土、凹凸棒石黏土、海泡石黏土、伊利石黏土、累托石黏土	原矿或选矿	1%～12%
		叶蜡石、硅灰石、透辉石、珍珠石、云母、沸石、重晶石、毒重石、方解石、蛭石、透闪石、工业用电气石、白垩、石棉、蓝石棉、红柱石、石榴子石、石膏	原矿或选矿	2%～12%
		其他黏土(铸型用黏土、砖瓦用黏土、陶粒用黏土、水泥配料用黏土、水泥配料用红土、水泥配料用黄土、水泥配料用泥岩、保温材料用黏土)	原矿或选矿	1%～5%或每吨(或每立方米)0.1～5元
	岩石类	大理岩、花岗岩、白云岩、石英岩、砂岩、辉绿岩、安山岩、闪长岩、板岩、玄武岩、片麻岩、角闪岩、页岩、浮石、凝灰岩、黑曜岩、霞石正长岩、蛇纹岩、麦饭石、泥灰岩、含钾岩石、含钾砂页岩、天然油石、橄榄岩、松脂岩、粗面岩、辉长岩、辉石岩、正长岩、火山灰、火山渣、泥炭	原矿或选矿	1%～10%
		砂石	原矿或选矿	1%～5%或每吨(或每立方米)0.1～5元
	宝玉石类	宝石、玉石、宝石级金刚石、玛瑙、黄玉、碧玺	原矿或选矿	4%～20%
水气矿产		二氧化碳气、硫化氢气、氦气、氡气	原矿	2%～5%
		矿泉水	原矿	1%～20%或每立方米1～30元
盐		钠盐、钾盐、镁盐、锂盐	选矿	3%～15%
		天然卤水	原矿	3%～15%或每吨(或每立方米)1～10元
		海盐	氯化钠初级产品	2%～5%

纳税人开采或者生产不同税目应税产品的，应当分别核算不同税目应税产品的销售额或者销售数量；未分别核算或者不能准确提供不同税目应税产品的销售额或者销售数量的，从高适用税率。纳税人在开采主矿产品过程中伴采的其他应税矿产品，凡未单独规定税率的，一律按主矿产品或视同主矿产品税目征收资源税。

独立矿山、联合企业收购未税矿产品的单位，按照本单位应税产品税额标准，依据收购的数量代扣代缴资源税。其他收购单位收购的未税矿产品，按税务机关核定的应税产品税额标准，依据收购的数量代扣代缴资源税。

【例8-3 多选题】根据相关规定，下列各项中，按照比例税率从价征收资源税的有(   )。

A. 海盐　　　　　　B. 原油　　　　　　C. 天然气　　　　　D. 煤炭

【答案】ABCD

【答案解析】见表8-1 资源税税目税率表。

四、资源税的计税依据

资源税以纳税人开采或者生产应税矿产品的销售额或者销售数量为计税依据。

(一)销售额

销售额是指纳税人销售应税矿产品向购买方收取的全部价款和价外费用，但不包括收取的增值税销项税额和运杂费。

运杂费是指运送应税产品从坑口或者洗选(加工)地到车站、码头或者购买方指定地点的运输费用、建设基金以及伴随运销产生的装卸、仓储、港杂等费用。运杂费应与销售额分别核算；凡未取得相应凭据或不能与销售额分别核算的，应当一并计征资源税。

在销售额的确定中，需要注意的问题如下。

(1) 纳税人将其开采的原煤，自用于连续生产洗选煤的，在原煤移送使用环节不缴纳资源税；将开采的原煤加工为洗选煤销售的，以洗选煤销售额乘以折算率作为应税煤炭销售额，计算缴纳资源税。

$$煤炭销售额=洗选煤销售额×折算率$$

(2) 纳税人同时以自采未税原煤和外购已税原煤加工洗选煤的，应当分别核算；未分别核算的，按上述规定，计算缴纳资源税。

(3) 纳税人将其开采的原煤自用于其他方面的，视同销售原煤；将其开采的原煤加工为洗选煤自用的，视同销售洗选煤，计算缴纳资源税。

(4) 征税对象为精矿的，纳税人销售原矿时，应将原矿销售额换算为精矿销售额缴纳资源税；征税对象为原矿的，纳税人销售自采原矿加工的精矿，应将精矿销售额折算为原矿销售额缴纳资源税。换算比或折算率原则上应通过原矿售价、精矿售价和选矿比计算，也可通过原矿销售额、加工环节平均成本和利润计算。

(5) 纳税人申报的应税产品销售额明显偏低并且无正当理由的、有视同销售应税产品行为而无销售额的，除财政、国家税务总局另有规定外，按下列顺序确定销售额：①按纳税人最近时期同类产品的平均销售价格确定；②按其他纳税人最近时期同类产品的平均销售价格确定；③按组成计税价格确定。组成计税价格为

$$组成计税价格=成本×(1+成本利润率)÷(1-税率)$$

式中，成本是指应税产品的实际生产成本；成本利润率由省、自治区、直辖市税务机关确定。

【例 8-4 单选题】根据相关规定，下列各项中，不应计入资源税销售额的有(　　)。

A. 收取的价款　　　　B. 收取的包装费　　　　C. 收取的增值税　　　　D. 收取的优质费

【答案】C

【答案解析】资源税的销售额为纳税人销售应税产品向购买方收取的全部价款和价外费用，但不包括收取的增值税销项税额，所以答案是 C。

(二)销售数量

从量定额征收的计税依据为销售数量，销售数量的具体规定如下。

(1) 纳税人开采或生产应税产品销售的，以实际销售数量为课税数量。

(2) 纳税人开采或生产应税产品自用的，以移送时的自用数量为课税数量。自产自用包括生产自用和非生产自用。

(3) 纳税人不能准确提供应税产品销售数量或移送使用数量的，以应税产品的产量或按主管税务机关确定的折算比换算成的数量为计征资源税的销售数量。

纳税人将其开采的金属和非金属矿产品原矿自用于连续生产精矿产品，无法提供移送使用原矿数量的，可将其精矿按选矿比折算成原矿数量，以此作为销售数量。

(4) 以液体盐加工固体盐的，按固体盐税额征税，以加工的固体盐数量为计税依据；纳税人以外购的液体盐加工成固体盐，其加工固体盐所耗用的液体盐的已纳税额准予抵扣。

(5) 水资源的计税依据是实际取水量。

(6) 纳税人的减税、免税项目，应当单独核算销售额和销售数量；未单独核算或者不能准确提供销售额和销售数量的，不予减税或者免税。

五、资源税应纳税额的计算

资源税的应纳税额，按照从价定率或者从量定额的办法，分别以应税产品的销售额乘以纳税人具体适用的比例税率或者以应税产品的销售数量乘以纳税人具体适用的定额税率计算。资源税应纳税额的计算公式如下。

(1) 实行从价定率计征办法的应税产品，资源税应纳税额按销售额和比例税率计算：

$$应纳税额=应税产品的销售额×适用的比例税率$$

【例 8-5 计算题】某油田为增值税一般纳税人，2021 年 10 月销售自产原油 2 000 吨，取得含税收入为 4 520 万元，同时向购买方收取赔偿金 7.91 万元、储备费 3.39 万元；支付运输费用 2 万元，取得增值税专用发票。原油资源税税率为 6%。请计算该油田当月应纳的资源税税额。

【答案】

资源税应纳税额=(4 520+7.91+3.39)÷(1+13%)×6%=240.6(万元)。

【例 8-6 计算题】某铜矿企业 2022 年 10 月销售当月自产铜矿石原矿取得销售收入为 600 万元，销售精矿收入为 500 万元。

已知：该矿山铜矿精矿换算比为 40%，适用的资源税税率为 6%。

要求：计算该铜矿企业 10 月资源税应纳税额。

【答案】

① 当月精矿销售额=600×40%+500=740(万元);

② 资源税应纳税额=740×6%=44.4(万元)。

(2) 实行从量定额计征办法的应税产品，资源税应纳税额按销售数量和纳税人具体适用的定额税率计算。

$$应纳税额=应税产品的销售数量×适用的定额税率$$

【例8-7 计算题】某砂石开采企业2022年5月销售砂石6 000立方米，资源税税额为3元/立方米。请计算该企业5月资源税应纳税额。

【答案】

资源税应纳税额=6 000×3=18 000(元)。

(3) 扣缴义务人代扣代缴资源税应纳税额的计算：

$$代扣代缴应纳税额=收购未税矿产品的数量×适用定额税率$$

六、资源税税收优惠

(一)免征

(1) 开采原油以及在油田范围内运输原油过程中用于加热、修井的原油和天然气免税。

(2) 对地面抽采煤层气暂不征收资源税。煤层气是指贮存于煤层及其围岩中与煤炭资源伴生的非常规天然气，也称煤矿瓦斯。

(3) 煤炭开采企业因安全生产需要抽采的煤成(层)气。

(二)减征

(1) 我国油气田稠油、高凝油和高含硫天然气资源税减征40%；三次采油资源税减征30%；低丰度油气田资源税暂减征20%；深水油气田资源税减征30%。

(2) 对实际开采年限在15年(含)以上的衰竭期矿山开采的矿产资源，资源税减征30%。

衰竭期矿山是指剩余可采储量下降到原设计可采储量的20%(含)以下或剩余服务年限不超过5年的矿山。原设计可采储量不明确的，衰竭期以剩余服务年限为准。

(3) 对依法在建筑物、铁路、水体下通过充填开采方式采出的矿产资源，资源税减征50%。

(三)酌情免征或减征

(1) 纳税人开采或者生产应税产品的过程中，因意外事故或者自然灾害等原因遭受重大损失的，由省、自治区、直辖市人民政府酌情决定减税或者免税。

(2) 纳税人开采共伴生矿、低品位矿、尾矿。

(3) 国务院规定的其他减税、免税项目。

注意：

(1) 纳税人的减税、免税项目，应当单独核算销售额和销售数量；未单独核算或者不能准确提供课税数量的，不予减税或者免税。

(2) 资源税规定仅对在中国境内开采或生产应税矿产品的单位和个人征收，进口的矿产品和盐不征收资源税。相应地，对出口应税产品也不免征或退还已纳资源税。

(3) 中外合作开采陆上石油资源，征收矿区使用费，暂不征收资源税。

【例8-8 计算题】某油田8月生产原油13万吨，其中销售了8万吨，销售价格为2 500元/吨，用于加热、修井的原油2万吨，待销售5万吨。当月在采油过程中回收并销售伴生天然气300吨，天然气销售价格为4 000元/吨。已知原油资源税税率为6%，天然气资源税税率为6%。请计算该油田8月应纳资源税税额。

【答案】

根据相关规定，开采原油过程中用于加热、修井的原油免税，待销售的原油由于纳税义务尚未发生，不需纳税。因此，该油田8月销售的原油和天然气的资源税税额为：

(1) 原油资源税应纳税额=80 000×2 500×6%=12 000 000(元)。

(2) 天然气资源税应纳税额=300×4 000×6%=72 000(元)。

(3) 该油田8月资源税应纳税额总额=12 000 000+72 000=12 072 000(元)。

七、资源税的征收管理

(一)纳税义务发生时间

(1) 纳税人销售应税产品，纳税义务发生时间为收讫销售款或者取得索取销售款凭据的当日。

(2) 纳税人采取分期收款结算方式的，其纳税义务发生时间为销售合同规定的收款日期的当天。

(3) 纳税人采取预收货款结算方式的，其纳税义务发生时间为发出应税产品的当天。

(4) 纳税人自产自用应税产品的纳税义务发生时间，为移送使用应税产品的当天。

(5) 扣缴义务人代扣代缴税款的纳税义务发生时间，为支付首笔货款或者开具应支付货款凭据的当天。

(二)纳税地点

(1) 凡是缴纳资源税的纳税人，都应当向应税产品的开采或者生产所在地主管税务机关缴纳税款。

(2) 如果纳税人应纳的资源税属于跨省开采，其下属生产单位与核算单位不在同省、自治区、直辖市的，其开采的矿产品一律在开采地纳税，其应纳税款由独立核算、自负盈亏的单位，按照开采地的实际销售价格或者销售数量(或者自用量)及适用的税率计算划拨。

(3) 如果纳税人在本省、自治区、直辖市范围内开采或者生产应税产品，其纳税地点需要调整的，由所在地省、自治区、直辖市税务机关决定。

(4) 扣缴义务人代扣代缴的资源税，应当向收购地主管税务机关申报缴纳。

(三)纳税期限

资源税的纳税期限为1日、3日、5日、10日、15日或者1个月，纳税人的纳税期限由主管税务机关根据实际情况具体核定。

不能按固定期限计算纳税的，可以按次计算纳税。

纳税人以1个月为一期纳税的，自期满之日起10日内申报纳税；以1日、3日、5日、10日或者15日为一期纳税的，自期满之日起5日内预缴税款，于次月1日起10日内申报纳税并结清上月税款。

第二节 城镇土地使用税

一、城镇土地使用税的概念

城镇土地使用税是国家在城市、县城、建制镇和工矿区范围内，对使用土地的单位和个人，以其实际占用的土地面积为计税依据，按照规定的税额计算征收的一种税。

征收城镇土地使用税，有利于促进土地的合理使用，提高土地使用效益；有利于适当调节不同地区、不同地段之间的土地级差收入，促进企业加强经济核算；也有利于筹集地方财政资金，理顺国家与土地使用者之间的分配关系。

二、城镇土地使用税的纳税人和征税范围

(一)纳税人

城镇土地使用税是以城镇土地为征税对象，对拥有土地使用权的单位和个人征收的一种税。在城市、县城、建制镇和工矿区范围内使用土地的单位和个人是城镇土地使用税的纳税人。

单位包括国有企业、集体企业、私营企业、股份制企业、外商投资企业、外国企业，以及其他事业单位、社会团体、国家机关、军队和其他单位；个人，包括个体工商户以及其他个人。

国家对城镇土地使用税的纳税人，根据用地者的不同情况分别确定为：①拥有土地使用权的单位或个人缴纳。②拥有土地使用权的纳税人不在土地所在地的，由代管人或实际使用人缴纳。③土地使用权未确定或权属纠纷未解决的，由实际使用人纳税。④土地使用权共有的，共有各方均为纳税人，由共有各方按实际使用土地的面积占总面积的比例分别纳税。

【例8-9 多选题】根据相关规定，在城市、县城、建制镇和工矿区范围内的下列单位中，属于城镇土地使用税的纳税人的有(　　)。

A. 拥有土地使用权的国有企业　　　　B. 拥有土地使用权的私营企业

C. 拥有土地使用权的外商投资企业　　D. 拥有土地使用权的外国企业

【答案】ABCD

【答案解析】城镇土地使用税对外商投资企业、外国企业同样征收。

(二)征税范围

根据《中华人民共和国城镇土地使用税暂行条例》的规定，凡在城市、县城、建制镇、工矿区范围内的土地，不论是属于国家所有的土地，还是集体所有的土地，都是城镇土地使用税的征税范围。

建立在城市、县城、建制镇、工矿区以外的工矿企业则不需要缴纳城镇土地使用税。城市是指国务院批准设立的市，城市的征税范围包括市区和郊区。县城是指县人民政府所在地，县城的征税范围为县人民政府所在地的城镇。建制镇是经省级人民政府批准设立的建制镇，建制镇的征税范围为镇人民政府所在地的地区，但不包括镇政府所辖的行政村。工矿区是指工商业比较发达，人口比较集中，符合国务院规定的建制镇标准，但尚未设立建制镇的

大中型工矿企业所在地。工矿区的设立必须经省级人民政府批准。

城市、县城、建制镇和工矿区虽然有行政区域和城建区域之分，但区域中的不同地方，其自然条件和经济繁荣程度各不相同，情况非常复杂，各省级人民政府可根据规定，具体划定本地城市、县城、建制镇和工矿区的具体征税范围。

【例 8-10 多选题】根据相关规定，下列土地中，属于城镇土地使用税征税范围的有(   )。

A. 农村土地   B. 县城土地   C. 城市土地   D. 建制镇土地

【答案】BCD

【答案解析】凡在城市、县城、建制镇、工矿区范围内(不包括农村)的土地，不论是属于国家所有，还是集体所有，都属于城镇土地使用税征税范围。

三、城镇土地使用税的税率

城镇土地使用税采用定额税率，即采用有幅度的差别税额。按大、中、小城市和县城、建制镇、工矿区分别规定每平方米城镇土地使用税的应纳税额。

大、中、小城市以公安部门登记在册的非农业正式户口人数为依据，按照国务院颁布的《城市规划条例》中规定的标准划分。人口在 50 万以上的为大城市，人口在 20 万～50 万的为中等城市，人口在 20 万以下的为小城市。

城镇土地使用税每平方米的年税额标准如表 8-2 所示。

表 8-2　城镇土地使用税税率表

级　　别	每平方米的年税额/元
大城市	1.5～30
中等城市	1.2～24
小城市	0.9～18
县城、建制镇、工矿区	0.6～12

城镇土地使用税规定幅度税额，而且每个幅度税额的差距为 20 倍。这主要是考虑到我国各地存在悬殊的土地级差收益，同一地区内不同地段的市政建设情况和经济发展程度也有较大的差别。省、自治区、直辖市人民政府，应当在上述规定的税额幅度内，根据市政建设情况、经济繁荣程度等条件，确定所辖地区的适用税额幅度。经济落后地区，城镇土地使用税的适用税额标准可适当降低，但降低幅度不得超过上述规定最低税额的 30%。经济发达地区，城镇土地使用税的适用税额可以适当提高，但必须报经财政部批准。各地在确定不同地段的等级和适用税额时，有选择余地，应尽可能平衡税额。

四、城镇土地使用税的计税依据

城镇土地使用税的计税依据是纳税人实际占用的土地面积。土地面积以平方米为计量标准，具体按以下办法确定。

(1) 凡由省、自治区、直辖市人民政府确定的单位组织测定土地面积的，以测定的土地面积为准。

(2) 尚未组织测定，但纳税人持有政府部门核发的土地使用证书的，以证书确认的土地面积为准。

(3) 尚未核发土地使用证书的，应由纳税人先行申报土地面积，据以纳税，待核发土地使用证书后再做调整。

(4) 自 2009 年 12 月 1 日起，对在城镇土地使用税征税范围内单独建造的地下建筑用地，暂按应征税款的 50%征收城镇土地使用税。其中，已取得地下土地使用权证的，按土地使用权证确认的土地面积计算应征税款；未取得地下土地使用权证的或土地使用权证未标明土地面积的，按地下建筑垂直投影面积计算缴税。

【例 8-11 多选题】根据相关规定，下列各项中，不属于城镇土地使用税计税依据的是（　　）。

A. 建筑面积　　　　　　B. 使用面积
C. 居住面积　　　　　　D. 实际占用的土地面积

【答案】ABC

【答案解析】城镇土地使用税的计税依据是纳税人实际占用的土地面积。

五、城镇土地使用税应纳税额的计算

城镇土地使用税是以纳税人实际占用的土地面积为计税依据，按照规定的适用税额计算征收。其应纳税额计算公式为

年应纳税额=实际占用应税土地面积(平方米)×适用税额

【例 8-12 计算题】某企业实际占地面积为 50 000 平方米，经税务机关核定，该企业所处地段适用城镇土地使用税税率，每平方米年税额为 12 元。

请计算该企业全年应缴纳的城镇土地使用税税额。

【答案】

该企业全年应缴纳的城镇土地使用税税额=实际占用应税土地面积(平方米)×适用税额=50 000×12=600 000(元)。

六、城镇土地使用税税收优惠

(一)法定免征

(1) 国家机关、人民团体、军队自用的土地。
(2) 由国家财政部门拨付事业经费的单位自用的土地。
(3) 宗教寺庙、公园、名胜古迹自用的土地。

以上单位的生产、经营用地和其他用地，不属于免税范围，如公园中附设的影剧院使用的土地必须照章纳税。

(4) 市政街道、广场、绿化地带等公共用地。
(5) 直接用于农、林、牧、渔业的生产用地，不包括农副产品加工场地和生活办公用地。
(6) 经批准开山填海整治的土地和改造的废弃土地，从使用的月份起免缴土地使用税 5 年至 10 年。
(7) 非营利性医疗机构、疾病控制机构和妇幼保健机构等卫生机构自用的土地。

营利性医疗机构自用的土地免征城镇土地使用税为 3 年。

(8) 企业办的学校、医院、托儿所、幼儿园，其用地能与企业其他用地明确区分的。

(9) 免税单位无偿使用纳税单位的土地(如公安、海关等单位使用铁路、民航等单位的土地)，免征城镇土地使用税。

纳税单位无偿使用免税单位的土地，纳税单位应照章缴纳城镇土地使用税。

(10) 由财政部另行规定免税的能源、交通、水利设施用地和其他用地。

(二)省、自治区、直辖市税务局确定减免

(1) 个人所有的居住房屋及院落用地。

(2) 免税单位职工家属的宿舍用地。

(3) 集体和个人办的各类学校、医院、托儿所、幼儿园用地。

除上述免征规定外，纳税人缴纳土地使用税确有困难需要定期减免的，由省、自治区、直辖市税务机关审核后，报国家税务局批准。

【例8-13 多选题】根据相关规定，下列用地中，不属于免予缴纳城镇土地使用税的是(　　)。

A. 港口的码头用地　　　　　　　　B. 邮政部门坐落在县城内的土地

C. 水电站的发电厂房用地　　　　　D. 火电厂厂区围墙内的用地

【答案】BCD

【答案解析】港口码头用地属于交通设施用地，予以免税。B、C、D项不属于免税规定。

【例8-14 多选题】根据相关规定，下列用地中，免予缴纳城镇土地使用税的是(　　)。

A. 人民法院的办公楼用地　　　　　B. 企业内部道路占用的土地

C. 军队的家属院落用地　　　　　　D. 公园的照相馆经营用地

【答案】AC

【答案解析】国家机关、人民团体、军队自用的土地，予以免税。免税单位职工家属的宿舍用地由省、自治区、直辖市税务局确定减免；公园的生产、经营用地和其他用地，不属于免税范围，D项不属于免税规定。

七、城镇土地使用税的征收管理

(一)纳税义务发生时间

(1) 纳税人购置新建商品房，自房屋交付使用之次月起，缴纳城镇土地使用税。

(2) 纳税人购置存量房，自办理房屋权属转移、变更登记手续、房地产权属登记机关签发房屋权属证书之次月起，缴纳城镇土地使用税。

(3) 纳税人出租、出借房产，自交付出租、出借房产之次月起，缴纳城镇土地使用税。

(4) 以出让或转让方式有偿取得土地使用权的，由受让方从合同约定交付土地时间之次月起缴纳城镇土地使用税；合同未约定交付土地时间的，由受让方从合同签订之次月起缴纳城镇土地使用税。

(5) 纳税人新征用的耕地，自批准征用之日起满1年时，开始缴纳城镇土地使用税。

(6) 纳税人新征用的非耕地，自批准征用之次月起缴纳城镇土地使用税。

(二)纳税地点

城镇土地使用税在土地所在地缴纳。

纳税人使用的土地不属于同一省、自治区、直辖市管辖的，由纳税人分别向土地所在地税务机关缴纳城镇土地使用税；在同一省、自治区、直辖市管辖范围内，纳税人跨地区使用的土地，其纳税地点由各省、自治区、直辖市的税务机关确定。

(三)纳税期限

城镇土地使用税实行按年计算、分期缴纳的征收方法，具体纳税期限由省、自治区、直辖市人民政府确定。

【例 8-15 计算题】某人民团体拥有 A、B 两栋办公楼，A 栋占地 6 600 平方米，B 栋占地 2 200 平方米。2021 年 4 月 30 日至 12 月 31 日将 B 栋出租。已知当地城镇土地使用税每平方米年税额为 18 元。根据城镇土地使用税法律制度的规定，该人民团体 2021 年应缴多少城镇土地使用税。

【答案】应缴城镇土地使用税=2 200×18×8/12=26 400(元)。

【答案解析】①国家机关、人民团体、军队自用的土地(A 栋)免征城镇地使用税；②出租的 B 栋应自交付出房产之次月起，缴纳城镇土地使用税。

第三节　土地增值税

一、土地增值税的概念

土地增值税是对有偿转让国有土地使用权及地上建筑物和其他附着物产权，取得增值收入的单位和个人征收的一种税。

土地增值税是 1994 年税制改革推出的一个新税种，该税种的开征对促进我国房地产行业的健康发展，抑制炒买炒卖房地产和"楼花"现象，避免土地资源的浪费，合理增加财政收入等方面都起到了积极的作用。我国土地增值税的发展历程和政策演变，见证了我国房地产行业的潮涨潮落。

土地增值税具有以下特点。

(1) 征税面比较广。凡在我国境内转让房地产并取得收入的单位和个人，除税法规定免税的，均应依据《中华人民共和国土地增值税暂行条例》规定缴纳土地增值税。也就是说，凡发生应税行为的单位和个人，不论其经济性质，也不分内外资企业或中、外籍人员，无论专营或兼营房地产业务的，均有缴纳土地增值税的义务。

(2) 以转让房地产取得的增值额为计税依据。转让房地产取得的增值额为纳税人转让房地产的收入减除规定准予扣除的项目金额后的余额，这些准予扣除的项目包括相关的成本、费用、税金等。以增值额作为计算土地增值税的计税依据。

(3) 实行四级超率累进税率。土地增值税的税率以增值额与扣除项目金额的比率为依据，按照累进原则设计，实行 30%、40%、50%、60%四级计税。

(4) 实行按次征收。土地增值税在房地产发生转让的环节，实行按次征收。每发生一次转让，就应根据每次取得的增值额征一次税。

二、土地增值税的纳税义务人

土地增值税的纳税义务人为转让国有土地使用权、地上的建筑及其附着物(以下简称转让房地产)并取得收入的单位和个人。

概括起来，土地增值税的纳税义务人主要有以下几个特点。

(1) 不论法人与自然人。即不论是企事业单位、国家机关、社会团体及其他组织，还是个人，只要有偿转让房地产，都是土地增值税的纳税人。

(2) 不论经济性质。即不论是全民所有制企业、集体企业、私营企业、个体经营者，还是联营企业、合资企业、合作企业、外商独资企业等，只要有偿转让房地产，都是土地增值税的纳税人。

(3) 不论内资与外资企业、中国公民与外籍个人。即不论是内资企业还是外商投资企业、外国驻华机构；也不论是中国公民、港澳台同胞、海外华侨还是外国公民，只要有偿转让房地产，都是土地增值税的纳税人。

(4) 不论部门。即不论是工业、农业、商业，还是学校、医院、机关等，只要有偿转让房地产，都是土地增值税的纳税人。

三、土地增值税的征税范围

土地增值税的征税范围包括有偿转让国有土地使用权及其地上的建筑物和附着物产权。

(一)一般规定

(1) 土地增值税是对转让国有土地使用权及其地上建筑物和附着物的行为征税，非国有土地转让行为不在征税范围内。被转让的土地使用权是否为国家所有，是判定是否属于土地增值税征税范围的标准之一。

国有土地是指按国家法律规定属于国家所有的土地。国有土地使用权的转让是指土地使用者通过出让等形式取得土地使用权后，将土地使用权再转让的行为，包括出售、交换和赠与，它属于土地买卖的二级市场。出售国有土地使用权是指土地使用者通过出让方式，向政府缴纳了土地出让金，有偿受让土地使用权后，仅对土地进行通水、通电、通路和平整地面等土地开发，不进行房产开发，即所谓"将生地变熟地"，然后直接将空地出售出去。

地上的建筑物及其附着物连同国有土地使用权一并转让。地上的建筑物是指建于土地上的一切建筑物，包括地上地下的各种附属设施。附着物是指附着于土地上的不能移动或一经移动即遭损坏的物品。纳税人取得国有土地使用权后进行房屋开发建造然后出售的，这种情况即一般所说的房地产开发。

注意：集体土地的自行转让是一种违法行为。按现行规定，集体土地须由国家征用后才能进行转让。

(2) 土地增值税是对国有土地使用权及其地上建筑物和附着物的转让行为征税，国有土地出让行为和非转让行为不在征税范围内。

土地使用权、地上的建筑物及其附着物的产权是否发生转让，是判定是否属于土地增值税征税范围的标准之二。

是否发生转让行为主要以房地产权属的变更为标准。①土地使用权的出让不属于土地增值税的征税范围。②未转让土地使用权、房产产权的行为(如房地产出租)，不属于土地增值税的征税范围。

(3) 土地增值税是对转让房地产并取得收入的行为征税，无偿转让(如房地产的继承)不在征税范围之内。

是否取得收入是判定是否属于土地增值税征税范围的标准之三。

无论是单独转让国有土地使用权，还是房屋产权与国有土地使用权一并转让，只要取得收入，均属于土地增值税的征税范围。

(二)具体情况判定

1. 房地产的继承、赠与

(1) 房地产的继承。这种行为虽然发生了房地产的权属变更，但作为房产产权、土地使用权的原所有人(即被继承人)并没有因为权属的转让而取得任何收入。因此，这种房地产的继承不属于土地增值税的征税范围。

(2) 房地产的赠与。房地产的赠与是指房产所有人、土地使用权所有人将自己所拥有的房地产无偿交给其他人的民事法律行为。但这里的"赠与"仅指以下情况：①房产所有人、土地使用权所有人将房屋产权、土地使用权赠与直系亲属或承担直接赡养义务人的；②房产所有人、土地使用权所有人通过中国境内非营利的社会团体、国家机关将房屋产权、土地使用权赠与教育、民政和其他社会福利、公益事业的。

房地产的赠与虽发生了房地产的权属变更，但作为房产所有人、土地使用权的所有人并没有因为权属的转让而取得任何收入。因此，房地产的赠与不属于土地增值税的征税范围。

2. 房地产的出租

房地产的出租，出租人虽取得了收入，但没有发生房产产权、土地使用权的转让。因此，不属于土地增值税的征税范围。

3. 房地产的抵押

对房地产的抵押，在抵押期间不征收土地增值税。待抵押期满后，视该房地产是否转移占有而确定是否征收土地增值税。对于以房地产抵债而发生房地产权属转让的，应列入土地增值税的征税范围。

4. 房地产的交换

由于这种行为既发生了房产产权、土地使用权的转移，交换双方又取得了实物形态的收入，属于土地增值税的征税范围。但对个人之间互换自有居住用房地产的，经当地税务机关核实，可以免征土地增值税。

5. 以房地产进行投资、联营

对于以房地产进行投资、联营的，投资、联营的一方以土地(房地产)作价入股进行投资或作为联营条件，将房地产转让到所投资、联营的企业中时，暂免征收土地增值税。对投资、联营企业将上述房地产再转让的，应征收土地增值税。

但投资、联营的企业属于从事房地产开发的，或者房地产开发企业以其建造的商品房进行投资和联营的，应当征收土地增值税。

6. 合作建房

对于一方出地，一方出资金，双方合作建房，建成后按比例分房自用的，暂免征收土地增值税；建成后转让的，应征收土地增值税。

7. 企业兼并转让房地产

在企业兼并中，对被兼并企业将房地产转让到兼并企业中的，暂免征收土地增值税。

8. 房地产的代建房行为

房地产的代建房行为是指房地产开发公司代客户进行房地产的开发，开发完成后向客户收取代建收入的行为。对于房地产开发公司而言，虽然取得了收入，但没有发生房地产权属的转移，其收入属于劳务收入性质，故不属于土地增值税的征税范围。

9. 房地产的重新评估

在这种情况下，房地产虽然有增值，但其既没有发生房地产权属的转移，房产产权、土地使用权人也未取得收入，所以不属于土地增值税的征税范围。

【例8-16 单选题】下列情形中，应当计算缴纳土地增值税的是(   )。

A. 房地产开发企业代客户进行房地产开发，开发完成后向客户收取代建收入

B. 房产所有人通过希望工程基金会将房屋产权赠与西部教育事业

C. 甲企业出资金，乙企业出土地，双方合作建房，建成后按比例分房自用

D. 工业企业向房地产开发企业转让国有土地使用权

【答案】D

【答案解析】选项 A，房地产开发公司代客户进行房地产开发，开发完成后向客户收取代建收入，对于房地产开发公司而言，虽然取得了收入，但没有发生房地产权属的转移，其收入属于劳务收入性质，故不属于土地增值税的征税范围；选项 B，房产所有人通过中国境内非营利的社会团体、国家机关将房屋产权赠与教育、民政和其他社会福利、公益事业的，不属于土地增值税的征税范围，不缴纳土地增值税；选项 C，对于一方出地，一方出资金，双方合作建房，建成后按比例分房自用的，暂免征收土地增值税。

四、土地增值税的税率

土地增值税实行四级超率累进税率，具体如表 8-3 所示。

表 8-3　土地增值税四级超率累进税率

级　数	增值额与扣除项目金额的比率	税率/%	速算扣除系数/%
1	不超过 50%的部分	30	0
2	超过 50%至 100%的部分	40	5
3	超过 100%至 200%的部分	50	15
4	超过 200%的部分	60	35

五、土地增值税的计算

土地增值税的计算一般有如下几个步骤：①确定转让国有土地使用权或房地产取得的收入；②确定扣除项目金额；③计算增值额和增值额占扣除项目金额的比率，确定适用税率；④计算应纳税额。

(一)应税收入的确定

纳税人转让房地产取得的应税收入，包括转让房地产的全部价款及有关的经济收益。从收入的形式来看，包括货币收入、实物收入和其他收入。

(二)确定扣除项目金额

计算土地增值税应纳税额，并不是直接对转让房地产所取得的收入征税，而是要对收入额减除国家规定的各项扣除项目金额后的余额，即增值额计算征税。税法准予纳税人从应税收入中减除的扣除项目如下。

1. 取得土地使用权所支付的金额

取得土地使用权所支付的金额包括如下两方面的内容：①纳税人为取得土地使用权所支付的地价款。②纳税人在取得土地使用权时按国家统一规定缴纳的有关费用。具体如表 8-4 所示。

表 8-4　取得土地使用权所支付的金额

	出让方式为土地出让金
到得土地使用权支付的地价款	行政划拨方式为补交的土地出让金
	转让方式为实际支付的地价款
缴纳的有关税费，如契税，登记、过户手续费	

2. 房地产开发成本

房地产开发成本是指纳税人从事房地产开发项目实际发生的成本，具体如下。

(1) 土地征用及拆迁补偿费，包括土地征用费、耕地占用税、劳动力安置费及有关地上、地下附着物拆迁补偿的净支出、安置动迁用房支出等。

(2) 前期工程费，包括规划、设计、项目可行性研究和水文、地质、勘察、测绘、"三通一平"等支出。

(3) 建筑安装工程费是指以出包方式支付给承包单位的建筑安装工程费和以自营方式发生的建筑安装工程费。

(4) 基础设施费，包括开发小区内道路、供水、供电、供气、排污、排洪、通信、照明、环卫、绿化等工程发生的支出。

(5) 公共配套设施费，包括不能有偿转让的开发小区内公共配套设施发生的支出。

(6) 开发间接费用是指直接组织、管理开发项目发生的费用，包括工资、职工福利费、折旧费、修理费、办公费、水电费、劳动保护费、周转房摊销等。

3. 房地产开发费用

房地产开发费用是指与房地产开发项目有关的销售费用、管理费用和财务费用。作为土地增值税扣除项目的房地产开发费用，不按纳税人房地产开发项目实际发生的费用进行扣除，应按下列标准进行扣除。

(1) 纳税人能够按转让房地产项目计算分摊利息支出，并能提供金融机构的贷款证明的，其允许扣除的房地产开发费用为

利息+(取得土地使用权所支付的金额+房地产开发成本)×5%以内

(2) 纳税人不能按转让房地产项目计算分摊利息支出或不能提供金融机构贷款证明的，其允许扣除的房地产开发费用为

(取得土地使用权所支付的金额+房地产开发成本)×10%以内

注意：超过上浮幅度的部分不允许扣除；超过贷款期限的利息部分和加罚的利息不允许扣除；全部使用自有资金，没有利息支出的，按以上方法扣除；有金融机构和其他机构借款的，不能同时适用两种办法；清算时，已计入开发成本的利息支出，应调至财务费用中扣除。

4. 与转让房地产有关的税金

与转让房地产有关的税金是指在转让房地产时缴纳的城市维护建设税、印花税。因转让房地产缴纳的教育费附加，也可视同税金予以扣除。

注意：房地产开发企业在转让房产时缴纳的印花税因列入管理费用中，故此处不允许再扣除。房地产开发企业以外的其他纳税人缴纳的印花税(按产权转移书据所载金额的5‰贴花)允许在此扣除。

5. 其他扣除项目

对从事房地产开发的纳税人可按"取得土地使用权所支付的金额"与"房地产开发成本"的金额之和，加计20%的扣除费用。

注意：此条优惠只适用于从事房地产开发的纳税人，其他纳税人不适用加计20%的扣除；即使是从事房地产开发的纳税人，如果取得土地使用权后未进行任何开发与投入就对外转让，也不允许扣除20%的加计费用。

对于县级以上人民政府要求房地产开发企业在售房时代收的各项费用，如果代收费用计入房价向购买方一并收取，则在计算扣除项目金融时，可以扣除代收费用，但不得作为加计20%扣除的基数。

【例8-17 计算题】某市一房地产开发公司通过竞拍取得一宗土地使用权，支付价款、税费合计8 000万元，本年度占用80%用于开发写字楼。开发期间发生开发成本5 000万元；发生管理费用2 500万元、销售费用1 400万元、利息费用500万元(不能提供金融机构的证明)。9月该写字楼竣工验收，10—12月房地产开发公司将写字楼总面积的3/5直接销售，销售合同记载取得收入为18 000万元。

12月，该房地产开发公司的建筑材料供应商催要材料价款，经双方协商，房地产开发公司用所开发写字楼的1/5抵偿材料价款。剩余的1/5公司转为固定资产自用(注：开发费用扣除的比例为10%；增值税按5%简易办法征收，不考虑地方教育费附加)。

请计算该写字楼土地增值税准予扣除项目的金额。

【答案】

抵偿材料价款的写字楼也应视同销售缴税。

取得土地使用权所支付的金额=8 000×80%×4/5=5 120(万元)；

开发成本=5 000×4/5=4 000(万元)；

开发费用=(5 120+4 000)×10%=912(万元)；

税金及附加=18 000÷3/5×4/5×5‰×(7%+3%)=120(万元)；

加计扣除金额=(5 120+4 000)×20%=1 824(万元)；

扣除项目金额总计=5 120+4 000+912+120+1 824=11 976(万元)。

6. 对转让旧房及建筑物扣除项目金额的确定

(1) 取得土地使用权所支付的金额，包括取得土地使用权所支付的地价款和国家统一规定缴纳的有关费用。

(2) 转让环节的税金。

(3) 旧房及建筑物的评估价格。

旧房及建筑物的评估价格是指在转让已使用的房屋及建筑物时，由政府批准设立的房地产评估机构评定的价格，即重置成本价乘以成新度折扣率确定评估价格，公式如下。

$$评估价格=重置成本价×成新度折扣率$$

纳税人转让旧房及建筑物，凡不能取得评估价格，但能提供购房发票的，经当地税务机关确认，可按发票金额并从购买年度起至转让年度止每年加计 5%计算扣除费用。

对纳税人购房时缴纳的契税，凡能提供契税完税凭证的，准予作为"与转让房地产有关的税金"予以扣除，但不作为加计 5%的基数。

注意：对取得土地使用权时未支付地价款或不能提供已支付的地价款凭证的，在计算征收土地增值税时不允许扣除。

对于转让旧房及建筑物，既没有评估价格，又不能提供购房发票的，地方税务机关可以根据《中华人民共和国税收征收管理法》核定征收。

【例 8-18 单选题】上海某商贸公司 2021 年 12 月销售一栋旧办公楼，取得不含税收入为 2 000 万元，缴纳印花税 1 万元，因无法取得评估价格，公司提供了购房发票，该办公楼购于 2018 年 1 月，购价为 800 万元，缴纳契税为 24 万元，则该公司销售办公楼计算土地增值税时，可扣除项目金额的合计数为( )(已知增值税为 60 万元)。

A. 680 万元   B. 991 万元   C. 940 万元   D. 860 万元

【答案】B

【答案解析】城市维护建设税及教育费附加=60×(7%+3%)=6(万元)；

房屋价值=800×(1+4×5%)=960(万元)。

凡能提供契税完税凭证的准予扣除，但不作为加计 5%的基数，因此，可以扣除的金额为 960+6+24+1=991(万元)。

(三)确定增值额和增值额占扣除项目金额的比率

1. 增值额的确定

土地增值税的征税对象即增值额。

土地增值税纳税人转让房地产所取得的收入减除规定的扣除项目金额后的余额，为增值额。计算公式为

$$增值额=应税收入-扣除项目金额$$

在实际的房地产交易过程中，有些纳税人由于不能准确提供房地产转让价格或扣除项目金额的，致使增值额不准确，直接影响应纳税额的计算和缴纳。因此，纳税人有下列情形之一的，应按照房地产评估价格计算征收。

(1) 隐瞒虚报房地产成交价格的。

(2) 提供扣除项目金额不实的。提供扣除项目金额不实的，应由评估机构按照房屋重置成本价乘以成新度折扣率计算的房屋成本价和取得土地使用权时的基准地价进行评估。税务

机关根据评估价格确定扣除项目金额。

(3) 转让房地产的成交价格明显低于房地产评估价格，又无正当理由的。此时，由税务机关参照房地产评估价格确定转让房地产的收入。

【例8-19 计算题】某企业 2017 年 11 月在市区购置一栋办公楼，支付价款 6 000 万元。2021 年 12 月，该企业将办公楼转让，取得收入 10 000 万元，签订产权转移书据。办公楼经税务机关认定的重置成本价为 12 000 万元，成新度折扣率为 70%。

请计算该企业在缴纳土地增值税时的增值额(增值税为 200 万元，不考虑地方教育费附加)。

【答案】

评估价格=12 000×70%=8 400(万元)；

税金=200×(7%+3%)+10 000×0.05%=25(万元)；

增值额=10 000-8400-25=1 575(万元)。

2. 确定增值额占扣除项目金额的比率

通过确定增值额占扣除项目金额的比率，就可以按照税率表确定所适用的土地增值税税率。计算公式为

$$增值额占扣除项目金额的比率=增值额÷扣除项目金额×100\%$$

(四)应纳税额的计算

土地增值税按照纳税人转让房地产所取得的增值额和适用税率计算征收。其计算公式为

$$应纳税额=\sum(每级距的土地增值额×适用税率)$$

但在实际工作中，分步计算比较烦琐，一般可以采用速算扣除法计算，其计算公式为

$$应纳税额=增值额×适用税率-扣除项目金额×速算扣除系数$$

【例8-20 计算题】某市某房地产开发公司 8 月建成一栋普通标准住宅出售，取得销售收入 12 000 万元。该公司为建造普通标准住宅而支付的地价款为 1 500 万元，建造此楼投入了 2 500 万元的房地产开发成本，由于该房地产开发公司同时建造别墅等住宅，对该普通标准住宅所用的银行贷款利息支出无法分摊，该地规定房地产开发费用的计提比例为 10%。

请计算该公司应纳的土地增值税税额(增值税按简易办法征收，税率为 5%)。

【答案】

(1) 转让房地产收入=12 000 万元。

(2) 计算扣除项目金额：①取得土地使用权所支付的地价款=1 500 万元；②房地产开发成本=2 500 万元；③房地产开发费用=(1 500+2 500)×10%=400(万元)；④与转让房地产有关的税金=城市维护建设税+教育费附加=12 000×5%×(7%+3%)=60(万元)；⑤从事房地产开发的加计扣除率=(1 500+2 500)×20%=800(万元)；⑥转让房地产的扣除项目金额合计=1 500+2 500+400+60+800=5 260(万元)。

(3) 计算增值额：

增值额=12 000-5 260=6 740(万元)。

(4) 计算增值额与扣除项目金额的比率：

增值额与扣除项目金额的比率=6 740÷5 260×100%=128.14%。

(5) 计算该房地产开发公司应缴纳的土地增值税。

① 采用定义法计算。

$$应纳税额=\sum(每级距的土地增值额×适用税率)$$

应缴纳土地增值税税额=5 260×50%×30%+5 260×(100%-50%)×40%+(6 740-5 260)×50%=2 581(万元)。

② 采用速算扣除法计算。

$$应纳税额=增值额×适用税率-扣除项目金额×速算扣除系数$$

应缴纳土地增值税税额=6 740×50%-5 260×15%=2 581(万元)。

【例 8-21 计算题】某事业单位(非房地产开发单位)建造并出售了一栋写字楼,取得销售收入 2 000 万元(营业税税率为 5%,城市维护建设税税率为 7%,印花税税率为 0.5‰,教育费附加征收率为 3%)。该单位为建造此楼支付的地价款为 300 万元;房地产开发成本为 400 万元;房地产开发费用中的利息支出为 200 万元(能够转让房地产项目计算分摊并提供工商银行证明),但其中有 30 万元的加罚利息。按规定其他房地产开发费用的计算扣除比例为 5%。

请计算该单位应纳的土地增值税税额。

(1) 转让房地产收入=2 000 万元。

(2) 转让房地产的扣除项目金额:

① 取得土地使用权所支付的金额=300 万元;

② 房地产开发成本=400 万元;

③ 房地产开发费用=(300+400)×5%+(200-30)=205(万元);

④ 与转让房地产有关的税金为

$$2\ 000×5%×(7%+3%)+2\ 000×0.05%=11(万元);$$

⑤ 转让房地产的扣除项目金额=300+400+205+11=916(万元)。

(3) 转让房地产的增值额=2 000-916=1 084(万元)。

(4) 增值额与扣除项目金额的比率=916÷1 084≈84.50%。

(5) 应纳土地增值税税额=1 084×40%-916×5%=387.8(万元)。

六、土地增值税的税收优惠

(一)建造普通标准住宅的税收优惠

纳税人建造普通标准住宅出售,增值额未超过扣除项目金额 20%的,免征土地增值税;增值额超过扣除项目金额 20%的,应就其全部增值额按规定计税。

对于纳税人既建造普通标准住宅又进行其他房地产开发的,应分别核算增值额。不分别核算增值额或不能准确核算增值额的,其建造的普通标准住宅不能适用这一免税规定。

(二)国家征用、收回的房地产的税收优惠

因国家建设需要依法征用、收回的房地产,免征土地增值税。

这里所说的"因国家建设需要依法征用、收回的房地产",是指因城市实施规划、国家建设的需要而被政府批准征用的房产或收回的土地使用权。因城市实施规划、国家建设的需要而搬迁,由纳税人自行转让原房地产的,依照有关规定免征土地增值税。

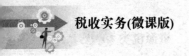

(三)个人转让房地产的税收优惠

个人因工作调动或改善居住条件而转让原自用住房，经向税务机关申报核准，凡居住满 5 年或 5 年以上的，免予征收土地增值税；居住满 3 年未满 5 年的，减半征收土地增值税；居住未满 3 年的，按规定计征土地增值税。

从 2008 年 11 月 1 日起，对个人销售住房暂免征收土地增值税。

【例 8-22 多选题】下列各项中，属于土地增值税免税范围的有( )。

A. 因城市规划、国家建设需要而搬迁，由纳税人自行转让原房地产

B. 个人之间互换自有居住用房地产

C. 因国家建设需要依法征用、收回的房地产

D. 房产所有人将房产赠与直系亲属

【答案】ABC

【答案解析】选项 D，房地产的赠与虽发生了房产的权属变更，但作为房产所有人并没有因为权属的转让而取得任何收入。因此，房产的赠与不属于土地增值税的征税范围，更不属于土地增值税免税范围。

七、土地增值税的征收管理

(一)纳税义务发生时间

土地增值税纳税义务发生时间为房地产转移合同签订的当日。

(二)纳税期限

纳税人应当自转让房地产合同签订之日起 7 日内向房地产所在地主管税务机关办理纳税申报，并在税务机关核定的期限内缴纳土地增值税；纳税人因经常发生房地产转让而难以在每次转让后申报的，经税务机关审核同意后，可以定期进行纳税申报，具体期限由税务机关根据情况确定。

纳税人办理纳税申报时，应向税务机关提交房屋及建筑物产权、土地使用权证书，土地转让、房产买卖合同，房地产评估报告及其他与转让房地产有关的资料，按照税务机关核定的税额及规定的期限缴纳土地增值税。

(三)纳税地点

纳税人应向房地产所在的地主管税务机关缴纳税款。转让的房地产坐落在两个或两个以上地区的，应按房地产所在地分别申报纳税。

【例 8-23 单选题】土地增值税的纳税人转让的房地产坐落在两个或两个以上地区的，应( )申报纳税。

A. 先向机构所在地人民政府缴纳，再向房地产坐落地上一级

B. 向事先选择房地产坐落地某一方的

C. 向房地产坐落地的上一级

D. 分别向房地产所在地各方的

【答案】D

【答案解析】选项 D，转让的房地产坐落在两个或两个以上地区的，应按房地产所在地分别申报纳税。

📚 本章小结

本章全面介绍了资源税、城镇土地使用税、土地增值税的理论、税制要素和计算方法。

资源税是对在我国境内从事应税矿产品开采或生产盐的单位和个人征收的一种税，属于对自然资源占用课税的范畴。我国目前资源税的征税范围仅包括矿产品、盐和水资源三类，设置能源矿产、金属矿产、非金属矿产、水气矿产和盐共五大税目及若干子目。资源税采用比例税率和定额税率两种形式。资源税以纳税人开采或者生产应税矿产品的销售额或者销售数量为计税依据，其纳税地点为应税产品的开采地或者生产所在地。

城镇土地使用税是国家在城市、县城、建制镇和工矿区范围内，对使用土地的单位和个人，以其实际占用的土地面积为计税依据，按照规定的税额计算、征收的一种税。征税范围包括在城市、县城、建制镇、工矿区范围内的国家所有和集体所有的土地。城镇土地使用税采用有差别的幅度定额税率，以纳税人实际占用的土地面积为计税依据。城镇土地使用税有法定减免和省、自治区、直辖市税务局确定减免。城镇土地使用税实行按年计算、分期缴纳的征收方法，在土地所在地缴纳。

土地增值税是对有偿转让国有土地使用权及地上建筑物和其他附着物产权，取得增值收入的单位和个人征收的一种税，其具有征税面广、以转让房地产取得的增值额为计税依据、实行四级超率累进税率、按次征收等特点。被转让的土地使用权是否为国家所有，土地使用权、地上的建筑物及其附着物的产权是否发生转让，是否取得收入是判定是否属于土地增值税征税范围的三条标准。其征税对象是增值额，即纳税人转让房地产所取得的全部收入减去规定的扣除项目金额后的余额。土地增值税按照纳税人转让房地产所取得的增值额和适用税率计算征收。其计算公式为

$$应纳税额=\sum(每级距的土地增值额×适用税率)$$

还可以采用速算扣除法计算，其计算公式为

$$应纳税额=增值额×适用税率-扣除项目金额×速算扣除系数$$

此外，还介绍了土地增值税的税收优惠和征收管理。

🎬 案例链接

列支成本费用不合规，调增土地增值税

2022年4月12日，北京市昌平税务局在官方网站上公示《北京××房地产开发有限公司土地增值税清算审核意见书》，意见书载明了该公司××住宅项目报送的清算资料的审核问题主要如下。

(1) 未提供相关许可、权属证明，如土地使用证、房屋所有权证。

(2) 在前期费用、建设安装费用、基础设施费用、公共配套中存在列支假发票、列支不合规票据、无发票等情况。在税金中，存在列支无税票金额。

(3) 存在不可售面积，未提供相关移交资料，列支在不可售面积不允许扣除的面积中，清算比例从85.49%变更为83.24%。

(4) 剔除多计入地价款。

(5) 企业利息计算扣除，应按照取得土地使用权所支付的费用和房地产开发成本计算的金额之和的10%以内计算扣除。

案情分析：

该案属于违规列支成本、费用，面临调增税负的处罚。

在土地增值税税前扣除的项目中，存在两类不能扣除的情形：一类是票据不合规导致不能扣除；另一类是处罚等支出不得扣除。

《国家税务总局关于房地产开发企业土地增值税清算管理有关问题的通知》(国税发〔2006〕187号)第四条第一款规定，扣除取得土地使用权所支付的金额、房地产开发成本、费用及与转让房地产有关的税金，须提供合法有效凭证；不能提供合法有效凭证的，不予扣除。《土地增值税清算管理规程》(国税发〔2009〕91号)也规定，在土地增值税清算中，计算扣除项目金额时，其实际发生的支出应当取得但未取得合法凭据的不得扣除。

我国目前对发票尤其是增值税专用发票的管理是十分严格的，发票须和合同、货物等材料保持对应关系，抬头完整，备注清晰，加盖印章等。由于房地产开发项目中涉及的各种业务繁多，从工程、测量、设计、广告、金融服务到材料采购等，税目多、税率多、供应商多，如果收到不合规发票，可能会导致调减成本。

企业许多被调减的成本，是缺少对应的票据所致。可能是该企业在资料管理问题上存在疏漏，未能妥善做好发票、合同的保存。

另一类不得扣除的情形，如接受的行政性罚款、逾期开发缴纳的土地闲置费等，也不得扣除。《国家税务总局关于土地增值税清算有关问题的通知》(国税函〔2010〕220号)规定："房地产开发企业逾期开发缴纳的土地闲置费不得扣除。"

值得注意的是，以欺诈、隐匿手段虚假申报、偷逃税款的，存在偷税乃至逃税罪的风险。

思考与讨论：

(1) 土地增值税的征税范围是什么？

(2) 土地增值税中的利息费用如何核算？

(3) 行政性罚款在土地增值税中能否扣除？

(4) 以欺诈、隐匿手段虚假申报、偷逃税款的，需要承担的法律风险是什么？

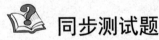 同步测试题

一、单项选择题

1. 以下企业属于资源税纳税人的是(　　)。

    A. 出口盐的外贸企业　　　　　　　　B. 开采石灰石的合资企业

    C. 外购原煤销售的商贸企业　　　　　D. 进口有色金属矿原矿的进口公司

2. 下列各项中，属于资源税征收范围的是(　　)。

    A. 人造石油　　　　　　　　　　　　B. 煤矿生产的天然气

    C. 外购已税原煤生产的洗选煤　　　　D. 卤水

3. 扣缴义务人代扣代缴的资源税，应当向(　　)主管税务机关缴纳。

    A. 收购地　　　　B. 开采地　　　　C. 生产地　　　　D. 销售地

4. 根据现行规定，下列不属于城镇土地使用税纳税人的是(　　)。

　　A. 位于市区拥有土地使用权的外商投资企业

　　B. 位于郊区拥有土地使用权的内资企业

　　C. 城市共有土地的企业

　　D. 位于城市、县城、建制镇和工矿区以外的工矿企业

5. 根据城镇土地使用税的规定，土地使用权未确定权属或纠纷未解决的，其(　　)为纳税人。

　　A. 原拥有人　　　　B. 实际使用人　　　　C. 代管人　　　　　D. 产权所有人

6. 某企业 2021 年年初实际占地面积为 20 000 平方米，其中，企业子弟学校面积为 2 000 平方米，医院占地面积为 1 000 平方米。企业所在城镇土地使用税单位税额为每平方米 3 元。该企业 2017 年应缴纳的城镇土地使用税为(　　)。

　　A. 48 000 元　　　　B. 51 000 元　　　　C. 375 000 元　　　　D. 448 500 元

7. 下列各项中，应征土地增值税的是(　　)。

　　A. 房地产的继承　　　　　　　　　　B. 房地产的交换

　　C. 房地产的代建房行为　　　　　　　D. 房地产的出租

8. 土地增值税的最高税率为(　　)。

　　A. 20%　　　　B. 30%　　　　　　C. 50%　　　　　　D. 60%

9. 下列各项中，不属于计算土地增值税时的房地产开发成本的是(　　)。

　　A. 取得土地使用权所支付的金额　　　B. 前期工程费

　　C. 建筑安装工程费　　　　　　　　　D. 基础设施费

10. 土地增值税的纳税人应在签订房地产转让合同(　　)日内，到房地产所在地税务机关办理纳税申报。

　　A. 3　　　　B. 7　　　　　C. 15　　　　　D. 30

二、多项选择题

1. 下列属于资源税纳税义务人的有(　　)。

　　A. 开采铁矿石的国有企业　　　　　B. 五矿进出口公司

　　C. 开采金属矿的外商投资企业　　　D. 钢铁生产企业

2. 下列产品中，应缴纳资源税的有(　　)。

　　A. 固体盐　　　B. 原油　　　　C. 林木　　　　　D. 金属矿原矿

3. 某煤矿某月生产、销售原煤 120 万吨，应缴纳(　　)。

　　A. 印花税　　　　　　　　　　　　B. 资源税

　　C. 城市维护建设税　　　　　　　　D. 增值税

4. 资源税的纳税人应当向(　　)主管税务机关缴纳资源税。

　　A. 应税产品的开采地　　　　　　　B. 纳税人所在地

　　C. 纳税人注册地　　　　　　　　　D. 生产所在地

5. 城镇土地使用税的征税范围是(　　)。

　　A. 城市　　　B. 农村　　　　C. 建制镇　　　　D. 工矿区

6. 在下列情况中，可免征城镇土地使用税的是(　　)。

　　A. 企业自用的土地　　　　　　　　B. 国家机关自用的土地

C. 公园自用的土地　　　　　　　　　D. 市政建设的公共土地

7. 下列各项中,不符合城镇土地使用税有关纳税义务发生时间规定的有(　　)。

A. 纳税人购置存量房时,自房屋交付使用之次月起纳税

B. 纳税人购置新建商品房,自房屋交付使用之次月起纳税

C. 纳税人出借房产的,自交付房产之次月起纳税

D. 纳税人新征用的非耕地,自土地交付之次月起纳税

8. 土地增值税的纳税义务人可以是(　　)。

A. 外商投资企业　　B. 事业单位　　　　C. 国家机关　　　　D. 医院

9. 在下列情形中,需要按照房地产评估价格计算征收土地增值税的是(　　)。

A. 隐瞒、虚报房地产成交价的

B. 提供扣除项目金额不实的

C. 转让房地产的成交价低于房地产评估价,又无正当理由的

D. 转让房地产的成交价高于房地产评估价,又无正当理由的

10. 下列项目属于暂免土地增值税的是(　　)。

A. 以房地产进行投资,投资方以房地产作价入股,将房地产转让到所投资企业中的

B. 合作建房,一方出土地,一方出资金,建成后按比例分房自用的

C. 企业兼并时,被兼并企业将房地产转让到兼并企业中的

D. 以房地产进行联营,联营一方以房地产作为联营条件,将房地产转让到联营企业中的

三、判断题

1. 我国资源税是对一切矿产资源和盐资源课征。　　　　　　　　　　　　　　　(　　)

2. 对盐场自销盐取得的收入,既要征资源税,也要征增值税。　　　　　　　　　(　　)

3. 资源税在税率设计上采取差别税额,是为了贯彻"普遍征收"的原则。　　　　(　　)

4. 纳税人直接对外销售的天然气,以实际生产数量为征税对象。　　　　　　　　(　　)

5. 拥有土地使用权的单位和个人不在土地所在地的,其土地的实际使用人和代管人为城镇土地使用税的纳税人。　　　　　　　　　　　　　　　　　　　　　　　(　　)

6. 对免税单位无偿使用纳税单位的土地,免征城镇土地使用税。　　　　　　　　(　　)

7. 按照税法规定,转让国有土地使用权、地上建筑物及其附着物所取得的收入,是指以出售或者其他方式有偿转让房地产的行为所取得的收入,也包括以继承、赠与方式无偿转让房地产的行为所取得的收入。　　　　　　　　　　　　　　　　　　　　　　　(　　)

8. 企业无论是专营还是兼营房地产业务,只要其有偿出售房地产,就是土地增值税的纳税人。　　　　　　　　　　　　　　　　　　　　　　　　　　　　　　　　　(　　)

9. 取得土地使用权所支付的金额,即纳税人为取得土地使用权所支付的价款和按国家统一规定缴纳的有关费用。　　　　　　　　　　　　　　　　　　　　　　　　(　　)

10. 与房地产开发项目有关的财务费用中的利息支出,凡能够按转让房地产项目分摊并提供金融机构证明的,允许据实扣除,并没有任何限制。　　　　　　　　　　　(　　)

四、计算题

1. 某砂石厂2021年10月开采砂石5 000立方米,对外销售3 000立方米,当地砂石资

源税税率为 3 元/立方米。

请计算该厂当月应缴纳的资源税税额。

2. 某企业实际占用土地面积共为 21 000 平方米。其中，16 000 平方米自用，3 000 平方米无偿借给军队做训练场；2 000 平方米出租，取得年租金收入 85 万元。该企业所处地段规定的年税额为每平方米 4 元。

请计算该企业当年应缴纳的城镇土地使用税税额。

3. 某房地产开发公司建造普通标准住宅，取得销售收入 5 000 万元。为建造普通标准住宅发生的相关支出如下：取得土地使用权支付的金额为 300 万元；房地产开发成本为 1 400 万元；该公司的贷款利息不能提供金融机构出具的证明，与转让房地产有关的税金共为 251.2 万元，其中含印花税 11.2 万元。

请计算该公司应缴纳的土地增值税税额。

4. 2015 年，某房地产开发公司建造一栋写字楼，取得销售收入 2 000 万元。为建造此写字楼发生的相关支出如下：取得土地使用权支付的金额为 100 万元；土地征用费为 110 万元，前期工程费为 40 万元，建筑安装工程费为 250 万元，公共配套设施费为 100 万元，开发间接费用为 50 万元；该公司发生贷款利息支出 80 万元，能够按转让房地产项目分摊并提供金融机构证明；与房地产转让有关的城市维护建设税和教育费附加为 165 万元，印花税为 0.9 万元。

请计算该公司应缴纳的土地增值税税额。

 **拓展阅读**

【拓展阅读 8-1】

资源税的历史

对资源占用课税已被许多国家广泛采用。有些国家仍然征收"地税"，而地税的内容不仅限于土地，还包括渔业、矿产、森林等。也有一些国家把土地作为财产税的课征对象，而把矿产、森林等单列税目作为资源税的课征对象。第二次世界大战后，石油成为各国经济发展的重要物资，同时石油的极差收益又比较大，所以，不少国家对石油开采业征收多种形式的资源税。

对资源占用课税在我国具有十分悠久的历史，至少可以追溯到周朝的"山泽之赋"。此后，历代政府一直延续对矿产资源和盐业资源等自然资源开发、利用课税的制度。我国现行资源税法的基本规范是 1994 年 1 月 1 日起施行的《中华人民共和国资源税暂行条例》(以下简称《资源税暂行条例》)，将盐和矿产品列入征税范围。同年 12 月 30 日，财政部印发《资源税暂行条例实施细则》。2011 年 9 月 30 日国务院又对《资源税暂行条例》进行了修订，随后颁布了修订的《资源税暂行条例实施细则》，自 2011 年 1 月 1 日起执行。2014 年，再次启动资源税改革，财政部、国家税务总局对煤炭、原油、天然气资源税有关政策进行了调整，自 2014 年 12 月 1 日起执行。2015 年，国家税务总局制定了《煤炭资源税征收管理办法(试行)》，自 2015 年 8 月 1 日起施行。2016 年 7 月 1 日，资源税实行从价计征改革和水资源税改革试点，将 21 种资源品目和未列举名称的其他金属矿实行从价计征。为进一步规范资

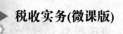

源税征收管理，优化纳税服务，防范涉税风险，国家税务总局研究制定了《资源税征收管理规程》，自 2018 年 7 月 1 日起施行。

2017 年 12 月 20 日，财政部、国家税务总局会同有关部门起草了《中华人民共和国资源税法(征求意见稿)》，2019 年 8 月 26 日《中华人民共和国资源税法》经审议通过，并于 2020 年 9 月 1 日起施行。2019 年，全国征收资源税 1 821.64 亿元，同比增长 11.8%。2021 年全国征收资源税 2 288 亿元，同比增长 30.4%。

【拓展阅读 8-2】

城镇土地使用税的历史

对城市土地征税，是近代的产物。土地是人类赖以生存、从事生产必不可少的物质条件。我国人多地少，节约用地是一项重要的国策。在我国对农村土地征税始于夏朝。古代的各个时期，都把对土地课税作为主要的收入来源。国民党统治时期，曾制定土地税法，在部分城市开征过地价税和土地增值税。中华人民共和国成立后，就设立了房产税和地产税。1951 年 8 月前，中央人民政府政务院公布的《城市房地产税暂行条例》，规定在城市中合并征收房产税和地产税，始称城市房地产税。1973 年简化税制时，把对国营企业和集体企业征收的房地产税并到工商税中，只保留了对城市房产管理部门、个人和外侨征收此税。1984 年工商税制改革时，设立了土地使用税。1988 年 9 月，为了利用经济手段加强对土地的控制和管理，调节不同地区、不同地段之间的土地极差收入，促使城镇土地使用者节约用地，提高土地使用效益，国务院发布了《中华人民共和国土地使用税暂行条例》(国务院令〔1988〕17 号)，并规定自 1988 年 11 月 1 日起施行《中华人民共和国城镇土地使用税暂行条例》，同年 10 月 24 日，国家税务总局印发了《关于土地使用税若干具体问题的解释和暂行规定》。2006 年 12 月，国务院颁布《国务院关于修改〈中华人民共和国城镇土地使用税暂行条例〉的规定》，自 2007 年 1 月 1 日起施行。

之后，财政部、国家税务总局又陆续发布了一些有关城镇土地使用税的规定、办法，这些构成了我国城镇土地使用税的法律制度。

【拓展阅读 8-3】

土地增值税的历史

土地增值税是 1994 年税制改革推出的一个新税种，是 1994 年税制改革的重要组成部分。该税种的开征对促进我国房地产行业的健康发展，抑制炒买炒卖房地产和"楼花"现象，避免土地资源的浪费，合理增加财政收入等方面起到了积极的作用。我国土地增值税的发展历程和政策演变，见证了我国房地产行业的潮涨潮落。

中华人民共和国成立后，在 1951 年开征城市房地产税，对房产和地产按不同的税率分别征收。其中，地产按标准地价的 1.5% 计征，由产权所有人缴纳。后来随着城市土地的国有化，地产税被取消。党的十一届三中全会以后，国务院决定对房地产恢复征税。随着我国土地有偿使用制度改革的不断深入，税收政策也开始逐渐完善。1988 年国务院发布了《中华人民共和国城镇土地使用税暂行条例》，在全国范围内开征城镇土地使用税，对使用城市、县城、建制镇和工矿区土地的单位和个人按占地面积定额征收。1990 年针对房地产交易市场迅速发展的情况，为健全房地产转让方面的税收制度，在营业税条例中增设了"土地使用权转让及出售建筑物"税目，税率确定为转让收入的 5%；对外商投资企业征收工商统一税，税率为 3%。1994 年新税制施行后，外商投资企业和内资一样，统一执行 5%的营业税政策。鉴于个人买卖房产日益增多，国家于 1989 年恢复征收契税，由买方(限个人)按交易额的 6%缴纳。1993 年 6 月，国务院针对当时房地产"过热"的情况，提出了加强宏观调控的意见，明确指出：要尽快开征土地增值税，调节土地增值收益，维护国家权益。为此，国务院于 1993 年 12 月发布了《中华人民共和国土地增值税暂行条例》，自 1994 年 1 月 1 日起施行。财政部于 1995 年 1 月发布了《中华人民共和国土地增值税暂行条例实施细则》，土地增值税作为新税制中的一个税种开始在全国范围内实施。

2019 年 7 月，拟将《中华人民共和国土地增值税暂行条例》上升为法律，特发布《中华人民共和国土地增值税法(征求意见稿)》征求意见，将出让、转让集体土地使用权、地上的建筑物及其附着物纳入征税范围。同时，拟取消目前对集体房地产征收的土地增值收益调节金。

 微课资源

扫一扫，获取本章相关微课视频。

8.1 资源税类—
土地增值税概述

8.2 资源税类—
土地增值税的计算

第九章　特定目的税类

【教学目的与要求】

● 理解城市维护建设税的概念、征税范围、纳税义务人和税率。
● 掌握城市维护建设税的计税依据的确定和应纳税额的计算。
● 了解城市维护建设税的税收优惠和征收管理。
● 理解车辆购置税、耕地占用税、烟叶税、船舶吨税和环境保护税的概念、征税范围、纳税义务人和税率。
● 掌握车辆购置税、耕地占用税、烟叶税、船舶吨税和环境保护税的计税依据的确定和应纳税额的计算。
● 了解车辆购置税、耕地占用税、烟叶税、船舶吨税和环境保护税的税收优惠和征收管理。

第一节　城市维护建设税

一、城市维护建设税的概念

城市维护建设税(以下简称城建税)是国家对缴纳增值税、消费税的单位和个人就其实际缴纳的增值税、消费税税额为计税依据而征收的一种税。城市维护建设税应当保证用于城市的公用事业和公共设施的维护与建设,具体安排由地方人民政府确定。

我国于 1985 年开征城市维护建设税,以商品劳务税额为计税依据并同时征收,这不但扩大了征税范围,而且可以保证城市维护建设税收入随商品劳务税的税收增长而增长,从而使城市维护与建设有一个比较稳定和可靠的资金来源;明确城市维护建设税有利于保证用于城市公用事业和公共设施的维护与建设,具体安排由地方政府确定,调动了地方政府进行城市维护和建设的积极性。

2020 年 8 月 11 日,第十三届全国人民代表大会常务委员会第二十一次会议通过了《中华人民共和国城市维护建设税法》。该法自 2021 年 9 月 1 日起施行。城市维护建设税具有如下特点。

(1) 征收范围较广。城市维护建设税是以增值税和消费税作为计税依据，增值税和消费税的范围很广，从这个意义上看，城市维护建设税几乎是对所有纳税人征税。

(2) 实行地区差别比例税率。城市维护建设税根据所在地是否为市区，征收差别比例税率。其负担水平不是依据纳税人获取的利润水平或经营特点而定，而是根据纳税人所在地的不同行政区域设计的。

(3) 税款专款专用，具有受益税性质，属于特定目的税。按照财政的一般性要求，税收及其他政府收入应当纳入国家预算，根据需要统一安排其用途，并不规定各个税种收入的具体使用范围和方向。但是作为例外，也有个别税种事先明确规定使用范围与方向，税款的缴纳与受益更直接地联系起来，我们通常称其为受益税。城市维护建设税专款专用，用来保证城市的公共事业和公共设施的维护和建设，就是一种具有受益税性质的税种，属于特定目的税。

(4) 属于一种附加税。城建税与其他税种不同，没有独立的征税对象或税基，而是以增值税、消费税实际缴纳的税额之和为计税依据，随增值税、消费税同时附征，本质上属于一种附加税。

二、城建税的纳税义务人

在中华人民共和国境内缴纳增值税、消费税的单位和个人，为城市维护建设税的纳税人。

城建税的纳税人是从事经营，缴纳增值税、消费税的单位和个人，包括国有企业、集体企业、私营企业、股份制企业、其他企业和行政单位、事业单位、军事单位、社会团体、其他单位，以及个体商户及其他个人。自 2010 年 12 月 1 日起，我国对外商投资企业、外国企业及外籍个人征收城市维护建设税和教育费附加。

增值税、消费税的代扣代缴、代收代缴义务人，同时也是城建税代扣代缴、代收代缴的义务人。

进口货物或者境外单位和个人向境内销售劳务、服务、无形资产缴纳的增值税、消费税税额，不征收城市维护建设税。即海关对进口产品代征的增值税、消费税，不征收教育费附加。对出口产品退还消费税、增值税的，不退还已征的教育费附加。

三、城建税的计税依据、税率和应纳税额的计算

(一)计税依据

城市维护建设税以纳税人依法实际缴纳的增值税、消费税税额为计税依据。

计税依据应当按照规定扣除期末留抵退税退还的增值税税额。

城市维护建设税包括被查补的上述税额，但不包括加收的滞纳金和罚款等非税款项。

纳税人在缴纳增值税、消费税的同时未缴纳城市维护建设税的，城市维护建设税从规定的增值税、消费税缴纳期限之次日起加收滞纳金。纳税人未按规定的期限缴纳增值税、消费税，在补缴增值税、消费税的同时缴纳城市维护建设税的，城市维护建设税不加收滞纳金。

纳税人因违反增值税、消费税的有关规定而加收的滞纳金和罚款，不作为城市维护建设税的计税依据。但纳税人在被查补缴增值税、消费税和被处以罚款时，应同时对其城市维护建设税进行补税、征收滞纳金和罚款。

注意:

(1) 进口货物或者境外单位和个人向境内销售劳务、服务、无形资产缴纳的增值税、消费税税额,不征收城市维护建设税。

(2) 对出口货物、劳务和跨境销售服务、无形资产以及因优惠政策退还增值税、消费税的,不退还已缴纳的城市维护建设税。

【例9-1 多选题】下列有关项目不属于城市维护建设税计税依据的是( )。

A. 化妆品公司偷逃的消费税　　　　　　B. 国有企业偷漏增值税被处的罚款

C. 个体工商户拖欠的个人所得税　　　　D. 中外合资企业在华机构缴纳的企业所得税

【答案】BCD

【答案解析】城市维护建设税以纳税人依法实际缴纳的增值税、消费税税额为计税依据,包括被查补的上述税额,但不包括加收的滞纳金和罚款等非税款项。

个人所得税、企业所得税不是城建税计税依据。

【例9-2 多选题】下列行为中,需要缴纳城市维护建设税的有( )。

A. 事业单位出租房屋行为　　　　　　　B. 企业购买房屋行为

C. 油田开采天然原油并销售行为　　　　D. 中外合作企业销售货物行为

【答案】ACD

【答案解析】企业购买房屋行为,可能会涉及印花税、契税,不会涉及城建税;涉及增值税的行为也都涉及城建税。

(二)税率

城建税实行差别比例税率,即按照纳税人所在地的不同,实行了地区差别税率。具体如下。

(1) 纳税人所在地为市区的,税率为7%。

(2) 纳税人所在地在县城、镇的,税率为5%。

(3) 纳税人所在地不在市区、县城或者镇的,税率为1%。

一般情况下,城建税的适用税率应按照纳税人所在地的规定税率执行。但下列两种情况,可按缴纳增值税、消费税所在地的规定税率就地缴纳城建税。

(1) 由受托方代征代扣增值税、消费税的单位和个人,其代收代扣的城建税按受托方所在地适用税率计算。

(2) 流动经营等无固定纳税地点的单位和个人,在经营地缴纳增值税、消费税的,城建税按经营地适用税率计算。

(三)应纳税额的计算

城建税的应纳税额按以下公式计算。

$$应纳税额=实际缴纳的增值税、消费税税额之和×适用税率$$

【例9-3 计算题】市区某玩具厂为一般纳税人,某月份缴纳增值税120万元,补缴上月漏缴增值税12万元,本月又出租一厂房收取租金30万元。

请计算该厂本月应缴纳的城建税和补缴的城建税税额。

【答案】

该厂本月应缴城建税税额=(120+30×5%)×7%=8.505(万元);

应补缴城建税税额=12×7%=0.84(万元)。

【**例 9-4 计算题**】某市一家外商投资企业于 2021 年 12 月被查补增值税 22 万元、消费税 12 万元、所得税 50 万元，被加收滞纳金 5 万元，被处罚款 9 万元。

请计算该企业本月应补缴的城建税税额。

【**答案**】

本月该企业应补缴城建税税额=(22+12)×7%=2.38(万元)。

【**答案解析**】城市维护建设税以纳税人依法实际缴纳的增值税、消费税税额为计税依据，包括被查补的上述税额，但不包括加收的滞纳金和罚款等非税款项。企业所得税不是城建税计税依据。

四、城建税的税收优惠

根据国民经济和社会发展的需要，国务院对重大公共基础设施建设、特殊产业和群体以及重大突发事件应对等情形可以规定减征或者免征城市维护建设税，报全国人民代表大会常务委员会备案。

城建税是一种附加税，以增值税、消费税的实缴税额为计税依据征收，一般不单独规定减免。城建税的税收减免具体有以下几种情况。

(1) 城建税随增值税、消费税的减免而减免，即城建税按减免后实际缴纳的增值税、消费税税额计征。

(2) 进口不征。海关对进口产品代征的增值税、消费税，不征城建税。

(3) 出口不退。对增值税、消费税实行先征后返、先征后退、即征即退办法的，除另有规定外，对随增值税、消费税附征的城市维护建设税和教育费附加，一律不予退(返)还。

(4) 为支持国家重大水利工程建设，对国家重大水利工程建设基金免征城市维护建设税。

(5) 对自谋职业的城镇退役士兵从事个体经营(除建筑业、娱乐业以及广告业、桑拿、按摩、网吧、氧吧外)的，自领取税务登记证之日起 3 年内免征城建税。

注意： 为扶持城镇退役士兵自谋职业，3 年内免征的还有增值税、企业所得税和个人所得税。

五、城建税的征收管理

城建税的征收管理依照增值税、消费税的有关规定办理。

(一)纳税义务发生时间

城市维护建设税的纳税义务发生时间与增值税、消费税的纳税义务发生时间一致，分别与增值税、消费税同时缴纳。

(二)纳税地点

城建税的纳税地点按照增值税、消费税不同的缴纳方式也有所差异。

(1) 直接缴纳。纳税人直接缴纳增值税、消费税的，在缴纳增值税、消费税的地区缴纳城市维护建设税。

(2) 代扣代缴、代收代缴。代扣代缴、代收代缴增值税、消费税的企业单位，应同时代扣代缴、代收代缴城市维护建设税。扣缴义务人应当向其机构所在地或者居住地的主管税务机关解缴税款。

(3) 跨省开采油田。下属生产单位与核算单位不在一个省内的，各油井应纳的城建税，应由核算单位计算，随同增值税一并汇拨油井所在地，由各油井在缴纳增值税的同时，一并缴纳城建税。

(4) 管道局输油收入的城建税，由取得收入的各管道局于所在地缴纳增值税时一并缴纳。

(5) 中国铁路总公司等实行汇总缴纳增值税、消费税的，城建税在汇总地同时缴纳。

(6) 纳税人跨地区提供建筑服务、销售和出租不动产的，应在建筑服务发生地、不动产所在地预缴增值税时，以预缴增值税税额为计税依据，并按预缴增值税所在地的城市维护建设税适用税率就地计算缴纳城市维护建设税。

(7) 流动经营等无固定纳税地点的单位和个人，应随同增值税、消费税在经营地按适用税率缴纳。

(三)纳税期限

城建税的纳税期限与增值税、消费税的纳税期限一致，按月或者按季计征。不能按固定期限计征的，可以按次计征。

实行按月或者按季计征的，纳税人应当于月度或者季度终了之日起 15 日内填写"城市维护建设税纳税申报表"申报并缴纳税款。

实行按次计征的，纳税人应当于纳税义务发生之日起 15 日内申报并缴纳税款。

扣缴义务人解缴税款的期限，依照前述规定执行。

六、教育费附加

教育费附加纳入预算管理，作为教育专项资金，根据"先收后支、列收列支、收支平衡"的原则使用和管理。

教育费附加是主要税种之外的政府行政收费，分为国家征收的教育费附加和地方征收的教育费附加，是一种附加性质的特定目的税，专款专用。

地方征收的教育费附加，按专项资金管理，由教育部门统筹安排，提出分配方案，商同级财政部门同意后，用于改善中小学教学设施和办学条件。

现行教育费附加的全国统一征收比率为 3%，地方的教育费附加征收比率一般为 2%。是以纳税人实际缴纳的增值税、消费税为计征依据，分别与增值税、消费税同时缴纳。应纳教育费附加的计算公式为

应纳教育费附加=实际缴纳的增值税、消费税税额之和×适用附加费率

其纳税义务人、纳税依据、税收优惠和征收管理如同城市维护建设税，在此不重复陈述。

【例 9-5 单选题】下列关于教育费附加的说法错误的是(　　　)。

A. 教育费附加是以纳税人实际缴纳的增值税、消费税税额为计税依据

B. 各省、自治区、直辖市根据自己的实际情况确定征收比率

C. 对海关进口产品征收的增值税、消费税不征收教育费附加

D. 对于出口产品退还增值税、消费税的，不退还已征的教育费附加

【答案】B

【答案解析】现行教育费附加的全国统一征收比率为 3%；地方的征收比率一般为 2%。

【例 9-6 计算题】某市一居民企业 11 月被查补增值税 50 万元、消费税 20 万元、企业所得税 30 万元，被加收滞纳金 2 万元，被处罚款 8 万元。

请计算该企业应补缴的城市维护建设税和教育费附加。

【答案】

应补缴的城建税和教育费附加=(50+20)×(7%+3%+2%)=8.4(万元)。

【答案解析】

市区的城建税税率为 7%；现行教育费附加的全国统一征收比率为 3%，地方的征收比率一般为 2%。

城建税和教育费附加的计税依据是纳税人实际缴纳的增值税、消费税税额；纳税人违反增值税、消费税有关规定而加收的滞纳金和罚款，不作为城建税和教育费附加的计税依据。

企业所得税不是城建税和教育费附加的计税依据。

第二节　车辆购置税

一、车辆购置税的概念

车辆购置税是对中华人民共和国境内购置应税车辆的单位和个人征收的一种税。车辆购置税为中央税，专用于国道、省道干线公路建设和支持地方道路建设。应税车辆是指购置汽车、有轨电车、汽车挂车、排气量超过 150 毫升的摩托车。车辆购置税具有调节收入差距，规范政府行为，推动汽车产业结构优化和消费升级，配合打击走私和维护国家权益，筹集财政资金的作用。

车辆购置税在 2001 年 1 月 1 日通过费改税方式由车辆购置附加费演变而来，自 2019 年 7 月 1 日起施行《中华人民共和国车辆购置税法》。车辆购置税具有如下特点。

(1) 实行一次课征制。车辆购置税在消费领域的特定环节(购置)征收，实行一次课征制。

(2) 单一税率。车辆购置税只确定一个统一的比例税率(10%)，根据纳税人购置应税车辆的计税价格实行从价计征。计征简便，负担稳定。

(3) 征税具有特定目的。车辆购置税由中央财政根据国家交通建设投资计划，统筹安排。

(4) 价外征收，税负不发生转嫁。车辆购置税的计税依据中不包含车辆购置税额，车辆购置税额是附加在价格之外的；且纳税人即为负税人，税负不发生转嫁。

二、车辆购置税的征收范围

车辆购置税的征收范围包括汽车、摩托车、电车、挂车、农用运输车。车辆购置税征收范围的调整，由国务院决定并公布。征收范围见"车辆购置税征收范围表"，具体如表 9-1 所示。

表 9-1　车辆购置税征收范围表

应税车辆	具体范围	注　释
汽车	各类汽车	
摩托车	轻便摩托车	最高设计时速不大于 50km/h，发动机汽缸总排量不大于 $50cm^3$ 的两个或者三个车轮的机动车
	二轮摩托车	最高设计车速大于 50km/h，或者发动机汽缸总排量大于 $50cm^3$ 的两个车轮的机动车
	三轮摩托车	最高设计车速大于 50km/h，或者发动机汽缸总排量大于 $50cm^3$，空车重量不大于 400kg 的三个车轮的机动车
电车	有轨电车、无轨电车	以电能为动力，在轨道上行驶的公共车辆；"无轨电车"以电能为动力，由专用输电电缆供电的轮式公共车辆
挂车	全挂车	无动力设备，独立承载，由牵引车辆牵引行驶的车辆
	半挂车	无动力设备，与牵引车辆共同承载，由牵引车辆牵引行驶的车辆
农用运输车	三轮农用运输车 四轮农用运输车	"三轮农用运输车"柴油发动机，功率不大于 7.4kw，载重量不大于 500kg，最高车速不大于 40km/h 的三个车轮的机动车；柴油发动机，功率不大于 28kW，载重量不大于 1500kg，最高车速不大于 50km/h 的四个车轮的机动车

三、车辆购置税的纳税人

在中华人民共和国境内购置汽车、有轨电车、汽车挂车、排气量超过 150 毫升的摩托车的单位和个人，为车辆购置税的纳税人。

购置是指以购买、进口、自产、受赠、获奖或者其他方式取得并自用应税车辆的行为。

单位包括国有企业、集体企业、私营企业、股份制企业、外商投资企业、外国企业以及其他企事业单位、社会团体、国家机关、部队以及其他单位；个人，包括个体工商户以及其他个人。

【例 9-7 多选题】下列行为中，属于车辆购置税纳税义务人的是(　　　)。

A. 销售应税车辆的 4S 店　　　　　B. 购买使用应税车辆的个人

C. 自产自用应税车辆的车企　　　　D. 进口使用应税车辆的组织

【答案】BCD

【答案解析】在中华人民共和国境内购置应税车辆的单位和个人，为车辆购置税的纳税人。购置，是指以购买、进口、自产、受赠、获奖或者其他方式取得并自用应税车辆的行为。销售应税车辆的行为，不属于车辆购置税的纳税人。

四、车辆购置税的计税依据

车辆购置税的计税依据是应税车辆的计税价格，按照下列规定确定。

(1) 纳税人购买自用应税车辆的计税价格，为纳税人实际支付给销售者的全部价款，不包括增值税税款。

　　计税价格为纳税人购买应税车辆而支付给销售者的全部价款，包括价外费用，但不包含增值税税款。

　　价外费用是指销售方价外向购买方收取的基金、集资费、违约金(延期付款利息)和手续费、包装费、储存费、优质费、运输装卸费、保管费以及其他各种性质的价外收费，但不包括销售方代办保险等而向购买方收取的保险费，以及向购买方收取的代购买方缴的车辆购置税、车辆牌照费。

　　(2) 纳税人进口自用应税车辆的计税价格，为关税完税价格加上关税和消费税。

　　计税价格=关税完税价格+关税+消费税=(关税完税价格+关税)÷(1-消费税比例税率)

　　(3) 纳税人自产自用应税车辆的计税价格，按照纳税人生产的同类应税车辆的销售价格确定，不包括增值税税款。

　　申报的计税价格明显低于同类型应税车辆的最低计税价格，又无正当理由的，计税价格为国家税务总局核定的最低计税价格。其中，最低计税价格是指国家税务总局依据机动车生产企业或者经销商提供的车辆价格信息，参照市场平均交易价格核定的车辆购置税计税价格。

　　(4) 纳税人以受赠、获奖或者其他方式取得自用应税车辆的计税价格，按照购置应税车辆时相关凭证载明的价格确定，不包括增值税税款。

五、车辆购置税的税率及应纳税额的计算

　　车辆购置税实行统一的比例税率，税率为10%。
　　车辆购置税实行从价定率的办法计算应纳税额，计算公式为

$$应纳税额=计税依据×税率$$

　　注意：

　　(1) 纳税人申报的应税车辆计税价格明显偏低，又无正当理由的，由税务机关依照《中华人民共和国税收征收管理法》的规定核定其应纳税额。

　　(2) 纳税人以外汇结算应税车辆价款的，按照申报纳税之日的人民币汇率中间价折合成人民币计算缴纳税款。

　　【例9-8 计算题】2021年11月12日，小王从大众4S店购买一辆轿车供自己使用，支付含增值税的车价款212 000元，另支付代收临时牌照费200元、代收保险费600元，支付购买工具件和零配件价款2 600元、车辆装饰费80 000元，支付的各项价费款均由大众4S店开具"机动车销售统一发票"。

　　请计算小王应纳车辆购置税税额。

　　【答案】

　　计税价格=(212 000+200+600+2 600+80 000)÷(1+13%)≈261 415.93(元)；
　　应纳车辆购置税税额=261 415.93×10%≈26 141.60(万元)。

　　【答案解析】

　　销售货物的同时代办保险等向购买方收取的保险费以及向购买方收取的代购买方缴纳的车辆牌照费通常不作为车辆购置税的计税依据，但如果销售企业同时收取的保险费或者车辆牌照费与车价款金额在同一张凭证上载明且无法划分的，需要将其并入车辆购置税的计税依据一并征税。

【例9-9 计算题】某汽车贸易公司 2021 年 11 月进口 16 辆小轿车，海关审定的关税完税价格为 25 万元/辆，当月销售 13 辆，取得含税销售收入 520 万元；2 辆企业自用，1 辆用于抵偿债务。合同约定的含税价格为 40 万元。(小轿车关税税率为 25%，消费税税率为 12%。)

请计算该公司应纳车辆购置税税额。

【答案】

计税价格=关税完税价格+关税+消费税

=(关税完税价格+关税)÷(1-消费税比例税率)

= 2×(25+25×25%)÷(1-12%)≈71.02(万元)；

该公司应纳车辆购置税税额=71.02×10%=7.102(万元)。

【答案解析】纳税人进口自用应税车辆的计税价格，为关税完税价格加上关税和消费税也等于(关税完税价格+关税)÷(1-消费税比例税率)

六、车辆购置税的税收优惠

下列车辆免征车辆购置税。

(1) 依照法律规定应当予以免税的外国驻华使馆、领事馆和国际组织驻华机构及其有关人员自用的车辆。

(2) 中国人民解放军和中国人民武装警察部队列入装备订货计划的车辆。

(3) 悬挂应急救援专用号牌的国家综合性消防救援车辆。

(4) 设有固定装置的非运输专用作业车辆。

(5) 城市公交企业购置的公共汽电车辆。

根据国民经济和社会发展的需要，国务院可以规定减征或者其他免征车辆购置税的情形，报全国人民代表大会常务委员会备案。

注意：

(1) 免税、减税车辆因转让、改变用途等原因不再属于免税、减税范围的，纳税人应当在办理车辆转移登记或者变更登记前缴纳车辆购置税。计税价格以免税、减税车辆初次办理纳税申报时确定的计税价格为基准，每满一年扣减 10%。

(2) 纳税人将已征车辆购置税的车辆退回车辆生产企业或者销售企业的，可以向主管税务机关申请退还车辆购置税。退税额以已缴税款为基准，自缴纳税款之日至申请退税之日，每满一年扣减 10%。

【例9-10 多选题】下列车辆中，不属于免征车辆购置税的是(　　)。

A. 回国服务的留学人员用现汇购买 1 辆自用的进口小汽车

B. 四轮农用运输车

C. 长期来华定居专家进口 2 辆自用小汽车

D. 设有固定装置的非运输车辆

【答案】ABC

【答案解析】选项 A，回国服务的留学人员用现汇购买 1 辆自用国产小汽车免税。选项 B，自 2004 年 10 月 1 日起，对农用三轮运输车免征车辆购置税。选项 C，长期来华定居专家进口 1 辆自用小汽车免税。

七、车辆购置税的征收管理

车辆购置税由税务机关负责征收，具体规定如下。

(一)纳税义务发生时间

车辆购置税的纳税义务发生时间为纳税人购置应税车辆的当日。纳税人应当自纳税义务发生之日起 60 日内申报缴纳车辆购置税。

纳税人应当在向公安机关交通管理部门办理车辆注册登记前，缴纳车辆购置税。

公安机关交通管理部门办理车辆注册登记，应当根据税务机关提供的应税车辆完税或者免税电子信息对纳税人申请登记的车辆信息进行核对，核对无误后依法办理车辆注册登记。

(二)纳税地点

纳税人购置应税车辆，应当向车辆登记地的主管税务机关申报缴纳车辆购置税；购置不需要办理车辆登记的应税车辆的，应当向纳税人所在地的主管税务机关申报缴纳车辆购置税。

注意：车辆注册登记地是指车辆的上牌落籍地或落户地。

(三)纳税申报

车辆购置税实行"一车一申报"制度。纳税人购买自用应税车辆的，应自购买之日起 60 日内申报纳税；进口自用应税车辆的，应自进口之日起 60 日内申报纳税；自产、受赠、获奖或者以其他方式取得并自用应税车辆的，应自取得之日起 60 日内申报纳税。免税车辆因转让、改变用途等原因，其免税条件消失的，纳税人应在免税条件消失之日起 60 日内到主管税务机关重新申报纳税。免税车辆发生转让，但仍属于免税范围的，受让方应当自购买或取得车辆之日起 60 日内到主管税务机关重新申报免税。

注意：

(1) "购买之日"是指纳税人购车发票上注明的销售日期；"进口之日"是指纳税人报关进口的当天。

(2) 车辆购置税实行一次性征收。购置已税车辆购置税的车辆，不再征收车辆购置税；购买二手车时，购买者应当向原车主索要"车辆购置税完税证明"。

(四)税款缴纳

1. 自报核缴

自报核缴是指由纳税人自行计算应纳税额，自行填报纳税申报表有关资料，向主管税务机关申报，经税务机关审核后，开具完税证明，由纳税人持完税凭证向当地金库或金库经收处缴纳税款。

2. 集中征收缴纳

集中征收缴纳包括以下两种情况。

(1) 由纳税人集中向税务机关统一申报纳税。这适用于实行集中购置应税车辆的单位缴纳和经批准实行代理制经销商的缴纳。

(2) 由税务机关集中报缴税款。这是指纳税人向实行集中征收的主管税务机关申报缴纳税款，税务机关开具完税凭证后，由税务机关填写汇总缴款书，将税款集中缴入中央金库。它适用于税源分散、税额较少，税务部门实行集中征收管理的地区。

3. 代征、代扣、代收

即扣缴义务人按税法规定代扣代缴、代收代缴税款，税务机关委托征收单位代征税款的征收方式。它适用于税务机关委托征收或纳税人依法受托征收税款的情形。

第三节　耕地占用税

一、耕地占用税的概念

在中华人民共和国境内占用耕地建设建筑物、构筑物或者从事非农业建设的单位和个人，依其占用耕地的面积，按照规定税额一次性征收的一种税。

征收耕地占用税，是为了合理利用土地资源，加强土地管理，保护耕地。2019年9月1日《中华人民共和国耕地占用税法》开始施行，具有兼具资源税和特定目的税的性质、采用地区差别税率、在占用耕地环节一次性课征、税收收入专用于耕地开发与改良的特点。

二、耕地占用税的纳税义务人

在中华人民共和国境内占用耕地建设建筑物、构筑物或者从事非农业建设的单位和个人，为耕地占用税的纳税人，应当依照本法规定缴纳耕地占用税。

单位包括国有企业、集体企业、私营企业、股份制企业、外商投资企业、外国企业以及其他企业和事业单位、社会团体、国家机关、部队以及其他单位；个人包括个体工商户以及其他个人。

三、耕地占用税的征税范围

耕地占用税的征税范围包括纳税人为建设建筑物、构筑物或者从事非农业建设而占用的国家所有和集体所有的耕地。

耕地是指用于种植农作物的土地，包括菜地、园地。其中，园地包括花圃、苗圃、茶园、果园、桑园和其他种植经济林木的土地。

占用园地、林地、草地、农田水利用地、养殖水面、渔业水域滩涂以及其他农用地建设建筑物、构筑物或者从事非农业建设的，应当依照规定缴纳耕地占用税。

注意：

(1) 占用耕地建设农田水利设施的，不缴纳耕地占用税。

(2) 纳税人因建设项目施工或者地质勘查临时占用耕地，应当依照规定缴纳耕地占用税。

纳税人在批准临时占用耕地期满之日起一年内依法复垦，恢复种植条件的，全额退还已经缴纳的耕地占用税。

四、耕地占用税的计税依据、税额和应纳税额的计算

耕地占用税以纳税人实际占用的耕地面积为计税依据，按照规定的适用税额一次性征收，应纳税额为纳税人实际占用的耕地面积(平方米)乘以适用税额。其计算公式为：

应纳税额=实际应用的耕地面积×适用税额

我国不同地区人口和耕地资源的分布极不均衡，各地区之间的经济发展水平也有很大差异，考虑到不同地区之间客观条件的差别，以及与此相关的税收调节力度和纳税人负担能力方面的差别，耕地占用税在税率设计上采用了地区差别税率。耕地占用税税额如表 9-2 所示。

表 9-2　耕地占用税税额

人均耕地面积(以县级行政区为单位)	每平方米税额/元
小于 1 亩	10～50
超过 1 亩但不超过 2 亩	8～40
超过 2 亩但不超过 3 亩	6～30
3 亩以上	5～25

各地区耕地占用税的适用税额，由省、自治区、直辖市人民政府根据人均耕地面积和经济发展等情况，在表 9-2 耕地占用税税额规定的税额幅度内提出，报同级人民代表大会常务委员会决定，并报全国人民代表大会常务委员会和国务院备案。各省、自治区、直辖市耕地占用税适用税额的平均水平，不得低于本法所附"各省、自治区、直辖市耕地占用税平均税额表"规定的平均税额，具体如表 9-3 所示。

表 9-3　各省、自治区、直辖市耕地占用税平均税额表

省、自治区、直辖市	平均税额/(元/平方米)
上海	45
北京	40
天津	35
江苏、浙江、福建、广东	30
辽宁、湖北、湖南	25
河北、安徽、江西、山东、河南、重庆、四川	22.5
广西、海南、贵州、云南、陕西	20
山西、吉林、黑龙江	17.5
内蒙古、西藏、甘肃、青海、宁夏、新疆	12.5

在人均耕地低于零点五亩的地区，省、自治区、直辖市可以根据当地经济发展情况，适当提高耕地占用税的适用税额，但提高的部分不得超过确定的适用税额的 50%。

占用基本农田的，应当按照确定的当地适用税额，加按 150%征收。

【例 9-11 计算题】一家化工企业新占用 6 000 平方米耕地修建厂房，当地适用税额为 20元/平方米。

请计算该化工企业应缴纳的耕地占用税税额。

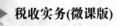

【答案】

应纳税额=6 000×20=120 000(元)。

五、耕地占用税的税收优惠

根据相关规定，以下项目将免征或少征耕地占用税。

(1) 军事设施、学校、幼儿园、社会福利机构、医疗机构占用耕地，免征耕地占用税。

(2) 铁路线路、公路线路、飞机场跑道、停机坪、港口、航道、水利工程占用耕地，减按 2 元/平方米的税额征收耕地占用税。

(3) 农村居民在规定用地标准以内占用耕地新建自用住宅，按照当地适用税额减半征收耕地占用税；其中农村居民经批准搬迁，新建自用住宅占用耕地不超过原宅基地面积的部分，免征耕地占用税。

(4) 农村烈士遗属、因公牺牲军人遗属、残疾军人以及符合农村最低生活保障条件的农村居民，在规定用地标准以内新建自用住宅，免征耕地占用税。

根据国民经济和社会发展的需要，国务院可以规定免征或者减征耕地占用税的其他情形，报全国人民代表大会常务委员会备案。

注意：规定免征或者减征耕地占用税后，纳税人改变原占地用途，不再属于免征或者减征耕地占用税情形的，应当按照当地适用税额补缴耕地占用税。

六、耕地占用税的征收管理

耕地占用税由地方税务机关负责征收。耕地占用税的纳税义务发生时间为纳税人收到自然资源主管部门办理占用耕地手续的书面通知的当日。纳税人应当自纳税义务发生之日起 30 日内申报缴纳耕地占用税。

自然资源主管部门凭耕地占用税完税凭证或者免税凭证和其他有关文件发放建设用地批准书。

税务机关应当与相关部门建立耕地占用税涉税信息共享机制和工作配合机制。县级以上地方人民政府自然资源、农业农村、水利等相关部门应当定期向税务机关提供农用地转用、临时占地等信息，协助税务机关加强耕地占用税的征收管理。

第四节 烟 叶 税

一、烟叶税的概念

烟叶税是在中华人民共和国境内，对依照《中华人民共和国烟草专卖法》的规定收购烟叶的单位征收的一种税。

烟叶税既有"寓禁于征"的目的，又有烟叶特产税的税收分配方法，其收入全部归地方政府。

注意：烟叶税最早合并在农业税中，2004 年取消了农业税(除对烟叶保留征税外)。

二、烟叶税的纳税义务人

烟叶税的纳税义务人为在中华人民共和国境内，依照《中华人民共和国烟草专卖法》的规定收购烟叶的单位。

由于我国实行烟草专卖，所以烟叶税的纳税人具有特定性，一般是有权收购烟叶的烟草公司或者受其委托收购烟叶的单位。也就是说，烟叶税由烟草公司负担，不会增加烟叶种植者的负担。

三、烟叶税的征税范围

烟叶税的征税范围包括烤烟叶、晾晒烟叶。

晾晒烟叶包括列入《名晾晒烟名目》的晾晒烟叶和未列入《名晾晒烟名目》的其他晾晒烟叶。

四、烟叶税的税率

烟叶税实行单一比例税率，税率为20%。

五、烟叶税的计税依据和应纳税额的计算

(一)计税依据

烟叶税的计税依据为纳税人收购烟叶实际支付的价款总额，包括收购价款和价外补贴。

收购价款是指纳税人支付给烟叶生产销售单位和个人的收购烟叶的货款。价外补贴是指纳税人在收购价款之外给予烟叶生产销售单位和个人的补贴。价外补贴按照收购价款的一定比例计算，具体比例由省、自治区、直辖市人民政府根据纳税人给予生产销售单位和个人的补贴金额核定。

(二)应纳税额的计算

烟叶税的应纳税额按照纳税人收购烟叶实际支付的价款总额乘以税率计算，其计算公式为

$$应纳税额=收购烟叶实际支付的价款总额×税率$$
$$=(收购价款+价外补贴)×税率$$
$$=收购价款×(1+补贴比例)×20\%$$

【例 9-12 计算题】某烟草公司(增值税一般纳税人)收购烟叶，支付烟叶生产者收购价款50 000 元，并支付了价外补贴 5 000 元。

请计算该公司应纳烟叶税税款。

【答案】

应纳烟叶税税额=实际支付价款×税率=(50 000+5 000)×20%=11 000(元)。

【例 9-13 计算题】某卷烟厂为增值税一般纳税人，10月份收购烟叶生产卷烟，取得的合法收购凭证上注明的买价为 100 万元，并支付了价外补贴(烟叶价款和价外补贴开具在一张收购凭证上)，若价外补贴为烟叶收购价款的10%，请计算该卷烟厂应缴纳的烟叶税税额及可抵

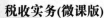
扣的增值税进项税额。

【答案】

应缴纳的烟叶税税额=实际支付价款×税率

=(收购价款+价外补贴)×税率

=收购价款×(1+补贴比例)×20%

=100×(1+10%)×20%=22(万元)。

可抵扣的增值税进项税额=[100×(1+10%)+22]×10%=13.2(万元)。

【答案解析】

购进农产品可以按照收购凭证注明的买价(含烟叶税)和 10%的扣除率计算增值税进项税额。

购进免税农产品在计算可抵扣的增值税进项税额的时候,扣除率适用的情况要根据未来生产的产品的税率来确定。如果未来生产的是 13%基本税率的货物,那么适用的扣除率是 10%;如果未来生产的是低税率的产品或者服务,那么适用的扣除率是 9%。

本题当中购进的烟叶是为了生产烟丝的,烟丝适用的是 13%的税率,所以这里适用的扣除率是 10%。

六、烟叶税的征收管理

(一)纳税义务发生时间

烟叶税的纳税义务发生时间为纳税人收购烟叶的当日,即指纳税人付讫收购烟叶款项或者开具收购烟叶凭据的当天。

(二)纳税期限

烟叶税按月计征,纳税人应当于纳税义务发生月终了之日起 15 日内申报并缴纳税款。具体纳税期限由主管税务机关核定。

(三)纳税地点

纳税人收购烟叶,应当向烟叶收购地的主管税务机关申报缴纳烟叶税,具体是指烟叶收购地的县级地方税务局或者其所指定的税务分局、税务所。

第五节 船 舶 吨 税

一、船舶吨税的概念

船舶吨税是指对中华人民共和国境外港口进入境内港口的船舶(以下称应税船舶)征收的一种税,简称吨税。

船舶吨税是海关代表国家交通管理部门,在设关口岸对进出中国国境的船舶征收的,用于航道设施维护、建设和管理的一种特定目的税,是一国船舶使用了另一国家的助航设施而向该国缴纳的一种税。

二、船舶吨税的税率

吨税设置优惠税率和普通税率。

中华人民共和国国籍的应税船舶，船籍国(地区)与中华人民共和国签订含有相互给予船舶税费最惠国待遇条款的条约或者协定的应税船舶，适用优惠税率。其他应税船舶，适用普通税率。吨税的税目、税率具体如表9-4所示。

表9-4 吨税税目税率表

税目 (按船舶净吨位划分)	税率/(元/净吨)						备注
	普通税率 (按执照期限划分)			优惠税率 (按执照期限划分)			
	1年	90日	30日	1年	90日	30日	
不超过2 000净吨	12.6	4.2	2.1	9.0	3.0	1.5	(1)拖船按照发动机功率，每千卡折合净吨位0.67吨 (2)无法提供净吨位证明文件的游艇，按照发动机功率，每千卡折合净吨位0.05吨 (3)拖船和非机动驳船分别按相同净吨位船舶税率的50%计征税款
超过2 000净吨，但不超过10 000净吨	24.0	8.0	4.0	17.4	5.8	2.9	
超过10 000净吨，但不超过50 000净吨	27.6	9.2	4.6	19.8	6.6	3.3	
超过50 000净吨	31.8	10.6	5.3	22.8	7.6	3.8	

注意:

(1) 净吨位是指由船籍国(地区)政府授权签发的船舶吨位证明书上标明的净吨位。

(2) 吨税执照期限是指应税船舶从进入中国境内港口至离开时的期限。

应税船舶进入中国境内港口办理入境手续时，应当向海关申报纳税，领取吨税执照，或者交验吨税执照。

在每次申报纳税时，应税船舶负责人可以选择申领一种期限的吨数执照。缴纳吨税或提供担保后，海关按照其申领的执照期限填发吨税执照；应税船舶在离开港口办理出境手续时，应当交验吨税执照。

(3) 拖船是指专门用于托(推)动运输船舶的专业作业船舶。

(4) 非机动拖船是指自身没有动力装置，依靠外力驱动的船舶。

(5) 非机动驳船是指在船舶管理部门登记为驳船的非机动船舶。

三、船舶吨税的计税依据和应纳税额的计算

吨税按照船舶净吨位和吨税执照期限征收。

吨税的应纳税额按照船舶净吨位乘以适用税率计算，计算公式为

$$应纳税额=船舶净吨位×适用税率$$

【例9-14 计算题】2021年5月，A国某运输公司一艘游艇驶入我国天津港，该游艇无法提供净吨位证明文件，游艇发动机功率为3 000千瓦，游艇负责人已向我国该海关领取了吨

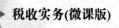

税执照，在港口停留期限为 30 天，A 国已与我国签订相互给予船舶税费最惠国待遇条款。(不超过 2 000 净吨位的船舶吨税适用优惠税额为每净吨位 1.5 元。)

请计算该游艇负责人应向我国海关缴纳的船舶吨税税额。

【答案】

应缴纳船舶吨税税额=3 000×0.05×1.5=225(元)。

【答案解析】根据规定，无法提供净吨位证明文件的游艇，按照发动机功率每千瓦折合净吨位 0.05 吨。该游艇应享受优惠税率，每净吨位为 1.5 元。

【例 9-15 计算题】2021 年 10 月，甲国某公司一艘货轮驶入我国某港口，该货轮净吨位为 8 000 吨，货轮负责人已向我国该海关领取了吨税执照，在港口停留期限为 90 日(吨税执照期限为 90 日，普通税率为每净吨位 8.0 元，优惠税率为每净吨位 5.8 元)，该国没有与我国签订相互给予船舶税费最惠国待遇条款的协定。

请计算该货轮负责人应向我国海关缴纳的船舶吨税税额。

【答案】

应缴纳船舶吨税税额=8 000×8=64 000(元)

【答案解析】由于甲国没有与我国签订相互给予船舶税费最惠国待遇条款的协定，不能享受优惠税率，只能享受普通税率，为每净吨位 8.0 元。

四、船舶吨税的税收优惠

下列船舶免征船舶吨税。

(1) 应纳税额在人民币 50 元以下的船舶。

(2) 自境外以购买、受赠、继承等方式取得船舶所有权的初次进口到港的空载船舶。

(3) 吨税执照期满后 24 小时内不上下客货的船舶。

(4) 非机动船舶(不包括非机动驳船)。

(5) 捕捞、养殖渔船。

(6) 避难、防疫隔离、修理、改造、终止运营或者拆解，并不上下客货的船舶。

(7) 军队、武装警察部队专用或者征用的船舶。

(8) 警用船舶。

(9) 依照法律规定应当予以免税的外国驻华使领馆、国际组织驻华代表机构及其有关人员的船舶。

(10) 国务院规定的其他船舶。

前款第(10)项免税规定，由国务院报全国人民代表大会常务委员会备案。

在吨税执照期限内，应税船舶发生下列情形之一的，海关按照实际发生的天数批准延长吨税执照期限。

(1) 避难、防疫隔离、修理、改造，并不上下客货。

(2) 军队、武装警察部队征用。

符合上述的(5)、(6)、(7)、(8)、(9)项规定和延长吨税执照期限的船舶，应当提供海事部门、渔业船舶管理部门或者出入境检验检疫部门等部门、机构出具的具有法律效力的证明文件或者使用关系证明文件，申明免税或者延长吨税执照期限的依据和理由。

五、船舶吨税的征收管理

(一)纳税义务发生时间

吨税纳税义务发生时间为应税船舶进入港口的当日。

应税船舶在吨税执照期满后尚未离开港口的，应当申领新的吨税执照，自上一次执照期满的次日起续缴吨税。

(二)纳税申报

吨税由海关负责征收。海关征收吨税应当制发缴款凭证。

应税船舶负责人缴纳吨税或者提供担保后，海关按照其申领的执照期限填发吨税执照。

应税船舶在进入港口办理入境手续时，应当向海关申报纳税领取吨税执照，或者交验吨税执照(或者申请核验吨税执照电子信息)。应税船舶在离开港口办理出境手续时，应当交验吨税执照(或者申请核验吨税执照电子信息)。

应税船舶负责人申领吨税执照时，应当向海关提供下列文件：①船舶国籍证书或者海事部门签发的船舶国籍证书收存证明；②船舶吨位证明。

应税船舶因不可抗力在未设立海关地点停泊的，船舶负责人应当立即向附近海关报告，并在不可抗力原因消除后，依照规定向海关申报纳税。

(三)纳税期限

应税船舶负责人应当自海关填发吨税缴款凭证之日起 15 日内缴清税款。未按期缴清税款的，自滞纳税款之日起至缴清税款之日止，按日加收滞纳税款 0.5‰的税款滞纳金。

应税船舶到达港口前，经海关核准先行申报并办结出入境手续的，应税船舶负责人应当向海关提供与其依法履行吨税缴纳义务相适应的担保；应税船舶到达港口后，依照规定向海关申报纳税。

下列财产权利可以用于担保：①人民币、可自由兑换货币；②汇票、本票、支票、债券、存单；③银行、非银行金融机构的保函；④海关依法认可的其他财产权利。

第六节　环境保护税

一、环境保护税的概念

环境保护税是由英国经济学家庇古最先提出的，之后欧美各国的环保政策开始从直接干预逐渐转向采用生态税、绿色环保税等方式来维护生态环境。

环境保护税是在中华人民共和国领域和中华人民共和国管辖的其他海域，对直接向环境排放应税污染物的企事业单位和其他生产经营者征收的一种税。征税的目的是保护和改善环境，减少污染物排放，推进生态文明建设。

2018 年 1 月 1 日《中华人民共和国环境保护税法》开始施行，这标志着中国有了首个以环境保护为目标的税种。按照规定征收环境保护税后，不再征收排污费。

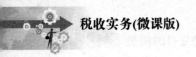

二、环境保护税的征税范围

环境保护税的征税对象是应税污染物，是指"环境保护税税目税额表"和"应税污染物和当量值表"规定的大气污染物、水污染物、固体废物和噪声四大类污染物。

大气污染物是指向环境排放影响大气环境质量的物质；水污染物是指向环境排放影响水环境质量的物质；固体废物是指在工业生产活动中产生的固体废物，以及在医疗、预防和保健等活动中产生的医疗废物，还有省、自治区、直辖市人民政府确定的其他固体废物；噪声是指在工业生产活动中产生的干扰周围生活环境的声音。

有下列情形之一的，不属于直接向环境排放污染物，不缴纳相应污染物的环境保护税。

(1) 企事业单位和其他生产经营者向依法设立的污水集中处理、生活垃圾集中处理场所排放应税污染物的。

(2) 企事业单位和其他生产经营者在符合国家和地方环境保护标准的设施、场所贮存或者处置固体废物的。

依法设立的城乡污水集中处理、生活垃圾集中处理场所超过国家和地方规定的排放标准向环境排放应税污染物的，应当缴纳环境保护税。

企事业单位和其他生产经营者贮存或者处置固体废物不符合国家和地方环境保护标准的，应当缴纳环境保护税。

三、环境保护税的纳税义务人

环境保护税的纳税义务人是在中华人民共和国领域和中华人民共和国管辖的其他海域，直接向环境排放应税污染物的企事业单位和其他生产经营者。

其他生产经营者是指个体工商户和其他组织。

达到省级人民政府确定的规模标准并且有污染物排放口的畜禽养殖场，应当依法缴纳环境保护税，但依法对畜禽养殖废弃物进行综合利用和无害化处理的除外。

四、环境保护税的税率

环境保护税实行定额税率，税目、税额依照"环境保护税税目税额表"执行，具体如表 9-5 所示。

表 9-5　环境保护税税目税额表

税　　目		计税单位	税额/元
大气污染物		每污染当量	1.2～12
水污染物		每污染当量	1.4～14
固体废物	煤矸石	每吨	5
	尾矿	每吨	15

税 目		计税单位	税额/元
固体废物	危险废物	每吨	1 000
	冶炼渣、粉煤灰、炉渣、其他固体废物(含半固态、液态废物)	每吨	25
噪声污染	工业噪声	超标1~3分贝	每月 350
		超标4~6分贝	每月 700
		超标7~9分贝	每月 1 400
		超标10~12分贝	每月 2 800
		超标13~15分贝	每月 5 600
		超标16分贝以上	每月 11 200

　　具体适用税额的确定和调整,由省、自治区、直辖市人民政府统筹考虑本地区环境承载能力、污染物排放现状和经济社会生态发展目标要求,在规定的税额幅度内提出,报同级人民代表大会常务委员会决定,并报全国人大常委会和国务院备案。应税污染物和当量值表(部分)如表9-6所示。

表9-6　应税污染物和当量值表(部分)

大气污染物污染当量值

污 染 物	污染当量值/千克
1.二氧化硫	0.95
2.氮氧化物	0.95
3.一氧化碳	16.7
4.氯气	0.34
5.氯化氢	10.75
6.氟化物	0.87
7.氰化氢	0.005
8.硫酸雾	0.6
9.铬酸雾	0.000 7
10.汞及其化合物	0.000 1

第一类水污染物污染当量值

污 染 物	污染当量值/千克
1.总汞	0.000 5
2.总镉	0.005
3.总铬	0.04
4.六价铬	0.02
5.总砷	0.02

续表

污 染 物	污染当量值/千克
6.总铅	0.025
7.总镍	0.025
8.苯并芘	0.000 000 3
9.总铍	0.01
10.总银	0.02

五、环境保护税的计税依据

应税污染物的计税依据，按照下列方法确定。

(一)应税大气污染物按照污染物排放量折合的污染当量数确定

应税大气污染物的污染当量数，以该污染物的排放量除以该污染物的污染当量值计算。每种应税大气污染物的具体污染当量值，依照所附"应税污染物和当量值表"执行。

每一排放口或者没有排放口的应税大气污染物，按照污染当量数从大到小排序，对前三项污染物征收环境保护税。

(二)应税水污染物按照污染物排放量折合的污染当量数确定

应税水污染物的污染当量数，以该污染物的排放量除以该污染物的污染当量值计算。每种应税水污染物的具体污染当量值，依照所附"应税污染物和当量值表"执行。

每一排放口的应税水污染物，按照所附"应税污染物和当量值表"，区分第一类水污染物和其他类水污染物，按照污染当量数从大到小排序，对第一类水污染物的前五项征收环境保护税，对其他类水污染物的前三项征收环境保护税。

(三)应税固体废物按照固体废物的排放量确定

(四)应税噪声按照超过国家规定标准的分贝数确定

省、自治区、直辖市人民政府根据本地区污染物减排的特殊需要，可以增加同一排放口征收环境保护税的应税污染物项目数，报同级人民代表大会常务委员会决定，并报全国人民代表大会常务委员会和国务院备案。

应税大气污染物、水污染物、固体废物的排放量和噪声的分贝数，按照下列方法和顺序计算。

(1) 纳税人安装使用符合国家规定和监测规范的污染物自动监测设备的，按照污染物自动监测数据计算。

(2) 纳税人未安装使用污染物自动监测设备的，按照监测机构出具的符合国家有关规定和监测规范的监测数据计算。

(3) 因排放污染物种类多等原因不具备监测条件的，按照国务院生态环境主管部门规定的排污系数、物料衡算方法计算。

(4) 不能按照第一项至第三项规定的方法计算的，按照省、自治区、直辖市人民政府生态环境主管部门规定的抽样测算的方法核定计算。

六、环境保护税应纳税额的计算

环境保护税应纳税额按照下列方法计算。

(一)应税大气污染物的应纳税额为污染当量数乘以具体适用税额

其计算公式为

$$应税大气污染物的应纳税额 = 污染当量数 \times 适用税额$$

【例9-16 计算题】某企业2021年10月向大气直接排放二氧化硫100千克、氟化物120千克、一氧化碳200千克、氯化氢60千克。假设当地大气污染物每污染当量税额为1.2元，该企业只有一个排放口。

请计算该企业当月应缴纳的环境保护税税款。

【答案】

(1) 计算各污染物的污染当量数。

二氧化硫污染当量数 = 100÷0.95 ≈ 105.26;

氟化物污染当量数 = 120÷0.87 ≈ 137.93;

一氧化碳污染当量数 = 200÷16.7 ≈ 11.98;

氯化氢污染当量数 = 60÷10.75 ≈ 5.58。

(2) 按污染当量数排序。

氟化物污染当量数(137.93) > 二氧化硫污染当量数(105.26) > 一氧化碳污染当量数(11.98) > 氯化氢污染当量数(5.58)。

该企业只有一个排放口，排序选取的计税前三项污染物为：氟化物、二氧化硫、一氧化碳。

(3) 计算应纳税额。

应纳税额 = (137.93 + 105.26 + 11.98) × 1.2 = 306.204(元)

(二)应税水污染物的应纳税额为污染当量数乘以具体适用税额

其计算公式为

$$应税水污染物的应纳税额 = 污染当量数 \times 适用税额$$

【例9-17 计算题】某化工厂仅有一个污水排放口且直接向河流排放污水，已安装使用符合国家规定和监测规范的污染物自动监测设备。监测数据显示，该排放口2021年8月共排放污水8万吨(折合8万立方米)，应税污染物为六价铬，浓度为六价铬0.5mg/L。(该厂所在省的水污染物税率为2.8元/污染当量，六价铬的污染当量值为0.02。)

请计算该化工厂8月份应缴纳的环境保护税税额。

【答案】

(1) 计算污染当量数。

六价铬污染当量数 = 排放总量 × 浓度值 ÷ 当量值

$$= 80\,000\,000 × 0.5 ÷ 1\,000\,000 ÷ 0.02 = 2\,000$$

(2) 计算应纳税额。

应纳税额 = 2\,000 × 2.8 = 5\,600(元)

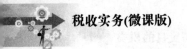
(三)应税固体废物的应纳税额为固体废物排放量乘以具体适用税额

其计算公式为

应税固体废物的应纳税额=(当期固体废物的产生量−当期固体废物的综合利用量−

当期固体废物的贮存量−当期固体废物的处置量)×适用税额

【例9-18 计算题】某企业2021年7月产生尾矿2 000吨，其中综合利用的尾矿为400吨(符合国家相关规定)，在符合国家和地方环境保护标准的设施贮存200吨。

请计算该企业7月份尾矿应缴纳的环境保护税税额。

【答案】

应纳税额=(2 000−400−200)×15=21 000(元)。

(四)应税噪声的应纳税额为超过国家规定标准的分贝数对应的具体适用税额

【例9-19 计算题】某工业企业只有一个生产场所，只在昼间生产，边界处声环境功能区类型为1类，生产时产生的噪声为63分贝，《工业企业厂界环境噪声排放标准》规定1类功能区昼间的噪声排放限值为55分贝。该企业当月超标天数为18日。

请计算该企业当月噪声污染应缴纳的环境保护税税额。

【答案】

超标分贝=63−55=8(分贝)。

根据"环境保护税税目税额表"，可得出该企业当月噪声污染应缴纳的环境保护税税额为1 400元。

七、环境保护税的税收优惠

(一)暂免征税项目

有下列情形的，暂予免征环境保护税。

(1) 农业生产(不包括规模化养殖)排放应税污染物的。

(2) 机动车、铁路机车、非道路移动机械、船舶和航空器等流动污染源排放应税污染物的。

(3) 依法设立的城乡污水集中处理、生活垃圾集中处理场所排放相应应税污染物，不超过国家和地方规定的排放标准的。

(4) 纳税人综合利用的固体废物，符合国家和地方环境保护标准的。

(5) 国务院批准免税的其他情形。

(二)减征项目

(1) 纳税人排放应税大气污染物或者水污染物的浓度值低于国家和地方规定的污染物排放标准30%的，减按75%征收环境保护税。

(2) 纳税人排放应税大气污染物或者水污染物的浓度值低于国家和地方规定的污染物排放标准50%的，减按50%征收环境保护税。

八、环境保护税的征收管理

(一)纳税地点

纳税人应当向应税污染物排放地的税务机关申报缴纳环境保护税。

应税污染物排放地是指应税大气污染物、水污染物排放口所在地,应税固体废物产生地和应税噪声产生地。

(二)纳税义务发生时间

纳税义务发生时间为纳税人排放应税污染物的当日。

(三)纳税期限

环境保护税按月计算、按季申报缴纳。不能按固定期限计算缴纳的,可以按次申报缴纳。

纳税人按季申报缴纳的,应当自季度终了之日起 15 日内,向税务机关办理纳税申报并缴纳税款。

纳税人按次申报缴纳的,应当自纳税义务发生之日起 15 日内,向税务机关办理纳税申报并缴纳税款。

(四)征管方式

生态环境主管部门和税务机关应当建立涉税信息共享平台和工作配合机制。

生态环境主管部门应当将排污单位的排污许可、污染物排放数据、环境违法和受行政处罚情况等环境保护相关信息,定期交送税务机关。

税务机关应当将纳税人的纳税申报、税款入库、减免税额、欠缴税款以及风险疑点等环境保护税涉税信息,定期交送生态环境主管部门。

注意:直接向环境排放应税污染物的企事业单位和其他生产经营者,除依照规定缴纳环境保护税外,应当对所造成的损害依法承担责任。

本章学习中涉及的专业术语的含义如下。

(1) 污染当量是指根据污染物或者污染排放活动对环境的有害程度以及处理的技术经济性,衡量不同污染物对环境污染的综合性指标或者计量单位。同一介质相同污染当量的不同污染物,其污染程度基本相当。

(2) 排污系数是指在正常技术经济和管理条件下,生产单位产品所应排放的污染物量的统计平均值。

(3) 物料衡算是指根据物质质量守恒原理对生产过程中使用的原料、生产的产品和产生的废物等进行测算的一种方法。

本章小结

本章全面介绍了城市维护建设税、车辆购置税、耕地占用税、烟叶税、船舶吨税和环境保护税的理论、税制要素和计算方法。

城市维护建设税、教育费附加是国家对缴纳增值税、消费税的单位和个人就其实际缴纳的增值税、消费税税额为计税依据而征收的一种税,具有附加税的性质,税款专门用于特定

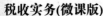
领域。城市维护建设税按纳税人所在地的不同，设置了地区差别比例税率，计税依据为纳税人实际缴纳的"两税"税额，滞纳金和罚款不作为计税依据。城市维护建设税和教育费附加随"两税"的减免而减免，进口不征，出口不退。

车辆购置税是对中华人民共和国境内购置应税车辆的单位和个人征收的一种税。应税车辆是指购置汽车、有轨电车、汽车挂车、排气量超过150毫升的摩托车。车辆购置税在消费领域的特定环节(购置)征收，实行一次课征制，实行统一比例税率(10%)。计税依据是应税车辆的计税价格，实行从价定率、价外征收的方法计算应纳税额。实行一车一申报制度。

耕地占用税是在中华人民共和国境内占用耕地建设建筑物、构筑物或者从事非农业建设，按照规定税额一次性征收的一种税。征税范围包括纳税人为建设建筑物、构筑物或者从事非农业建设而占用的国家所有和集体所有的耕地。耕地占用税以纳税人实际占用的耕地面积为计税依据，在税率设计上采用了地区差别税率，应纳税额为纳税人实际占用的耕地面积(平方米)乘以适用税额。

烟叶税是对在中华人民共和国境内，对依照《中华人民共和国烟草专卖法》的规定收购烟叶的单位征收的一种税。征税范围包括烤烟叶、晾晒烟叶。实行单一比例税率，税率为20%。烟叶税的计税依据为纳税人收购烟叶实际支付的价款总额，包括收购价款和价外补贴，应纳税额按照纳税人收购烟叶实际支付的价款总额乘以税率计算。

船舶吨税是对中华人民共和国境外港口进入境内港口的船舶征收的一种税，简称吨税，设置优惠税率和普通税率。吨税按照船舶净吨位和吨税执照期限征收，应纳税额按照船舶净吨位乘以适用税率计算。

环境保护税是在中华人民共和国领域和中华人民共和国管辖的其他海域，对直接向环境排放应税污染物的企事业单位和其他生产经营者征收的一种税。征税对象是应税污染物，是指"环境保护税税目税额表"和"应税污染物和当量值表"规定的大气污染物、水污染物、固体废物和噪声四大类污染物。环境保护税实行定额税率，税目、税额依照"环境保护税税目税额表"执行。计税依据为：大气和水污染物当量；固体废物的排放量；应税噪声为超过国家规定标准的分贝数。

📽 案例链接

东莞市鼎欣家具有限公司违法排放大气污染物生态环境损害赔偿案

2021年11月1日，市生态环境局前往东莞市鼎欣家具有限公司进行日常巡查时，发现该公司从事木制家具制造，未办理环保手续，三楼喷漆车间的喷漆工序配有两套废气处理设施，生产过程中产生的废气通过收集管道连接到楼顶的前置引风机，再经废气收集管道连接至配套的废气处理设施(水喷淋池+UV光解+活性炭吸附)，最后由末端后置引风机引出排放。现场检查时喷漆工序正在生产，两套废气处理设施在废气收集管道上的前置引风机均正在运转，但两套废气处理设施中的水喷淋池、活性炭吸附箱门均呈敞开状，同时，末端的后置引风机均未开启，喷漆工序生产过程中产生的废气未经处理，通过敞口或打开箱门对外排放。

为了解东莞市鼎欣家具有限公司违法排放大气污染物的情况以及造成的环境损害程度

和范围,对环境损害进行量化评估,市生态环境局和厚街镇政府委托生态环境部华南环境科学研究所(以下简称"华南所"),开展环境损害鉴定评估工作。华南所于 2021 年 12 月编制形成了《东莞市鼎欣家具有限公司污染环境案环境损害鉴定评估专家咨询意见》。鼎欣家具有限公司违法排放大气污染物案件中,生态环境损害费用 4 224.48 元,东莞市鼎欣家具有限公司已于磋商协议签订之日起 10 个工作日内向东莞市国库缴纳。

在行政处罚案件中,缴纳罚款作为惩罚性手段,往往并没有让企业深刻意识到其违法行为对生态环境的实质伤害。生态环境损害赔偿的开展,把赔偿义务人对生态环境的损害具体量化,让赔偿义务人全面体会环境违法行为对生态环境的具体损害,促使赔偿义务人自发地保护生态环境,增强其守法意识。

思考与讨论:

(1) 东莞市鼎欣家具有限公司是否应该缴纳环境保护税?

(2) 东莞市鼎欣家具有限公司应如何缴纳环境保护税?

(3) 行政处罚与税收的区别是什么?如何在实务中发挥作用?

(4) 如何提升企业的社会价值?

 # 同步测试题

一、单项选择题

1. 2021 年 6 月,甲公司销售产品实际缴纳增值税 100 万元、实际缴纳消费税 80 万元;进口产品实际缴纳增值税 20 万元,已知城市维护建设税税率为 7%,则甲公司当月应缴纳城市维护建设税税额的下列计算列式中,正确的是(   )。

A. (100+80+20)×7%=14(万元)　　　B. (100+20)×7%=8.4(万元)

C. (100+80)×7%=12.6(万元)　　　D. 80×7%=5.6(万元)

2. 以下各个项目中,可以作为计算城市维护建设税及教育费附加的依据的是(   )。

A. 补缴的消费税税款　　　B. 因漏缴增值税而缴纳的滞纳金

C. 因漏缴增值税而缴纳的罚款　　　D. 进口货物缴纳的增值税税款

3. 纳税人购买自用应税车辆的,应当自购买之日起(   )日内申报缴纳车辆购置税。

A. 30　　　　B. 45　　　　C. 60　　　　D. 90

4. 张某从某 4S 店(一般纳税人)购买轿车一辆供自己使用,支付含增值税的价款 120 000 元,另支付购置工件和零配件价款 2 000 元、车辆装饰费 6 000 元,4S 店还收取加急费等 6 000 元,并统一开具普通发票,政府另外收取控购费 2 000 元,则张某应纳车辆购置税税额为(   )元。

A. 11 858.41　　　B. 10 256.41　　　C. 10 940.17　　　D. 11 623.93

5. 根据耕地占用税的有关规定,下列说法中,不正确的是(   )。

A. 医院内职工住房占用耕地的,按照当地适用税率缴纳耕地占用税

B. 占用林地、牧草地、农田水利用地、养殖水面以及渔业水域滩涂等其他农用地建房或者从事非农业建设的,征收耕地占用税

C. 农村居民经批准在户口所在地按照规定占用耕地建设自用住宅,免征耕地占用税

D. 按规定免征或者减征耕地占用税后，纳税人改变原占地用途，不再属于免征或者减征耕地占用税的情形的，应补缴耕地占用税

6. 烟叶税实行单一比例税率，税率为( )。

    A. 5%   B. 10%   C. 15%   D. 20%

7. 应税船舶负责人应当自海关填发吨税缴款凭证之日起( )日内缴清税款。

    A. 15   B. 30   C. 10   D. 45

8. 环境保护税纳税人按季申报缴纳的，应当自季度终了之日起( )日内，向税务机关办理纳税申报并缴纳税款。

    A. 10   B. 15   C. 20   D. 30

9. 纳税人排放应税大气污染物或者水污染物的浓度值低于国家和地方规定的污染物排放标准( )的，减按75%征收环境保护税。

    A. 15%   B. 20%   C. 25%   D. 30%

10. 某养殖场2021年8月养牛存栏量为1 000头，污染当量值为0.1头，假设当地水污染物适用税额为每污染当量2.8元，则该厂当月应纳环境保护税税额为( )元。

    A. 0   B. 280   C. 2 800   D. 28 000

二、多项选择题

1. 城市维护建设税的计税依据包括( )。

    A. 纳税人实际缴纳的增值税和消费税税额

    B. 纳税人被查补的增值税和消费税税额

    C. 纳税人违反增值税和消费税的有关规定而加收的滞纳金

    D. 纳税人违反增值税和消费税的有关规定而加收的罚款

2. 城市维护建设税适用的税率有( )。

    A. 1%   B. 3%   C. 5%   D. 7%

3. 城市维护建设税在全国范围内征收，包括( )。

    A. 城市   B. 县城   C. 建制镇   D. 农村

4. 下列需要代收代缴、代扣代缴城市维护建设税的有( )。

    A. 受托方代收消费税的   B. 海关代征进口增值税和消费税的

    C. 收购未税矿产品的   D. 境外的单位转让无形资产给境内企业的

5. 根据现行规定，下列关于教育费附加的说法中正确的有( )。

    A. 海关对进口产品代征消费税的，不代征教育费附加

    B. 对于减免增值税、消费税而发生退税的，可以同时退还已征收的教育费附加

    C. 出口产品退还增值税、消费税的，同时退还已经征收的教育费附加

    D. 流动经营无固定纳税地点的单位和个人，不缴纳教育费附加

6. 车辆购置税的征收范围包括( )。

    A. 汽车   B. 摩托车

    C. 电车   D. 农用运输车

7. 纳税人进口自用的应纳车辆购置税车辆的计税价格中包含( )。

    A. 增值税   B. 消费税   C. 关税完税价格   D. 关税

8. 耕地占用税的纳税人包括( )。

A. 国有企业　　　　B. 股份制企业　　　C. 外商投资企业　　　　D. 社会团体

9. 企业的排放物当中包含下列物质,应当缴纳环境保护税的包括(　　)。

A. 一般性粉尘　　　B. 一氧化碳　　　C. 二氧化碳　　　　D. 烟尘

10. 根据环境保护税法的规定,环境保护税的征税对象包括(　　)。

A. 大气污染物　　　B. 水污染物　　　C. 固体废物　　　　D. 噪声

三、判断题

1. 只要是缴纳增值税、消费税的企业,除税法另有规定外,都属于城市维护建设税的纳税人。　　　　　　　　　　　　　　　　　　　　　　　　　　　　　(　　)

2. 海关对进口产品代征的增值税、消费税,也征收城市维护建设税。　　(　　)

3. 城市维护建设税的纳税人不包括外商投资企业和外国企业。　　　　(　　)

4. 由受托方代征代扣增值税和消费税的单位和个人,其代征代扣的城市维护建设税按受托方所在地适用税率。　　　　　　　　　　　　　　　　　　　　　　(　　)

5. 纳税人自产、受赠、获奖或者以其他方式取得并自用的车辆不属于车辆购置税的征税范围。　　　　　　　　　　　　　　　　　　　　　　　　　　　　　　(　　)

6. 购置已征车辆购置税的车辆,不再征收车辆购置税。　　　　　　　(　　)

7. 耕地占用税只在占用耕地建房或从事其他非农业建设行为时一次性征收,以后不再征纳。　　　　　　　　　　　　　　　　　　　　　　　　　　　　　　(　　)

8. 烟叶税的纳税人具有特定性,一般是有权收购烟叶的烟草公司或者受其委托收购烟叶的单位。　　　　　　　　　　　　　　　　　　　　　　　　　　　　　(　　)

9. 自境外以购买、受赠、继承等方式取得船舶所有权的初次进口到港的空载船舶免征船舶吨税。　　　　　　　　　　　　　　　　　　　　　　　　　　　　　(　　)

10. 二氧化碳与甲烷是温室气体,企业排放这两种气体中的任意一种都应缴纳环境保护税。　　　　　　　　　　　　　　　　　　　　　　　　　　　　　　(　　)

四、计算题

1. 某地处上海市区的国有大型企业,2021 年 4 月实际缴纳增值税 20 万元、消费税 10 万元,另向税务机关缴纳增值税滞纳金和罚金共计 0.3 万元。

请计算该国有大型企业 2021 年 4 月应缴纳的城市维护建设税。

2. 市区某玩具厂为一般纳税人,某月份缴纳增值税 600 万元,补缴上月漏缴增值税 100 万元,本月又出租一厂房收取租金 400 万元。

请计算该玩具厂本月应缴纳和补缴的城市维护建设税税额。

3. 某公司 2021 年 6 月 8 日在一家汽车经销公司购买了一辆小汽车,支付了含增值税的汽车价款 210 600 元、手续费等价外费用 5 000 元、随车工具件和零配件 6 000 元、车辆装饰费 4 400 元。车辆购置税的适用税率为 10%。

请计算该公司应缴纳的车辆购置税税额。

4. 2021 年 7 月,某禽畜养殖公司的肉鸡存栏量为 30 000 羽。假设该公司没有其他排放应税污染物的行为。

请计算该公司当月应税污染物的污染当量数,以及应税污染物应缴纳的环境保护税税额。

5. 2021年2月，甲国某公司一艘货轮驶入我国某港口，该货轮净吨位为6 000吨，货轮负责人已向我国该海关领取了吨税执照，在港口停留期限为90日(吨税执照期限为90日，普通税率为每净吨位8.0元，优惠税率为每净吨位5.8元)，该国没有与我国签订相互给予船舶税费最惠国待遇条款的协定。

请计算该货轮负责人应向我国海关缴纳的船舶吨税税额。

拓展阅读

【拓展阅读9-1】

城市维护建设税的发展历史

1985年2月8日，国务院印发了《中华人民共和国城市维护建设税暂行条例》(国发〔1985〕19号)，城市维护建设税转眼也有30多年的历史了。

2010年12月1日起，统一内外资企业的城市维护建设税。

2011年1月8日，根据《国务院关于废止和修改部分行政法规的决定》(国务院令第588号)修改过一次，且修改幅度小，就是将条文中的"产品税"修改为"消费税"。

2020年8月11日，第十三届全国人大常委会第二十一次会议通过了《中华人民共和国城市维护建设税法》。该法自2021年9月1日起施行。

【拓展阅读9-2】

车辆购置税的发展历史

车辆购置税是对在境内购置规定车辆的单位和个人征收的一种税，其前身为车辆购置附加费。车辆购置附加费的征收是国家向购车单位和个人在购车时征收用于公路建设的专用资金。为了加快公路建设，扭转交通运输紧张状况，使公路建设有长期稳定的资金来源，国家规定对所有购置车辆的单位和个人(包括国家机关和军队)一律征收车辆购置附加费。这一费用最初由交通管理部门进行征收，2000年10月22日，国务院颁布了《中华人民共和国车辆购置税暂行条例》，规定从2001年1月1日起开始向有关车辆征收车辆购置税，原有的车辆购置附加费取消。至此，由交通管理部门1985年开始征收15年的车辆购置附加费被国税部门的车辆购置税所取代，随之又经历了4年由交通部门代征的历程，于2005年1月1日起移交国税部门征收管理。

按照国家有关征税收费文件规定，国产车辆(含自主品牌和合资品牌)按售价(指开票价)的10%征收；进口车辆，以车辆到岸价加海关相关费用的组合价的10%征收。但是受汽车行业市场变化及国家对汽车产业宏观调控的影响，车辆购置税自实施以来税率并不是始终固定在10%的税率。2015年9月30日，国务院财政部联合国家税务总局发布了编号为财税〔2015〕104号的文件，规定自2015年10月1日起至2016年12月31日止，对购置1.6升及以下排量的乘用车减按5%的税率征收车辆购置税。2017年12月15日，国务院财政部联合国家税务总局又发布了编号为财税〔2016〕136号的文件，规定自2017年1月1日起至12月31日止，对购置1.6升及以下排量的乘用车减按7.5%的税率征收车辆购置税。自2018年1月1日起，恢复按10%的法定税率征收车辆购置税。

《中华人民共和国车辆购置税法》由中华人民共和国第十三届全国人大常务委员会第七次会议于 2018 年 12 月 29 日通过，自 2019 年 7 月 1 日起施行。2000 年 10 月 22 日国务院公布的《中华人民共和国车辆购置税暂行条例》同时废止。

【拓展阅读 9-3】

耕地占用税的发展历史

耕地占用税自 20 世纪 80 年代开征至今已有 30 多年的历史。

1987 年 4 月，国务院发布了《中华人民共和国耕地占用税暂行条例》，对占用耕地建房或者从事非农业建设的单位和个人征收耕地占用税，其设立目的在于促进合理利用土地资源，加强土地管理，保护耕地。

2007 年 12 月，国务院公布了新的《中华人民共和国耕地占用税暂行条例》，调整了税额标准，统一了内外资企业税收负担，规范了征收管理制度，对促进合理利用土地资源、加大耕地保护力度发挥了重要作用。

2018 年 12 月 29 日，全国人民代表大会常务委员会通过《中华人民共和国耕地占用税法》，自 2019 年 9 月 1 日起实施。

【拓展阅读 9-4】

烟叶税的发展历史

中国烟草税收始于明末，经历了寓禁于征的明清；各自为政、形同虚设的北洋政府的烟酒税制，颁布《全国烟酒暂行章程》；国民政府试图建立国家调控的税制，公布《烟酒公卖暂行条例》；为了摆脱困境，抗战时期不断调整烟叶税收制度，公布《国产烟酒类税暂行条例》。

中华人民共和国成立初期，通过整理旧税、建立新税进行税制调整。1950 年 1 月，政务院(国务院)颁发《货物税暂行条例》，对土烟叶和熏烟叶均征收货物税。

国家为了适应社会主义计划经济发展的需要，简化了税制。

1958 年我国颁布实施《中华人民共和国农业税条例》(以下简称《农业税条例》)。1958 年 9 月，国务院公布《工商统一税条例(草案)》后，对熏烟叶，土烟叶均征收工商统一税。

1983 年，国务院以《农业税条例》为依据，选择特定农业产品征收农业特产农业税。当时农业特产农业税征收范围不包括烟叶，对烟叶另外征收产品税和工商统一税。1984 年，实行第二步"利改税"后，财政部颁布《产品税(草案)》内设烟叶税目。

1994 年我国进行了财政体制和税制改革，国务院决定取消原产品税和工商统一税，将原农业特产农业税与原产品税和工商统一税中的农林牧水产品税目合并，改为统一征收农业特产农业税，并于同年 1 月 30 日发布《国务院关于对农业特产收入征收农业税的规定》(国务院令 143 号)，其中规定对烟叶在收购环节征税，税率为 31%。

1999 年，将烟叶特产农业税的税率下调为 20%。

2004 年 6 月规定从 2004 年起，除对烟叶暂保留征收农业特产农业税外，取消对其他农业特产品征收的农业特产农业税。

2005 年 12 月 29 日，第十届全国人民代表大会常务委员会第十九次会议决定《农业税条例》自 2006 年 1 月 1 日起废止。至此，对烟叶征收农业特产农业税失去了法律依据。

2006 年 4 月 28 日,国务院公布了《中华人民共和国烟叶税暂行条例》,并自公布之日起施行,于 2018 年 7 月 1 日废止。

2017 年 12 月 27 日,第十二届全国人民代表大会常务委员会第三十一次会议通过《中华人民共和国烟叶税法》,自 2018 年 7 月 1 日起施行。

【拓展阅读9-5】

船舶吨税的发展历史

船舶吨税是根据船舶运载量课征的一个税种,源于明朝以后关税的"船科",中英鸦片战争后,海关对出入中国口岸的商船按船舶吨位计征税款,故称船舶吨税,在中外合约中又名"船钞"。

1950 年中央人民政府规定,海关为航务局代征吨税,船钞之名又改为吨税。

1951 年 1 月 1 日起,海关原征收船钞的本国籍船舶,一律由税务机关改征车船使用牌照税;外国籍船舶和外商租用的中国籍船舶,除规定免税的以外,均由海关代征吨税。

1951 年 10 月 10 日后,海关代征的外国籍船舶吨税改在关税项下列备船舶吨税上缴中央金库,以前所有缴入地方金库的外国籍船舶吨税亦从地方金库车船使用牌照税账内一次转入关税账内,作为中央财政收入的一部分。

1952 年 9 月 29 日开始施行海关总署公布的《中华人民共和国海关船舶吨税暂行办法》(1954 年 11 月该办法部分条文做了修改)。

自 1985 年 10 月 1 日起,海口海关代征的船舶吨税不再入中央金库,归交通部管理,专款专用。

1991 年交通部对税率表进行了修订,1994 年 2 月 25 日交财发〔1994〕206 号文再次对税率表进行了修订。

自 2012 年 1 月 1 日起施行《中华人民共和国船舶吨税暂行条例》,根据该条例,1952 年 9 月 29 日海关总署发布的《中华人民共和国海关船舶吨税暂行办法》同时废止。

2018 年 7 月 1 日起,《中华人民共和国船舶吨税法》立法并开始正式实施。

【拓展阅读9-6】

环境保护税的发展历史

环境税也称生态税、绿色税,是把环境污染和生态破坏的社会成本,内化到生产成本和市场价格中去,再通过市场机制来分配环境资源的一种经济手段。环境税主要有废气和大气污染税,废水和水污染税,固定废物税,噪音污染和噪音税,还有生态破坏税。

环境税的概念由来已久,早在 20 世纪 20 年代就已出现。英国现代经济学家、福利经济学的创始人庇古在其 1920 年出版的著作《福利经济学》中,最早开始系统地研究环境与税收的理论问题。

按照庇古的观点,导致市场配置资源失效的原因是经济主体的私人成本与社会成本不一致,从而私人的最优导致社会的非最优。这两种成本之间存在的差异可能非常大,靠市场本身是无法解决的,只能由政府通过征税或者补贴来矫正经济当事人的私人成本。如今环境的破坏就是我们面临的最大成本。因此,为了降低污染对环境的破坏,增加对高污染行为的税收,改变其成本收益比,迫使高污染企业重新评估本企业的资源配置效率;同时环境税也对其他企业的经济决策和行为选择产生了影响。

从国外环境税的具体应用来看，大体经历了三个阶段。

(1) 20世纪70年代到80年代初。这个时期环境税主要体现为补偿成本的收费，其产生主要是基于"污染者负担"的原则，要求排污者承担监控排污行为的成本，种类主要包括用户费、特定用途收费等，尚不属典型的环境税，只能说是环境税的雏形。

(2) 20世纪80年代至90年代中期。这个时期的环境税种类日益增多，如排污税、产品税、能源税、二氧化碳税和二氧化硫税等纷纷出现，功能上综合考虑了引导和财政功能。

(3) 20世纪90年代中期至今。这个时期是环境税迅速发展的时期，为了实施可持续发展战略，各国纷纷推行利于环保的财政、税收政策，许多国家还进行了综合的环境税制改革。

荷兰是征收环境保护税较早的国家，为环境保护设计的税收主要包括燃料税、噪音税、水污染税等，其税收政策已为不少发达国家借鉴。

我国在环境保护方面的措施主要是对排污费的征收，1979年颁布的《中华人民共和国环境保护法(试行)》确立了排污费制度，现行环境保护法延续了这一制度。

1982年，我国发布《征收排污费暂行办法》，排污收费制度正式建立。

2003年，国务院公布的《排污费征收使用管理条例》对排污费征收、使用、管理做了规定。针对影响环境的重点污染源，我国选择对大气污染、水污染、固体废物、噪声四类污染情况开征排污费。

2008年，由财政部税政司、国税总局地方税司和国家环保总局政策法规司三部门联合进行的环境税研究制定工作正式启动。

2014年，国家根据环境治理新情况、新要求，进一步调整了排污费征收标准，在原有标准基础上，总体向上调整一倍，并允许污染重点防治区和经济发达地区适当上调征收标准。

2016年12月25日，《中华人民共和国环境保护税法》通过全国人民代表大会审议，现行排污费更改为环境税，于2018年1月1日起施行。

 微课资源

扫一扫，获取本章相关微课视频。

9 特定目的税类——
思政案例分析

第三篇 税收征收管理与工业企业综合纳税实务

第十章 税收征收管理

【教学目的与要求】

- 了解《中华人民共和国税收征管法》(以下简称《税收征管法》)的适用范围、遵守主体及其权利义务的设定。
- 了解税务检查的职责、违反税务管理的法律责任。
- 了解纳税评估方法和纳税担保。
- 理解税款征收的方式及具体制度。
- 掌握税务登记管理、账簿凭证管理、纳税申报管理和税务检查的形式和方法。

第一节 税收征收管理法概述

税收征收管理法是指调整税收与征收管理过程中所发生的社会关系的法律规范的总称，包括税收征收管理法及税收征收管理的有关法律、法规和规章。

《税收征管法》是我国第一部以法律形式对国内税收和涉外税收做出统一规定的税收征收管理法，属于我国税收法律体系中的程序法。

一、税收征收管理法的立法目的

《税收征管法》第一条规定："为了加强税收征收管理，规范税收征收和缴纳行为，保障国家税收收入，保护纳税人的合法权益，促进经济和社会发展，制定本法。"此条规定对《税收征管法》的立法目的做了高度概括。

(一)加强税收征收管理

税收征收管理是国家征税机关依据国家税收法律、行政法规的规定，按照统一的标准，通过一定的程序，对纳税人应纳税额组织入库的一种行政活动，是国家将税收政策贯彻实施到每个纳税人，有效地组织税收收入及时、足额入库的一系列活动的总称。税收征管工作的好坏直接关系到税收职能作用能否很好地发挥。《税收征管法》立法的首要目的是加强税收征收管理。

(二)规范税收征收和缴纳行为

《税收征管法》既要为税务机关、税务人员依法行政提供标准和规范，税务机关、税务人员必须依照该法的规定进行税收征收，其一切行为都要依法进行，违者要承担法律责任；同时也要为纳税人缴纳税款提供标准和规范，纳税人只有按照法律规定的程序和办法缴纳税款，才能更好地保障自身的合法权益。因此，在该法中加入"规范税收征收和缴纳行为"的目的，是对依法治国、依法治税思想的深刻理解和运用，为《税收征管法》其他条款的修订指明了方向。

(三)保障国家税收收入

税收收入是国家财政的主要来源，组织税收收入是税收的基本职能之一。《税收征管法》是税收征收管理的标准和规范，其基本目的是保证税收收入及时、足额入库。

(四)保护纳税人的合法权益

税收征收管理作为国家的行政行为，一方面要维护国家的利益，另一方面要保护纳税人的合法权益不受侵犯。纳税人除按照国家税收法律、行政法规的规定缴纳税款，除此之外的任何其他款项，都是对纳税人合法权益的侵害。

(五)促进经济发展和社会进步

税收是国家宏观调控的重要杠杆，《税收征管法》是市场经济的重要法律规范，这就要求税收征收管理的措施(如税务登记、纳税申报、税款征收、税收检查以及税收政策等)要以促进经济发展和社会进步为目标，方便纳税人，保护纳税人。因此，在该法中加入了"促进经济和社会发展"的目的，表明了税收征收管理的历史使命和前进方向。

二、税收征收管理法的适用范围

《税收征管法》第二条规定："凡依法由税务机关征收的各种税收的征收管理，均适用本法。"这就明确界定了《税收征管法》的适用范围。

我国税收的征收机关有税务和海关部门，税务机关征收各种工商税收，海关征收关税。《税收征管法》只适用于由税务机关征收的各种税收的征收管理。海关征收的关税及代征的增值税、消费税，适用《中华人民共和国海关法》和《中华人民共和国进出口关税条例》等有关规定。

需要注意的是，目前还有一部分费由税务机关征收，如教育费附加。这些费不适用《税收征管法》，不能采取《税收征管法》规定的措施，其具体管理办法由各种费的条例和规章决定。

【例 10-1 多选题】下列各项中，不适用《税收征管法》的有(　　　)。

A. 关税　　　　　B. 消费税　　　　　C. 车辆购置税　　　　　D. 教育费附加

【答案】AD

【答案解析】关税由海关征税；教育费附加由税务机关征收，但不适用《税收征管法》，其具体管理办法由各种费的条例和规章决定。

三、税收征收管理法的主体

(一)税务行政主体——税务机关

《税收征管法》第五条规定："国务院税务主管部门主管全国税收征收管理工作。各地国家税务局和地方税务局应当按照国务院规定的税收征收管理范围分别进行征收管理。"

《税收征管法》和《中华人民共和国税收征管法实施细则》(以下简称《税收征管法实施细则》)规定："税务机关是指各级税务局、税务分局、税务所和省以下税务局的稽查局。稽查局专司偷税、逃避追缴欠税、骗税、抗税案件的查处。"

(二)税务行政管理相对人——纳税人、扣缴义务人和其他有关单位

《税收征管法》第四条规定："法律、行政法规规定负有纳税义务的单位和个人为纳税人。法律、行政法规规定负有代扣代缴、代收代缴税款义务的单位和个人为扣缴义务人。纳税人、扣缴义务人必须依照法律、行政法规的规定缴纳税款、代扣代缴、代收代缴税款。"

第六条第二款规定："纳税人、扣缴义务人和其他有关单位应当按照国家有关规定如实向税务机关提供与纳税和代扣代缴、代收代缴税款有关的信息。"根据上述规定，纳税人、扣缴义务人和其他有关单位是税务行政管理的相对人，是《税收征管法》的遵守主体，必须按照《税收征管法》的有关规定接受税务管理，享受合法权益。

(三)有关单位和部门

《税收征管法》第五条规定："地方各级人民政府应当依法加强对本行政区域内税收管理工作的领导或者协调，支持税务机关依法执行职务，依照法定税率计算税额，依法征收税款。各有关部门和单位应当支持协助税务机关依法执行职务。"这说明包括地方各级人民政府在内的有关单位和部门同样是《税收征管法》的遵守主体，必须遵守《税收征管法》的有关规定。

第二节 税 务 管 理

税务管理是税收征收管理的重要内容，是税款征收的前提和基础。税务管理主要包括税务登记管理、账簿和凭证管理、发票管理和纳税申报管理等。

一、税务登记管理

税务登记又称纳税登记，是税务机关对纳税人的设立、变更、歇业以及生产、经营活动进行登记并据此对纳税人实施税务管理的一种法定制度，是税务管理的首要环节和基础工作。它是征、纳双方法律关系成立的依据和证明，说明纳税人已经纳入税务机关监督管理；也是纳税人必须依法履行的义务。

根据《税收征管法》和国家税务总局印发的《税务登记管理办法》，我国税务登记制度大体包括以下内容。

(一)设立税务登记

1. 设立税务登记的对象

根据有关规定,设立税务登记的纳税人分为以下三类。

(1) 领取营业执照从事生产、经营的纳税人。①企业,即从事生产经营的单位或组织,包括国有、集体、私营企业,中外合资合作企业、外商独资企业,以及各种联营、联合、股份制企业等。②企业在外地设立的分支机构和从事生产、经营的场所。③个体工商户。④从事生产、经营的事业单位。

(2) 非从事生产经营但依照规定负有纳税义务的其他纳税人。即前款规定以外的纳税人,除国家机关、个人和无固定生产、经营场所的流动性农村小商贩外,也应当按规定办理税务登记。

(3) 负有扣缴税款义务的扣缴义务人(国家机关除外)。

2. 设立税务登记的时间和地点

(1) 从事生产、经营的纳税人,应当自领取营业执照之日起 30 日内,向生产、经营地或者纳税义务发生地的主管税务机关申报办理税务登记,税务机关发放税务登记证件及副本。

(2) 上述以外的其他纳税人,除国家机关、个人和无固定生产、经营场所的流动性农村小商贩外,应当自纳税义务发生之日起 30 日内,向纳税义务发生地税务机关申报办理税务登记,税务机关发放税务登记证件及副本。

需要注意的是,个人所得税的纳税人办理税务登记的办法由国务院另行规定。

(3) 扣缴义务人应当自扣缴义务发生之日起 30 日内,向所在地的主管税务机关申报办理扣缴税款登记,领取扣缴税款登记证件;税务机关对已办理税务登记的扣缴义务人,可以只在其税务登记证件上登记扣缴税款事项,不再发给扣缴税款登记证件。

3. 设立税务登记的内容

(1) 单位名称、法定代表人或业主姓名及其居民身份证、护照或者其他证明身份的合法证件。

(2) 住所、经营地点。

(3) 登记注册类型及所属主管单位。

(4) 核算方式。

(5) 生产经营方式。

(6) 生产经营范围。

(7) 注册资金(资本)、投资总额。

(8) 生产经营期。

(9) 财务负责人、办税人员联系电话。

(10) 国家税务总局确定的其他有关事项。

4. 设立税务登记的程序

(1) 税务登记的申请。办理税务登记是为了建立正常的征纳秩序,是纳税人履行纳税义务的第一步。为此,纳税人必须严格按照规定的期限,向当地主管税务机关及时申报办理税务登记手续，实事求是地填报登记项目，并如实回答税务机关提出的相关问题。

纳税人所属的本县(市)以外的非独立经济核算的分支机构，除由总机构申报办理税务登记外，还应当自设立之日起 30 日内，向分支机构所在地税务机关申报办理注册税务登记。在申报办理税务登记时，纳税人应认真填写税务登记表(包括内资企业税务登记表、分支机构税务登记表、个体经营税务登记表、涉外企业税务登记表、其他单位税务登记表等)。

(2) 纳税人办理税务登记时应提供的证件、资料。①营业执照或其他核准执业证件及工商登记表，或其他核准执业登记表复印件。②有关合同、章程、协议书。③法定代表人(负责人)或业主居民身份证、护照或者其他证明身份的合法证件。④组织机构统一代码证书。

需要注意的是，根据 2014 年国家税务总局《关于创新税收服务和管理的意见》，纳税人申请办理税务登记时，税务机关应根据申请人情况不再统一要求纳税人提供注册地址及生产、经营地址等场地的证明材料和验资报告，可不进行实地核查。

(3) 税务登记表的受理、审核。纳税人提交的证件和资料齐全，且税务登记表的填写内容符合规定的，税务机关应当日办理并发放税务登记证件。纳税人提交的证件和资料不齐全或税务登记表的填写内容不符合规定的，税务机关应该当场通知其补正或重新填报。

(4) 税务登记证的核发。根据《税收征管法》第十五条第一款规定："企业在外地设立的分支机构和从事生产、经营的场所，个体工商户和从事生产、经营的事业单位(以下统称从事生产、经营的纳税人)自领取营业执照之日起 30 日内，持有关证件，向税务机关申报办理税务登记。税务机关应当于收到申报的当日办理登记并发给税务登记证件。"

税务登记证件的主要内容包括：纳税人名称、税务登记代码、法定代表人或负责人、生产经营地址、登记类型、核算方式、生产经营范围(主营、兼营)、发证日期、证件有效期等。

【例 10-2 多选题】根据税收征收管理法和税务登记管理办法的有关规定，下列各项中应当进行税务登记的有(　　)。

　A. 不从事生产经营只缴纳车船税的社会团体

　B. 企业在境内其他城市设立的分支机构

　C. 从事生产经营的事业单位

　D. 有来源于中国境内所得但未在中国境内设立机构、场所的非居民企业

【答案】BC

【答案解析】除临时取得应税收入或发生应税行为以及只缴纳个人所得税、车船税之外，都应按规定向税务机关办理税务登记。在中国境内未设立机构场所的非居民企业不进行税务登记。

5. "五证合一"登记制度改革

从 2016 年 10 月 1 日起正式实施"五证合一，一照一码"登记制度改革，是指由工商、质监、国税、地税、人力社保、统计等部门分别办理、各自发证(照)，改为申请人"一表申请"，工商部门统一收件，质监、国税、地税、人力社保、统计部门并联审批，统一核发加载注册号、组织机构代码、税务登记证号(纳税人识别号)、社会保险登记证号和统计登记证号的营业执照(正副本)。实行"五证合一"登记制度后，由工商(市场监管)部门核发加载统一社会信用代码的营业执照，税务部门不再发放税务登记证。

"五证合一"登记制度改革并非是将税务登记取消了，税务登记的法律地位仍然存在，只是政府简政放权，将此环节改为由市场监督管理部门"一口处理"，核发一个加载法人和

其他组织统一社会信用代码的营业执照,这个营业执照在税务机关完成信息补录后具备税务登记证的法律地位和作用。

需要注意的是,"五证"是指原工商营业执照(注册号)、组织机构代码证、税务登记证、社会保险登记证和统计登记证。

"一照一码"是指加载统一社会信用代码的新工商营业执照。

(二)变更税务登记

变更税务登记,是指纳税人税务登记内容发生变化,需要对原登记内容进行更改时,向税务机关申报办理的税务登记。具体包括:改变名称、改变法定代表人、改变经济性质、改变住所和经营地点(不涉及主管税务机关变动的、改变生产经营或经营方式、增减注册资本、改变隶属关系、改变生产经营期限、改变或增减银行账号、改变生产经营权属以及改变其他税务登记内容)。

1. 变更税务登记的时间要求

(1) 纳税人已在工商行政管理机关办理变更登记的,应当自工商行政管理机关或者其他机关办理变更登记之日起 30 日内,向原税务登记机关如实提供下列证件、资料,申报办理变更税务登记:①工商登记变更表及工商营业执照;②纳税人变更登记内容的有关证明文件;③税务机关发放的原税务登记证件(登记证正、副本和税务登记表等);④其他有关资料。

(2) 纳税人按照规定不需要在工商行政管理机关或者其他机关办理变更登记,或者其变更登记的内容与工商登记内容无关的,应当自税务登记内容实际发生变化之日起 30 日内,或者自有关机关批准或者宣布变更之日起 30 日内,持下列证件到原税务登记机关申报办理变更税务登记:①纳税人变更登记内容的有关证明文件;②税务机关发放的原税务登记证件(登记证正、副本和税务登记表等);③其他有关资料。

(3) 纳税人提交的有关变更登记的证件、资料齐全的,应如实填写税务登记变更表,符合规定的,税务机关应当日办理变更税务登记;不符合规定的,税务机关应通知其补正。

2. 管理规程

(1) 领取"一照一码"营业执照的企业,其生产经营地、财务负责人、核算方式三项信息由企业登记机关在新设时采集。在企业经营过程中,上述信息发生变化的,企业应向主管税务机关申请变更,不向工商部门申请变更。除上述三项信息外,企业在登记机关新设时采集的信息发生变更的,均由企业向工商部门申请变更。对于税务机关在后续管理中采集的其他必要涉税基础信息发生变化的,企业直接向税务机关申请变更即可。

(2) 未领取"一照一码"营业执照的企业申请变更登记的,税务机关应告知企业在登记机关申请变更,并换发载有统一社会信用代码的营业执照。企业生产经营地、财务负责人、核算方式三项信息发生变化的,应直接向税务机关申请变更。

(三)停业、复业登记

1. 停业登记要求

实行定期定额征收方式的个体工商户需要停业的,应当在停业前向税务机关申报办理停业登记,纳税人的停业期限不得超过一年。

纳税人在申报办理停业登记时,应如实填写"停业、复业报告书",说明停业理由、停业期限、停业前的纳税情况，以及发票的领、用、存情况，并结清应纳税款、滞纳金、罚款。税务机关应收存其税务登记证件及副本、发票领购簿、未使用完的发票和其他税务证件。

纳税人在停业期间发生纳税义务的，应当及时向主管税务机关申报缴纳税款。

2. 复业登记要求

纳税人应当于恢复生产经营之前，向税务机关申报办理复业登记，如实填写"停业、复业报告书"，领回并启用税务登记证件、发票领购簿及其停业前领购的发票。纳税人停业期满不能及时恢复生产经营的，应当在停业期满前到税务机关办理延长停业登记，并如实填写"停业、复业报告书"。

纳税人停业期满未按期复业又不申请延长停业的，税务机关应当视为已恢复营业，实施正常的税收征收管理。

(四)注销税务登记

1. 范围

注销税务登记是指纳税人由于法定的原因终止纳税义务，向原税务机关申请办理的取消税务登记的手续。具体包括：纳税人因经营期限届满而自动解散；企业由于改组、分立、合并等原因而被撤销；企业资不抵债而破产；纳税人住所、经营地址迁移而涉及改变原主管税务机关；纳税人被工商行政管理部门吊销营业执照；以及纳税人依法终止履行纳税义务的其他情形。

需要注意的是，纳税人改变住所和经营地点时，如果仍由同一主管税务机关管辖的，只办理变更登记；如果涉及不同主管税务机关管辖的，须先进行注销登记，再到新址办理税务登记。

2. 规程要求

已实行"五证合一，一照一码"登记模式的企业办理注销登记，须先向主管税务机关申报清税，填写"清税申报表"。清税完毕后，由税务机关向纳税人出具"清税证明"，并将信息共享到交换平台。

未换发"五证合一，一照一码"营业执照的企业申请注销税务登记，应按以下规程操作。

(1) 纳税人发生解散、破产、撤销以及其他情形，依法终止纳税义务的，应当在向工商行政管理机关或者其他机关办理注销登记前，持有关证件和资料向原税务登记机关申报办理注销税务登记；按照规定不需要在工商管理机关或者其他机关办理注册登记的，应当自有关机关批准或者宣告终止之日起 15 日内，持有关证件和资料向原税务登记机关申报办理注销税务登记。

(2) 纳税人因住所、经营地点变动，涉及改变税务登记机关的，应当在向工商行政管理机关或者其他机关申请办理变更或注销登记前，或者住所、经营地点变动前，持有关证件和资料，向原税务登记机关申报办理注销税务登记，并在 30 日内向迁达地税务登记机关申报办理税务登记。

(3) 纳税人被工商行政管理机关吊销营业执照或者被其他机关予以撤销登记的，应当自营业执照被吊销或者被撤销登记之日起15 日内向原税务登记机关申报办理注销税务登记。

(4) 纳税人办理注销税务登记前，应当向税务机关提交相关证明文件和资料，结清应纳税款、多退(免)税款、滞纳金和罚款，缴销发票、税务登记证件和其他税务证件，经税务机关核准后，办理注销税务登记手续。

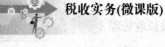

(五)跨区域涉税事项报验管理

根据《国家税务总局关于创新跨区域涉税事项报验管理制度的通知》(税总发〔2017〕103号)的规定，将"外出经营活动税收管理"更名为"跨区域涉税事项报验管理"。

(1) 纳税人跨省(自治区、直辖市和计划单列市)临时从事生产经营活动的，不再开具"外出经营活动税收管理证明"，改向机构所在地的税务机关填报"跨区域涉税事项报告表"。纳税人在省内跨县(市)临时从事生产经营活动的，是否实施跨区域涉税事项报验管理由各省税务机关自行确定。

(2) 取消跨区域涉税事项报验管理的固定有效期。税务机关不再按照180日设置报验管理的固定有效期，改按跨区域经营合同执行期限作为有效期限。合同延期的，纳税人可向经营地或机构所在地的税务机关办理报验管理的有效期限延期手续。

(六)非正常户处理

已办理税务登记的纳税人未按照规定的期限申报纳税，在税务机关责令其限期改正后，逾期不改正的，税务机关应当派检查人员实地检查，查无下落并且无法强制其履行纳税义务的，由检查人员制作非正常户认定书，存入纳税人档案，税务机关暂停其税务登记证件、发票领购簿和发票的使用。

纳税人被列入非正常户超过3个月的，税务机关可以宣布其税务登记证件失效，其应纳税款的追征仍按《税收征管法》及其《税收征管法实施细则》的规定执行。

(七)税务登记证的作用和管理

1. 税务登记证的作用

除按照规定不需要发给税务登记证件的以外，纳税人办理下列事项时，必须持以下税务登记证件。

(1) 开立银行账户。

(2) 申请减税、免税、退税。

(3) 申请办理延期申报、延期缴纳税款。

(4) 领购发票。

(5) 申请开具外出经营活动税收管理证明。

(6) 办理停业、歇业。

(7) 其他有关税务事项。

2. 税务登记证的管理

(1) 税务机关对税务登记证件实行定期验证和换证制度。纳税人应当在规定的期限内持有关证件到主管税务机关办理验证或者换证手续。

(2) 纳税人应当将税务登记证件正本在其生产、经营场所或者办公场所公开悬挂，接受税务机关检查。

(3) 纳税人遗失税务登记证件的，应当在15日内书面报告主管税务机关，并登报声明作废。同时，凭报刊上刊登的遗失声明向主管税务机关申请补办税务登记证件。

【例10-3 单选题】纳税人因住所、经营地点变动，涉及改变税务登记机关的，应向原税务登记机关申报办理的税务登记是( )。

A. 注销税务登记   B. 停业、复业登记

C. 变更税务登记   D. 外出经营报验登记

【答案】A

【答案解析】纳税人因住所、经营地点变动，涉及改变税务登记机关的，应当在向工商行政管理机关或者其他机关申请办理变更、注销登记前，或者住所、经营地点变动前，持有关证件和资料，向原税务登记机关申报办理注销税务登记，并自注销税务登记之日起 30 日内向迁达地税务机关申报办理税务登记。

二、账簿、凭证管理

账簿是纳税人、扣缴义务人连续记录其各种经济业务的账册或簿籍。凭证是纳税人用来记录经济业务，明确经济责任，并据以登记账簿的书面证明。账簿、凭证管理是继税务登记之后税收征管的又一重要环节，在税收征管中占有十分重要的地位。

(一)账簿设置的管理

所有的纳税人和扣缴义务人都必须按照有关法律、行政法规和国务院财政、税务主管部门的规定设置账簿。

从事生产、经营的纳税人应自领取工商营业执照或发生纳税义务之日起 15 日内设置账簿；扣缴义务人应当自扣缴义务发生之日起 10 日内，按照其所代扣代收的税种，分别设置代扣代缴、代收代缴税款账簿；生产经营规模小又确实无建账能力的纳税人，可以聘请经批准从事会计代理记账业务的专业机构或经税务机关认可的财会人员代为建账和办理账务。聘请上述机构或者人员有实际困难的，经县以上税务机关批准，可以按照税务机关的规定，建立收支凭证粘贴簿、进货销货登记簿或税控装置。

(二)财会制度的管理

1. 备案制度

凡从事生产、经营的纳税人必须将所采用的财务、会计制度和具体的财务、会计处理办法和会计核算软件，按税务机关的规定，自领取税务登记证件之日起 15 日内，及时报送主管税务机关备案。

纳税人使用计算机记账的，应当在使用前将会计电算化系统的会计核算软件、使用说明书及有关资料报送主管税务机关备案。

从事生产、经营的纳税人应当自开立基本存款账户或者其他存款账户之日起 15 日内，向主管税务机关书面报告其全部账号；账号发生变化的，应当自变化之日起 15 日内，向主管税务机关书面报告。

2. 财会制度、办法与税收规定相抵触的处理办法

当从事生产、经营的纳税人、扣缴义务人所使用的财务会计制度和具体的财务、会计处理办法与国务院或者国务院财政、税务主管部门有关税收方面的规定相抵触时，纳税人、扣缴义务人必须按照国务院或者国务院财政、税务主管部门制定的有关税收的规定计缴税款。

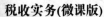

(三)账簿凭证的保管

从事生产经营的纳税人、扣缴义务人必须按照国务院或者国务院财政、税务主管部门规定的保管期限保管账簿、记账凭证、完税凭证及其他有关资料。账簿、记账凭证、报表、完税凭证、发票、出口凭证以及其他有关涉税资料不得伪造、变造或者擅自损毁。

除法律、行政法规另有规定外，账簿、记账凭证、报表、完税凭证、发票、出口凭证以及其他有关涉税资料应当保存 10 年。

三、发票管理

税务机关是发票的主管机关，负责发票印制、领购、开具、取得、保管、缴销的管理和监督。

(一)发票印制

《税收征管法》第二十二条规定：增值税专用发票由国务院税务主管部门指定的企业印制；其他发票，按照国务院税务主管部门的规定，分别由省、自治区、直辖市国家税务局、地方税务局指定企业印制。未经规定的税务机关指定，不得印制发票。

(二)发票领购

1. 发票领用对象

已办理税务登记的单位和个人，在领取税务登记证或营业执照后，可向主管税务机关申请领购发票。

对无固定经营场地或者财务制度不健全的纳税人申请领购发票，主管税务机关有权要求其提供担保人，不能提供担保人的，可以视其情况，要求其缴纳保证金，并限期缴销发票。对发票保证金应设专户储存，不得挪作他用。

纳税人可以根据自己的需要申请领购普通发票。增值税专用发票只限于增值税一般纳税人领购使用。

注意：

(1) 依法不需要办理税务登记或领取营业执照的需要临时使用发票的单位和个人，可以凭从事经营活动的书面证明、经办人身份证明，向经营地税务机关申请代开发票。

(2) 临时到本省以外从事经营活动的单位和个人，应当向机构所在地税务机关填报"跨区域涉税事项报告表"。对按规定需要另用经营地发票的，应在按要求提供担保人或缴纳保证金的前提下，向经营地税务机关领用。

2. 发票领用数量

纳税人领用发票的数量由纳税人申请，主管税务机关根据领用单位和个人的经营范围及规模确定领用发票的数量。

(三)发票开具和使用管理

1. 开具发票的范围

单位和个人在购销商品、提供或者接受经营服务以及从事其他经营活动中，应当按照规定开具、使用、取得发票。

销售商品、提供服务以及从事其他经营活动的单位和个人，对外发生经营业务收取款项，收款方应向付款方开具发票。特殊情况下，由付款方向收款方开具发票。

2. 开具发票的要求

《中华人民共和国发票管理办法》对发票的开具做了如下规定。

(1) 所有单位和从事生产、经营活动的个人在购买商品、接受服务以及从事其他经营活动支付款项时，应当向收款方取得发票。取得发票时，不得要求变更品名和金额。

(2) 不符合规定的发票，不得作为财务报销凭证，任何单位和个人有权拒收。

(3) 开具发票应当按照规定的时限、顺序、栏目、全部联次一次性如实开具，并加盖发票专用章。

(4) 任何单位和个人不得虚开发票。

(5) 安装税控装置的单位和个人，应当按照规定使用税控装置开具发票，并按期向主管税务机关报送开具发票的数据。

需要注意的是：①自 2017 年 7 月 1 日起，购买方为企业的，索取增值税普通发票时，应向销售方提供纳税人识别号或统一社会信用代码；②国家税务总局编写了《商品和服务税收分类与编码(试行)》，并在增值税发票管理新系统中增加了编码相关功能，在全国范围内进行编码推广。

如纳税人销售黄金项链，在开具增值税发票时输入的商品名称为"黄金项链"，选择的商品和服务税收分类编码为"珠宝首饰"，则发票票面上会显示并打印"*珠宝首饰*黄金项链"。

3. 发票使用的管理

开具发票的单位和个人应当建立发票使用登记制度，设置发票登记簿，并定期向主管税务机关报告发票使用情况。

所有单位和个人都应当按照发票管理规定使用发票，不得有下列行为。

(1) 转借、转让、介绍他人转让发票、发票监制章和发票防伪专用品。

(2) 知道或者应当知道是私自印制、伪造、变造、非法取得或者废止的发票而受让、开具、存放、携带、邮寄、运输。

(3) 拆本使用发票。

(4) 扩大发票使用范围。

(5) 以其他凭证代替发票使用。

需要注意的是，发票限于领购单位和个人在本省、自治区、直辖市内开具，任何单位和个人不得跨规定的使用区域携带、邮寄、运输空白发票。禁止携带、邮寄或者运输空白发票出入境。国务院税务主管部门规定的特殊情形除外。

4. 发票的保管

根据发票管理的要求，发票保管分为税务机关保管和用票单位、个人保管两个层次，都必须建立严格的发票保管制度。包括专人保管制度、专库保管制度、专账登记制度、保管交接制度和定期盘点制度。

开具发票的单位和个人应当按照税务机关的规定存放和保管发票，不得擅自损毁。已经开具的发票存根联和发票登记簿，应当保存 5 年。保存期满，报经税务机关查验后销毁。

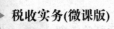

5. 发票缴销管理

发票缴销包括发票收缴和发票销毁。发票收缴是指用票单位和个人按照规定向税务机关上缴已经使用或者未使用的发票；发票销毁是指由税务机关统一将自己或者他人已使用或者未使用的发票进行销毁。

开具发票的单位和个人应当在办理变更或者注销税务登记的同时，办理发票和账簿的变更、缴销手续。

【例10-4 单选题】根据相关规定，关于发票开具、使用和保管的下列表述中，正确的是（　　）。

A. 收购单位向个人支付收购款项时，由付款方向收款方开具发票

B. 已经开具的发票存根联保存期满后，开具发票的单位可直接销毁

C. 经单位财务负责人批准后，可拆本使用发票

D. 销售货物开具发票时，可按付款方要求变更品名和金额

【答案】A

【答案解析】按照发票的管理要求，取得发票时，不得要求变更品名和金额；禁止拆本使用发票；保存期满，应报经税务机关查验后销毁。因此，选项B、C、D是错误的，选项A正确。

6. 税控管理

税控管理是税收征收管理的一个重要组成部分，也是近期提出来的一个崭新的概念。它是指税务机关利用税控装置对纳税人的生产经营情况进行监督和管理，以保障国家税收收入，防止税款流失，提高税收征管工作效率，降低征收成本的各项活动的总称。

《税收征管法》第二十三条规定："国家根据税收征收管理的需要，积极推广使用税控装置。纳税人应当按照规定安装、使用税控装置，不得损毁或者擅自改变税控装置。"同时，还在第六十条中增加了一款，规定："不能按照规定安装、使用税控装置，损毁或者擅自改动税控装置的，由税务机关责令限期改正，可以处以2 000元以下的罚款；情节严重的，处2 000元以上1万元以下的罚款。"这样不仅使推广使用税控装置有法可依，而且可以打击在推广使用税控装置中的各种违法犯罪活动。

四、纳税申报管理

纳税申报是纳税人按照税法规定的期限和内容，向税务机关提交有关纳税事项的书面报告的法律行为，是纳税人履行纳税义务、界定纳税人法律责任的主要依据，是税务机关税收管理信息的主要来源和税务管理的重要制度。

(一)纳税申报的对象

纳税申报的对象为纳税人和扣缴义务人。需要注意的是，纳税人在纳税期内没有应纳税款的，也应当按照规定办理纳税申报。纳税人享受减税、免税待遇的，在减税、免税期间应当按照规定办理纳税申报。

(二)纳税申报的内容

纳税人和扣缴义务人的纳税申报和代扣代缴、代收代缴税款报告的主要内容包括税种、

税目，应纳税项目或者应代扣代缴、代收代缴税款项目、计税依据，扣除项目及标准，适用税率或者单位税额，应退税项目及税额、应减免税项目及税额，应纳税额或者应代扣代缴、代收代缴税额，以及税款所属期限、延期缴纳税款、欠税、滞纳金等。

申报的内容主要在各税种的纳税申报表和代扣代缴、代收代缴税款报告表中体现，还可以在随纳税申报表附报的财务报表和有关纳税资料中体现。

(三)纳税申报的期限

《税收征管法》规定纳税人和扣缴义务人都必须按照法定的期限办理纳税申报。纳税申报的期限有两种：一种是法律、行政法规明确规定的；另一种是税务机关按照法律、行政法规的原则规定，结合纳税人生产经营的实际情况及其所应缴纳的税种等相关问题予以确定的。两种期限具有同等的法律效力。

(四)纳税申报的材料

纳税人办理纳税申报时，应当如实填写纳税申报表，并根据不同的情况相应报送下列有关证件、资料。

(1) 财务会计报表及其说明材料。

(2) 与纳税有关的合同、协议书及凭证。

(3) 税控装置的电子报税资料。

(4) 外出经营活动税收管理证明和异地完税凭证。

(5) 境内或者境外公证机构出具的有关证明文件。

(6) 税务机关规定应当报送的其他有关证件、资料。

(7) 扣缴义务人办理代扣代缴、代收代缴税款报告时，应当如实填写代扣代缴、代收代缴税款报告表，并报送代扣代缴、代收代缴税款的合法凭证以及税务机关规定的其他有关证件、资料。

(五)纳税申报的方式

纳税人、扣缴义务人可以直接到税务机关办理纳税申报，或者报送代扣代缴、代收代缴税款报告表，也可以按照规定采取邮寄、数据电文或者其他方式办理上述申报、报送事项。目前，纳税申报的形式主要有以下 3 种。

1. 直接申报

直接申报是指纳税人自行到税务机关办理纳税申报。这是一种传统申报方式。

2. 邮寄申报

邮寄申报是指经税务机关批准的纳税人使用统一规定的纳税申报特快专递专用信封，通过邮政部门办理交寄手续，并向邮政部门索取收据作为申报凭据的方式。

需要注意的是，纳税人采取邮寄方式办理纳税申报的，应当使用统一的纳税申报专用信封，并以邮政部门收据作为申报凭据。邮寄申报以寄出的邮戳日期为实际申报日期。

3. 数据电文

数据电文是指经税务机关确定的电话语音、电子数据交换和网络传输等电子方式。例如，目前纳税人的网上申报，就是数据电文申报方式的一种形式。

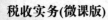

纳税人采取电子方式办理纳税申报的，应当按照税务机关规定的期限和要求保存有关资料，并定期书面报送主管税务机关。纳税人、扣缴义务人采取数据电文方式办理纳税申报的，其申报日期以税务机关计算机网络系统收到该数据电文的时间作为申报日期。

除上述方式外，实行定期定额缴纳税款的纳税人，可以实行简易申报、简并征期等申报纳税方式。"简易申报"是指实行定期定额缴纳税款的纳税人在法律、行政法规规定的期限内或税务机关依据法规的规定确定的期限内缴纳税款的，税务机关可以视同申报；"简并征期"是指实行定期定额缴纳税款的纳税人，经税务机关批准，可以采取将纳税期限合并为按季、半年、年的方式缴纳税款。

【例10-5多选题】下列各项关于纳税申报管理的表述中，不正确的是(　　)。

A. 定期定额缴纳税款的纳税人可以实行简易申报、简并征期等申报纳税方式

B. 纳税人在纳税期内没有应纳税款的，不必办理纳税申报

C. 扣缴人不得采取邮寄申报的方式

D. 主管税务机关根据纳税人实际情况及其所纳税种确定的纳税申报期限不具有法律效力

【答案】BCD

【答案解析】纳税人在纳税期内没有应纳税款的，也应当按照规定办理纳税申报；纳税人享受减税、免税待遇的，在减税、免税期间应当按照规定办理纳税申报，所以选项B是错误的。扣缴人可以采取邮寄申报，选项C是错误的。主管税务机关根据纳税人实际情况及其所纳税种确认的纳税申报期限具有法律效力，选项D是错误的。

(六)延期申报管理

延期申报是指纳税人、扣缴义务人不能按照税法规定的期限办理纳税申报或扣缴税款报告。

纳税人因有特殊情况，不能按期进行纳税申报的，应向税务机关提出书面延期申请，经县以上税务机关核准，可以延期申报。如纳税人、扣缴义务人因不可抗力，不能按期办理纳税申报或者报送代扣代缴、代收代缴税款报告表的，可以延期办理，但应当在不可抗力情形消除时立即向税务机关报告。

第三节　税　款　征　收

税款征收是税收征收管理工作中的中心环节，是全部税收征管工作的目的和归宿，在整个税收工作中占据着极其重要的地位。

一、税款征收的原则

(一)税务机关是征税的唯一行政主体

除税务机关、税务人员，以及经税务机关依照法律、行政法规委托的单位和个人外，任何单位和个人不得进行税款征收活动。采取税收保全措施、强制执行措施的权利不得由法定的税务机关以外的单位和个人行使。

(二)税务机关只能依法征收税款

税务机关只能依照法律、行政法规的规定征收税款，未经法定机关和法定程序调整，征、纳双方均不得随意变动。即税务机关代表国家向纳税人征收税款，不能任意征收，只能依法征收。

(三)税务机关不得违反法律、行政法规的规定开征、停征、多征、少征、提前征收或者延缓征收税款或摊派税

税务机关是执行税法的专职机构，既不得在税法生效之前先行向纳税人征收税款，也不得在税法尚未失效时停止征收税款，更不得擅立章法，新开征一种税。

税务机关应当按照税收法律、行政法规预先规定的征收标准进行征税。不得擅自增减改变税目，调高或降低税率，加征或减免税款、提前征收或延缓征收税款以及摊派税款。

(四)税务机关征收税款必须遵守法定权限和法定程序

税务机关执法必须遵守法定权限和法定的程序征收税款。这是税款征收的一项基本原则。例如，采取税收保全措施或强制执行措施时；办理减税、免税、退税时；核定应纳税额时；进行纳税调整时；针对纳税人的欠税进行清理，采取各种措施时，税务机关都必须按照法律或者行政法规规定的审批权限和程序进行操作，否则就是违法。

(五)税务机关征收税款或扣押、查封商品、货物或其他财产时，必须向纳税人开具完税凭证，或开付扣押、查封的收据或清单

《税收征管法》第三十四条规定："税务机关征收税款时，必须给纳税人开具完税凭证。"第四十七条规定："税务机关扣押商品、货物或者其他财产时，必须开付收据；查封商品、货物或者其他财产时，必须开付清单。"

(六)税款、滞纳金、罚款统一由税务机关上缴国库

国家税务局和地方税务局应当按照国家规定的税收征管范围和税款入库预算级次，将征收的税款缴入国库。

税务机关应当将各种税收的税款滞纳金、罚款，按照国家规定的预算科目和预算级次及时缴入国库，税务机关不得占压、挪用、截留，不得缴入国库以外或者国家规定的税款账户以外的任何账户。

(七)税款优先

《税收征管法》在税收法律上确定了税款优先的地位，确定了税款征收在纳税人支付各种款项和偿还债务时的顺序。税款优先的原则，不仅增强了税法的刚性，且增强了税法在执行中的可操作性，具体如下。

(1) 税收优先于无担保债权。

(2) 纳税人发生欠税在前的，税收优先于抵押权、质权和留置权的执行。

(3) 税收优先于罚款、没收非法所得。

二、税款征收的方式

税款征收方式是指税务机关根据各税种的不同特点，征、纳双方的具体条件而确定的计

算征收税款的方法和形式。税款征收的方式主要有以下几种。

(一)查账征收

查账征收是指税务机关按照纳税人提供的账表所反映的经营情况，依照适用税率计算、缴纳税款的方式。这种方式一般适用于财务会计制度较为健全，能够认真履行纳税义务的纳税单位。

(二)查定征收

查定征收是指税务机关根据纳税人的从业人员、生产设备、采用原材料等因素，对其产制的应税产品查实核定产量、销售额并据以征收税款的方式。这种方式一般适用于账册不够健全，但是能够控制原材料或进销货的纳税单位。

(三)查验征收

查验征收是指税务机关对纳税人应税商品，通过查验数量，按市场一般销售单价计算其销售收入并据以征税的方式。这种方式一般适用于经营品种比较单一，经营地点、时间和商品来源不固定的纳税单位。

(四)定期定额征收

定期定额征收是指税务机关通过典型调查，逐户确定营业额和所得额并据以征税的方式。这种方式一般适用于无完整考核依据的小型纳税单位。

(五)委托代征税款

委托代征税款是指税务机关委托代征人以税务机关的名义征收税款，并将税款缴入国库的方式。这种方式一般适用于小额、零散税源的征收。

(六)邮寄纳税

邮寄纳税是一种新的纳税方式。这种方式主要适用于那些有能力按期纳税，但采用其他方式纳税又不方便的纳税人。

(七)其他方式

其他方式包括利用网络申报纳税、用 IC 卡纳税等。

【例 10-6 单选题】甲公司为大型民营上市企业，财务会计制度健全，能够如实核算和提供生产经营情况，并能正确计算应纳税款和如实履行纳税义务。其适用的税款征收方式是（　　）。

A. 定期定额征收　　　B. 查账征收　　　　C. 查定征收　　　　D. 查验征收

【答案】B

【答案解析】定期定额征收是指税务机关通过典型调查，逐户确定营业额和所得额并据以征税的方式。这种方式一般适用于无完整考核依据的小型纳税单位。

查账征收是指税务机关按照纳税人提供的账表所反映的经营情况，依照适用税率计算、缴纳税款的方式。这种方式一般适用于财务会计制度较为健全，能够认真履行纳税义务的纳税单位。

查定征收是指税务机关根据纳税人的从业人员、生产设备、采用原材料等因素，对其产制的应税产品查实核定产量、销售额并据以征收税款的方式。这种方式一般适用于账册不够健全，但是能够控制原材料或进销货的纳税单位。

查验征收是指税务机关对纳税人应税商品，通过查验数量，按市场一般销售单价计算其销售收入并据以征税的方式。这种方式一般适用于经营品种比较单一，经营地点、时间和商品来源不固定的纳税单位。

所以答案应该是 B。

三、税款征收制度

(一)代扣代缴、代收代缴税款制度

(1) 对法律、行政法规没有规定负有代扣、代收税款义务的单位和个人，税务机关不得要求其履行代扣、代收税款义务。

(2) 税法规定的扣缴义务人必须依法履行代扣、代收税款义务。如果不履行义务，就要承担法律责任。除按征管法及实施细则的规定给予处罚外，还应当责令扣缴义务人限期将应扣未扣、应收未收的税款补扣或补收。

(3) 扣缴义务人依法履行代扣、代收税款义务时，纳税人不得拒绝。纳税人拒绝的，扣缴义务人应当在 1 日之内报告主管税务机关处理。不及时向主管税务机关报告的，扣缴义务人应承担应扣未扣、应收未收税款的责任。

(4) 扣缴义务人代扣、代收税款，只限于法律、行政法规规定的范围，并依照法律、行政法规规定的征收标准执行。对法律、行政法规没有规定代扣、代收的，扣缴义务人不能超越范围代扣、代收税款，扣缴义务人也不得提高或降低标准代扣、代收税款。

(5) 税务机关按照规定付给扣缴义务人代扣、代收手续费。

代扣、代收税款手续费只能由县(市)以上税务机关统一办理退库手续，不得在征收税款过程中坐支。

(二)延期缴纳税款制度

纳税人和扣缴义务人必须在税法规定的期限内缴纳、解缴税款。纳税人因有特殊困难不能按期缴纳税款的，经省、自治区、直辖市国家税务局、地方税务局批准，可以延期缴纳税款，但最长不得超过 3 个月。

纳税人在申请延期缴纳税款时应当注意以下几个问题。

(1) 在规定期限内提出申请。

(2) 税款的延期缴纳，必须经省、自治区、直辖市税务部门批准，方为有效。

税务机关应当自收到申请延期缴纳税款报告之日起 20 日内做出批准或者不予批准的决定；不予批准的，从缴纳税款期限届满之日次日起加收滞纳金。

(3) 延期期限最长不得超过 3 个月，同一笔税款不得滚动审批。

(4) 批准延期内免予加收滞纳金。

需要注意的是，特殊困难是指因不可抗力，导致纳税人发生较大损失，正常生产经营活动受到较大影响的；或当期货币资金在扣除应付职工工资、社会保险费后，不足以缴纳税款的。

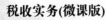
(三)税收滞纳金征收制度

纳税人未按照规定期限缴纳税款的,扣缴义务人未按照规定解缴税款的,税务机关除责令限期缴纳外,从滞纳税款之日起,按日加收滞纳税款 5‰的滞纳金。加收滞纳金的起止时间,为法律、行政法规规定或者税务机关依照法律、行政法规的规定确定的税款缴纳期限届满次日起至纳税人、扣缴义务人实际缴纳或者解缴税款之日止。其计算公式为

$$滞纳金=滞纳税款×滞纳天数×0.5‰$$

需要注意的是,拒绝缴纳滞纳金的,可以按不履行纳税义务实行强制执行措施,强行划拨或者强制征收。

【例 10-7 单选题】纳税人应在 3 月 15 日缴纳税款 50 万元,逾期未缴纳,税务机关责令在 3 月 31 日前缴纳。但直到 4 月 26 日才缴纳,则滞纳金为(   )万元。

A. 50×0.5‰×15=0.375
B. 50×0.5‰×16=0.4
C. 50×0.5‰×24=0.6
D. 50×0.5‰×42=1.05

【答案】D

【答案解析】本题考核滞纳金的计算。纳税人未按照规定期限缴纳税款的,从滞纳税款之日起,按日加收滞纳税款 5‰的滞纳金。加收滞纳金的起止时间,为法律、行政法规规定或者税务机关依照法律、行政法规的规定确定的税款缴纳期限届满次日起至纳税人、扣缴义务人实际缴纳或者解缴税款之日止。本题中,加收滞纳金的起止时间是从 3 月 16 日起至 4 月 26 日止,一共是 42 日,因此,滞纳金为 50×0.5‰×42=1.05(万元)。

【例 10-8 计算题】某国有企业 2022 年 6 月份(税款所属期)应纳增值税税额及附加为 22 万元(其中,增值税税额为 20 万元,城市维护建设税为 1.4 万元,教育费附加为 0.6 万元)。企业直到 2022 年 7 月 26 日才缴纳该部分税款。

请计算该企业应缴纳的税收滞纳金。

【答案】

应缴纳的税收滞纳金=(200 000+14 000)×0.5‰×11=1 177(元)。

【答案解析】

教育费附加不适用《税收征管法》加收滞纳金的规定,滞纳天数为 11 日(7 月 16 日至 26 日)。

(四)税收减免制度

纳税人依照法律、行政法规的规定办理减税、免税。地方各级人民政府、各级人民政府主管部门、单位和个人违反法律、行政法规规定,擅自做出的减税、免税决定无效,税务机关不得执行,并应向上级税务机关报告。具体规定如下。

(1) 纳税人可以向主管税务机关申请减免税,也可以直接向有权审批的税务机关申请。由纳税人所在地主管税务机关受理,应当由上级税务机关审批的减免税申请,主管税务机关应当自受理申请之日起 10 个工作日内直接上报有权审批的上级税务机关。

(2) 纳税人在享受减免税待遇期间,仍应按规定办理纳税申报。

(3) 纳税人享受减税、免税的条件发生变化时,应自发生变化之日起 15 日内向税务机关报告,经税务机关审核后,停止其减税、免税;对不报告的,又不再符合减税、免税条件的,税务机关有权追回已减免的税款。

(4) 纳税人依法可以享受减免税待遇，但未享受而多缴税款的，纳税人可以在税收征管法规定的期限内申请减免税，要求退还多缴的税款，但不加算银行同期存款利息。

(5) 纳税人同时从事减免项目与非减免项目的，分别核算，独立计算减免项目的计税依据以及减免税额度。不能分别核算的，不能享受减免税；核算不清的，由税务机关按合理方法核定。

(6) 减免税期限超过 1 个纳税年度的，进行一次性审批。

(五)税额核定和税收调整制度

1. 税额核定制度

1) 适用情形

纳税人有下列情形之一的，税务机关有权核定其应纳税额：①依照法律、行政法规的规定可以不设置账簿的；②依照法律、行政法规的规定应当设置但未设置账簿的；③擅自销毁账簿或者拒不提供纳税资料的；④虽然设置账簿，但账目混乱或成本资料、收入凭证、费用凭证残缺不全，难以查账的；⑤发生纳税义务，未按照规定的期限办理纳税申报，经税务机关责令限期申报，逾期仍不申报的；⑥纳税人申报的计税依据明显偏低，又无正当理由的。

2) 核定方法

①参照当地同类行业或者类似行业中，经营规模和收入水平相近的纳税人的收入额和利润率核定；②按照成本加合理费用和利润的方法核定；③按照耗用的原材料、燃料、动力等推算或者测算核定；④按照其他合理的方法核定。

采用以上一种方法不足以正确核定应纳税额时，可以同时采用两种或两种以上的方法核定。纳税人对税务机关采取规定的方法核定的应纳税额有异议的，应当提供相关证据，经税务机关认定后，调整应纳税额。

2. 税收调整制度

1) 适用情形

这里所说的税收调整制度，主要指的是关联企业的税收调整制度。企业或者外国企业在中国境内设立的从事生产、经营的机构、场所与其关联企业之间的业务往来，应当按照独立企业之间的业务往来收取或者支付价款、费用；不按照独立企业之间的业务往来收取或者支付价款、费用，而减少其应纳税的收入或者所得额的，税务机关有权进行合理调整。

所谓关联企业，是指有下列关系之一的公司、企业和其他经济组织：①在资金、经营、购销等方面，存在直接或间接的拥有或控制关系；②直接或间接地同为第三者所拥有或控制关系；③在利益上具有相关联的其他关系。

2) 调整方法

纳税人与其关联企业之间的业务往来，税务机关可以按照下列方法调整计税收入额或者所得额：①按照独立企业之间进行的相同或者类似业务活动的价格；②按照再销售给无关联关系的第三者的价格所应取得的收入和利润水平；③按照成本加合理的费用和利润；④按照其他合理的方法。

3) 调整期限

纳税人与其关联企业未按照独立企业之间的业务往来支付价款、费用的，税务机关自该业务往来发生的纳税年度起 3 年内进行调整；有特殊情况的，可以自该业务往来发生的纳税

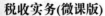

年度起 10 年内进行调整。

(六)未办理税务登记的从事生产、经营的纳税人,以及临时从事经营的纳税人的税款征收制度

对未按照规定办理税务登记的从事生产、经营的纳税人,以及临时从事生产、经营的纳税人,由税务机关核定其应纳税额,责令缴纳;不缴纳的,税务机关可以扣押其价值相当于应纳税款的商品、货物。扣押后缴纳应纳税款的,税务机关必须立即解除扣押,并归还所扣押品、货物;扣押后仍不缴纳应纳税款的,经县以上税务局(分局)局长批准,依法拍卖或者变卖所扣押的商品、货物,以拍卖或者变卖所得抵缴税款。

根据上述规定,应特别注意其适用对象及执行程序两个方面。

1. 适用对象

适用对象为未办理税务登记的从事生产、经营的纳税人及临时从事经营的纳税人。

2. 执行程序

(1) 核定应纳税额:税务机关要按一定的标准,尽可能合理地确定其应纳税额。

(2) 责令缴纳:税务机关核定应纳税额后,应责令纳税人按核定的税款缴纳。

(3) 扣押商品、货物:对经税务机关责令缴纳而不缴纳税款的纳税人,税务机关可以扣押其价值相当于应纳税款的商品、货物。纳税人应当自扣押商品、货物之日起 15 日内缴纳税款。

(4) 解除扣押:扣押商品、货物后缴纳应纳税款的,税务机关必须立即解除扣押,并归还所扣押的商品、货物。

(5) 抵缴税款:扣押后仍不缴纳应纳税款的,税务机关依法拍卖或者变卖所扣押的商品、货物后,以拍卖或者变卖所得抵缴税款。

(七)税收保全措施

税收保全措施(预防措施)是指税务机关对可能由于纳税人的行为或者某种客观原因,致使以后税款的征收不能保证或难以保证的案件,采取限制纳税人处理或转移商品、货物或其他财产的措施。

税务机关有根据认为从事生产、经营的纳税人有逃避纳税义务行为的,可以在规定的纳税期之前,责令其限期缴纳税款;在限期内发现纳税人有明显的转移、隐匿其应纳税的商品、货物以及其他财产迹象的,税务机关应责令其提供纳税担保。如果纳税人不能提供纳税担保,经县以上税务局(分局)局长批准,税务机关可以采取下列税收保全措施。

(1) 书面通知纳税人开户银行或者其他金融机构冻结纳税人的金额相当于应纳税款的存款。

(2) 扣押、查封纳税人的价值相当于应纳税款的商品、货物或者其他财产。其他财产包括纳税人的房地产、现金、有价证券等不动产和动产。

纳税人在上款规定的限期内缴纳税款的,税务机关必须立即解除税收保全措施;限期期满仍未缴纳税款的,经县以上税务局(分局)局长批准,税务机关可以书面通知纳税人开户银行或者其他金融机构,从其冻结的存款中扣缴税款,或者依法拍卖或者变卖所扣押、查封的商品、货物或者其他财产,以拍卖或者变卖所得抵缴税款。但个人及其所扶养家属维持生活必需的住房和用品，不在税收保全措施的范围之内。

根据上述规定，采取税收保全措施应注意以下几个方面。

1. 适用对象

税收保全措施适用对象为从事生产、经营的纳税人，不包括非从事生产、经营的纳税人，也不包括扣缴义务人和纳税担保人。

2. 前提条件

(1) 纳税人有逃避纳税义务的行为。其采取的方法主要是转移、隐匿可以用来缴纳税款的资金或实物。

(2) 必须在规定的纳税期之前和责令其限期缴纳应纳税款的限期内。这属于预防措施，如果纳税期和责令缴纳应纳税款的限期届满，纳税人又没有缴纳应纳税款的，税务机关可以按规定采取强制执行措施，就无所谓税收保全了。

3. 法定程序

(1) 责令纳税人提前缴纳税款。税务机关有根据认为从事生产、经营的纳税人有逃避纳税义务的，可以在规定的纳税期之前，责令其限期缴纳税款。

(2) 责令纳税人提供纳税担保。在限期内，纳税人有明显转移、隐匿应纳税的商品、货物以及其他财产或者应纳税的收入迹象的，税务机关可以责令纳税人提供纳税担保。

(3) 未提供纳税担保的，应经县以上税务局(分局)局长批准，依次采取以下两项保全措施。①冻结纳税人的存款：书面通知纳税人开户银行或者其他金融机构，冻结的存款数额要以相当于纳税人应纳税款的数额为限，而不是全部存款。②查封、扣押纳税人的商品、货物或其他财产。财产纳税人没有存款(包括存款不足)，或者税务机关无法掌握其存款情况的，税务机关可以扣押、查封纳税人的价值相当于应纳税款的商品、货物或其他财产(税务机关必须开付清单)。

注意：个人及其所扶养家属维持生活必需的住房和用品，不在税收保全措施范围之内。个人所扶养家属，是指与纳税人共同居住生活的配偶、直系亲属以及无生活来源并由纳税人扶养的其他亲属。生活必需的住房和用品不包括机动车辆、金银饰品、古玩字画、豪华住宅或者一处以外的住房。税务机关对单价 5 000 元以下的其他生活用品，不采取税收保全措施和强制执行措施。

4. 解除保全

税收保全的终止有两种情况。

(1) 纳税人按期限缴纳了税款的，税务机关应当自收到税款或银行转回的完税凭证之日起 1 日内解除税收保全。

(2) 纳税人超过规定的期限仍不缴纳税款的，经税务局(分局)局长批准，终止保全措施，转入强制执行措施(即书面通知纳税人开户银行或者其他金融机构从其冻结的存款中扣缴税款，或者拍卖、变卖所扣押、查封的商品、货物或其他财产，以拍卖或者变卖所得抵缴税款)。

注意：采取税收保全措施不当，或者纳税人在期限内已缴纳税款，但税务机关未立即解除税收保全措施，使纳税人的合法利益遭受损失的，税务机关应当承担赔偿责任。

【例10-9 单选题】下列关于税务机关实施税收保全措施的表述中，错误的有(　　)。

A. 税收保全措施仅限于从事生产、经营的纳税人

B. 只有在事实全部查清，取得充分证据的前提下才能进行

C. 冻结纳税人的存款时，其数额要以相当于纳税人应纳税款的数额为限

D. 个人及其扶养家属维持生活必需的住房和用品，不在税收保全措施的范围之内

【答案】B

【答案解析】在限期内发现纳税人有明显的转移、隐匿其应纳税的商品、货物以及其他财产迹象的，税务机关应责令其提供纳税担保，并不是只有在事实全部查清，取得充分证据的前提下才能进行，所以选项是 B。

(八)税收强制执行措施

税收强制执行措施(补救措施)是指当事人不履行法律、行政法规规定的义务，有关国家机关采用法定的强制手段，强迫当事人履行义务的行为。

《税收征管法》第四十条规定：从事生产、经营的纳税人、扣缴义务人未按照规定的期限缴纳或者解缴税款，纳税担保人未按照规定的期限缴纳所担保的税款，由税务机关责令限期缴纳，逾期仍未缴纳的，经县以上税务局(分局)局长批准，税务机关可以采取下列强制执行措施。

(1) 书面通知其开户银行或者其他金融机构从其存款中扣缴税款。

(2) 扣押、查封、依法拍卖或者变卖其价值相当于应纳税款的商品、货物或者其他财产以拍卖或者变卖所得抵缴税款。

税务机关采取强制执行措施时，对上款所列纳税人、扣缴义务人、纳税担保人未缴纳的滞纳金同时强制执行。

个人及其所扶养家属维持生活必需的住房和用品，不在强制执行措施的范围之内(与税收保全措施一致)。

根据上述规定，采取税收强制执行措施应注意以下几个方面。

1. 适用对象

税收强制执行的适用对象与采取税收保全措施时有所不同，不仅适用于从事生产经营的纳税人，而且还适用于扣缴义务人和纳税担保人。

2. 执行原则

税务机关采取税收强制执行措施时，必须坚持告诫在先的原则，即纳税人、扣缴义务人、纳税担保人未按照规定的期限缴纳或者解缴税款的，应当先行告诫，责令限期缴纳。逾期仍未缴纳的，再采取税收强制执行措施。如果没有责令限期缴纳就采取强制执行措施，就违背了告诫在先的原则，所采取的措施和程序是违法的。

3. 法定程序

(1) 扣缴税款，即税款强制征收。纳税人、扣缴义务人、纳税担保人在规定的期限内未缴纳或者解缴税款或者提供担保的，经主管税务机关责令限期缴纳，逾期仍未缴纳的，经县以上税务局(分局)局长批准，书面通知其开户银行或者其他金融机构，从其存款中扣缴税款。

在扣缴税款的同时，主管税务机关可以处以不缴或者少缴税款50%以上5倍以下的罚款。

(2) 抵缴税款。税务机关扣押、查封、拍卖或者变卖其价值相当于应纳税款的商品、货物或者其他财产，以拍卖或者变卖所得抵缴税款。

(3) 滞纳金同时强制执行。采取税收强制执行措施时，对纳税人、扣缴义务人、纳税担保人未缴纳的滞纳金必须同时强制执行。对纳税人已缴纳税款，但拒不缴纳滞纳金的，税务机关可以单独对纳税人应缴未缴的滞纳金采取强制执行措施。

(4) 退还余款。拍卖或者变卖所得抵缴税款、滞纳金、罚款以及扣押、查封保管、拍卖、变卖等费用后，剩余部分应当在 3 日内退还被执行人。

4. 其他注意事项

(1) 实施扣押、查封、拍卖或者变卖等强制执行措施时，应当通知被执行人或其成年家属到场，否则不能直接采取扣押和查封措施。但被执行人或其成年家属接到通知后拒不到场的，不影响执行。同时，应当通知有关单位和基层组织，他们是扣押、查封财产的见证人，也是税务机关执行工作的协助人。

(2) 对价值超过应纳税额且不可分割的商品、货物或者其他财产，税务机关在纳税人、扣缴义务人或者纳税担保人无其他可供强制执行财产的情况下，可以整体扣押、查封、拍卖，以拍卖所得抵缴税款、滞纳金、罚款，以及扣押、查封、保管、拍卖等费用。

(3) 实施扣押、查封时，对有产权证件的动产或者不动产，税务机关可以责令当事人将产权证件交税务机关保管，同时可以向有关机关发出协助执行通知书，有关机关在扣押、查封期间不再办理该动产或者不动产的过户手续。

(4) 对查封的商品、货物或者其他财产，税务机关可以责令被执行人负责保管，保管责任由被执行人承担。继续使用被查封的财产不会减少其价值的，税务机关可以允许被执行人继续使用；因被执行人保管或者使用的过错造成的损失，由被执行人承担。

(5) 税务机关将扣押、查封的商品、货物或者其他财产变价抵缴税款时，应当交由依法成立的拍卖机构拍卖；无法委托拍卖或者不适于拍卖的，可以交由当地商业企业代为销售，也可以责令纳税人限期处理；无法委托商业企业销售，纳税人也无法处理的，可以由税务机关变价处理，具体办法由国家税务总局规定。

注意：国家禁止自由买卖的商品，应当交由有关单位按照国家规定的价格收购。

税收保全措施与税收强制执行措施的比较如表 10-1 所示。

表 10-1　税收保全措施与税收强制执行措施的比较

	税收保全措施(预防措施)	强制执行措施(补救措施)
对象	从事生产经营的纳税人，不包括扣缴义务人和纳税担保人	从事生产经营的纳税人、扣缴义务人、纳税担保人
原因	有逃避纳税义务的行为	未按规定的期限缴纳或者解缴税款(包括担保的税款)
前提	未提供纳税担保	告诫在先原则(责令限期缴纳，逾期仍未缴纳)
审批	县以上税务局(分局)局长	
措施	冻结存款、扣押、查封——以应纳税款为限	从存款中扣缴税款 以扣押、查封、依法拍卖或者变卖所得抵缴税款

【**例 10-10 分析题**】2022 年 4 月，某县地方税务局在调查摸底的基础上，对某纳税户的税收定额从 5 月份进行调整，将其税收定额由原来的 60 000 元调整到 70 000 元并书面通知该纳税户。该纳税户不服，表示不准备缴纳 5 月份的税款。5 月 26 日，税务机关经过调查，有根据认为该纳税户有逃避纳税的行为，于是书面责令该纳税户必须于 6 月 5 日前缴纳该月税款。6 月 2 日，税务机关发现该纳税户已开始转移财产，便责令该纳税户提供纳税担保，但该纳税户没有提供纳税担保。6 月 3 日，税务机关书面通知该纳税户的开户银行，从其存款中扣缴了 5 月份的税款。

根据上述资料，请回答下列问题。

(1) 税务机关的行政行为是否合法？为什么？

(2) 就该纳税户的行为，请提出处理意见。

【解析】

(1) 税务机关的行政行为不合法。根据《税收征管法》的规定，税务机关责令纳税人提供纳税担保，纳税人不能提供的，须经县以上税务局(分局)局长批准，税务机关才能采取税收保全措施。

(2) 正确的处理方法：6 月 2 日以后，因该纳税户没有提供纳税担保，经县税务局(分局)局长批准，可以书面通知该纳税户开户银行冻结该纳税户相当于 5 月份应缴税款的存款，而不应直接采取强制执行。在 6 月 5 日后纳税人仍未缴纳税款的，方可对该纳税户采取税收强制措施，即经税务局(分局)局长批准，可以书面通知该纳税户开户银行从其冻结的存款中扣缴 5 月份的税款。

(九)欠税清缴制度

欠税是指纳税人未按照规定期限缴纳税款，扣缴义务人未按照规定期限解缴税款的行为。

《税收征管法》在欠税清缴方面主要采取了以下措施。

1. 严格控制欠缴税款的审批权限

欠缴税款的审批权限集中在省、自治区、直辖市税务局。这样规定，一方面能帮助纳税人渡过暂时的难关，另一方面也体现了严格控制欠税的精神，保证国家税收免遭损失。

2. 限期缴税时限

从事生产、经营的纳税人、扣缴义务人未按照规定的期限缴纳或者解缴税款的，纳税担保人未按照规定的期限缴纳所担保的税款的，由税务机关发出限期缴纳税款通知书，责令缴纳或者解缴税款的最长期限不得超过 15 日。

3. 建立欠税清缴制度

(1) 扩大了阻止出境对象的范围。欠缴税款的纳税人及其法定代表人需要出境的，应当在出境前向税务机关结清应纳税款或者提供担保。未结清税款，又不提供担保的，税务机关可以通知出境管理机关阻止其出境。

(2) 建立改制纳税人欠税的清缴制度。纳税人有合并、分立情形的，应当向税务机关报告，并依法缴清税款。纳税人合并时未缴清税款的，应当由合并后的纳税人继续履行未履行的纳税义务；纳税人分立时未缴清税款的，分立后的纳税人对未履行的纳税义务应当承担连带责任。

(3) 大额欠税处分财产报告制度。欠缴税款数额在 5 万元以上的纳税人，在处分其不动产或者大额资产之前，应当向税务机关报告。

这一规定有利于税务机关及时掌握欠税企业处置不动产和大额资产的动向。税务机关可以根据其是否侵害了国家税收，是否有转移资产、逃避纳税义务的情形，决定是否行使税收优先权，是否采取税收保全措施或者强制执行措施。

(4) 税务机关可以对欠缴税款的纳税人行使代位权、撤销权。即对纳税人的到期债权等财产权利，税务机关可以依法向第三者追索以抵缴税款。

《税收征管法》第五十条规定，税务机关可以依据《中华人民共和国合同法》行使代位权、撤销权。如果欠税的纳税人怠于行使其到期的债权，怠于收回其到期的资产、款项等，税务机关可以向人民法院请求以自己的名义代为行使债权。

(5) 建立欠税公告制度。税务机关应当对纳税人欠缴税款的情况，在办税场所或者广播、电视、报纸、期刊、网络等新闻媒体上定期予以公告。同时，税务机关还可以根据实际情况和实际需要，制定纳税人的纳税信用等级评价制度。

(十)税款的退还和追征制度

1. 税款的退还

纳税人超过应纳税额缴纳的税款，税务机关发现后应当立即退还；纳税人自结算缴纳税款之日起 3 年内发现的，可以向税务机关要求退还多缴的税款并加算银行同期存款利息，税务机关及时查实后应当立即退还。涉及从国库中退库的，依照法律、行政法规中有关国库管理的规定退还。

根据上述规定，税务机关在办理税款退还时应注意以下三个问题。

(1) 退还的前提。纳税人已经缴纳了超过应纳税额的税款。

(2) 退还的方式。税务机关发现后立即退还；纳税人发现后申请退还。

(3) 退还的时限。①纳税人发现的，可以自结算缴纳税款之日起 3 年内要求退还。②税务机关发现的多缴税款，《税收征管法》没有规定多长时间内可以退还。法律没有规定期限的，推定为无限期。③对纳税人超过应纳税额缴纳的税款，无论是税务机关发现的，还是纳税人发现后提出退还申请的，税务机关经核实后都应当立即办理退还手续，不应当拖延，具体规定为："税务机关发现纳税人多缴税款的，应当自发现之日起 10 日内办理退还手续；纳税人发现多缴税款，要求退还的，税务机关应当自接到纳税人退还申请之日起 30 日内查实并办理退还手续。"

【例 10-11 多选题】下列关于退还纳税人多缴税款的表述中，错误的是(   )。

A. 纳税人发现当年预缴企业所得税款超过应缴税额的，可要求退款并加计银行同期存款利息

B. 税务机关发现多缴税款的，在退还税款的同时，应一并计算银行同期存款利息

C. 税务机关发现多缴税款但距缴款日期已超过 3 年的，税务机关不再退还多缴税款

D. 纳税人发现多缴税款但距缴款日期已超过 3 年的，税务机关不再退还多缴税款

【答案】ABC

【答案解析】选项 A，不得加算银行同期存款利息；选项 B，税务机关发现的，没有加算

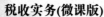

银行同期存款利息的规定；选项 C，税务机关发现的多缴税款，《税收征管法》没有规定多长时间内可以退还。法律没有期限的，推定为无限期。因此，税务机关发现的多缴税款，无论多长时间，都应当退还给纳税人。

2. 税款的追征

因税务机关责任，致使纳税人、扣缴义务人未缴或者少缴税款的，税务机关在 3 年内可要求纳税人、扣缴义务人补缴税款，但是不得加收滞纳金。

因纳税人、扣缴义务人计算等失误，未缴或者少缴税款的，税务机关在 3 年内可以追征税款、滞纳金；有特殊情况的追征期可以延长到 5 年。

所谓特殊情况，是指纳税人或者扣缴义务人因计算错误等失误，未缴或者少缴、未扣或者少扣、未收或者少收税款，累计数额在 10 万元以上的。

对偷税、抗税、骗税的，税务机关追征其未缴或者少缴的税款、滞纳金或者所骗取的税款，不受前款规定期限的限制。

根据上述规定，税务机关在追征税款时应注意以下两个方面。

(1) 分清双方责任：是"税务机关责任"还是"纳税人、扣缴义务人计算等失误"？

(2) 分清追征期限：对于纳税人、扣缴义务人和其他当事人偷税、抗税和骗取税款的，不受前款规定期限限制，应无限期追征。不同情形的税款追征处理措施如表 10-2 所示。

表 10-2　不同情形的税款追征处理措施

情　形		处理措施
税务机关的责任		税务机关在 3 年内可以要求纳税人、扣缴义务人补缴税款，但是不得加收滞纳金
纳税人、扣缴义务人的责任	计算等失误	税务机关在 3 年内可以追征税款、滞纳金；有特殊情况的，追征期可以延长到 5 年
	对偷税、抗税、骗税的	税务机关可以无限期追征其未缴或者少缴的税款、滞纳金或者所骗取的税款

(十一)税款入库制度

税务机关应当根据有关机关的决定、意见书，依照税收法律、行政法规的规定，将应收的税款、滞纳金按照税款入库预算级次缴入国库，并将结果及时回复有关机关。

审计、财政等有关机关不得将其履行职责过程中发现的税款、滞纳金自行征收入库或者以其他款项的名义自行处理、占压。

第四节　税　务　检　查

税务检查是指税务机关根据国家税收政策、法规及财务会计制度，对纳税人履行纳税义务情况进行检查监督的一种方式。

一、税务检查的形式

税务检查的形式是指税务机关开展税务检查的具体组织形式，具体如下。

1. 重点检查

重点检查是指对公民举报、上级机关交办或有关部门转来的有偷税行为或偷税嫌疑的，纳税申报与实际生产经营情况有明显不符的纳税人，及有普遍逃税行为的行业的检查。

2. 分类计划检查

分类计划检查是指根据纳税人历来纳税情况、纳税人的纳税规模及税务检查间隔时间的长短等综合因素，按事先确定的纳税人分类、计划检查时间及检查频率而进行的检查。

3. 集中性检查

集中性检查是指税务机关在一定时间、一定范围内，统一安排、统一组织的税务检查。这种检查一般规模比较大，如以前年度的全国范围内的税收、财务大检查就属于这种检查。

4. 临时性检查

临时性检查是指由各级税务机关根据不同的经济形势、偷逃税趋势、税收任务完成情况等综合因素，在正常的检查计划之外安排的检查。如行业性解剖、典型调查性的检查等。

5. 专项检查

专项检查是指税务机关根据税收工作实际，对某一税种或税收征收管理某一环节进行的检查。比如，增值税一般纳税专项检查、漏征漏管户专项检查等。

二、税务检查的方法

1. 全查法

全查法是对被查纳税人一定时期内所有会计凭证、账簿、报表及各种存货进行全面、系统检查的一种方法。

2. 抽查法

抽查法是对被查纳税人一定时期内的会计凭证、账簿、报表及各种存货，抽取一部分进行检查的一种方法。

3. 顺查法

顺查法是对被查纳税人按照其会计核算的顺序，依次检查会计凭证、账簿、报表，并将其相互核对的一种检查方法。

4. 逆查法

逆查法与顺查法对称，是指逆会计核算的顺序，依次检查会计报表账簿及凭证，并将其相互核对的一种稽查方法。

5. 现场检查法

现场检查法是指税务机关派人员到被查纳税人的机构办公地点对其账务资料进行检查

的一种方法。

6. 调账检查法

调账检查法与现场检查法对称，是指将被查纳税人的账务资料调到税务机关进行检查的一种方法。

7. 比较分析法

比较分析法是将被查纳税人检查期有关财务指标的实际完成数进行纵向或横向比较，分析其异常变化情况，从中发现纳税问题线索的一种方法。

8. 控制计算法

控制计算法也称逻辑推算法，是指根据被查纳税人财务数据的相互关系，用可靠或科学测定的数据，验证其检查期账面记录或申报的资料是否正确的一种检查方法。

9. 审阅法

审阅法是指对被查纳税人的会计账簿、凭证等账务资料，通过直观的审查阅览，发现在纳税方面存在问题的一种检查方法。

10. 核对法

核对法是指通过对被查纳税人的各种相关联的会计凭证、账簿、报表及实物进行相互核对，验证其在纳税方面存在问题的一种检查方法。

11. 观察法

观察法是指通过被查纳税人的生产经营场所、仓库、工地等现场，实地观察其生产经营及存货等情况，以发现纳税问题或验证账面记录中可疑问题的一种检查方法。

12. 外调法

外调法是指对被查纳税人怀疑或已掌握一定线索的经济事项，通过向与其有经济联系的单位或个人进行调查，予以查证核实的一种方法。

13. 盘存法

盘存法是指通过对被查纳税人的货币资金、存货及固定资产等实物进行盘点清查，核实其账实是否相符，进而发现纳税问题的一种检查方法。

14. 交叉稽核法

国家为加强增值税专用发票管理，应用计算机将增值税专用发票抵扣联与存根联进行交叉稽核，以查出虚开及假开发票行为，避免国家税款流失。目前，这种方法通过"金税工程"体现，对利用增值税专用发票偷逃税款行为起到了极大的遏制作用。

三、税务检查的职责

税务机关有权进行下列检查。

1. 查账权

检查纳税人的账簿、记账凭证、报表和有关资料，检查扣缴义务人代扣代缴、代收代缴税款账簿、记账凭证和有关资料。

因检查需要时，经县以上税务局(分局)局长批准，税务机关可以将纳税人、扣缴义务人以前会计年度的账簿、记账凭证、报表和其他有关资料调回税务机关检查，但是税务机关必须向纳税人、扣缴义务人开付清单，并在 3 个月内完整退还。

有特殊情况的，经设区的市、自治州以上税务局局长批准，税务机关可以将纳税人、扣缴义务人当年的账簿、记账凭证、报表和其他有关资料调回检查，但税务机关必须在 30 日内退还。

2. 场地检查权

税务机关有权到纳税人的生产、经营场所和货物存放地检查纳税人应纳税的商品、货物或者其他财产，检查扣缴义务人与代扣代缴、代收代缴税款有关的经营情况。

3. 责成提供资料权

责成纳税人、扣缴义务人提供与纳税或者代扣代缴、代收代缴税款有关的文件、证明材料和有关资料。

4. 询问权

询问纳税人、扣缴义务人与纳税或者代扣代缴、代收代缴税款有关的问题和情况。

5. 在交通要道和邮政企业的查证权

到车站、码头、机场、邮政企业及其分支机构检查纳税人托运、邮寄应税商品、货物或者其他财产的有关单据凭证和资料。

6. 查询存款账户权

经县以上税务局(分局)局长批准，凭全国统一格式的检查存款账户许可证明，查询从事生产、经营的纳税人、扣缴义务人在银行或者其他金融机构的存款账户。

税务机关在调查税收违法案件时，经设区的市、自治州以上税务局(分局)局长批准，可以查询案件涉嫌人员的储蓄存款。税务机关查询所获得的资料不得用于税收以外的用途。

注意：

(1) 税务检查时，税务机关采取税收保全措施的期限一般不得超过 6 个月；重大案件需要延长的，应当报国家税务总局批准。

(2) 税务机关调查税务违法案件时，对与案件有关的情况和资料，可以记录、录音、录像、照相和复制。

(3) 税务人员进行税务检查时，应当出示税务检查证和税务检查通知书，并有责任为被检查人保守秘密；无税务检查证和税务检查通知书的，纳税人、扣缴义务人及其他当事人有权拒绝检查。

(4) 税务机关对纳税人、扣缴义务人及其他当事人处以罚款或者没收违法所得时，应当开付罚没凭证；未开付罚没凭证的，纳税人、扣缴义务人以及其他当事人有权拒绝给付。

【例 10-12 多选题】下列关于税务机关行使税务检查权的表述中，符合税法规定的有( )。

A. 到纳税人的住所检查应纳税的商品、货物和其他财产

B. 责成纳税人提供与纳税有关的文件、证明材料和有关资料

C. 到车站检查纳税人托运货物或者其他财产的有关单据、凭证和资料

D. 经县税务局局长批准，凭统一格式的检查存款账户许可证，查询案件涉嫌人员的储蓄存款

【答案】BC

【答案解析】税务机关不能到纳税人住所检查应纳税的商品、货物和其他财产；税务机关在调查税务违法案件时，经设区的市、自治州以上税务局(分局)局长批准，可以查询案件涉嫌人员的储蓄存款。

第五节　税收法律责任

一、纳税人、扣缴义务人的法律责任

(一)违反税务管理基本规定行为的处罚

(1) 纳税人有下列行为之一的，由税务机关责令限期改正，可以处以 2 000 元以下的罚款；情节严重的，处以 2 000 元以上 10 000 元以下的罚款：①未按照规定的期限申报办理税务登记、变更或者注销登记的；②未按照规定设置、保管账簿或者保管记账凭证和有关资料的；③未按照规定将财务会计制度和具体的财务、会计处理方法和会计核算软件报送税务机关备案的；④未按照规定将其全部银行账号向税务机关报告的；⑤未按照规定安装、使用税控装置，或损毁或擅自改动税控装置的；⑥纳税人未按照规定办理税务登记证件验证或者换证手续的。

《税收征管法》第七十四条规定，行政处罚，罚款额在 2 000 元以下的，可以由税务所决定。

(2) 纳税人不办理税务登记的，由税务机关责令限期改正；逾期不改正的，税务机关提请工商行政管理机关吊销其营业执照。

(3) 纳税人未按照规定使用税务登记证件或者转借、涂改、损毁、买卖、伪造税务登记证件的，处 2 000 元以上 10 000 元以下的罚款；情节严重的，处 10 000 元以上 50 000 元以下的罚款。

(4) 纳税人通过提供虚假的证明资料等手段骗取税务登记证的，处 2 000 元以下的罚款；情节严重的，处 2 000 元以上 10 000 元以下的罚款。

(5) 扣缴义务人未按照规定办理扣缴税款登记的，税务机关应当自发现之日起 3 日内责令其限期改正，并可处以 2 000 元以下的罚款。

(二)扣缴义务人违反账簿、凭证管理的处罚

扣缴义务人未按照规定设置、保管代扣代缴、代收代缴税款账簿或者保管代扣代缴、代收代缴税款记账凭证及有关资料的，由税务机关责令其限期改正，可以处 2 000 元以下的罚款；情节严重的，处 2 000 元以上 5 000 元以下的罚款。

(三)纳税人、扣缴义务人未按规定进行纳税申报的法律责任

纳税人未按照规定的期限办理纳税申报和报送纳税资料的，或者扣缴义务人未按照规定的期限向税务机关报送代扣代缴、代收代缴税款报告表和有关资料的，由税务机关责令其限

期改正，可以处 2 000 元以下的罚款；情节严重的，可以处 2 000 元以上 10 000 元以下的罚款。

(四)对偷税的认定及其法律责任

(1) 纳税人伪造、变造、隐匿、擅自销毁账簿、记账凭证，或者在账簿上多列支出或者不列、少列收入，或者经税务机关通知申报而拒不申报或者进行虚假的纳税申报，不缴或者少缴应纳税款的，是偷税。对纳税人偷税的，由税务机关追缴其不缴或者少缴的税款、滞纳金，并处不缴或者少缴的税款 50%以上 5 倍以下的罚款；构成犯罪的，依法追究其刑事责任。

扣缴义务人采取前款所列手段，不缴或者少缴已扣、已收税款，由税务机关依照前款的规定处罚。

(2) 纳税人采取欺骗、隐瞒手段进行虚假纳税申报或者不申报，逃避缴纳税款数额较大并且占应纳税额 10%以上的，处 3 年以下有期徒刑或者拘役，并处罚金；数额巨大并且占应纳税额 30%以上的，处 3 年以上 7 年以下有期徒刑，并处罚金。

扣缴义务人采取前款所列手段，不缴或者少缴已扣、已收税款，数额较大的，依照前款的规定处罚。

【例 10-13 分析题】2022 年 6 月 6 日，某县税务局接到市民举报，称天泉服装厂有偷税行为，遂以县税务局的名义下发了"税务检查通知书"，并于 6 月 10 日派检查人员王某和钱某到该厂检查。两位检查人员在向该厂的相关人员出示了"税务检查通知书"和税务检查证后，即开始实施检查。经检查核实，该厂 2021 年度应纳税总额为 506.78 万元，而该厂在 2021 年度通过销售不入账等手段不缴或者少缴各种税款的总额为 49.26 万元。

根据上述材料，请分析下列问题：

(1) 该服装厂的行为属于什么性质？

(2) 对该服装厂应如何处理？

【解析】

(1) 该服装厂逃避缴纳税款数额占应纳税额的比例=49.26÷506.78=9.72%。

该服装厂逃避缴纳税款数额占应纳税额的比例不足 10%，因此，该行为构成偷税行为，但未构成刑事犯罪。

(2) 对该服装厂的偷税行为，应由税务机关追缴其不缴或少缴的税款、滞纳金，并处以所偷税额 50%以上 5 倍以下的罚款。

(五)进行虚假申报或不进行申报行为的法律责任

纳税人、扣缴义务人编造虚假计税依据的，由税务机关责令其限期改正，并处 5 万元以下的罚款。

纳税人不进行纳税申报，不缴或者少缴应纳税款的，由税务机关追缴其不缴或者少缴的税款、滞纳金，并处不缴或者少缴税款 50%以上 5 倍以下的罚款。

(六)逃避追缴欠税的法律责任

纳税人欠缴应纳税款，采取转移或者隐匿财产的手段，妨碍税务机关追缴欠缴的税款的，由税务机关追缴欠缴的税款、滞纳金，并处欠缴税款 50%以上 5 倍以下的罚款；构成犯罪的，依法追究刑其事责任。

纳税人欠缴应纳税款，采取转移或者隐匿财产的手段，致使税务机关无法追缴欠缴的税

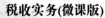

款，数额在 1 万元以上不满 10 万元的，处 3 年以下有期徒刑或者拘役，并处或者单处欠缴税款 1 倍以上 5 倍以下的罚金；数额在 10 万元以上的，处 3 年以上 7 年以下有期徒刑，并处欠缴税款 1 倍以上 5 倍以下的罚金。

(七)骗取出口退税的法律责任

以假报出口或者其他欺骗手段，骗取国家出口退税款的，由税务机关追缴其骗取的退税款，并处骗取税款 1 倍以上 5 倍以下的罚款；构成犯罪的，依法追究其刑事责任。

对骗取国家出口退税款的，税务机关可以在规定期间内停止为其办理出口退税。

以假报出口或者其他欺骗手段，骗取国家出口退税款，数额较大的，处 5 年以下有期徒刑或者拘役，并处骗取税款 1 倍以上 5 倍以下的罚金；数额巨大或者有其他严重情节的，处 5 年以上 10 年以下有期徒刑，并处骗取税款 1 倍以上 5 倍以下的罚金；数额特别巨大或者有其他特别严重情节的，处 10 年以上有期徒刑或者无期徒刑，并处骗取税款 1 倍以上 5 倍以下的罚金或者没收财产。

注意： 骗取国家出口退税款 5 万元以上的，为"数额较大"；50 万元以上的，为"数额巨大"；250 万元以上的，为"数额特别巨大"。

(八)抗税的法律责任

以暴力、威胁方法拒不缴纳税款的，是抗税，除由税务机关追缴其拒缴的税款、滞纳金外，依法追究其刑事责任。情节轻微，未构成犯罪的，由税务机关追缴其拒缴的税款、滞纳金，并处拒缴税款 1 倍以上 5 倍以下的罚款。

以暴力、威胁方法拒不缴纳税款的，处 3 年以下有期徒刑或者拘役，并处拒缴税款 1 倍以上 5 倍以下的罚金；情节严重的，处 3 年以上 7 年以下有期徒刑，并处拒缴税款 1 倍以上 5 倍以下的罚金。

(九)在规定期限内不缴或者少缴税款的法律责任

纳税人、扣缴义务人在规定期限内不缴或者少缴应纳或者应解缴的税款，经税务机关责令限期缴纳，逾期仍未缴纳的，税务机关除采取强制执行措施追缴其不缴或者少缴的税款外，可以处不缴或者少缴税款 50%以上 5 倍以下的罚款。

(十)扣缴义务人不履行扣缴义务的法律责任

扣缴义务人应扣未扣、应收而不收税款的，由税务机关向纳税人追缴税款，对扣缴义务人处应扣未扣、应收未收税款 50%以上 3 倍以下的罚款。

(十一)不配合税务机关依法检查的法律责任

纳税人、扣缴义务人逃避、拒绝或者以其他方式阻挠税务机关检查的，由税务机关责令改正，可以处 1 万元以下的罚款；情节严重的，处 1 万元以上 5 万元以下的罚款。

逃避、拒绝或者以其他方式阻挠税务机关检查的情形有。

(1) 提供虚假资料，不如实反映情况，或者拒绝提供有关资料的。

(2) 拒绝或者阻止税务机关记录、录音、录像、照相和复制与案件有关的情况和资料的。

(3) 在检查期间，纳税人、扣缴义务人转移、隐匿、销毁有关资料的。

(4) 有不依法接受税务检查的其他情形的。

(十二)有税收违法行为而拒不接受税务机关处理的法律责任

从事生产、经营的纳税人、扣缴义务人有《税收征管法》规定的税收违法行为，拒不接受税务机关处理的，税务机关可以收缴其发票或者停止向其发售发票。

【例 10-14 单选题】根据规定，下列关于纳税人违反税收法律制度的法律责任说法正确的有( )。

A. 纳税人不办理税务登记，由税务机关提请工商机关吊销其营业执照

B. 纳税人未按照规定的期限办理纳税申报，税务机关可以处 2 000 元以下的罚款

C. 扣缴义务人应扣未扣税款，由税务机关向扣缴义务人追缴税款，并处税款 50% 以上 3 倍以下的罚款

D. 纳税人以假报出口方式骗取国家出口退税，由税务机关追缴其骗取的退税款并处骗取税款 50% 以上 5 倍以下的罚款

【答案】B

【答案解析】纳税人不办理税务登记的，由税务机关责令限期改正；逾期不改正的经税务机关提请，由工商行政管理机关吊销其营业执照，故选项 A 错误。扣缴义务人应扣未扣税款，由税务机关向纳税人追缴税款，并对扣缴义务人处应扣未扣税款 50% 以上 3 倍以下的罚款，故选项 C 错误。纳税人以假报出口方式骗取国家出口退税，由税务机关追缴其骗取的退税款并处骗取税款 1 倍以上 5 倍以下的罚款，故选项 D 错误。

二、税务机关、税务人员的法律责任

(一)税务机关擅自改变税收征收管理范围的法律责任

税务机关违反规定擅自改变税收征收管理范围和税款入库预算级次的，责令其限期改正，对直接负责的主管人员和其他直接责任人员依法给予降级或者撤职的行政处分。

(二)税务机关不移送的法律责任

纳税人、扣缴义务人有《税收征管法》规定的行为涉嫌犯罪的，税务机关应当依法移送司法机关追究刑事责任。

税务人员徇私舞弊，对依法应当移送司法机关追究刑事责任的不移送，情节严重的，依法追究其刑事责任。

(三)税务人员不依法行政的法律责任

税务机关、税务人员查封、扣押纳税人个人及其所扶养家属维持生活必需的住房和用品的，责令其退还，依法给予行政处分；构成犯罪的，依法追究其刑事责任。

税务人员与纳税人、扣缴义务人勾结，唆使或者协助纳税人、扣缴义务人有《税收征管法》规定的行为，构成犯罪的，按照刑法关于共同犯罪的规定处罚；尚不构成犯罪的，依法给予行政处分。

税务人员私分扣押、查封的商品、货物或者其他财产，情节严重，构成犯罪的，依法追究其刑事责任；尚不构成犯罪的，依法给予行政处分。

(四)税务人员渎职行为的法律责任

税务人员利用职务上的便利，收受或者索取纳税人、扣缴义务人财物或者谋取不正当利

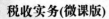
益，构成犯罪的，依法追究其刑事责任；尚不构成犯罪的，依法给予行政处分。

税务人员徇私舞弊或者玩忽职守，不征收或者少征应征税款，致使国家税收遭受重大损失，构成犯罪的，依法追究其刑事责任；尚不构成犯罪的，依法给予行政处分。

税务人员滥用职权，故意刁难纳税人、扣缴义务人的，调离税收工作岗位，并依法给予行政处分。

税务人员对控告、检举税收违法违纪行为的纳税人、扣缴义务人以及其他检举人进行打击报复的，依法给予行政处分；构成犯罪的，依法追究其刑事责任。

《中华人民共和国刑法》第四百〇四条规定："税务机关的工作人员徇私舞弊，不征或者少征应征税款，致使国家税收遭受重大损失的，处 5 年以下有期徒刑或者拘役；造成特别重大损失的，处 5 年以上有期徒刑。"

《中华人民共和国刑法》第四百〇五条规定："税务机关的工作人员违反法律、行政法规的规定，在办理发售发票、抵扣税款、出口退税工作中，徇私舞弊，致使国家利益遭受重大损失的，处 5 年以下有期徒刑或者拘役；致使国家利益遭受特别重大损失的，处 5 年以上有期徒刑。"

(五)税务机关不按规定征收税款的法律责任

税务人员违反法律、行政法规的规定提前征收、延缓征收或者摊派税款的，由其上级机关或者行政监察机关责令改正，对直接负责的主管人员和其他直接责任人员依法给予行政处分。

税务人员违反法律、行政法规的规定，擅自做出税收的开征、停征或者减税、免税、退税、补税以及其他同税收法律、行政法规相抵触的决定的，除依照《税收征管法》规定撤销其擅自做出的决定外，补征应征而未征的税款，退还不用征收而征收的税款，并由上级机关追究直接负责的主管人员和其他直接责任人员的行政责任；构成犯罪的，依法追究其刑事责任。

三、其他单位、相关人员的法律责任

(一)银行及其他金融机构拒绝配合税务机关依法执行职务的法律责任

(1) 银行和其他金融机构未依照《税收征管法》的规定在从事生产、经营的纳税人的账户中登录税务登记证件号码，或者未按规定在税务登记证件中登录从事生产、经营的纳税人的账户、账号的，由税务机关责令其限期改正，处 2 000 元以上 2 万元以下的罚款；情节严重的，处 2 万元以上 5 万元以下的罚款。

(2) 银行及其他金融机构为纳税人、扣缴义务人非法提供银行账户、发票、证明或者其他方便，导致未缴、少缴税款或者骗取国家出口退税的，税务机关除没收其违法所得外，可以处未缴、少缴或者骗取的税款 1 倍以下的罚款。

(3) 纳税人、扣缴义务人的开户银行或者其他金融机构拒绝接受税务机关依法检查纳税人、扣缴义务人存款账户，或者拒绝执行税务机关做出的冻结存款或者扣缴税款的决定，或者在接到税务机关的书面通知后帮助纳税人、扣缴义务人转移存款，造成税款流失的，由税务机关处 10 万元以上 50 万元以下的罚款，对直接负责的主管人员和其他直接责任人员处 1 000 元以上 1 万元以下的罚款。

(二)税务代理人违反税务代理的法律责任

税务代理人违反税收法律、行政法规，造成纳税人未缴或者少缴税款的，除由纳税人缴纳或者补缴应纳税款、滞纳金外，对税务代理人处纳税人未缴或者少缴税款50%以上3倍以下的罚款。

本章小结

本章全面介绍了税收征收管理的相关规定。

《税收征管法》是有关税收征纳及其管理程序方面的法律规范，适用于由税务机关征收的各种税收的征收管理。《税收征管法》的遵从主体，包括各级税务部门、税务行政管理相对人(纳税人、扣缴义务人以及其他税务当事人)以及包括地方政府在内的其他有关单位和部门。

税收征管的内容包括税务管理、税款征收、税务检查和法律责任四个部分。

税务管理包括税务登记、账簿凭证管理、纳税申报和涉税专业服务管理。

税款征收包括延期纳税、加收滞纳金、减免税管理、核定征收、关联企业纳税调整、纳税担保、税收保全措施、税收强制执行措施、税款优先、欠税清缴以及税款的补缴、追征、退还。

税务检查包括税务检查的形式与方法和税务检查的权限。

法律责任包括纳税人、扣缴义务人违反税收征收管理的法律责任。

案例链接

税务部门依法查处范冰冰"阴阳合同"等偷逃税问题

从国家税务总局以及江苏省税务局获悉，2018年6月初，群众举报范冰冰"阴阳合同"涉税问题后，国家税务总局高度重视，即责成江苏等地税务机关依法开展调查核实，目前案件事实已经查清。

从调查核实情况看，范冰冰在电影《大轰炸》剧组拍摄过程中实际取得片酬3000万元，其中，1000万元已经申报纳税，其余2000万元以拆分合同方式偷逃个人所得税618万元，少缴营业税及附加112万元，合计730万元。此外，还查出范冰冰及其担任法定代表人的企业少缴税款2.48亿元，其中偷逃税款1.34亿元。

对于上述违法行为，根据国家税务总局指定管辖，江苏省税务局依据《税收征管法》第三十二、第五十二条的规定，对范冰冰及其担任法定代表人的企业追缴税款2.55亿元，加收滞纳金0.33亿元；依据《税收征管法》第六十三条的规定，对范冰冰采取拆分合同手段隐瞒真实收入偷逃税款处4倍罚款，计2.4亿元，对其利用工作室账户隐匿个人报酬的真实性质偷逃税款处3倍罚款，计2.39亿元；对其担任法定代表人的企业少计收入偷逃税款处1倍罚款，计94.6万元；依据《税收征管法》第六十九条和《税收征管法实施细则》第九十三条的规定，对其担任法定代表人的两户企业未代扣代缴个人所得税和非法提供便利协助少缴税款各处 0.5 倍罚款，分别计 0.51 亿元、0.65 亿元。

依据《中华人民共和国行政处罚法》第四十二条以及《江苏省行政处罚听证程序规则》相关规定，9 月 26 日，江苏省税务局依法先向范冰冰下达《税务行政处罚事项告知书》，对此范冰冰未提出听证申请。9 月 30 日，江苏省税务局依法已向范冰冰正式下达《税务处理决定书》和《税务行政处罚决定书》，要求其将追缴的税款、滞纳金、罚款在收到上述处理处罚决定后在规定期限内缴清。

依据《中华人民共和国刑法》第二百〇一条的规定，由于范冰冰属于首次被税务机关按偷税予以行政处罚且此前未因逃避缴纳税款受过刑事处罚，上述定性为偷税的税款、滞纳金、罚款在税务机关下达追缴通知后在规定期限内缴纳的，依法不予追究刑事责任。超过规定期限不缴纳税款和滞纳金、不接受行政处罚的，税务机关将依法移送公安机关处理。

经查，2018 年 6 月，在税务机关对范冰冰及其经纪人牟某广所控制的相关公司展开调查期间，牟某广指使公司员工隐匿、故意销毁涉案公司会计凭证、会计账簿，阻挠税务机关依法调查，涉嫌犯罪。现牟某广等人已被公安机关依法采取强制措施，案件正在进一步侦查中。

国家税务总局已责成江苏省税务局对原无锡市地方税务局、原无锡市地方税务局第六分局等主管税务机关的有关负责人和相关责任人员依法依规进行问责。同时，国家税务总局已部署开展规范影视行业税收秩序工作。对在 2018 年 12 月 31 日前自查自纠并到主管税务机关补缴税款的影视企业及相关从业人员，免予行政处罚，不予罚款；对个别拒不纠正的依法严肃处理；对出现严重偷逃税行为且未依法履职的地区税务机关负责人及相关人员，将根据不同情形依法依规严肃问责或追究法律责任。

思考与讨论：

(1) 从案例中看，《税收征管法》的遵从主体有哪些？

(2) 根据《税收征管法》的相关规定，范冰冰被追缴税款、滞纳金、罚款金额分别为多少？

(3) 范冰冰偷税的税款、滞纳金、罚款金额巨大，为什么不依法追究其刑事责任？

(4) 对案件相关的税务人员的相关法律责任是什么？

(5) 通过该案例，你对税收征管有何认识？

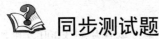 同步测试题

一、单项选择题

1. 甲厂系由乙公司和丙商场共同投资的食品生产企业。因经营情况变化，经投资双方协商，丙商场将其持有甲厂的全部股权转让给乙公司，并签订转让协议，于 2015 年 4 月 18 日向产权转移中心和工商行政管理部门办理了相关的登记手续。甲厂投资主体变化后，有关各方的税务登记，正确的做法是(   )。

A. 甲厂、乙公司和丙商场分别办理变更税务登记

B. 甲厂应办理变更税务登记；乙公司和丙商场不需要办理任何税务登记手续

C. 甲厂应先办注销税务登记，再办设立税务登记；乙公司和丙商场分别办理变更税务登记

D. 甲厂应先办注销税务登记，再办设立税务登记；乙公司和丙商场不需要办理任何税务登记手续

2. 根据税收征收管理的有关规定，从事生产、经营的纳税人应当自领取营业执照或者发生纳税义务之日起(　　)日内，按规定设置账簿。

A. 7　　　　　　　　B. 10　　　　　　　　C. 15　　　　　　　　D. 30

3. 某公司应于 15 日缴纳税款，但逾期未缴，税务机关责令其于 20 日前缴纳，该公司拖延至 29 日才缴纳，以下滞纳金的起算时间正确的是(　　)。

A. 15 日　　　　　　B. 16 日　　　　　　C. 20 日　　　　　　D. 29 日

4. 纳税人、扣缴义务人以暴力、威胁方法拒不缴纳税款的行为，属于(　　)。

A. 骗税　　　　　　B. 抗税　　　　　　C. 偷税　　　　　　D. 逃税

5. 某餐饮公司 2017 年 8 月应缴纳增值税 60 000 元，城市维护建设税 4 200 元。该公司在规定期限内未进行纳税申报，税务机关责令其缴纳并加收滞纳金，该公司在 9 月 30 日办理了申报缴纳手续。税务机关核定该公司增值税和城市维护建设税均以 1 个月为一个纳税期；从滞纳税款之日起，按日加收滞纳税款 0.5‰ 的滞纳金。该公司应缴纳的滞纳金金额是(　　)元。

A. 60 000×0.5‰×15=450　　　　　　　　B. (60 000+4 200)×0.5‰×15=481.5

C. 60 000×0.5‰×30=900　　　　　　　　D. (60 000+4 200)×0.5‰×30=963

6. 税务机关采取的下列措施中，属于税收保全措施的是(　　)。

A. 查封纳税人的价值相当于应纳税款的商品或货物

B. 书面通知纳税人的开户银行从其银行存款中扣缴税款

C. 拍卖纳税人其价值相当于应纳税款的商品用于抵缴税款

D. 对纳税人逃避纳税义务的行为处以 2 000 元以上 5 000 元以下的罚款

7. 税务机关采取税收保全措施的期限一般不得超过(　　)个月。

A. 3　　　　　　　　B. 6　　　　　　　　C. 12　　　　　　　　D. 24

8. 税务机关在采取税收保全措施时，(　　)不在保全措施的范围之内。

A. 高档消费品

B. 已腐烂的商品

C. 个人及其所扶养家属维持生活必需的住房和用品

D. 金银首饰

9. 纳税人不能按照税法规定的纳税期限缴纳税款，(　　)，不足以缴纳税款的，可申请延期纳税。

A. 当期银行存款在扣除应付职工工资、社会保险费后

B. 当期货币资金在扣除应付职工工资、社会保险费后

C. 当期货币资金在扣除银行存款及各项上交款项后

D. 当期货币资金在扣除应付职工工资和应计提的公益金、公积金以后

10. 纳税人因有特殊困难，不能按期缴纳税款的，经(　　)批准，可以延期缴纳税款。

A. 税务所　　　　　　　　　　　　B. 征管分局

C. 县以上税务局(分局)　　　　　　D. 省级税务局

二、多项选择题

1. 根据税收征收管理的有关规定，下列各项中，可以不办理税务登记的有( )。
   A. 国家机关
   B. 企业在外地设立的分支机构
   C. 无固定生产经营场所的流动性农村小商贩
   D. 负有个人所得税纳税义务的自然人

2. 以下各项中属于税款征收方式的有( )。
   A. 查账征收
   B. 查验征收
   C. 定期定额征收
   D. 核定、调整税额

3. 根据规定，税务机关有权核定应纳税额的情形包括( )。
   A. 依照法律、行政法规的规定可以不设置账簿的
   B. 纳税人拒不提供纳税资料的
   C. 发生纳税义务，未按照规定的期限缴纳税款，经税务机关责令限期缴纳，逾期仍不缴纳的
   D. 纳税人申报的计税依据明显偏低，但有正当理由的

4. 下列各项中，属于税收征收管理法律制度禁止的行为有( )。
   A. 转借发票
   B. 拆本使用发票
   C. 扩大发票使用范围
   D. 以其他凭证代替发票使用

5. 根据税收征收管理的有关规定，纳税申报方式包括( )。
   A. 自行申报
   B. 邮局申报
   C. 数据电文申报
   D. 简并征期

6. 纳税人有下列( )情形，适用纳税担保。
   A. 在限期内税务机关有根据认为纳税人有明显的转移、隐匿其应纳税的商品、货物以及其他财产或者应纳税收入的迹象
   B. 纳税人未按规定期限纳税
   C. 纳税人同税务机关在纳税上发生争议而未缴清税款，需要申请行政复议的
   D. 欠缴税款、滞纳金的纳税人或者其法定代表人需要出境的

7. 根据税收征收管理的有关规定，纳税担保的范围包括( )。
   A. 税款
   B. 滞纳金
   C. 罚款
   D. 为实现税款变卖担保财产的费用

8. 下列对于税款征收采取强制执行措施的说法，正确的有( )。
   A. 如果纳税人未按规定期限缴纳税款，税务机关就采取强制执行措施
   B. 税务机构采取强制执行措施时，主要针对纳税人未缴税款，不包括其未缴纳滞纳金
   C. 个人唯一住房不在强制执行范围内
   D. 税务机关采取强制执行措施可书面通知纳税人开户银行从其存款中扣缴税款

9. 下列各项中，属于虚开发票行为的有( )。
   A. 为自己开具与实际经营业务情况不符的发票
   B. 为他人开具与实际经营业务情况不符的发票
   C. 让他人为自己开具与实际经营业务情况不符的发票

D. 介绍他人开具与实际经营业务情况不符的发票

10. 根据税收征收管理法律制度的规定，纳税人发生偷税行为时，税务机关可以行使的权力有(　　)。

A. 追缴税款　　　　B. 加收滞纳金　　　　C. 处以罚款　　　　D. 处以罚金

三、判断题

1. 从事生产、经营的纳税人应当自领取营业执照之日起 15 日内，向生产、经营地或者纳税义务发生地的主管税务机关申报办理税务登记。　　　　　　　　　　(　　)

2. 企业在外地设立从事生产、经营的场所不需要办理税务登记。　　　　(　　)

3. 纳税人发生解散、破产、撤销以及其他情形，依法终止纳税义务的，应当先向工商行政管理机关办理注销登记，然后向原税务登记机关申报办理注销税务登记。　(　　)

4. 增值税专用发票由国家税务总局确定的企业印制。　　　　　　　　(　　)

5. 纳税人在纳税期内没有应纳税款的，不需办理纳税申报。　　　　　(　　)

6. 纳税人享受减税、免税待遇的，则不需要再办理纳税申报。　　　　(　　)

7. 账簿、记账凭证、报表、完税凭证、发票、出口凭证及其有关涉税资料应当保存 10 年；法律、行政法规另有规定的除外。　　　　　　　　　　　　　　　　(　　)

8. 税务机关对单价 4 000 元以下的其他生活用品，不采取税收保全措施和强制执行措施。　　　　　　　　　　　　　　　　　　　　　　　　　　　　　(　　)

9. 纳税人欠缴税款，同时又被行政机关决定处以罚款的，罚款优先于税收。　(　　)

10. 已缴入国库的税款、滞纳金、罚款，任何单位和个人不得擅自变更预算科目和预算级次。　　　　　　　　　　　　　　　　　　　　　　　　　　　　(　　)

四、案例分析题

1. 某税务所 2021 年 6 月 12 日接到群众举报，辖区内流星服装厂(系个体)开业近两个月尚未办理税务登记。6 月 14 日，该税务所对流星服装厂进行税务检查。发现该服装厂 4 月 24 日办理工商营业执照，4 月 26 日正式投产，没有办理税务登记。根据检查情况，税务所于 6 月 16 日做出责令流星服装厂于 6 月 23 日前办理税务登记并处以 500 元罚款的规定。

请问该税务所处理决定是否有效？为什么？

2. 2021 年 7 月 12 日，某公司会计在翻阅 5 月份账簿时，发现多缴税款 15 000 元，于是该公司向税务机关提出给予退还税款并加算银行同期存款利息的请求。

请回答：

(1) 税务机关是否应当退还税款？

(2) 假如可以退还税款，应如何计算利息？退还渠道是什么？

📚 **拓展阅读**

税收征收管理法的历史发展

《中华人民共和国税收征收管理法》于 1992 年 9 月 4 日第七届全国人民代表大会常务委员会第二十七次会议通过，自 1993 年 1 月 1 日起施行，1995 年 2 月 28 日，第八届全国人民

税收实务(微课版)

代表大会常务委员会第十二次会议第一次修正。2001 年 4 月 28 日，第九届全国人民代表大会常务委员会第二十一次会议进行了修订，并通过了修订后的《中华人民共和国税收征收管理法》，并于 2001 年 5 月 1 日起施行。2013 年 6 月 29 日，第十二届全国人民代表大会常务委员会第三次会议进行了第二次修正(第十五条第一款)，2015 年 4 月 24 日，第十二届全国人民代表大会常务委员会第十四次会议进行了第三次修正(第三十三条)，也就是于 1995 年、2001 年、2013 年和 2015 年进行了三次修正和一次修订。

《中华人民共和国税收征管法实施细则》是根据《中华人民共和国税收征收管理法》的规定制定的细则，自 2002 年 10 月 15 日起施行，并于 2012 年、2013 年和 2016 年进行了三次修正。

2015 年中共中央办公厅、国务院办公厅印发的《深化国税、地税征管体制改革方案》推进的是国税地税"合作"；2018 年中共中央办公厅、国务院办公厅印发的《国税地税征管体制改革方案》实施的是国税地税"合并"；2021 年 3 月 24 日，中共中央办公厅、国务院办公厅公布《关于进一步深化税收征管改革的意见》。

第十一章　工业企业综合纳税实务

【教学目的与要求】

- 了解工业企业在经营中涉及的税种类型。
- 掌握工业企业涉税业务的会计核算方法。
- 掌握工业企业综合纳税实务的核算方法。
- 掌握工业企业综合纳税申报。

一、工业企业业务活动内容

天源酒业有限责任公司为一般纳税人，从事白酒、啤酒、料酒、保健酒、米酒和酒精的生产与销售。

2021 年相关涉税经济业务如下(假定增值税业务发生在 8 月份)。

业务 1　签订购货合同 1 份，购进玻璃酒瓶 500 000 个，每个 0.4 元，支付货款 20 万元，进项税额为 2.6 万元，取得防伪税控专用发票，货物入库。发生运输费用，取得增值税专用发票，注明运费金额为 2.4 万元。

业务 2　直接向附近农民购进农产品一批，支付收购价 20.28 万元，支付给运输单位运费 3 万元，取得运输业增值税专用发票，农产品已验收入库，并将购进的部分农产品(其中，产品购价为 26 200 元，运费为 2 850 元)用于本企业职工福利。

业务 3　签订商品销售合同 3 份，销售粮食白酒 18 000 箱(售价 360 元/箱，成本 250 元/箱)，啤酒 150 000 箱(售价 40 元/箱，成本 24 元/箱)，保健酒 30 000 箱(售价为 240 元/箱，成本为 160 元/箱)，取得不含税销售收入 1 968 万元，开具防伪税控专用发票 1 张。(备注：所有酒类产品每箱均为 12 斤。)

业务 4　将自产的粮食白酒直接用于职工福利，合计 150 箱。

业务 5　签订商品销售合同一份，销售酒精一批，取得不含税销售额 8 万元，开具防伪税控专用发票 1 张，发生运输费用 1 万元，取得增值税专用发票，注明运费金额为 1 万元。产品成本为 5.6 万元。

业务 6　向酒博览会组委会捐赠粮食白酒 20 箱、保健酒 20 箱。

业务 7　签订购货合同一份，购进纸箱厂为本厂定做的包装纸箱，支付费用 50 万元(不含税)，货已收到，验收入库，收到防伪税控专用发票 1 张。

业务 8　仓库发生意外，经税务机关核定损失玻璃酒瓶 80 000 个，共计损失金额 32 000 元，经批准计入营业外支出。

业务 9　签订商品销售合同一份，购入机械化生产线 1 套，取得防伪税控专用发票，支付价款 100 000 元、增值税 13 000 元。发生运输费用，取得增值税专用发票，注明运费金额为 0.6 万元。该生产线当年没有计提过折旧。

业务 10　10 月份签订产权转移书据一份，销售厂房 3 000 平方米，取得销售收入 1 400 万元，已计提折旧 150 万元，该厂房是 3 年前以 1 000 万元购买，出售时评估价为 1 600 万元，七成新，增值税选择简易计税办法。

业务 11　销售自己使用过的设备，取得销售收入 1.03 万元。该设备为 2007 年购入，原值为 3 万元，已计提折旧 1.8 万元，2007 年未抵扣过进项税额。

业务 12　签订加工合同一份，发出原材料一批，委托某加工企业(增值税一般纳税人)加工高端薯类白酒 100 千克，原材料成本为 12 000 元，支付加工费 2 000 元，本月尚未取得加工企业开具的防伪税控专用发票，加工企业无同类消费品的销售价格，已代收代缴消费税。本月将收回的 100 千克白酒直接对外销售，开具防伪税控专用发票，收取不含税销售额 28 000 元。

业务 13　签订购货合同一份，向小规模纳税人购买大豆一批，取得普通发票，发票上注明金额(支付买价)为 7 200 元。发生运输费用，取得增值税专用发票，注明运输金额为 0.1 万元。

业务 14　公司占用土地面积共计 100 000 平方米，其中，幼儿园占地 1 000 平方米，医院占地 1 500 平方米，建筑面积为 96 000 平方米。该地城镇土地使用税税额为 3 元/平方米。

业务 15　公司自用房产价值 5 000 万元，对外出租房产价值 2 000 万元，取得租金收入 150 万元。已知该省统一规定计算房产余值时的减除幅度为 30%。

业务 16　公司有一辆整备质量 2 吨的货车，为顾客送货；乘用车 16 辆，其中，9 座以下 9 辆，汽缸容量为 2.0 升以上至 2.5 升(含)的。该企业所在地货车年税额为 40 元/吨，乘人汽车年税额为 800 元/辆，客车年税额为 1 000 元/辆。

业务 17　除上述经济业务外，另发生如下经济业务。

(1) 国债利息收入 500 000 元。

(2) 管理费用 5 000 000 元，包括新产品研究开发费 1 000 000 元、业务招待费 800 000 元。

(3) 财务费用 900 000 元，其中，年初向建设银行借款 5 000 000 元，用于生产经营，年利率为 8%；年初向天一公司借款 3 000 000 元，用于生产经营，年利率为 15%。

(4) 营业外支出 500 000 元，其中，通过民政局向灾区捐赠 250 000 元，罚款支出 30 000 元。

假定该酒业有限责任公司采用实际成本法核算，未特别指出的，销售价格均不含增值税，当期增值税进项税额均符合抵扣条件，增值税、消费税及相关附加税的纳税期限均为 1 个月，房产税、印花税、车船税和城镇土地使用税计入管理费用中核算。要求根据上述经济业务，计算该公司应纳增值税、消费税、印花税、城市维护建设税、教育费附加和企业所得税，并进行纳税申报。

二、工业企业相关涉税业务会计核算

业务 1

购入玻璃酒瓶成本=200 000+24 000=224 000(元)

进项税额=26 000+24 000×9%=28 160(元)

印花税税额=200 000×0.3‰=60(元)

借：周转材料——包装物 224 000

应交税费——应交增值税(进项税额) 28 160

贷：银行存款 252 160

业务2

购入农产品成本=(202 800−26 200)×90%+30 000−2 850

=186 090(元)

进项税额=(202 800−26 200)×10% +(30 000−2 850)×9%

=20 103.5(元)

计入职工福利的农产品成本=26 200+2 850+2 850×9%

=29 306.5 (元)

借：原材料 186 090

应交税费——应交增值税(进项税额) 20 103.5

应付职工薪酬——职工福利 29 306.5

贷：银行存款 235 500

业务3

啤酒每吨销售价格=2 000×40÷12≈6 667 元，适用税率为250 元/吨。

销项税额=19 680 000×13% =2 558 400(元)

粮食白酒消费税税额=18 000×360×20%+18 000×12×0.5=1 404 000(元)

啤酒消费税税额=150 000×12÷2 000×250=225 000(元)

保健酒消费税税额=30 000×240×10%=720 000(元)

销售成本=18 000×250+150 000×24+30 000×160=12 900 000(元)

印花税税额=19 680 000×0.3‰=5 904(元)

(1) 确认销售收入

借：银行存款 22 238 400

贷：主营业务收入 19 680 000

应交税费——应交增值税(销项税额) 2 558 400

(2) 计算应纳消费税

借：税金及附加 2 349 000

贷：应交税费——应交消费税 2 349 000

(3) 结转销售成本

借：主营业务成本 12 900 000

贷：库存商品 12 900 000

业务4

确认收入=150×360=54 000(元)

销项税额=54 000×13%=7 020(元)

消费税税额=54 000×20%+150×12×0.5=11 700(元)

确认成本=150×250=37 500(元)

(1) 自产产品作为职工福利

借：应付职工薪酬——非货币性福利   61 020

  贷：主营业务收入   54 000

   应交税费——应交增值税(销项税额)   7 020

(2) 计算应纳消费税

借：税金及附加   11 700

  贷：应交税费——应交消费税   11 700

(3) 结转销售成本

借：主营业务成本   37 500

  贷：库存商品   37 500

业务 5

销项税额=80 000×13%=10 400(元)

进项税额=10 000×9%=900(元)

印花税税额=80 000×0.3‰=24(元)

(1) 确认销售收入

借：银行存款   90 400

  贷：主营业务收入   80 000

   应交税费——应交增值税(销项税额)   10 400

(2) 支付运输费用

借：销售费用   10 000

  应交税费——应交增值税(进项税额)   900

  贷：银行存款   10 900

(3) 结转销售成本

借：主营业务成本   56 000

  贷：库存商品   56 000

业务 6

销项税额=(20×360+20×240)×13%=1 560(元)

消费税税额=20×360×20%+20×12×0.5+20×240×10%=2 040(元)

城市维护建设税税额=(1 560+2 040)×7%=252(元)

教育费附加=(1 560+2 040)×(3%+2%)=180(元)

确认成本=20×250+20×160=8 200(元)

借：营业外支出   12 232

  贷：库存商品   8 200

   应交税费——应交增值税(销项税额)   1 560

   ——应交消费税   2 040

   ——应交城市维护建设税   252

   ——应交教育费附加   180

业务7

进项税额=500 000×13%=65 000(元)

印花税税额=500 000×0.3‰=150(元)

借：周转材料——包装物 500 000

应交税费——应交增值税(进项税额) 65 000

贷：银行存款 565 000

业务8

进项税额转出=32 000×13%=4 160(元)

① 确认发生的损失

借：待处理财产损溢——待处理流动资产损溢 36 160

贷：周转材料——包装物 32 000

应交税费——应交增值税(进项税额转出) 4 160

② 结转损失

借：营业外支出 36 160

贷：待处理财产损溢——待处理流动资产损溢 36 160

业务9

固定资产成本=100 000+6 000=106 000(元)

进项税额=13 000+6 000×9%=13 540(元)

印花税税额=100 000×0.3‰=30(元)

借：固定资产 106 030

应交税费——应交增值税(进项税额) 13 540

贷：银行存款 119 540

应交税费——应交印花税 30

业务10

增值税税额=(14 000 000−1 0 000 000)÷(1+5%)×5%

=190 476.19(元)

城市维护建设税=190 476.19×7%=13 333.33(元)

教育费附加=190 476.19×(3%+2%)=9 523.81(元)

印花税=14 000 000×0.5‰=7 000(元)

可以扣除税费合计=13 333.33+9 523.81+7 000=29 857.14(元)

土地增值税可扣除项目金额=16 000 000×70%+29 857.14=11 229 857.14(元)

增值额=14 000 000−11 229 857.14=2 770 142.86(元)

增值率=2 770 142.86÷11 229 857.14=24.67%

土地增值税=2 770 142.8×30%=831 042.86(元)

① 固定资产处置

借：固定资产清理 8 500 000

累计折旧 1 500 000

贷：固定资产 10 000 000

② 取得出售收入

借：银行存款 14 000 000

  贷：固定资产清理 13 809 523.81

    应交税费——应交增值税 190 476.19

③ 计算处置应纳税额

借：固定资产清理 860 900

  贷：应交税费——应交城市维护建设税 13 333.33

    ——应交教育费附加 9 523.81

    ——应交土地增值税 831 042.86

    ——应交印花税 7 000

④ 结转处置资产的收益

借：固定资产清理 4 448 623.81

  贷：营业外收入 4 448 623.81

业务 11

增值税税额=10 300÷(1+3%)×2%=200(元)

城市维护建设税税额=200×7%=14(元)

教育费附加=200×(3%+2%)=10(元)

① 设备处置

借：固定资产清理 12 000

  累计折旧 18 000

  贷：固定资产 30 000

② 取得出售收入时

借：银行存款 10 300

  贷：固定资产清理 10 100

    应交税费——应交增值税 200

③ 计算处置应纳税额时

借：固定资产清理 24

  贷：应交税费——应交城市维护建设税 14

    ——应交教育费附加 10

④ 结转处置资产的损失

借：营业外支出 1 924

  贷：固定资产清理 1 924

业务 12

进项税额=2 000×13%=260(元)

销项税额=28 000×13%=3 640(元)

代收代缴消费税税额=(12 000+2 000+100×2×0.5)÷(1−20%)×20%+100×2×0.5

    =17 625×20%+100

    =3 625(元)

代收代缴城市维护建设税税额=3 625×7%=253.75(元)

代收代缴教育费附加=3 625×(3%+2%)=181.25(元)

消费税税额=(28 000-17 625)×20%=2 075(元)

印花税税额=2 000×0.5‰=1(元)

① 发出委托加工物资

借：委托加工物资   12 000

  贷：原材料   12 000

② 支付加工费和进项税额

借：委托加工物资   2 000

  应交税费——应交增值税(进项税额)   260

  贷：银行存款   2 260

③ 支付代收代缴税金

借：委托加工物资   4 060

  贷：银行存款   4 060

④ 委托加工商品验收入库

借：库存商品   18 060

  贷：委托加工物资   18 060

⑤ 商品销售取得收入

借：银行存款   31 640

  贷：主营业务收入   28 000

    应交税费——应交增值税(销项税额)   3 640

⑥ 出售缴纳消费税

借：税金及附加   2 075

  贷：应交税费——应交消费税   2 075

⑦ 结转商品销售成本

借：主营业务成本   18 060

  贷：库存商品   18 060

业务 13

进项税额=1 000×9%=90(元)

印花税税额=7 200×0.3‰=2.16(元)

借：原材料   8 300

  应交税费——应交增值税(进项税额)   90

  贷：银行存款   8 390

业务 14

城镇土地使用税税额=(100 000-1 000-1 500)×3=292 500(元)

借：管理费用   292 500

  贷：应交税费——应交城镇土地使用税   292 500

业务 15

房产税税额=50 000 000×(1-30%)×1.2%+1 500 000×12%=600 000(元)

借：管理费用   600 000

  贷：应交税费——应交房产税   600 000

业务 16

车船税税额=2×40+9×800+7×1 000=14 280(元)

借：管理费用   14 280

  贷：应交税费——应交车船税   14 280

三、工业企业相关税额核算

1. 计算应纳增值税、消费税、印花税、城市维护建设税、教育费附加

应纳增值税税额=销项税额-(进项税额-进项税额转出)

      =(2 558 400+7 020+10 400+1 560+3 640)-(28 160+20 103.5+900+

       65 000+13 540+260+ 90-4 160)+200+190 476.19

      =2 581 020-123 893.5+200+190 476.19

      =2 647 802.69(元)

消费税税额=2 349 000+11 700+2 040+2 075=2 364 815(元)

计入税金及附加的消费税=2 364 815-2 040=2 362 775(元)

印花税税额=60+5 904+24+150+30+7 000+1+2.16=13 171.16(元)

计入管理费用(税金及附加)的印花税=13 171.16-(30+7 000)=6 141.16(元)

城市维护建设税税额=(2 647 802.69+2 364 815)×7%=350 883.24(元)

计入税金及附加的城市维护建设税=350 883.24-(252+13 333.33+14)=337 283.91(元)

教育费附加=(2 647 802.69+2 364 815)×(3%+2%)=250 630.89(元)

计入税金及附加的教育费附加=250 630.89-(180+9 523.81+10)=240 917.08(元)

(1) 计算应缴纳印花税金。

借：管理费用   6 141.16

  贷：应交税金——应交印花税   6 141.16

(2) 计算应缴纳城市维护建设税和教育费附加(计入税金及附加)。

借：税金及附加   578 200.99

  贷：应交税费——应交城市维护建设税   337 283.91

     ——应交教育费附加   240 917.08

2. 计算企业所得税

(1) 汇总本年的损益类账户余额(见表 11-1)。

表 11-1 本年度损益类账户余额

单位：元

账 户	借 方	贷 方
主营业务收入		19 842 000
营业外收入		4 448 623.81
投资收益		500 000
主营业务成本	13 011 560	
税金及附加	2 940 975.99	

账　户	借　方	贷　方
销售费用	10 000	
管理费用	5 912 921.16	
营业外支出	550 316	
财务费用	900 000	

主营业务收入=19 680 000+54 000+80 000+28 000=19 842 000(元)

营业外收入=4 448 623.81 元

投资收益=500 000 元

主营业务成本=12 900 000+37 500+56 000+18 060=13 011 560(元)

税金及附加=2 362 775+337 283.91+240 917.08=2 940 975.99(元)

销售费用=10 000 元

管理费用=6 141.16+292 500+600 000+14 280+5 000 000=5 912 921.16(元)

营业外支出=12 232+36 160+1 924+500 000=55 0316(元)

财务费用=900 000 元

(2) 计算 2018 年会计利润。

会计利润=19 842 000+4 448 623.81+500 000-13 011 560-2 940 975.99-10 000-
　　　　5 912 921.16-55 0316- 900 000
　　　　=1 464 850.66(元)

(3) 纳税调整项目。

捐赠商品调增额=20×(360+240)-8 200=3 800 (元)(会计上不确认收入)

国债利息收入调减额= 500 000(元)

研究开发费调减额=1 000 000×50%=500 000(元)

业务招待费税前扣除限额为 99 210(=19 842 000×0.5%)元，是与 800 000×60%=480 000元之间的较小者，所以

纳税调增额=800 000-99 210=700 790(元)

财务费用调增额=3 000 000×(15%-8%)=210 000(元)

当年购置的生产线 106 030 元可以税前一次性扣除。(对企业新购置的单位价值 500 万元以下的设备器具允许一次性税前扣除。)

公益性捐赠扣除限额=1 464 850.66×12%=175 782.08(元)

纳税调增额=250 000 -175 782.08=74 217.92(元)

违法支出 30 000 元不得在税前扣除，应纳税调增。

(4) 计算应纳税所得额和应纳企业所得税税额。

应纳税所得额=1 464 850.66+3 800 -500 000 -500 000+700 790+210 000-106 030+
　　　　　　74 217.92+30 000
　　　　　　=1 377 628.58(元)

企业所得税应纳税额=1 377 628.58×25%=344 407.15(元)

四、相关税费缴纳申报表的填制

相关税费纳税申报表样式如表 11-2 至表 11-8 所示。

表 11-2 增值税纳税申报表

(一般纳税人适用)

根据国家税收法律、法规及增值税相关规定制定本表。纳税人不论有无销售额，均应按税务机关核定的纳税期限填写本表，并向当地税务机关申报。

税款所属时间：自 2018 年 1 月 1 日至 2018 年 12 月 31 日

填表日期： 2019 年 2 月 8 日 　　　　　　　　金额单位：元(列至角分)

纳税人识别号： 　　　　　　　　　　　　　所属行业：

纳税人名称	天源酒业有限责任公司	法定代表人姓名	略	注册地址	略	生产经营地址	略
开户银行及账号	略	登记注册类型		略		电话号码	略

项目		栏次	一般货物、劳务和应税服务		即征即退货物、劳务和应税服务	
			本月数	本年累计	本月数	本年累计
销售额	(一)按适用税率计税销售额	1	19 854 000			
	其中：应税货物销售额	2	19 854 000			
	应税劳务销售额	3				
	纳税检查调整的销售额	4				
	(二)按简易办法计税销售额	5	3 819 523.8			
	其中：纳税检查调整的销售额	6				
	(三)免、抵、退办法出口销售额	7				
	(四)免税销售额	8				
	其中：免税货物销售额	9				
	免税劳务销售额	10				
税款计算	销项税额	11	2 581 020			
	进项税额	12	128 053.5			
	上期留抵税额	13				
	进项税额转出	14	4 160			
	免、抵、退应退税额	15				
	按适用税率计算的纳税检查应补缴税额	16				
税款缴纳	应抵扣税额合计	17=12+13-14-15+16	123 893.5			
	实际抵扣税额	18(如 17<11，则为 17，否则为 11)	123 893.5			
	应纳税额	19=11-18	2 457 126.5			
	期末留抵税额	20=17-18	0			
	简易计税办法计算的应纳税额	21	190 676.19			
	按简易计税办法计算的纳税检查应补缴税额	22				
	应纳税额减征额	23				
	应纳税额合计	24=19+21-23	2 647 802.69			
	期初未缴税额(多缴为负数)	25				
	实收出口开具专用缴款书退税额	26				
	本期已缴税额	27=28+29+30+31				
	①分次预缴税额	28				
	②出口开具专用缴款书预缴税额	29				
	③本期缴纳上期应纳税税额	30				
	④本期缴纳欠缴税额	31				
	期末未缴税额(多缴为负数)	32=24+25+26-27	2 647 802.69			
	其中：欠缴税额(≥0)	33=25+26-27				
	本期应补(退)税额	34=24-28-29	2 647 802.69			
	即征即退实际退税额	35				
	期初未缴查补税额	36				
	本期入库查补税额	37				
	期末未缴查补税额	38=16+22+36-37				

授权声明	如果你已委托代理人申报，请填写下列资料： 为代理一切税务事宜，现授权_____(地址)_____为本纳税人的代理申报人，任何与本申报表有关的往来文件，都可寄予此人。 授权人签字：	申报人声明	本纳税申报表是根据国家税收法律的规定填报的，我确定它是真实的、可靠的、完整的。 声明人签字：

主管税务机关： 　　　　　接收人： 　　　　　　接收日期：

19 854 000=19 842 000+3 800

3 819 523.8=(14 000 000−10 000 000)÷(1+5%)+10 300÷(1+3%)

表 11-3　酒类应税消费品消费税纳税申报表

税款所属期：2018 年 8 月 1 日至 2018 年 8 月 31 日

纳税人名称(公章)：天源酒业有限责任公司　　填表日期：2018 年 9 月 8 日

纳税人识别号：　　　　　　　　　　　　金额单位：元(列至角分)

应税消费品名称	适用税率		销售数量	销售额	应纳税额
	定额税率	比例税率			
粮食白酒	0.5 元/件	20%	218 040	6 541 200	1 417 260
薯类白酒	0.5 元/斤	20%		10 375	2 075
啤酒	250 元/吨	—	900		225 000
啤酒	220 元/吨	—			
黄酒	240 元/吨	—			
其他酒	—	10%		7 204 800	720 480
合计	—	—		13 756 375	2 364 815

本期准予抵减税额：	**声明** 　　此纳税申报表是根据国家税收法律的规定填报的，我确定它是真实的、可靠的、完整的。
本期减(免)税额：	
期初未缴税额：	经办人(签章)： 财务负责人(签章)： 联系电话：
本期缴纳前期应纳税额：	(如果你已委托代理人申报，请填写) **授权声明** 　　为代理一切税务事宜，现授权
本期预缴税额：	____(地址)____为本纳税人的代理申报人，任何与本申报表有关的往来文件，都可寄予此人。
本期应补(退)税额：2 364 815	
期末未缴税额：	授权人签章：

以下由税务机关填写

受理人：　　　受理日期：　　年　月　日　　受理税务机关(公章)：

啤酒消费税税额=12×150 000÷2 000×250=900×250=225 000

其他酒消费税税额=(30 000+20)×240×10%=7 204 800×10%=720 480

薯类白酒消费税税额=(28 000-17 625)×20%=2 075

粮食白酒消费税税额=(18 000+150+20)×360×20%+(18 000+150+20)×12×0.5=6 541 200×20%+218 040×0.5

　　　　　　=1 417 260

表 11-4　城市维护建设税纳税申报表

填表日期：2019 年 2 月 8 日

纳税人识别号：　　　　　　　　　　　　　　　　　　　　　　　金额单位：元(列至角分)

纳税人名称	天源酒业有限责任公司			税款所属时期	2018 年
计税依据	计税金额	税率	应纳税额	本期已缴税额	应补(退)税额
1	2	3	4=2×3	5	6=4-5
增值税	2 647 802.69		185 346.19	0	185 346.19
消费税	2 364 815		165 537.05		165 537.05
合计	5 012 617.69	7%	350 883.24		350 883.24
如纳税人填报，由纳税人填写以下各栏			如委托代理人填报，由代理人填写以下各栏		备注
会计主管 (签章)	纳税人 (公章)		代理人名称		代理人 (公章)
			代理人地址		
			经办人姓名		电话
以下由税务机关填写					
收到申报日期			接收人		

表 11-5 城镇土地使用税纳税申报表

填表日期: 2019 年 2 月 8 日

金额单位: 元(列至角分)

纳税人识别号:

| 纳税人名称 | 天源酒业有限责任公司 | | 税款所属时期 | | | | | 2018 年 |

| 房产坐落地点 | | | | | | | | | | | | | | | | |

坐落地点	上期占用面积	本期增减	本期实际占用面积	法定免税面积	应税面积	土地等级		适用税额		全年应缴税额	缴纳次数	本期		
						I	II	I	II			每次应纳税额	已纳税额	应补(退)税额
1	2	3	4 =2-3	5	6 =4-5	7	8	9	10	11=6×9 或 10	12	13 =11÷12	14	15 =11-14
	100 000	0	100 000	2 500	97 500	97 500		3		292 500	1	292 500	0	292 500
合计	100 000	0	100 000	2 500	97 500	97 500		3		292 500	1	292 500	0	292 500

如纳税人填报, 由纳税人填写以下各栏

如委托代理人填报, 由代理人填写以下各栏

备注

纳税人 (公章)	代理人名称	代理人 (公章)
	代理人地址	电话
	经办人	

以下由税务机关填写

会计主管 (签章)	接收人	
收到申报日期		

表 11-6 车船税纳税申报表

填表日期：2019 年 2 月 8 日

纳税人识别号：   金额单位：元(列至角分)

纳税人名称		天源酒业有限责任公司			税款所属时期		2018 年度		
车船类别		计税单位	税额标准	数量	吨位	本期应纳税额	本期已缴税额	本期应补(退)税额	
乘用车	1.0 升(含)以下的	每辆							
	1.0 升以上至 1.6 升(含)的	每辆							
	1.6 升以上至 2.0 升(含)的	每辆							
	2.0 升以上至 2.5 升(含)的	每辆	800	9		7 200	0	7 200	
	2.5 升以上至 3.0 升(含)的	每辆							
	3.0 升以上至 4.0 升(含)的	每辆							
	4.0 升以上的	每辆							
商用车	客车	每辆	1 000	7		7 000	0	7 000	
	货车	整备质量每吨	40	1	2	80	0	80	
其他车辆	专用作业车	整备质量每吨							
	轮式专用机械车	整备质量每吨							
摩托车		每辆							
船舶	机动船舶	净吨位每吨							
	游艇	艇身长度每米							
合计						14 280		14 280	

纳税人或代理人声明： 此纳税申报表是根据国家税收法律的规定填报的,我确定它是真实的、可靠的、完整的。	如纳税人填报,由纳税人填写以下各栏			
	经办人 (签章)		会计主管 (签章)	法定代表人 (签章)
	如委托代理人填报,由代理人填写以下各栏			
	代理人名称			代理人 (公章)
	经办人(签章)			
	联系电话			
以下由税务机关填写				
受理人		受理日期		主管税务机关(公章)

表 11-7 房产税纳税申报表

填表日期：2019 年 2 月 8 日　　　　金额单位：万元

纳税人识别号：

纳税人名称：天源酒业有限责任公司　　税款所属时期：2018 年

房产坐落地点	上期申报房产原值	本期增减房产	本期实际房产原值	其中			建筑面积	扣除率	计税依据		房屋结构	适用税率		全年应纳税额	缴纳次数	本期		应补(退)税款
				从价计税的房产原值	从租计税的房产原值	免税房产原值			房产余值	租金收入						应纳税额	已纳税额	
	1	2	3=1+2	4=3-5-6	5=3-4-6	6		7	8=4-4×7	9		1.2%	12%	12=8×10+9×11	13	14=12÷13	15	16=14-15
	5 000	0	5 000	5 000	0	0		30	3 500	0		1.2%		42	1	42	0	42
				0	150	0				150			12%	18	1	18	0	18
合计														60		60		60

如纳税人填报，由纳税人填写以下各栏　　　　　　　　纳税人(签章)

会计主管(签章)　　　　经办人(签章)

以下由税务机关填写

收到申报日期　　　　　　接收人

如委托代理人填报，由代理人填写以下各栏　　　　　代理人(签章)

表 11-8　中华人民共和国企业所得税年度纳税申报表(A 类)

行次	类别	项　目	金　额
1	利润总额计算	一、营业收入(填写 A101010/A101020/A103000)	19 842 000
2		减：营业成本(填写 A102010/A102020/A103000)	13 011 560
3		税金及附加	2 940 975.99
4		销售费用(填写 A104000)	10 000
5		管理费用(填写 A104000)	5 912 921.16
6		财务费用(填写 A104000)	900 000
7		资产减值损失	
8		加：公允价值变动收益	
9		投资收益	500 000
10		二、营业利润(1-2-3-4-5-6-7+8+9)	-2 433 457.15
11		加：营业外收入(填写 A101010/A101020/A103000)	4 448 623.81
12		减：营业外支出(填写 A102010/A102020/A103000)	550 316
13		三、利润总额(10+11-12)	1 464 850.66
14	应纳税所得额计算	减：境外所得(填写 A108010)	
15		加：纳税调整增加额(填写 A105000)	1 018 807.92
16		减：纳税调整减少额(填写 A105000)	606 030
17		减：免税、减计收入及加计扣除(填写 A107010)	500 000
18		加：境外应税所得抵减境内亏损(填写 A108000)	
19		四、纳税调整后所得(13-14+15-16-17+18)	1 377 628.58
20		减：所得减免(填写 A107020)	
21		减：抵扣应纳税所得额(填写 A107030)	
22		减：弥补以前年度亏损(填写 A106000)	
23		五、应纳税所得额(19-20-21-22)	1 377 628.58
24	应纳税额计算	税率(25%)	25%
25		六、应纳所得税额(23×24)	344 407.15
26		减：减免所得税额(填写 A107040)	
27		减：抵免所得税额(填写 A107050)	
28		七、应纳税额(25-26-27)	344 407.15
29		加：境外所得应纳所得税额(填写 A108000)	
30		减：境外所得抵免所得税额(填写 A108000)	
31		八、实际应纳所得税额(28+29-30)	344 407.15
32		减：本年累计实际已预缴的所得税额	
33		九、本年应补(退)所得税额(31-32)	344 407.15
34		其中：总机构分摊本年应补(退)所得税额(填写 A109000)	
35		财政集中分配本年应补(退)所得税额(填写 A109000)	
36		总机构主体生产经营部门分摊本年应补(退)所得税额(填写 A109000)	
37	附列资料	以前年度多缴的所得税额在本年抵减额	
38		以前年度应缴未缴在本年入库所得税额	

1 018 807.92=3 800+700 790+210 000+74 217.92+30 000

606 030=500 000+106 030

本章小结

　　工业企业在材料采购、商品生产、商品销售等经营过程中，主要涉及以下税种：增值税、消费税(生产应税消费品的企业)、关税、城市维护建设税、教育费附加、企业所得税、个人所得税、房产税、城镇土地使用税、车船税、印花税，也可能会涉及契税、资源税和土地增值税等税种。

　　根据工业企业业务活动内容，进行工业企业相关涉税业务会计核算，计算本期各涉税税种、税额并填制相关税费缴纳申报表。

微课资源

　　扫一扫，获取本章相关微课视频。

11　税收征收管理——
思政案例分析

参 考 文 献

[1] 郭勇平，杨扬，王文清. 全新税收实务操作及经典案例解析[M]. 上海：立信会计出版社，2021.

[2] 唐德良. 纳税实务[M]. 上海：上海交通大学出版社，2018.

[3] 李启秀，冷晓海. 税法[M]. 西安：西北工业大学出版社，2021.

[4] 中国注册会计师协会. 税法 CPA[M]. 北京：中国财政经济出版社，2019.

[5] 阳正发. 税法[M]. 上海：上海交通大学出版社，2018.

[6] 周肖肖，方飞虎. 税法基础[M]. 上海：上海交通大学出版社，2020.

[7] 刘维维. 税法[M]. 上海：上海财经大学出版社，2020.

[8] 夏惠，张莹. 企业纳税实务[M]. 天津：南开大学出版社，2014.

[9] 王冬梅. 税收理论与实务[M]. 北京：清华大学出版社，2011.

[10] 马海涛. 中国税制[M]. 北京：中国人民大学出版社，2018.